东北财经大学国家级一流本科专业建设系列教材 · 资产评估专业
省级精品课程教材

Fundamentals of Valuation

资产评估原理

◉朱荣　赵振洋　主 编

东北财经大学出版社
Dongbei University of Finance & Economics Press
大连

图书在版编目（CIP）数据

资产评估原理 / 朱荣，赵振洋主编．—大连：东北财经大学出版社，2023.7（2024.3重印）
（东北财经大学国家级一流本科专业建设系列教材·资产评估专业）
ISBN 978-7-5654-4738-9

Ⅰ.资…　Ⅱ.①朱…②赵…　Ⅲ.资产评估-高等学校-教材　Ⅳ.F20

中国版本图书馆CIP数据核字（2022）第252140号

东北财经大学出版社出版
（大连市黑石礁尖山街217号　邮政编码　116025）
网　　址：http://www.dufep.cn
读者信箱：dufep@dufe.edu.cn

大连日升彩色印刷有限公司印刷　　东北财经大学出版社发行

幅面尺寸：185mm×260mm　字数：408千字　印张：17.25　插页：1
2023年7月第1版　　2024年3月第2次印刷

责任编辑：王　丽　孔利利　　责任校对：王　华
封面设计：原　皓　　版式设计：原　皓

定价：42.00元

教学支持　售后服务　　联系电话：（0411）84710309

如有印装质量问题，请联系营销部：（0411）84710711

东北财经大学国家级一流本科专业建设系列教材编审委员会

总　序

近年来，“人工智能”、“大数据”和不断变化的国际政治经济格局，都对资产评估理论、资产评估实践和资产评估人才培养提出了更高的要求。经济和社会环境的剧烈变化，既向资产评估人才培养提出了挑战，也提供了前所未有的机遇。

2006年，东北财经大学会计学院财务管理专业开设“资产评估方向”，并于2013年正式设立“资产评估”专业。东北财经大学资产评估系列教材最早出版于2005年，包括《资产评估》《资产评估原理》《房地产评估》《企业价值评估》四部教材，并多次进行修订再版，为许多高等院校所广泛选用，为本套系列教材的体系结构、知识组合和内容界定提供大量富有建设性的意见。东北财经大学首套国家级一流本科资产评估专业建设系列教材由东北财经大学会计学院资产评估系骨干教师写作完成，该系列教材吸收了最新的资产评估学术研究成果，充分地体现资产评估实践的中国特色，满足资产评估人才培养的需要。

本套国家级一流本科资产评估专业建设系列教材包括《资产评估》《资产评估原理》《房地产评估》《无形资产评估》《企业价值评估》《机器设备评估》《大数据与智能评估》《资产评估职业道德》八部教材。与现有国内外资产评估专业系列教材相比，本套教材呈现以下几个特点：

1. 强化课程思政对人才培养的引领。全面贯彻党的二十大精神，落实立德树人根本任务，坚定学生理想信念，教育学生爱党、爱国、爱社会主义、爱人民、爱集体，是本次教材修订的主线，在每部教材编写过程中，都设置了“课程思政”教学资源，注重价值塑造、知识传授与能力培养相统一，将思政教育有机融入课程教学，通过教材内容引导学生建立核心价值取向，以达到润物无声的育人效果。确保学生既能掌握专业技能，又能树立看待问题的正确角度。

2. 体现新技术对于资产评估教学的影响。为了适应教学环境的变化，本次教材编写具有新形态教材要素，通过“二维码”等技术手段将慕课等资源链接到纸质教材，深度拓展教学资源类型与内容，积极实现线上教与学互动与反馈，从而拓展教材的应用场景。利用新技术能够摆脱传统的课堂教学对于教学空间和教学条件的约束，在更为广阔的空间内开展教学活动。同时，新技术的引入也提升了教材资源体系的更新速度和更新频率，通过及时更新配套的网络教学资源，避免教材与实务的脱节，实现教学与实践更为紧密的结合，有力保障教材内容的先进性、实时性和科学性。

3. 更加突出资产评估实践的中国特色。资产评估专业的实践性较强，大部分本科生均走向社会从事实务工作。本次教材编写进一步加大引用实务界真实评估案例的比重，以增强资产评估专业学生对于中国国情和实践的了解，从而更为有效地利用专业技能解决中国问题。

4. 教材体系全面合理。本套教材既有《资产评估》《企业价值评估》《资产评估原理》《房地产评估》，又根据资产评估人才培养的需求，增加《无形资产评估》《机器设备评估》《大数据与智能评估》《资产评估职业道德》，从而提升资产评估系列教材完整性和针对性。

5. 体例更加完善。每一部教材不仅列出了本章学习目标、学习要点和主要概念，归纳和总结了主要知识点之间的相互联系，而且还大幅度地更新习题与案例，供教师教学和学生自学使用。

东北财经大学国家级一流本科资产评估专业系列教材是东北财经大学会计学院资产评估系全体教师共同努力的结晶，尤其凝聚了众多资深教授和专家多年的经验和心血。当然，由于我们的经验与人力有限，教材中难免存在不足乃至缺陷，恳请广大读者批评指正。

本次推出的教材仅仅是一个新的起点，而不是终点。随着社会的进步、经济的发展和环境的变化，我们将不断修订，使东北财经大学资产评估专业系列教材不断地与时俱进，及时跟踪反映学科的最新进展。

东北财经大学国家级一流本科专业建设系列教材编审委员会

前言

中国的资产评估产生于20世纪80年代末，经过30多年的发展，资产评估理论与方法不断完善，资产评估实践也日益丰富。资产评估在服务国有资产管理、提高上市公司质量、防范重大金融风险、保障社会公共利益和维护国家经济安全等方面发挥着重要作用。资产评估行业作为现代高端服务业，已成为经济社会发展中不可或缺的重要专业力量。

近年来，“人工智能”和“大数据”的引入和经济社会环境的变化，从根本上改变了资产评估的执业环境，对资产评估的实践产生了重要影响，也对资产评估的人才培养提出了更高的要求。党的二十大报告指出，“培养造就大批德才兼备的高素质人才，是国家和民族长远发展大计。功以才成，业由才广”。《“十四五”时期资产评估行业发展规划》在行业发展目标中提出要总结归纳我国丰富深厚的资产评估实践，形成中国特色的资产评估专业理论体系；并强调要全方位培养人才，既要培养具有创新能力、能够提供综合性服务的高端人才、行业和机构高级管理人才，又要培养精通传统业务、胜任新兴业务的骨干人才。资产评估执业环境的变化、党的二十大报告的要求以及“十四五”资产评估行业规划目标的提出，对本教材的出版起到积极有力的推动作用。本教材知识的推广与普及，也是向党的二十大“深入实施人才强国战略”和“十四五”资产评估行业规划目标的有利努力。

本教材的特色体现在：

一是案例丰富，与时俱进。章首以实际案例导入每一章的内容，案例新颖、具有典型性，且与章节内容结合紧密。章节中围绕主要知识点设计的案例，与时俱进反映了智能评估、知识产权评估、数据资产评估等资产评估实务的最新发展，体现了资产评估理论在评估实务中的灵活运用，有利于全面提升学生理论联系实际和学以致用的能力。

二是强化课程思政，立德树人。注重价值塑造、知识传授与能力培养相统一，将思政教育通过案例、例题等多种形式有机融入教材内容之中。特别是每一章在章首的学习目标中明确提出思政目标，在章尾设置思政课堂，首尾呼应、相得益彰，把立德树人作为教育的根本任务，将引导学生树立正确的世界观、人生观和价值观贯穿于全书。

三是运用新技术、新形态，丰富拓展教学资源。通过植入“二维码”的方式，一方面将国家级慕课视频资源链接到教材中，实现可视化教学效果；另一方面围绕教材主要知识点，扩充相关阅读资料，对主要知识点进行详细分析并拓展知识空间，极大丰富了教学资源的类型与内容，有力保障了教材内容的先进性、实时性和科学性。

四是多样化互动练习，提升学习效果。结合章节的主要知识点，每章章后通过二维码方式植入单选、多选、判断等多种类型的练习题，扫码线上答题、提交即时评阅，实现了线上教与学的互动与反馈，便于学生及时消化和巩固所学内容，从而提高学习效果。

本教材是东北财经大学国家级一流本科专业建设系列教材之一，也是资产评估的入门教材。本教材不仅适合于开设相同或类似课程的所有专业（比如资产评估、会计学、财务管理、金融学等专业）的本科生使用，而且可作为上述专业研究生学习资产评估的参考教材。本教材也同样适用于资产评估行业的专业人士或对该行业感兴趣的社会人士借鉴与参考。

本教材由东北财经大学会计学院朱荣副教授、赵振洋副教授共同编写。第一、三、七、八章由朱荣副教授编写，第二、四、五、六、九章由赵振洋副教授编写。朱荣副教授对教材各章节进行了总纂。东北财经大学会计学院的王鑫、刘猛、葛玲、李实秋、钟凯悦、张子玉、钟张慧、刘超群等参与了教材中案例资料的搜集整理和书稿校对工作。本教材在编写过程中，参考了国内外大量的文献，包括资产评估相关的教材、专著、期刊、专业网站信息等，在此，对这些文献资料的所有作者表示衷心感谢。本教材的出版得到了东北财经大学会计学院各位领导、相关同事的大力支持，以及东北财经大学出版社编辑们的帮助和指导，也一并致以真诚的谢意。

受作者水平与编写时间所限，教材中难免存在一些疏漏之处，恳请读者批评指正，以便今后修订时加以改进和完善。

编　者

2024年3月

目录

第一章

资产评估概述

【学习目标】

1. 理解资产评估的含义与构成要素；
2. 掌握资产评估的特点、分类；
3. 掌握资产评估主体的权利与义务以及评估原则；
4. 熟悉资产评估的功能与作用；
5. 了解资产评估的产生与发展；
6. 增强责任意识，树立正确的大局观，从事物表象中发现本质。

本章思维导图

【案例导入】

2022年1月10日，海南钧达汽车饰件股份有限公司（简称“海南钧达”）发布《关于筹划重大资产出售暨关联交易的提示性公告》称，为降低经营风险，同时筹集资金发展光伏电池片业务，增强公司持续经营能力，海南钧达拟向海南杨氏家族科技投资有限公司（简称“杨氏投资”）出售其持有的苏州钧达车业科技有限公司（简称“苏州钧达”）100%股权、海南新苏模塑工贸有限公司（简称“海南新苏”）100%股权、钧达股份持有的除苏州钧达和海南新苏的股权外与汽车饰件业务相关的资产组（合称“标的资产”）。

交易双方同意，以2021年10月31日为基准日，聘请具有证券业务资格的资产评估机构——北京华亚正信资产评估有限公司（简称“华亚正信”），对标的资产的整体价值进行评估，并参照资产评估机构出具的资产评估报告的评估结果，由双方共同协商确定标的资产的最终交易价格。

华亚正信接受海南钧达的委托，以2021年10月31日为评估基准日，采用资产基础法对本次交易的标的资产进行了评估，并于2022年3月11日出具了三份资产评估报告。

根据华亚正信出具的《评估报告》，截至评估基准日，在标的资产中，苏州钧达100%股权的评估值为31 317.46万元，海南新苏100%股权的评估值为5 651.93万元，钧达股份持有的除苏州钧达和海南新苏的股权外与汽车饰件业务相关的资产组的评估值为68 712.08万元，标的资产评估值合计为105 681.47万元。参考上述评估值，经双方协商一致，确定标的资产的交易对价为105 685.00万元。

根据《钧达股份关于重大资产重组实施完成的公告》，该次重大资产重组事项已于2022年6月10日实施完毕，交易双方顺利完成了股权转让与资产交割等相关手续。钧达股份也完成了从汽车配套企业到光伏企业的转变，并开启了一段新的征程。

由此可见，资产评估作为一项专业服务行为，为人们的决策活动提供价值参考依据，在服务国有资产管理、提高上市公司质量、防范重大金融风险、保障社会公共利益和维护国家经济安全等方面发挥着重要作用。

资料来源：海南钧达. 关于筹划重大资产出售暨关联交易的提示性公告、本次重大资产重组涉及的拟出售资产的评估报告等相关公司公告［EB/OL］.［2022-01-10］. http：//www.cninfo.com.cn/new/disclosure/detail? stockCode=002865&announcementId=1212122560&orgId=9900029046&announcementTime=2022-01-10.（巨潮资讯网，经作者整理）

第一节 资产评估的产生与发展

一、资产评估的产生与发展阶段

资产评估是商品经济发展到一定阶段的产物。只有当商品经济形成后，商品经济的发展把市场机制引入生产条件的配置和流通中，加之信用制度的发展，就产生了资产评估的需要。总体来看，资产评估的产生与发展经历了三个阶段，即原始评估阶段、经验评估阶段和规范评估阶段。

（一）原始评估阶段

在原始社会后期，随着生产力水平的提高导致剩余财产的出现，从而产生了剩余产品的交易活动。当交易双方对产品交易价格难以达成一致的意见时，通常需要有一个值得交易双方信赖的、具有公信力和交易经验的第三方出面对所交易产品的价值进行估计，并在此基础上，形成交易各方能够接受的公平价格，从而促使交易完成。最初的资产评估活动由此产生。

原始评估阶段的资产评估具有以下特点：

（1）偶然性。由于产品交换不是经常发生的，因此为交易提供的估价活动也是偶然的。

（2）直观性。对产品价值的估计往往根据估价人员的直观感觉和主观偏好进行。

（3）无偿性。交易各方无须对提供估价服务的人员支付报酬。

（4）非专业性。参与估价活动的是不具备专业知识和技能的有关人员。

原始评估阶段所出现的估价活动和现代意义上的资产评估相差甚远，它仅仅是相关人士对产品交换价值的直观估计。因此，原始评估阶段只能是资产评估的萌芽阶段，真正意义上的资产评估并没有产生。

（二）经验评估阶段

在前资本主义阶段，随着商品生产和商品交换经济的进一步发展，社会对资产评估的需求与日俱增，资产评估业务向着专业化和经常化的方向逐步发展。社会上出现了专门从事资产评估活动的组织和具有一定评估实践经验的评估人员。

经验评估阶段的资产评估具有以下特点：

（1）经常性。随着商品交换频率的日益提高，资产评估成为经常性的活动。

（2）经验性。日益频繁的资产评估业务使得评估人员累积了丰富的评估经验。

（3）有偿性。评估机构和评估人员对资产评估业务实行有偿服务。

（4）责任性。评估机构和评估人员对评估结果负有法律上的责任。

在经验评估阶段，评估人员虽具备了一定的专业知识和操作技能，但更多依靠经验进行评估。在该阶段，虽然也有一些资产评估的行业组织出现，但在全社会尚未形成统一的评估执业规范，资产评估经验还未上升到理论的高度，资产评估理论方法体系也没有形成。

（三）规范评估阶段

产业革命的到来促进了资本主义经济的飞速发展，以资产交易为主的资产业务急剧扩大，作为中介组织的资产评估机构向公司化发展，从而推动资产评估逐渐成为一个专门的行业。行业化的运作使得资产评估业务的开展日益规范，评估理论和方法日益成熟。

规范评估阶段的资产评估具有以下特点：

（1）评估机构公司化。资产评估机构的组织形式采用合伙制或有限责任制公司。

（2）评估人员专业化。资产评估业务是由具有评估专业知识和评估实践经验的评估专业人员来完成的。资产评估专业人员包括评估师和其他具有评估专业知识及实践经验的评估从业人员。

（3）评估业务多元化。评估业务从动产、不动产拓展到无形资产、企业价值评估。

（4）评估方法科学化。形成了以市场法、收益法和成本法为核心的资产评估方法体系。

（5）评估手段现代化。数学技术、数理统计技术、信息技术和计算机被普及应用。

（6）评估操作规范化。建立了统一、规范的资产评估法律法规体系和准则体系。

（7）评估结果责任化。评估机构和评估人员对评估结果承担相应的法律责任。

二、国外资产评估的发展历程

从资产评估的发展历史来说，不论在哪个国家还是国际范围内，资产评估业都是为适应市场经济的需要而产生和发展的，并且进一步为市场经济的发展提供服务。从评估业本身来说，资产评估经历了一个从各国自发发展逐步过渡到地区性、国际性协调发展的过程，同时也经历了一个从纯民间自律性行业管理到政府部门不断加强管理和干预的过程。资产评估业的发展最初也是由市场经济发达的国家开始的，其发展历程一般可以概括为以下几个阶段：

（一）发散阶段

1868年，英国皇家特许测量师学会的前身正式成立，成为评估业的专业团体，并于1881年由英国维多利亚女王授予“皇家特许”称号。目前英国皇家特许测量师协会拥有会员134 000人，发展成为英国乃至世界上影响最大的评估行业组织之一。英国皇家特许测量师学会（RICS）于1974年成立了评估和估价准则委员会，并于1976年开始发布评估准则，之后进行了多次修订。

19世纪后期，由于火灾产生的保险诉讼，针对保险对象的赔偿数额，美国也开始出现了专业评估公司。20世纪30年代，美国多个评估专业组织就已制定并采纳了职业道德准则和专业评估准则。最初的评估目的主要是财产保险、维护产权交易双方利益、资产抵押贷款、家庭财产分割等。美国虽然有一些评估专业团体早在十九世纪后期就开始了评估准则的探索工作，但直到经历了20世纪80年代的评估行业动荡之后，才制定了第一部

《专业评估执业统一准则》(USPAP)，之后定期对其进行修订。

此外，澳大利亚、加拿大和新西兰等评估行业较为发达的西方国家在本国资产评估业迅速发展的基础上，纷纷成立了资产评估协会或学会等专业性评估团体，对评估业实行自律性管理，并加大了评估准则制定工作的力度，不断总结本国评估行业发展的经验，积极修订评估准则。

(二) 协调统一阶段

根据评估行业和市场的实际需要，各国的评估准则汇集了评估师执业时所应考虑的事项。但由于各国实际情况有很大差别，不同国家的评估理论和实践也各有侧重，且语言、专业术语等在实践中易产生误解，因此迫切需要制定统一的国际评估准则，以减少在国际并购过程中的制度障碍和交易成本。

鉴于各方面的迫切需求，国际资产评估准则委员会（The International Assets Valuation Standards Committee，TIAVSC；现更名为国际评估准则理事会 International Valuation Standards Council，IVSC）于1981年成立，总部设在英国伦敦。国际资产评估准则委员会最初只是一个行业组织的联合，协调英美两国的准则且促进行业准则的一致。经过该委员会对以英国、美国评估准则为主的国家、地区资产评估准则差异的研究，于1985年制定了第一部《国际评估准则》。经过多次修订，到2020年1月31日生效的最新版，国际评估准则理事会共制定和发布了12版《国际评估准则》。《国际评估准则》目前已经发展成为包含不动产、企业价值、无形资产和机器设备等评估业务在内的比较完善的综合准则体系。

20世纪80年代后期以来，世界经济一体化趋势进一步加强，特别是各国和地区政治经济发生了巨大变化，资产评估业在世界范围内进入了一个前所未有的高速发展时期。发展中国家和经济转轨国家（包括东欧等前社会主义国家）在经济体制变革和发展本国经济的过程中，高度重视资产评估在反映资产现行价值、维护各方权益等方面的重要作用，积极引进资产评估理论，培养评估师队伍，发展本国本地区的评估业，并逐步规范资产评估业的管理和操作。传统的评估业发达国家在新形势下也面临着新的压力和挑战，在资产评估理论上不断深入并拓宽领域，在实践上也积极抢占新兴市场，开拓资产评估市场。

在各国资产评估行业的普遍基础上，许多国家的评估专业组织和管理部门加强了国际交流及区域性、国际性合作，从而成立了许多地区性和国际性专业组织，如欧洲评估师协会联合会（TEGoVA）、东南亚联盟评估师委员会（AVA）等，分别制定了欧洲评估准则和东盟内部的评估准则，旨在会员范围内统一评估执业要求，制定共同遵守的评估准则，更好地为世界经济服务。

(三) 国际化发展阶段

进入21世纪以来，各国评估业在重视本国评估业发展的同时，更加重视、参与评估业的国际化发展。国际化发展既是评估业自身发展的内在需求，又是新时期资本市场以及会计准则趋同化给评估行业带来外部压力的产物。应当说，经过20多年来评估国际化的初步摸索，特别是国际评估准则委员会和国际评估准则的发展，为各国评估业在新时期加强国际化提供了基础和条件。跨国资本的流动要求进一步打破了评估业发展地域性强的特点，要求评估界能够在世界各地提供相同的有质量保证的专业服务。2005年欧盟全面实施国际会计准则以及之后国际会计准则与美国通用会计准则的改革和趋同，使得会计计量、估价方面的国际需求大大增加。因此，不仅美国、英国等发达国家的评估行业组织、评估公司不断加强国际化的发展，并向发展中国家进行拓展，就连长期以来封闭性发展、不参与国际评估事务的日本评估业，也在《海外投资法》修改的背景下，开始尝试加强与国外和国际评估界的交流。国际化合作发展的趋势把资产评估行业带入新的发展阶段，并将评估业置于逐步形成的国际公认评估准则的指导之下，更好地为世界经济服务。

三、中国资产评估的发展历程①

中国的资产评估是随着改革开放及商品经济的发展，特别是社会主义市场经济体制的确立产生发展起来的。中国资产评估业的发展大致可以划分为以下四个阶段：

（一）产生阶段（1988—1992年）

20世纪80年代末期，国有企业对外合资合作、承包租赁、兼并破产等产权变动行为日益增多，为确定合理的转让价格，防止国有资产流失，大连市率先开展了国有资产评估活动，开创了中国资产评估的先河。1988年3月，大连会计师事务所对大连炼铁厂在与中国香港企荣贸易有限公司的合资项目中作为投资的建筑和机电设备进行了评估，从而有效地防止了国有资产的损失。

1988年9月12日至9月24日，国家体改委委托中国企业管理协会与美国评估师协会（ASA）在京联合举办企业资产评估研讨班。聘请美国评值联合公司的副总裁罗纳德·格尔根和该公司高级评估师罗博特·劳博达讲授资产评估的理论与实务，国外的资产评估理论逐步引入我国。

1989年2月19日，国家体改委、财政部、国家国有资产管理局发布《关于出售国有小型企业产权的暂行办法》，规定：对被出售企业的资产（包括无形资产）要认真进行清查评估。在该文件中，提出了资产评估的三种方法。同日，国家体改委、国家计委、财政部、国家国有资产管理局发布了《关于企业兼并的暂行办法》，其中规定："被兼并方企业的资产包括有形资产和无形资产一定要进行评估作价，并对全部债务予以核实。如果兼并方企业在兼并过程中转换成股份制企业，也要进行资产评估。"同年，国家国有资产管理局颁发了《关于国有资产产权变化时必须进行资产评估的若干暂行规定》。

随着改革开放对资产评估的迫切需要，1990年7月，国家国有资产管理局资产评估管理中心经国务院人事部门批准成立，负责资产评估行业与资产评估项目的管理工作。

1991年11月，国务院发布《国有资产评估管理办法》，这是我国第一部规范国有资产评估和资产评估行业管理的行政法规，标志着我国资产评估行业走上了法治化的道路。

上述一系列行政举措和法规的出台，确立了我国资产评估的基本方针和管理体制，为保证全国资产评估活动的有序开展和逐步推进奠定了基础。

（二）初具规模阶段（1993—1995年）

1993年12月，中国资产评估协会成立，标志着我国资产评估行业由政府直接管理开始向政府监督指导下的行业自律性管理过渡，行业协会成为国家宏观指导与评估行业微观管理之间的纽带。1995年3月，中国资产评估协会代表中国加入国际评估标准委员会，标

① 作者根据中国资产评估协会发布的1988年至2021年《评估大事记》整理，http: //www.cas.org.cn/xhjs/xhdsj/index.htm.

志着我国评估业已经与国际评估行业逐步接轨。1995年5月，由国家人事部和国家国有资产管理局联合发布了《注册资产评估师执业资格制度暂行规定》和《注册资产评估师执业资格考试实施办法》及规范注册资产评估师签字制度，从而正式建立了注册资产评估师制度。从1996年起国家组织了全国统一考试，我国注册资产评估师队伍正在逐步扩大，我国资产评估行业初具规模。

（三）规范化阶段（1996—2008年）

1996年5月，中国资产评估协会受托制定了《资产评估操作规范意见（试行）》，标志着我国资产评估业正步入规范化操作的新阶段。同时，随着我国对外开放进程的不断推进，我国迅速发展的资产评估事业也得到了国际评估界的认可与重视。在1999年国际评估准则委员会北京年会上，中国资产评估协会当选为国际评估准则委员会常务理事。

与此同时，资产评估执业标准体系的建设也全面展开。2004年2月，财政部制定了《资产评估准则——基本准则》和《资产评估职业道德准则——基本准则》，成为推动我国建立资产评估准则体系的重要标志，为我国资产评估准则制定和资产评估行业规范化发展奠定了坚实基础。2004年《中华人民共和国行政许可法》实施，根据法律法规和国务院文件的规定，资产评估行业进一步完善行政管理和行业自律管理相结合的管理体制。2005年5月11日，财政部发布《资产评估机构审批管理办法》（财政部令第22号），对资产评估机构及其分支机构的设立、变更和终止等行为进行规范。

（四）持续发展阶段（2009年至今）

2011年8月11日，财政部发布《资产评估机构审批和监督管理办法》（财政部令第64号），进一步规范了资产评估机构审批管理。

2014年8月12日，《国务院关于取消和调整一批行政审批项目等事项的决定》发布，取消了注册资产评估师等11项职业资格许可和认定事项。2014年8月13日，人力资源和社会保障部印发《关于做好国务院取消部分准入类职业资格相关后续工作的通知》（人社部函〔2014〕144号），将资产评估师职业资格调整为水平评价类职业资格。

2016年7月2日，第十二届全国人民代表大会常务委员会第二十一次会议通过了《中华人民共和国资产评估法》（以下简称《资产评估法》），于2016年12月1日起施行。2017年4月21日，财政部发布《资产评估行业财政监督管理办法》（财政部令第86号），自2017年6月1日起施行。这是《资产评估法》出台后，评估行业出台的首个部门规章，是财政部门贯彻落实《资产评估法》的重要成果。

为了落实《资产评估法》，财政部、中国资产评估协会对原资产评估准则进行了全面修订。2017年8月23日，财政部发布《资产评估基本准则》，于2017年10月1日起实施。该准则的发布实施，是资产评估行业执业、监管和准则体系建设的重要基础。2017年9月8日，中国资产评估协会发布《资产评估执业准则——资产评估程序》等25项新修订的资产评估执业准则和《资产评估职业道德准则》。这些准则的发布，标志着首次资产评估准则全面修订工作顺利完成，基本实现了从体系、内容到文字和格式的全面优化；也标志着我国资产评估业已经全面进入法制化和规范化发展的新阶段。

2018年2月16日，中共财政部党组通过并印发了《关于加强资产评估行业党的建设工作的指导意见》的通知。该通知提出了组建省级评估行业党组织、推动资产评估机构党的组织和工作全覆盖的工作任务，并对加强资产评估行业党员管理和教育、抓好资产评估行业党务工作者队伍建设、强化对资产评估行业党建工作的领导和指导等工作提出了具体要求。

2019年12月28日，第十三届全国人民代表大会常务委员会第十五次会议修订通过了《中华人民共和国证券法》，要求将资产评估机构等证券服务机构从事证券业务由行政审批改为备案管理；同时要求资产评估等证券服务机构勤勉尽责、恪尽职守，并提高了对证券服务机构未履行勤勉尽责义务的违法处罚幅度。为加强对资产评估机构从事证券服务业务的监督管理，规范资产评估机构从事证券服务业务的备案行为，财政部会同证监会制定了《资产评估机构从事证券服务业务备案办法》（2020年10月21日发布），自2020年11月9日起施行。

2020年9月7日，财政部发布《关于加强行政事业单位固定资产管理的通知》（财资〔2020〕97号），要求规范处置行政事业单位固定资产。固定资产处置要做到公开、公正、公平。出售、出让、转让固定资产应依法依规进行资产评估。

2020年9月10日，财政部党组会议审议通过《财政部资产评估中心 中国资产评估协会分设工作方案》。分设后，协会对机构设置和职能配置进行了优化，内设机构由原来的13个调整为9个，分别是：党委办公室（人事部）、办公室、行业党建部、考试培训部、信息会员部、综合标准部、自律监管部、对外宣传部和国债评估部。2021年6月7日，财政部印发《中国资产评估协会职能配置、内设机构和人员控制数规定》（“三定”方案）。

2021年9月27日，中国资产评估协会印发《“十四五”时期资产评估行业发展规划》，在总结“十三五”时期资产评估行业主要成绩的基础上，分析资产评估行业存在的主要问题和当前面临的形势，明确“十四五”时期资产评估行业发展的指导思想、基本原则、基本日标、主要任务，并对规划的组织实施提出具体要求。

知识链接 1-1

中国资产评估协会

第二节　资产评估的含义、特点与分类

一、资产评估的含义

（一）资产评估的概念

资产评估是指评估机构及其评估专业人员根据委托对不动产、动产、无形资产、企业价值、资产损失或者其他经济权益进行评定、估算，并出具评估报告的专业服务行为。

对于该概念的理解，需要把握以下几点：

（1）资产评估是由评估机构及其评估专业人员提供的专业服务，明确了资产评估主体。

（2）资产评估是对不动产、动产、无形资产、企业价值、资产损失或者其他经济权益的价值进行评定、估算，明确了资产评估的客体。

（3）资产评估是对资产价值进行评定、估算，并出具资产评估报告的行为。作为一种专业服务行为，在执业中，必然要依据一定的规范、标准，按照相关程序，运用科学方

法，由此得出客观的结果反映在资产评估报告中。

知识链接1-2

关于“价值”的理解

（4）资产评估是一种中介活动，已形成为专门的行业，对资产价值提供专业判断。

（二）资产评估的基本要素

作为一种专业化的服务活动，资产评估是由各种评估要素组成的。就其基本要素而言，除了资产评估概念中所涉及的资产评估主体、资产评估客体之外，还包括评估目的、评估假设、价值类型、评估依据、评估程序、评估方法、评估基准日、评估结论，见表1-1。

表1-1 资产评估的基本要素

评估基本要素	释义
评估主体	资产评估机构及其评估专业人员
评估客体	资产评估对象，是资产评估的标的物
评估目的	资产评估业务对应的经济行为对资产评估结果的使用要求，或评估结论的具体用途
评估假设	依据现有知识和有限事实，通过逻辑推理，对资产评估所依托的事实或前提条件做出的合乎情理的推断或假定
价值类型	资产评估结果的价值属性及其表现形式
评估依据	资产评估工作中所遵循的法律、法规、准则、经济行为文件、重大合同或协议以及评估收费标准和其他参考依据
评估程序	资产评估工作从开始准备到最后结束整个过程的工作顺序
评估方法	评定估算资产价值的途径和手段
评估基准日	资产评估结果对应的日期
评估结论	资产评估结果，一般用货币金额表示

二、资产评估的特点

（一）市场性

市场性是指资产评估是适应市场经济要求的专业中介服务活动，其目标就是根据资产业务的不同性质，通过模拟市场条件对资产做出评定估算和报告，资产评估结果是否客观合理必须接受市场的检验。

（二）公正性

公正性是指资产评估服务于资产业务并满足社会公共利益的需要，而不能只满足于资产业务当事人任何一方的需要。保证资产评估公正性的基本条件包括：（1）评估专业人员是与资产业务没有利害关系的第三者，这是公正性的组织基础。（2）资产评估按照公允、法定的准则和规程进行，公允的行为规范和业务规范是公正性技术基础。

（三）专业性

专业性是指资产评估是一种评估专业人员的活动，资产评估结果是一种专业化的估价意见，从事资产评估业务的机构应由一定数量和不同类型的评估专业人员组成。一方面，这些资产评估机构形成专业化分工，使得评估活动专业化；另一方面，评估机构及其评估专业人员对资产价值的估计判断是建立在专业技术知识和经验的基础之上的。

（四）咨询性

咨询性是指资产评估结论是为资产业务提供专业化的估价意见，该意见本身并无强制执行的效力，评估专业人员只对评估结论本身合乎职业规范要求负责，而不对资产业务定价决策负责。事实上，资产评估为资产交易提供的估价往往由当事人作为要价和出价的参考，最终的成交价取决于当事人的决策动机、谈判地位和谈判技巧等综合因素。

三、资产评估的分类

按照不同的分类标准，资产评估可以划分为不同的种类。

（一）按资产评估委托者的评估需求分类

根据资产评估委托者的不同需求，资产评估可分为评估、评估复核和评估咨询。

（1）评估。评估就是通常意义的资产评估，是指评估机构和评估专业人员接受委托，对资产的价值进行评定估算并向委托方出具资产评估报告。评估机构和评估专业人员要对其评估结果的真实性和合理性负责。

（2）评估复核。评估复核是指评估机构和评估专业人员对其他评估机构出具的评估报告进行评判分析和再评估，并向委托方出具资产评估复核报告。评估复核服务于委托者的特定需求，对某个评估报告结果的真实性和合理性做出判断和评价，并对自己做出的分析结论负责。

（3）评估咨询。评估咨询是一个较为宽泛的术语。它既可以评估专业人员对特定资产的价值提出咨询意见，又可以是评估专业人员对评估标的物的利用价值、利用方式、利用效果的分析和研究，以及与此相关的市场分析、可行性研究等。评估机构要向委托方出具评估咨询报告，并对其提出的评估咨询意见承担相应的责任。

（二）按遵循资产评估准则的程度分类

根据遵循资产评估准则的程度，资产评估可分为完整性资产评估和限制性资产评估。

（1）完整性资产评估。完整性资产评估是指能够严格遵守资产评估准则及程序，按照资产评估准则和程序的要求和规定所进行的资产评估。

（2）限制性资产评估。限制性资产评估是指受评估条件的限制，不能完全按照资产评估准则和评估程序的要求所进行的资产评估。限制性资产评估对评估报告披露的要求要比完整性资产评估更为详尽，并限定评估报告的使用者。

（三）按资产评估对象的构成和获利能力分类

根据资产评估对象的构成和其所表现的获利能力情况，资产评估可分为单项资产评估和整体资产评估。

（1）单项资产评估。单项资产评估是指以某一项不具有整体获利能力的资产作为评估对象的资产评估，如机器设备评估、房地产评估、流动资产评估、无形资产评估等。

（2）整体资产评估。整体资产评估是指以若干单项资产组成并且具有整体获利能力的资产作为评估对象的资产评估，最典型的整体资产评估就是企业价值评估。

（四）按法律法规规定是否需要评估分类

根据法律法规规定是否需要评估的情况，资产评估可分为法定评估和非法定评估。

微课：资产评估及特点

（1）法定评估。法定评估是指涉及国有资产或者公共利益等事项，法律、行政法规规定需要评估的资产评估，如国有企业改制、上市公司并购等。

（2）非法定评估。非法定评估是指不涉及国有资产或者公共利益等事项，法律、行政法规没有规定需要评估的资产评估，如民营企业重组、外资企业融资等。

第三节　资产评估主体

一、资产评估主体的界定

资产评估主体就是资产评估活动的组织者和操作者。具体地讲，资产评估主体是指具体从事资产评估工作的评估机构和评估专业人员。其中，评估机构是由一定数量的评估专业人员所组成的从事资产评估业务的专业机构；评估专业人员是在评估机构从事资产评估业务的具有专业知识和评估经验的评估从业人员。

评估机构和评估专业人员是一个有机的整体，评估机构必须是由具有一定数量评估专业人员组成的机构，评估专业人员不能脱离评估机构而独立从事评估活动，不能把二者割裂开来，单纯地将评估主体理解为评估机构或评估专业人员。

二、评估机构

评估机构是指从事资产评估业务的专业机构。在现行体制下，评估机构包括五个政府部门主管的六类资产评估机构（见表1-2），《资产评估法》中统称为“评估机构”。本书中的评估机构主要是指由财政部主管的资产评估机构。

表1-2　**评估机构及其主管部门**

机构类别	主管部门
资产评估机构	财政部
房地产估价机构	住房和城乡建设部
土地估价机构	自然资源部
矿产资源评估机构	自然资源部
二手机动车评估机构	商务部
保险公估机构	银行保险监督管理委员会

（一）资产评估机构的组织形式

《资产评估法》规定，评估机构应当依法采用合伙或者公司形式。

（1）合伙形式的评估机构，包括普通合伙与特殊普通合伙两种形式。

普通合伙企业由普通合伙人组成，合伙人对合伙企业债务承担无限连带责任。国有独资公司、国有企业、上市公司以及公益性的事业单位、社会团体不得成为普通合伙人。普通合伙企业的名称中应标明“普通合伙”字样。

资产评估机构是以专业知识和专门技能为客户提供有偿服务的专业服务机构，因此可以设立为特殊的普通合伙企业。特殊的普通合伙企业的名称中应当标明“特殊普通合伙”字样。

“特殊的普通合伙企业”的特殊性，主要体现在责任的承担方面，《中华人民共和国合伙企业法》（以下简称《合伙企业法》）的相关规定如下：

一个合伙人或者数个合伙人在执业活动中因故意或者重大过失造成合伙企业债务的，应当承担无限责任或者无限连带责任，其他合伙人以其在合伙企业中的财产份额为限承担责任。

合伙人在执业活动中非因故意或者重大过失造成的合伙企业债务以及合伙企业的其他债务，由全体合伙人承担无限连带责任。

合伙人在执业活动中因故意或者重大过失造成的合伙企业债务，以合伙企业财产对外承担责任后，该合伙人应当按照合伙协议的约定对给合伙企业造成的损失承担赔偿责任。

由于可能要承担无限连带责任，风险较高，因此，《合伙企业法》还规定：特殊的普通合伙企业应当建立执业风险基金、办理职业保险。执业风险基金用于偿付合伙人执业活动造成的债务。

【例 1-1】

中国第一家特殊普通合伙资产评估机构

北京北方亚事资产评估事务所前身为北京北方亚事资产评估有限公司，创始于1993年，由原国家国有资产管理局批准成立。2015年，北方亚事资产评估有限公司改制成为中国资产评估行业第一家特殊普通合伙企业——北京北方亚事资产评估事务所（特殊普通合伙），以“无限责任”为服务承诺践行资产评估机构之执业责任。

北京北方亚事资产评估事务所在各个专业评估领域一直保持不断前进的脚步，同时将服务向其他专业咨询服务领域延伸。其服务范围涉及单项/整体资产评估、矿业权评估、房地产评估、工程造价、咨询业务等。

资料来源：整理自北京北方亚事资产评估事务所简介．https：//www.ien.com.cn/about/show.php?id=22.

（2）公司形式的评估机构，包括有限责任公司和股份有限公司两种形式。

有限责任公司的股东以其认缴的出资额为限对公司承担责任。有限责任公司股东会和董事会的议事方式和表决程序比较灵活，除《中华人民共和国公司法》（以下简称《公司法》）的规定之外，由公司章程规定。有限责任公司必须在公司名称中标明“有限责任公司”或者“有限公司”字样。

股份有限公司的股东以其认购的股份为限对公司承担责任。股份有限公司的股东按照股份数量拥有表决权，每一股份对应着一个表决权，但是公司持有的本公司股份没有表决权。同时股份有限公司也必须在公司名称中标明“股份有限公司”或者“股份公司”字样。

【例 1-2】

北京中企华资产评估有限责任公司的组织形式

北京中企华资产评估有限责任公司（以下简称“中企华”）成立于1996年。公司总部设在北京，在上海、深圳、成都、大连、西安、武汉等地设有22家分公司并实施一体化管控。另外，该公司拥有北京中企华大数据科技有限公司、江苏中企华中天资产评估有限公司、中企华建友工程管理有限公司三家子公司。中企华在中国香港设有办公室，并与德勤建立了全面战略合作伙伴关系，现已形成遍布中国和世界近百个国家和地区的全球服务网络。

中企华拥有评估专业从业人员1 000多名，其中400多名资产评估师，行业专家300人，聚集了一大批行业精英。中企华坚定走“专业化、信息化、国际化”的品牌发展道路，公司的组织架构，如图1-1所示。

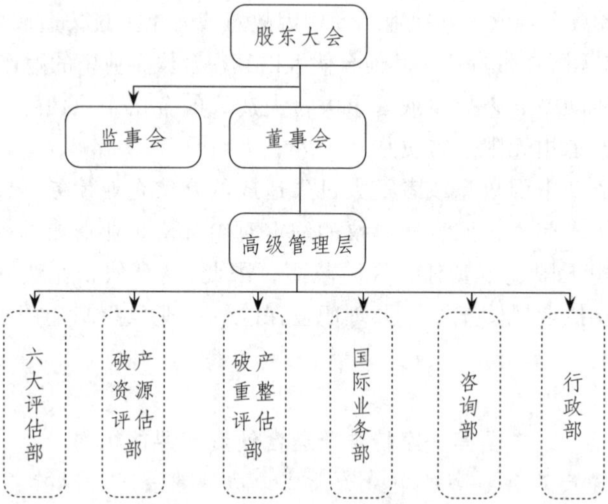

图1-1 中企华的组织架构图

资料来源：整理自北京中企华资产评估有限责任公司公司简介、组织架构. http：//www.chinacea.com/about/intro.html.

（二）资产评估机构的设立

1.评估机构设立的条件

设立资产评估机构要遵守《资产评估法》《合伙企业法》《公司法》《资产评估行业财政监督管理办法》等法律法规的相关规定。设立合伙形式、公司形式的资产评估机构应具备的条件，见表1-3和表1-4。

表1-3 **合伙形式资产评估机构设立的条件**

法律	相关规定
《中华人民共和国合伙企业法》	（1）有两个以上合伙人，合伙人为自然人的，应当具有完全民事行为能力 （2）有书面合伙协议 （3）有合伙人认缴或者实际缴付的出资 （4）有合伙企业的名称和生产经营场所 （5）法律、行政法规规定的其他条件
《中华人民共和国资产评估法》	应当有两名以上评估师；其合伙人三分之二以上应当是具有三年以上从业经历且最近三年内未受停止从业处罚的评估师

表1-4　　公司形式资产评估机构设立的条件

法律		相关规定
《中华人民共和国公司法》	有限责任公司	(1) 股东符合法定人数（50人以下） (2) 有符合公司章程规定的全体股东认缴的出资额 (3) 股东共同制定公司章程 (4) 有公司名称，建立符合有限责任公司要求的组织机构 (5) 有公司住所
	股份有限公司	(1) 发起人符合法定人数（2人以上200人以下，其中须有半数以上的发起人在中国境内有住所） (2) 有符合公司章程规定的全体发起人认购的股本总额或者募集的实收股本总额 (3) 股份发行、筹办事项符合法律规定 (4) 发起人制定公司章程，采用募集方式设立的经创立大会通过 (5) 有公司名称，建立符合股份有限公司要求的组织机构 (6) 有公司住所
《中华人民共和国资产评估法》		应当有八名以上评估师和两名以上股东，其中三分之二以上股东应当是具有三年以上从业经历且最近三年内未受停止从业处罚的评估师

评估机构的合伙人或者股东为两名的，两名合伙人或者股东都应当是具有3年以上从业经历且最近3年内未受停止从业处罚的评估师。

2.评估机构设立的程序

设立评估机构，应当向市场监督管理部门申请办理登记。评估机构应当自领取营业执照之日起30日内向有关评估行政管理部门备案。评估行政管理部门应当及时将评估机构备案情况向社会公告。

评估机构向有关评估行政管理部门备案时，应提交下列材料：①资产评估机构备案表；②统一社会信用代码；③资产评估机构合伙人或者股东以及执行合伙事务的合伙人或者法定代表人3年以上从业经历、最近3年接受处罚信息等基本情况；④在该机构从业的资产评估师、其他专业领域的评估师和其他资产评估从业人员情况；⑤资产评估机构质量控制制度和内部管理制度。

资产评估机构的备案信息不齐全或者备案材料不符合要求的，省级财政部门应当在接到备案材料5个工作日内一次性告知需要补正的全部内容，并给予指导。资产评估机构应当根据要求，在15个工作日内补正。逾期不补正的，视同未备案。

备案材料完备且符合要求的，评估行政管理部门应当在20个工作日内将下列信息以公函编号向社会公开，公开的信息包括：①资产评估机构名称及组织形式；②资产评估机构的合伙人或者股东的基本情况；③资产评估机构执行合伙事务的合伙人或者法定代表人；④申报的资产评估专业人员基本情况。

(三)评估机构的执业要求

(1)评估机构应当依法独立、客观、公正开展业务，建立健全质量控制制度，保证评估报告的客观、真实、合理。

(2)评估机构应当建立健全内部管理制度，对本机构的评估专业人员遵守法律、行政法规和评估准则的情况进行监督，并对其从业行为负责。

(3)评估机构应当依法接受监督检查，如实提供评估档案以及相关情况。

(4)评估机构根据业务需要建立职业风险基金，或者自愿办理职业责任保险，以完善风险防范机制。

(四)评估机构的权利

(1)委托人拒绝提供或者不如实提供执行评估业务所需的权属证明、财务会计信息和其他资料的，评估机构有权依法拒绝委托人履行合同的要求。

依照《资产评估法》的规定，评估机构应当是接受委托人的委托(应当订立委托合同)才开始开展评估业务。委托人应当为评估机构提供有关权属证明、财务会计信息和其他资料，并对其提供的权属证明、财务会计信息和其他资料的真实性、完整性和合法性负责。因为这些资料信息是构成评估机构开展评估业务的基础和前提，必须由委托人先行履行，然后评估机构才有可能具备开展客观、公正、真实的评估业务的条件。因此，按照合同法的规定，将委托人如实提供执行评估业务所需的权属证明、财务会计信息和其他资料作为先履行的义务，评估机构可以享有后履行抗辩权，依法拒绝从事虚假评估业务。

在委托人拒绝提供或者不如实提供执行评估业务所需的权属证明、财务会计信息和其他资料这两种情形下，评估机构都可以主张后履行抗辩权，有权拒绝委托人履行合同的要求。

(2)委托人要求出具虚假评估报告或者有其他非法干预评估结果情形的，评估机构有权解除合同。

一般而言，委托人进行评估的目的是确定资产的真实价值。但也有的委托人试图左右评估活动，进而达到满足自己不正当利益的目的。出于后一种动机，委托人往往会通过要求出具虚假评估报告或者其他非法的方式进行干预，使评估机构不能独立、客观、公正地开展评估业务。在这种情况下，有必要对评估机构的单方解除合同权做出规定。而且评估机构行使法定单方解除合同权时，无须承担赔偿损失的责任。

(五)评估机构的义务

评估机构在享有权利的同时，也必须履行相应的义务。资产评估机构的义务表现在以下三个方面：

1.评估机构不得有不当的行为

不得利用开展业务之便，谋取不正当利益；不得允许其他机构以本机构名义开展业务，或者冒用其他机构名义开展业务；不得以恶性压价、支付回扣、虚假宣传，或者贬损、诋毁其他评估机构等不正当手段招揽业务；不得受理与自身有利害关系的业务；不得分别接受利益冲突双方的委托，对同一评估对象进行评估；不得出具虚假评估报告或者有重大遗漏的评估报告；不得聘用或者指定不符合《资产评估法》规定的人员从事评估业务；不得有违反法律、行政法规的其他行为。

评估机构违反上述规定的，由有关评估行政管理部门依法给予责令停业、没收违法所得、罚款的处罚；情节严重的，由市场监督管理部门吊销营业执照，构成犯罪的，依法追究刑事责任。

2.加强评估机构内部管理

评估机构应当依法独立、客观、公正开展业务，建立健全质量控制制度，保证评估报告的客观、真实、合理。评估机构应当依法接受监督检查，如实提供评估档案以及相关情况。评估机构应当建立健全内部管理制度，对本机构的评估专业人员遵守法律、行政法规和评估准则的情况进行监督，并对其从业行为负责。

评估机构违反这一规定的，依法予以处罚。同时，在民事赔偿责任方面，明确评估专业人员违反《资产评估法》的规定，给委托人或者其他相关当事人造成损失的，由其所在的评估机构依法承担赔偿责任。评估机构履行赔偿责任后，可以向有故意或者重大过失行为的评估专业人员追偿。

3.完善风险防范机制

评估机构根据业务需要建立职业风险基金或者自愿办理职业责任保险，以完善风险防范机制。评估行业是一个专业性很强的中介服务行业，由于评估机构的评估活动，涉及委托人、第三人以及公共的利益，因此，评估机构需要承担较高的职业风险。《资产评估法》因此规定评估机构根据业务需要建立职业风险基金，或者自愿办理职业责任保险，从而完善风险防范机制。

三、评估专业人员

评估专业人员是指在评估机构从事资产评估业务的评估师和其他具有评估专业知识及实践经验的评估从业人员。

评估师是指通过评估师资格考试的评估专业人员；其他资产评估从业人员从事资产评估业务，除从事法定资产评估业务外，其所需的资产评估专业知识及实践经验，由资产评估机构自主评价认定。

国家根据经济社会发展需要确定评估师专业类别。目前我国评估师的专业类别有资产评估、土地估价、矿业权评估、房地产估价、旧机动车鉴定估价和保险公估六大类别，分别由财政部、自然资源部、住房和城乡建设部、商务部、银保监会五个部门进行管理。

由财政部管理的资产评估师是指通过中国资产评估协会组织实施的资产评估师资格全国统一考试的资产评估专业人员。

（一）评估专业人员的权利

知识链接1-3

资产评估师职业资格考试

为了保障评估专业人员的合法权益，促进评估行业的健康发展，《资产评估法》赋予评估专业人员以下权利：

（1）要求委托人提供相关的权属证明、财务会计信息和其他资料，以及为执行公允的评估程序所需的必要协助；

（2）依法向有关国家机关或者其他组织查阅从事业务所需的文件、证明和资料；

（3）拒绝委托人或者其他组织、个人对评估行为和评估结果的非法干预；

（4）依法签署评估报告；

（5）法律、行政法规规定的其他权利。

(二) 评估专业人员的义务

为了保护委托人利益和社会公共利益,《资产评估法》在赋予评估专业人员合理权利的同时,也规定了评估专业人员应当履行下列法定义务:

(1) 诚实守信,依法独立、客观、公正从事业务;

(2) 遵守评估准则,履行调查职责,独立分析估算,勤勉谨慎从事业务;

(3) 完成规定的继续教育,保持和提高专业能力;

(4) 对评估活动中使用的有关文件、证明和资料的真实性、准确性、完整性进行核查和验证;

(5) 对评估活动中知悉的国家秘密、商业秘密和个人隐私予以保密;

(6) 与委托人或者其他相关当事人及评估对象有利害关系的,应当回避;

(7) 接受行业协会的自律管理,履行行业协会章程规定的义务;

(8) 法律、行政法规规定的其他义务。

第四节 资产评估原则

资产评估原则是规范资产评估行为和业务执行的规则或标准。资产评估原则包括资产评估工作原则和资产评估经济技术原则两个层面。

一、资产评估工作原则

独立、客观、公正是资产评估的工作原则。

《资产评估法》第四条规定:"评估机构及其评估专业人员开展业务应当遵守法律、行政法规和评估准则,遵循独立、客观、公正的原则。"。《资产评估基本准则》也将该内容写入资产评估机构及其资产评估专业人员的"基本遵循"中。

《资产评估法》和《资产评估基本准则》做出上述规定,是由资产评估工作的性质决定的。坚持独立、客观、公正原则有利于资产评估机构及其资产评估专业人员维护专业形象,赢得社会信任,得到健康可持续的发展。因此,独立、客观、公正,既是资产评估机构及其资产评估专业人员开展资产评估业务应当遵守的工作原则,又是对其从事资产评估工作的职业道德要求。

二、资产评估经济技术原则

资产评估经济技术原则,是指在开展资产评估业务过程中的一些技术规范和业务准则,为资产评估专业人员在执行资产评估业务过程中的专业判断提供技术依据。

(一) 供求原则

供求原则是经济学中关于供求关系影响商品价格原理的概括。假定在其他条件不变的前提下,商品的价格随着需求的增长而上升,随着供给的增加而下降。尽管商品价格随供求变化并不成固定比例变化,但变化的方向带有规律性。供求规律对商品价格形成的作用同样适用于资产价值的评估。资产评估专业人员在判断资产价值时,应充分考虑和依据供求原则。

由于均衡价格是需求和供给共同作用的结果，在均衡价格中，生产费用和效用是影响价格的两个均等因素，因此资产评估既需要考虑资产的购建成本，又需要考虑资产的效用。

（二）最高最佳使用原则

该原则依据价值理论原理，强调商品在交换时，应以最佳用途及利用方式实现其价值。

由于资产的使用会受到市场条件的制约，因此，最高最佳用途的确定一般需要以下三个因素：

（1）法律上可行：必须考虑该项资产使用的法律限制。

（2）技术上可行：必须是市场参与者认为合理的用途。

（3）经济上可行：在法律和技术上可行的情况下，必须考虑使用该资产能否产生足够的收益或现金流量，从而在补偿资产用于该用途所发生的成本后，仍然能够满足市场参与者所要求的投资回报。

例如，在房地产估价中，每个房地产拥有者都试图采取最高最佳利用方式充分发挥其房地产的潜力，以获取最大的经济利益，如将符合一定条件的房屋作为学区房或营业门市房进行出售。但应注意的是最高最佳使用不是无条件开发最大利益，而是在法律（包括法律、行政法规、城市规划、土地使用权出让合同等）允许范围内的最高最佳使用。

（三）替代原则

任何理性的投资者对具有相同效用的物品，必定选择价格较低的；当价格相同时，必定选择效用较大的。替代原则是指价格最低的同质商品对其他同质商品具有替代性，即相同效能的资产，最低价格的资产需求最大。作为一种市场规律，在同一市场上，具有相同使用价值和质量的商品，应有大致相同的交换价格。如果具有相同使用价值和质量的商品，具有不同的交换价值或价格，则买方会选择价格较低的。当然，作为卖方，如果可以将商品卖到更高的价格水平上，他会在较高的价位上出售商品。正确运用替代原则是资产评估公正性的重要保证。

（四）预期收益原则

资产之所以具有价值，是因为它能够为其拥有者或控制者带来未来经济利益。因此，在资产评估过程中，资产的价值不在于过去的生产成本或销售价格，而是应当基于其对未来收益的预期加以决定。预期收益原则是资产评估专业人员判断资产价值的一个最基本的依据。

（五）贡献原则

根据经济学边际收益原理，各生产要素价值的大小可依据其对总收益的贡献来衡量。从一定意义上来看，贡献原则是预期收益原则在某种情况下的具体应用。它主要是指某一资产或资产某一构成部分的价值，取决于它对所在资产组合或完整资产整体价值的贡献，或者根据当缺少它时对整体价值的影响程度来确定。贡献原则主要适用于确定构成整体资产的各组成要素资产的贡献，或者当整体资产缺少该要素资产时将蒙受的损失。

（六）评估时点原则

资产评估具有动态性特点，资产的价值会随着时间因素的变化而变化，因此必须选取一个评估基准日。为了使资产评估得以操作，同时又能保证资产评估结论可以被市场检验，当相关人员进行资产评估时，必须假定市场条件固定在某一时点，这一时点就是评估基准日。它为资产评估提供了一个时间基准。评估时点原则也是对交易假设和公开市场假设的一个反映。市场是变化的，资产的价值会随着市场条件的变化而不断改变。从理论上说，资产评估是对动态资产价格的现实静态反映。这种反映越准确，评估结果越科学。评估基准日为“特定的时间点”，资产评估专业人员的价值意见为该时间点的价值意见，价值标准是该时间点适用的价值标准。

（七）外在性原则

资产评估中的外在性原则是指“外在性”会对相关权利主体带来自身因素之外的额外收益或损失，从而影响资产的价值，并对资产的交易价格产生直接影响。资产评估应该充分关注“外在性”给被评估资产带来的损失或收益以及这种损失或收益对资产价值的影响。

微课：资产评估原则

第五节　资产评估的功能与作用

功能是指事物所固有的功用和能力，它是由事物的本质、属性和特征构成的，并受所在环境影响，客观地存在于事物之中。作用是指事物与外部环境发生关系时所产生的外部效应。一般来说，功能是作用产生的内部根据和前提基础。

资产评估的功能是由资产评估的本质、属性和特征构成的，并受其所在经济环境影响的、客观地存在于资产评估之中的固有的功用和能力。资产评估的作用是资产评估的功能发挥后的外部效果。

一、资产评估的功能

资产评估源于人们希望了解和掌握在一定条件下资产价值的各种需求，因而具有资产估值的基本功能以及由基本功能所派生的鉴定功能、咨询功能和管理功能。

（一）估值功能

估值功能是指资产评估本身所具有的分析、判断和估算资产价值的功能。估值功能是资产评估的基本功能。在市场经济发展过程中，广泛存在着资产交易、产权变动等经济活动，需要资产评估提供专业化的估价意见，以满足不同主体对各类资产业务中所涉及的有关事项进行合理判断和决策的需求。资产评估行业正是承担着为社会提供估价服务的使命而产生的，并随着市场经济对资产业务拓展的需要而不断发展，其提供的客观、公正的专业估价服务，有力地维护了产权交易中各类主体的合法权益。

（二）鉴定功能

鉴定功能是指由资产评估的估价功能所派生出来的对特定资产业务中所涉及的资产进行鉴别和判断并提供专业鉴定意见的功能。资产评估的鉴定功能主要体现在为特定资产业务提供的中介服务之中，如司法鉴定服务、财产损害赔偿鉴定服务等。与其他专业鉴定所不同的是，资产评估提供的是价值鉴定，而不是责任鉴定、技术鉴定等。在鉴定类中介服务中，资产评估提供的专业鉴定意见往往作为委托者或当事人进行决策的重要依据，当然，提供专业鉴定意见的评估专业人员也必须承担举证和被质询的义务。

（三）咨询功能

咨询功能是指资产评估所体现的为委托者在某些资产业务中所涉及的资产进行分析和判断并提供专业价值咨询意见的功能。资产评估的咨询功能和估值功能都表现为资产评估为特定的资产业务提供专业化的估价意见的功能，但咨询功能是估值功能的辅助性功能，主要体现在委托者对资产评估结果或报告形式有特殊要求的资产评估业务（评估咨询业务）中，如评估资产的最低价值、最高价值或区间价值，评估资产或企业未来价值等。根据委托者的要求，资产评估咨询业务报告的形式也可以是多种多样的，如规范的咨询报告、简单的咨询报告或意见、口头的咨询意见等。

【例 1-3】

资产评估咨询报告

温州华明资产评估有限公司接受温州东日房地产开发有限公司（简称“东日房地产”）的委托，根据有关法律法规和资产评估准则的规定，采用市场法，按照必要的评估程序，对东日房地产拟了解房地产市场价值事宜涉及的温州市核心片区洪殿单元C-14地块建设工程项目建成后出售的住宅销售价格在2019年7月31日的市场价值进行了评估，并出具了资产评估咨询报告（温华评咨报字〔2019〕0112号）。评估咨询目的是为委托方建设工程项目建成后拟对外出售房地产提供委估资产销售价格的参考依据。

评估对象为东日房地产拟建成后出售的住宅销售价格。评估范围为东日房地产拥有的位于温州市核心片区洪殿单元C-14地块建设工程项目建成后出售的住宅，土地使用权面积为4 122.00平方米，拟建造的建筑面积为11 546.00平方米。

经市场法评估，委估资产在评估咨询基准日2019年7月31日模拟建成条件下可能实现的销售价格评估结果为人民币27 580.00元/平方米，房地产评估价值为人民币318 438 680.00元。

资料来源：浙江东日．温州东日房地产开发有限公司拟了解温州市核心片区洪殿单元C-14地块建设工程项目建成后出售的住宅销售价格评估咨询报告［EB/OL］.（2019-11-05）．http：//www.cninfo.com.cn/new/disclosure/detail？ stockCode=600113&announcementId=1207064139&orgId=gssh0600113&announcementTime=2019-11-05.（巨潮资讯网，经作者整理）

（四）管理功能

管理功能是指资产评估在为国有资产产权主体提供资产估价服务时所体现的特殊功能。在我国资产评估开展初期，资产评估不仅是提供专业服务的中介行业，而且是维护国有资产权益、促进国有资产保值增值的工具和手段。国家通过制定申请立项、资产清查、评定估算和验证确认的国有资产评估管理程序，使资产评估具有了管理功能。但随着国有资产评估项目的立项确认审批制度的取消以及核准制和备案制的确立，资产评估的管理功能也随之发生改变。

二、资产评估的作用

与西方国家的资产评估行业相比，我国资产评估行业虽然起步较晚、发展历史较短、尚属于市场经济中的新兴行业，但自我国资产评估行业产生以来，各类资产评估从业人员已为国有企业改制、上市公司并购重组、金融企业风险防范、中小企业改革、房地产交易、土地估价、二手车市场交易等经济行为提供了大量的专业服务，从而有效地维护了交易各方的合法权益，防止了国有资产流失，保障了资产交易的公平和公正，在社会主义市场经济体制和经济发展中发挥了重要作用。

资产评估在我国市场经济发展中的作用主要表现为以下方面：

1.为各类经济行为提供有效的价值发现和价值鉴证服务

资产评估机构和评估专业人员从客观、公正的角度对市场经济中的各类经济行为所涉及的资产的现时价值进行评定和估算，为这些经济行为提供作价的专业意见，在很大程度上保证了资产价值的合理认定。

经过30多年的不断发展，我国资产评估的业务领域不断扩大。一方面，原有的评估业务领域持续扩大。涉及国有企业改制、清产核资、并购重组、产权交易、上市再融资；非公有制企业改制上市、产权重组、兼并收购；资本市场中的企业改制上市、追加投资、股权转让、管理层收购；金融体制改革、金融不良资产管理、抵押贷款管理；对外经济合作与交流，境内公司对外投资，境外公司对内投资；公司设立、增资、股权转让；珠宝评估；机动车鉴定评估等评估业务。另一方面，新兴的业务领域不断涌现。比如，以财务报告为目的的评估、税基评估、知识产权评估、绩效评价、文化产业评估、企业价值评估中的流动性折扣和控股权溢价评估、抵质押品评估、新能源评估、民间投融资评估、以诉讼或补偿为目的评估等评估业务。资产评估行业在这些业务领域中起到越来越重要的作用。

【例1-4】

对外转让资产涉及的固定资产及无形资产市场价值资产评估

中瑞世联资产评估集团有限公司接受天津生物化学制药有限公司（简称“天津生物”）的委托，遵守法律、行政法规和资产评估准则的规定，坚持独立、客观、公正的原则，履行适当的资产评估程序，采用公认的评估方法，对天津生物拟对外转让资产涉及的相关资产在评估基准日的市场价值进行了评估。

评估目的：天津生物拟对外转让部分固定资产及无形资产，本次评估目的是对拟转让资产在评估基准日的市场价值进行评估，为上述经济行为提供价值参考。

评估范围和评估对象：天津生物拟对外转让资产涉及的部分固定资产及无形资产，具体包含：房屋建筑物、构筑物、机器设备、电子设备及土地使用权。评估基准日账面净额合计为157 147 567.96元，账面净额未经审计。

评估基准日：2021年12月31日。

价值类型：市场价值。

评估方法：成本法、市场法。

评估结论：评估基准日纳入评估范围的拟转让资产账面价值为15 714.76万元，评估价值为16 890.38万元，增值额为1 175.62万元，增值率为7.48%。

评估报告有效期：自评估基准日2021年12月31日起至2022年12月30日止。

资料来源：力生制药. 天津生物化学制药有限公司拟对外转让资产涉及的部分固定资产及无形资产市场价值评估项目资产评估报告［EB/OL］.［2022-07-05］. http://www.cninfo.com.cn/new/disclosure/detail?stockCode=002393&announcementId=1213950847&orgId=9900012091&announcementTime=2022-07-05.

2.资产评估维护了市场经济秩序的稳定，促进了市场交易的正常进行

市场经济的健康发展要求各种类型的资产交易必须尽可能做到公平和公正，交易价格应符合资产的内在价值。资产评估通过专业化的服务，在执业中坚持独立、客观、公正的原则，为交易双方提供公平公正的价值参考意见，从而降低了交易双方的交易成本，促进了交易效率的提高。特别是随着我国资本市场的蓬勃发展，企业改制上市和上市后的追加投资、并购重组等各类资产交易均需要进行资产评估。资产评估机构和评估专业人员对资产价值的评定和估算已经成为资本市场中的上市公司资产交易的重要定价依据。资产评估结论的公平合理，促进了资本市场交易的正常进行。

3.资产评估有利于保护交易各方的合法权益

一项资产业务往往涉及多方交易者，比如投资者（包括潜在的投资者）、经营者、债权人、债务人及其他利害关系人等。评估机构及其评估专业人员开展资产评估业务时遵守法律、行政法规和评估准则，遵循独立、客观、公正的工作原则，不偏不倚，有利于交易各方能够在公开、公正、公平的前提下，实现资产最有可能实现的交换价值，从而保护了交易各方的合法权益。

4.资产评估有利于维护公共利益，防止国有资产流失

资产评估对于公共利益的维护，主要表现在以下方面：一是，资产评估通过促进市场资源的优化配置，为政府增收节支、企业提高经济效益、全社会增加经济总量做出了重要贡献，从而提升了社会公众的整体福祉；二是，资产评估通过完善经济秩序，保障了纳税人的合法权益；三是，林权评估、碳排放交易评估等相关业务，有助于消除外部不经济，加快建设资源节约型和环境友好型社会；四是，资产评估通过进入司法鉴证业务领域，在防治贪污腐败、实现司法公正方面发挥的作用越来越突出；五是，资产评估为中外合资、合作的资产组合合理作价提供专业服务，使交易双方建立在公平、平等、透明的基础上，从而避免了中方资产低估和外方资产高估的情况，防止了国有资产流失，维护了国家利益。

【例1-5】

中联资产评估集团助力中国能建成功换股吸收合并葛洲坝

2021年8月11日，经证监会并购重组委2021年第18次工作会议审核，中国能源建设股份有限公司（以下简称“中国能建”）吸收合并中国葛洲坝集团股份有限公司（以下简称“葛洲坝”）项目获无条件通过。

在此次换股吸收合并中，中联资产评估集团为中国能建提供2018—2020年报告期审计编制财务报告相关的公允价值和减值测试，以及前期多个报告复核等评估服务，共出具6份资产评估报告、6份复核咨询报告，服务范围包括投资性房地产公允价值计量、金融资产公允价值计量、商誉、固定资产减值测试等近160项，为中国能建成功换股吸收合并葛洲坝并实现在A股整体上市贡献专业力量。

本次换股吸收合并后，中国能建和葛洲坝将实现资源全面整合，从而有效消除潜在同业竞争和关联交易，有助于提高资源配置效率和业务协同能力，进而真正实现产业链纵向一体化，发挥全产业链服务作用和价值链整合优势。交易完成后，中国能建作为存续公司将实现“A+H”两地上市，可以同时在H股市场和A股市场开展资本运作活动，为未来的业务发展和兼并收购提供有力的资本支持。

资料来源：中联资产评估集团. 中国能建换股吸并葛洲坝，实现A股整体上市［EB/OL］.［2021-08-12］. http：//china-value.com/w_NewsShow.asp？pID=36&ID=977.

【思政课堂】 履行“三个责任”服务国有企业改革

国有企业是推进国家现代化、保障人民共同利益的重要力量，国有资产是社会主义公有制经济存在和发展的物质基础。党的二十大报告提出，深化国资国企改革，加快国有经济布局优化和结构调整，推动国有资本和国有企业做强做优做大，提升企业核心竞争力。资产评估行业是强化国有资产价值发现和价值实现，保障国有企业改革得以顺利实施的“看门人”。资产评估行业要以认真履行政治责任、经济责任和社会责任“三个责任”为抓手，加强职业操守和专业能力建设，提供优质资产评估服务，发挥资产评估在国有企业改革中的应有作用。

履行政治责任　树立大局意识

履行政治责任，就是要求资产评估行业要有大局意识，从服务于国有企业改革发展和产权交易市场健康运行的高度，看待职业操守和专业能力建设。

资产评估业务涉及相关各方合法权益的保障，资产评估必须公平，既要防止国有资产流失，又要防止非公有资本权益受损。为此，资产评估行业要从讲政治的高度，秉持职业操守，增强专业能力，提供优质资产评估服务，充分发挥资产评估在合理确定国有资产转让价格、维护国有资产权益、防止国有资产流失等方面的鉴证、咨询和促进作用。

履行经济责任　开拓评估新业务

经济责任是指经济法律关系主体违反经济法义务或经济合同义务依法应承担的法律责任。履行经济责任，就是要求资产评估行业在追求经济利益的同时，不断增强国有企业改革带来的资产评估新业务的专业能力，提供优良专业价值评估服务。

随着市场经济的发展和国有企业改革的不断深入，文化等无形资产、森林等自然资源资产的市场化配置得以提升，由此产生大量资产评估业务新需求。资产评估机构要增强专业能力，开拓新业务市场，不断探索扩展资产评估行业服务范围，从而更好地服务于国企改革。

履行社会责任　维护社会与公共利益

社会责任是一个组织对社会应负的责任，其经营和管理应有利于社会。履行社会责任，就是要求资产评估行业协会、资产评估机构和资产评估从业人员在从事国有企业评估业务时，自觉维护行业秩序，维护社会与公共利益。

资产评估行业以独立的第三方提供专业知识服务，为市场交易提供信息，评估结果是国有企业增值保值考核和布局优化、结构调整、战略性重组等产权交易的重要决策依据。同时，国有企业资产评估涉及国家、组织和个体的利益，为此要求评估行业秉持客观、独立、公正的立场，坚持职业操守，提供优质评估服务，面向社会树立行业诚信公正的行业文化。

履行政治责任、经济责任和社会责任，不仅要求资产评估贯穿于资产评估协会制定准则规范和行业自律监管过程中，而且要求体现在资产评估机构加强和完善内部管理、资产评估从业人员秉持职业操守严格按照执业准则执业过程中。

【本章小结】

资产评估是商品经济发展到一定阶段的必然产物。本章在对资产评估的产生与发展进行简述的基础上，阐明了资产评估的含义、特点与分类，并对资产评估主体进行了界定，明确了评估机构设立的条件与程序、评估机构与评估专业人员的权利与义务。

本章进一步阐述了资产评估的工作原则和经济技术原则。独立、客观、公正是评估主体开展资产评估业务应当遵循的工作原则；经济技术原则是资产评估执业过程中的技术规范和业务准则。

本章最后阐述了资产评估的功能与作用。资产评估具有估值的基本功能及其派生出的鉴定功能、咨询功能和管理功能。这些功能的有效发挥，促使资产评估不仅能够为各类经济行为提供有效的价值发现和价值鉴证的专业服务，而且在有效维护交易各方的合法权益，维护公共利益，防止国有资产流失，保障资产交易的公平和公正等方面也具有重要作用。

【练习题】

（一）单项选择题

1.资产评估的主体是（　　）。

A.评估机构　　B.评估委托人

C.评估专业人员　　D.评估机构和评估专业人员

2.资产评估的基本功能是（　　）。

A.估值功能　　B.鉴定功能　　C.监督功能　　D.咨询功能

3.在下列各项中，不属于资产评估机构义务的是（　　）。

A.不得冒用其他机构名义开展业务

B.建立职业风险基金或者自愿办理职业责任保险

C.建立健全内部管理制度

D.以预先设定的价值作为评估结论

4.中国资产评估产生于20世纪（　　）。

A.80年代初　　B.80年代末　　C.90年代初　　D.90年代末

5.《国有资产评估管理办法》颁布于（　　）。

A.1989年　　B.1991年　　C.1993年　　D.1995年

6.中国资产评估协会成立于（　　）。

A.1989年　　B.1991年　　C.1993年　　D.1995年

7.资产评估主体就是资产评估活动的（　　）。

A.组织者和操作者　　B.委托者　　C.参与者　　D.管理者

8.由发起人共同出资设立，以其全部财产对其债务承担责任的评估机构是（　　）。

A.合伙形式评估机构　B.公司形式评估机构　C.专项形式评估机构　D.综合形式评估机构

9.评估主体对其他评估机构出具的评估报告进行评判、分析和再评估，并向委托方出具报告，属于（　　）。

A.核查验证　　B.评估　　C.评估复核　　D.评估咨询

10.下列不属于资产评估经济技术原则的是（　　）。
A.供求原则　　B.现状使用原则　　C.替代原则　　D.预期原则

（二）多项选择题

1.资产评估的基本要素有（　　）。
A.评估目的　　B.评估主体　　C.评估对象
D.评估方法　　E.评估假设

2.从资产评估委托人评估需求的角度看，资产评估可分为（　　）。
A.评估　　B.评估咨询　　C.评估复核
D.完全资产评估　　E.限制性资产评估

3.在下列各项中，资产评估的特点有（　　）。
A.市场性　　B.公正性　　C.咨询性
D.专业性　　E.行政性

4.资产评估的产生发展经历了（　　）。
A.原始评估阶段　　B.经验评估阶段　　C.规范评估阶段
D.单项评估阶段　　E.整体评估阶段

5.在下列各项中，属于经验评估阶段特点的有（　　）。
A.经常性　　B.经验性　　C.有偿性
D.责任性　　E.科学性

6.中国资产评估的产生发展经历了（　　）。
A.产生阶段　　B.初具规模阶段　　C.规范化阶段
D.单项评估阶段　　E.批量评估阶段

7.资产评估主体是指具体从事资产评估工作的（　　）。
A.评估机构　　B.评估专业人员　　C.委托方
D.管理部门　　E.参加者

8.从评估机构的组织形式角度划分，资产评估机构可分为（　　）。
A.合伙制评估机构　　B.公司制评估机构　　C.专项评估机构
D.综合评估机构　　E.资产评估总机构

9.在下列各项中，属于资产评估功能的有（　　）。
A.估值功能　　B.鉴定功能　　C.监督功能
D.咨询功能　　E.管理功能

10.下列关于资产评估原则的表述，正确的有（　　）。
A.资产评估原则是规范资产评估行为和业务执行的规则或标准
B.独立、客观、公正是资产评估的工作原则
C.预期收益原则是评估专业人员判断资产价值最基本的依据
D.正确运用替代原则是资产评估公正性的重要保证
E.贡献原则主要适用于确定构成整体资产的各组成要素资产的贡献

（三）判断题

1.资产评估结果是否客观、合理，必须接受市场的检验。（　　）
2.资产评估公允的行为规范和业务规范是公正性的组织基础。（　　）

3. 完整性评估是指能够严格遵守资产评估准则及程序的规定所进行的资产评估。（　　）

4. 偶然性和非专业性是资产原始评估阶段的特点。（　　）

5.1991 年 11 月国务院发布《国有资产评估管理办法》，标志着中国资产评估的产生。（　　）

6. 中国资产评估协会于 1999 年加入国际评估准则委员会。（　　）

7. 根据劳动价值论，价格是价值的货币表现形式，价值的变动是价格变动的内在的、支配性的因素，是价格形成的基础。（　　）

8. 评估机构是专门从事资产评估业务和其他中介服务业务的专业机构。（　　）

9. 评估专业人员是在评估机构从事资产评估业务的具有专业知识和评估经验的评估从业人员。（　　）

10. 估值功能是资产评估本身所具有的分析、判断和估算资产价值的功能，是资产评估的基本功能。（　　）

（四）简答题

1. 如何理解评估、评估复核、评估咨询？

2. 资产评估有哪些特点？

3. 怎样理解资产评估主体？

客观题智能测评

第二章
资产评估的基础理论

【学习目标】

1. 掌握劳动价值论的使用价值和价值、商品的价值规律；
2. 掌握效用价值论的边际效用和边际效用递减规律；
3. 掌握需求和供给及其影响因素、市场均衡；
4. 熟悉市场结构理论；
5. 了解有效市场理论；
6. 学会理论联系实际，弘扬求真、务实、质疑、包容、创新的科学精神。

本章思维导图

【案例导入】

截至2021年12月22日，上海有色金属网（以下简称“SMM”）数据显示，电解钴、电池级碳酸锂以及氢氧化锂等价格纷纷刷新3年来的历史高位。电解钴现货均价为48.7万元/吨，单日涨0.3万元/吨；电池级碳酸锂现货均价为25万元/吨，单日涨0.45万元/吨；氢氧化锂现货均价为19.8万元/吨，单日涨0.5万元/吨。随着钴、锂价格的大幅上涨，行业内上市公司业的绩迎来爆发。锂电原材料价格的持续上涨，也引发了市场的大量关注。

据行业内部人士分析，造成锂电原材料价格持续上涨原因主要有两点：一是新能源汽车快速发展造成下游需求旺盛，带动锂电池企业装机量“水涨船高”。中国汽车工业协会数据显示，2021年11月，国内新能源汽车产销分别完成45.7万辆和45万辆，同比分别增长1.3倍和1.2倍。二是上游产能难以匹配需求增长，从而助推了价格的快速上涨。非洲是部分锂电原材料最丰富的地区，也是钴资源的集散地。但非洲疫情不断恶化，本就脆弱的南非物流链不断受到冲击，航线集装箱货运价格持续保持在高位，从而造成了供不应求的局面。

由此可见，供求关系对于商品价格有着至关重要的影响，也是进行资产评估的后续步骤必不可少的理论基础之一。

资料来源：中国经营网.锂电原材料暴涨 钴锂价格创3年新高［EB/OL］.［2021-12-25］.http：//www.cb.com.cn/index/show/bzyc/cv/cv135138551645.

第一节　劳动价值论

劳动价值论是阐明商品价值决定于人类无差别的一般劳动的理论。劳动价值论认为，价值实体是客观的，衡量价值的尺度也是客观的。因此，劳动价值论又称客观价值论。

价值属于商品经济范畴。产品成为商品以交换为前提。商品具有二重性，即价值和使用价值，其中，使用价值是商品的自然属性，价值是商品的社会属性，价值构成了商品交换的基础。商品的二重性取决于劳动的二重性，劳动的二重性是指劳动分为抽象劳动和具体劳动。具体劳动创造了商品的使用价值，抽象劳动创造了商品的价值。价值是无差别的人类抽象劳动的凝结，商品价值量由凝结在商品中的劳动量决定，而劳动量又是以劳动时间来计算的。所以，商品在生产过程中所耗费的社会必要劳动时间就决定了商品价值量。商品的价值作为一定的社会关系，表现为交换价值，只能在交换过程中表现出来。价值规律要求商品的价值量决定于社会必要劳动时间，商品按照价值量相等的原则进行交换，价值规律的表现形式是价格围绕价值上下浮动。

一、理论发展过程

威廉·配第（William Petty）是劳动价值论的创始人。在《赋税论》（1662）中，他提出把价格区分为两种："自然价格"，指商品价值；"政治价格"，指市场价格。在此基础上，他第一次有意识地把商品价值的源泉归于劳动，并根据劳动决定价值的原理，得出了商品价值量的大小以劳动生产率为转移的结论，即劳动生产率的高低与商品价值量成反比例关系。

亚当·斯密（Adam Smith）继承和发展了威廉·配第等学者的劳动价值论，并在《国富论》（1776）第1篇中对其进行了系统说明。亚当·斯密首先区分了使用价值和交换价值——"价值一词有两个不同的意义。它有时表示特定物品的效用，有时又表示由于占有某物而取得的对他种货物的购买力。前者可叫作使用价值，后者可叫作交换价值"。在此基础上，他提出劳动是衡量一切商品交换价值的真实尺度。亚当·斯密的观点比威廉·配第前进了一步。在威廉·配第看来，只有开采金银的劳动决定价值，其他部门的劳动只有在以其产品与金银相交换的前提下才间接决定价值。亚当·斯密强调一切生产商品的劳动都创造价值。他在进一步研究什么样的劳动决定商品价值时，提出了如下三种价值规定理论：

（1）"劳动决定价值"，即决定商品价值量的是生产商品所耗费的劳动。亚当·斯密说："任何一个物品的真实价格，即要取得这些物品实际上所付出的代价，乃是获得它的辛苦和麻烦。"亚当·斯密所说的商品的"真实价格"又称"交换价值"，实际指的是商品的价值，如工作一小时和工作两小时创造的价值是不一样的。

（2）"购买到的劳动决定价值"，即决定商品价值的劳动是该商品在交换中购买到的劳动或能支配的劳动。斯密认为，社会自出现分工以来，一个人所需要的物品，只有一小部分依赖于自己，其余大部分要依靠别人的劳动。所以，一个人的生活是否丰裕，就看他能够支配多少别人的劳动，亦即他能购买多少他人的劳动。"一个人占有某货物，但不愿自己消费，而愿用以交换他物，对他来说，这货物的价值，等于使他能购买或能支配的劳动量。"

（3）"三种收入决定商品价值"，构成真实价格的各部分即商品价值由工资、利润、地租三种收入构成。亚当·斯密认为，前两种价值规定只适用于"初期蒙昧社会"（资本主义以前的简单商品经济），而不适用于资本积累和土地私有权产生以后的进步社会，即资本主义社会。在资本主义社会，劳动者的劳动对原材料追加的价值分为两部分，一部分是支付了劳动者自身的工资，另一部分则是支付给雇主的利润。这样，商品的价格构成就与社会初期不同了，它不仅包括劳动者的工资，而且包括资本的利润。当土地变为私有财产时，土地的所有者要对耕种他们土地的经营者收取地租。这种情况下，在大多数商品的价格构成中，就不仅包含有工资和利润，而且包含了土地地租。因此，商品价值由工资、利润、地租三种收入构成，三种收入决定了商品价值。

大卫·李嘉图（David Ricardo）在亚当·斯密的基础上又进了一步，他继承了亚当·斯密关于劳动决定价值的观点，但批判了亚当·斯密的购买劳动价值论和三种收入价值论，认为劳动决定价值，劳动既包括活劳动，又包括物化劳动。大卫·李嘉图明确指出商品价值量和耗费劳动量成正比，和劳动生产率成反比，并把复杂劳动归结为倍加的简单劳动。由于没有劳动二重性学说，因此他没能说明价值的创造和价值的转移如何在同一劳动过程中得以实现。他虽然认识到商品价值决定于社会必要劳动量，但又不适当地把适用于农业产品价值决定的法则视为普遍法则，认为价值由最不利条件的土地产品耗费的劳动决定。

卡尔·马克思（Karl Marx）在大卫·李嘉图的基础上对劳动价值论进行了深入阐述，确立了商品价值这一根本范畴。马克思认为，商品的价值是由凝结在商品中的无差别人类劳动决定的。在此之前，古典政治经济学在任何地方也没有明确地或有意识地把体现为价值的劳动同体现为产品使用价值的劳动区分开，马克思把人类劳动分为具体劳动和抽象劳动，具体劳动构成了商品的使用价值，抽象劳动则形成了商品的价值。商品的价值是由直接导致该商品生产的工人的活劳动和间接凝结在商品中的物化劳动构成，它是用社会必要劳动时间来衡量的。随着社会的发展和技术的不断进步，生产某一产品所需的社会必要劳动时间会不断减少，其价值量会逐渐下降，马克思的劳动价值论科学地揭示了劳动与资本的根本对立，阐述了劳动是价值的唯一源泉，为其剩余价值论奠定了理论基础。

劳动价值论是分析社会主义市场经济的理论基石和有效办法。实践中的以公有制为主体的多种类产权结构，以按劳分配为主体的多形式分配结构，都可以运用发展的马克思主义劳动价值论来解析，从而从思想与操作层面促进公有主体型和劳动主体型的社会主义市场经济的良性发展。

在社会主义市场经济条件下，劳动价值论呈现出新的特点：①脑力劳动在社会生产中的地位和作用越来越重要；②个别劳动平均化为社会必要劳动的外延进一步扩大；③管理部门成为价值创造中的重要部分；④科学技术在价值创造中的作用越来越大。

中国特色社会主义立足于中国的基本国情，发展进步的前提仍然是人的劳动，其特色来源于“人”与“生产资料”结合的特殊方式。中国特色社会主义市场经济理论是以中国特色社会主义理论为背景，以马克思主义经济理论为指导，以社会主义经济发展实践为基础而发展起来的经济理论，是中国实行社会主义市场经济并逐步建立和完善社会主义市场经济体制具体实践的能动反映。党的二十大提出，努力提高居民收入在国民收入分配中的比重，提高劳动报酬在初次分配中的比重。这正是劳动价值论在中国特色社会主义社会中的生动再现。

二、劳动价值论主要内容

（一）商品的两因素原理

商品是用来交换的劳动产品。商品包含使用价值和价值两个要素，是使用价值和价值的统一。

1.使用价值

使用价值是指物品和服务能够满足人们某种需要的属性，即物品和服务的有用性。任何商品，首先必须能够满足人们的某种需要，即具有某种使用价值，如馒头的使用价值是充饥，水的使用价值是解渴，“充饥”“解渴”就是人们的某种需要。商品的使用价值是由它的自然属性决定的。商品的自然属性不同，它的使用价值也会不同，同一种商品还可以兼有各种自然属性，具有多种使用价值。使用价值构成社会财富的物质内容，反映的是人与自然之间的物质关系。商品通过交换让渡给他人使用进入消费环节，因此商品的使用价值是交换价值的物质承担者。

2.交换价值和价值

商品能够通过买卖同其他商品相交换的属性，是商品的交换价值。交换价值表现为一种使用价值同另一种使用价值相交换的量的比例关系。交换价值是相对的，不同的交换对象有不同的交换价值，并且会因时因地而发生变化。

两种使用价值完全不同的商品能按照一定的比例交换，说明存在着一种可以相互比较的共同属性。事实上，任何商品在被生产出来的时候，都耗费了人类劳动，所以凝结在商品中无差别的一般人类劳动就是商品的价值。商品之所以能够交换，就是因为商品里面各自凝结了等量的人类劳动，或者说具有等量的价值。商品的价值通过交换得到体现。所以，交换价值是价值的表现形式，而价值是交换价值的基础。没有价值的东西，也就没有交换价值。商品按价值交换，从本质上看，是生产者之间的劳动交换，它体现着商品生产者之间的生产关系。

3.交换价值、使用价值和价值的关系

商品是使用价值和价值的对立统一体。一方面，使用价值和价值是统一的，是互相依存、互为条件的，商品必须同时具有使用价值和价值两个因素。另一方面，使用价值和价值又是对立的，是互相排斥、互相矛盾的。商品生产者生产商品是为了取得价值，而商品购买者则是为了取得商品的使用价值。卖者必须让渡商品的使用价值，买者必须支付商品的价值。商品的使用价值和价值，二者不能兼得，要得到一方，必须以放弃另一方为前提。使用价值和价值的矛盾是商品的内在矛盾，只有通过交换，才能使商品的内在矛盾得到解决。

（二）劳动的二重性原理

商品是由劳动创造的。商品的两要素是由生产商品的劳动二重性决定的，即商品的使用价值和价值是由生产商品的具体劳动和抽象劳动决定的。具体劳动和抽象劳动是同一劳动的两种属性。

1.具体劳动

具体劳动即从劳动的具体形态考察的劳动。劳动的具体形态包括劳动目的、劳动对象、劳动工具、操作方法、劳动成果等。具体劳动创造商品的使用价值。不同商品之所以

具有不同的使用价值，除了其构成的物质要素各有其特殊的自然属性外，还因为生产它们的劳动各有其特殊的具体形态。

2.抽象劳动

抽象劳动即从劳动的抽象形态考察的劳动。如果抽象掉生产商品劳动的具体形态，则所有劳动都是人们的体力和脑力的支出，这是无差别的一般人类劳动。抽象劳动是同质的、无差别的形成商品价值的劳动。正是由于商品中所凝结的都是没有质的差别的一般人类劳动，才使各种具有不同使用价值的商品在价值上可以比较，并能按一定比例相互交换。可见，抽象劳动创造了商品的价值，是价值的实体或价值的唯一源泉，反映着商品生产者之间的经济关系。

3.具体劳动和抽象劳动的关系

具体劳动和抽象劳动是生产商品的同一劳动过程的两个方面。抽象劳动和具体劳动在时间上、空间上都是不可分割的。马克思说："一切劳动，从一方面看，是人类劳动力在生理学意义上的耗费；作为相同的或抽象的人类劳动，它形成商品价值。一切劳动，从另一方面看，是人类劳动力在特殊的有一定目的的形式上的耗费；作为具体的有用劳动，它生产使用价值。"在商品生产和商品交换的经济关系中，具体劳动需要还原为抽象劳动，人类脑力和体力的耗费才形成价值。

（三）商品价值量的决定

商品的价值是质和量的统一。价值是抽象劳动的凝结，商品的价值量就是生产商品所耗费的劳动量，即凝结在商品中的一般人类劳动量。劳动量是由劳动时间来衡量的，因此，商品的价值量取决于生产商品的劳动时间，且与劳动时间成正比。

1.个别劳动时间和社会必要劳动时间

商品的生产者由于生产的主客观条件不同，因此，所耗费的劳动时间也会不同。各个商品生产者实际耗费的劳动时间就是个别劳动时间，由个别劳动时间形成的价值是商品的个别价值。价值是商品的社会属性，所以商品的价值量不可能由个别劳动时间决定，商品交换也不可能接受由个别劳动时间决定的价值量。

商品的价值量只能由生产商品的社会必要劳动时间决定。社会必要劳动时间是指，在现有的社会正常的生产条件下，在社会平均的劳动熟练程度和劳动强度下制造某种使用价值所需要的劳动时间。由于形成商品价值实体的劳动作为人类无差别的劳动具有一般性，因此，决定商品价值量的劳动时间只能是一般的劳动时间，即社会必要劳动时间。

2.劳动生产率和价值量

确定商品价值量的社会必要劳动时间不是固定不变的，它是随着劳动生产率的变化而变化的。劳动生产率是指劳动者在一定时间内生产某种使用价值的效率。由于劳动生产率与劳动的具体形式相关，因此劳动生产率是具体劳动的效率。劳动生产率的高低由众多因素决定，如劳动者的平均熟练程度、科学技术的发展程度及其在生产中的应用、生产过程的社会结合、生产资料的规模和效能以及自然条件等。

劳动生产率和商品的价值量有着密切关系。马克思说："不管生产力发生了什么变化，同一劳动在同样的时间内提供的价值量总是相同的。"价值量只与劳动时间相关。在同样的劳动时间内具有较高生产率的活劳动，相对于生产率较低的活劳动而言，可以创造较多的使用价值。劳动生产率越高，在单位时间内所生产的使用价值量就越多，但由于所形成的总价值量不变，因此包含在单位产品中的价值量相应减少。但是，在社会必要劳动时间决定价值的经济中，劳动生产率高的个别价值会还原为更高的社会价值。

（四）价值规律及其作用

价值规律是商品生产和交换的基本经济规律，是人类从事一切经济活动都必须遵守的客观规律。价值规律的基本要求是：商品的价值量由生产商品的社会必要劳动时间决定，以此为基础进行商品等价交换。价值规律既是价值量如何决定的规律，也是价值量如何实现的规律。价值规律对市场经济中的个别劳动耗费和社会劳动的使用都具有制约作用：单个商品的价值量是由生产该商品的社会必要劳动时间决定的。一种商品总量的价值量是生产该商品总量的社会必要劳动时间决定的。

价值规律发挥作用的形式是价格围绕价值波动。现实的市场上出现价格偏离价值的现象，一方面是因为价格对价值的偏离受到货币价值变化的影响，另一方面是因为价格受市场供求关系变动的影响。市场价格决定供求，但供求又反过来会影响商品的市场价格。马克思说："一般而言，一切商品的价值，只是由于不断变动的市场价格趋于平衡时才能实现，而这种趋于平衡又是供给和需求不断变动的结果。"这种变动主要表现为商品的市场价格与它的价值出现偏离：供不应求，价格就会上涨；供过于求，价格就会下跌。

价格总是围绕价值上下波动的，这种价格和价值背离的现象不是对价值规律的否定。首先商品价格始终是以价值为基础上下波动的。其次，从商品交换的总体来看，价格的涨落会相互抵消，商品的平均价格和价值是相等的。最后，价格的变动也会影响供求关系，在价格的不断波动中，供求趋于平衡，使价格接近价值。可见，价格受供求关系的影响，围绕价值上下波动，是商品经济条件下价值规律作用的形式。

价值规律的作用有：

（1）自发地调节生产资料和劳动力在社会各部门之间的分配。这种调节作用是通过价格围绕价值的上下波动和市场竞争实现的。

（2）刺激生产者的积极性。商品生产者为了多获利润，就必须不断进行技术创新，加强经营管理，提高劳动生产率，在竞争中努力降低商品的价格。

（3）优胜劣汰，导致生产者两极分化。在市场经济条件下，劳动生产率水平高的商品生产者就会获利多、发展快，从而在市场竞争中处于有利地位；反之，则会获利少，甚至亏损，从而在市场竞争中处于不利地位，直至破产。

三、对劳动价值论的认识

劳动价值论是重要的价值基础理论之一。从劳动价值论中我们得到的启示有：

（1）劳动价值论全面而系统地阐述了价值的基本构成，说明了商品、价值和劳动之间的关系，商品的价值量由社会必要劳动时间决定。依据劳动价值论，商品生产者要想获得生存与发展，必须使生产商品的个别劳动时间低于社会必要劳动时间，这就要求生产者努力去改进技术，逐渐缩短社会必要劳动时间，不断提高劳动生产率，在增加产品数量的同时提高产品质量。

（2）商品是使用价值和价值的统一体，价值能够存在的前提条件是必须具有使用价值，没有使用价值的商品也就没有价值。

（3）价值是交换价值的基础和内容，交换价值是价值的表现形式。

（4）商品的价值要转化为价格就必须依靠市场。在经济社会发展过程中，要充分重视发挥市场机制的作用，努力建设有序的市场环境，这对于企业的正常生产和运营以及商品经济的健康发展是至关重要的。一个有序的市场环境至少应当具备两个必要条件：一是在商品交换中充分体现价值规律，严格实行等价交换的原则；二是要拥有比较完善的商品市场和要素市场，并建立比较完备的市场体系。因此，在社会主义商品生产的实践中进一步完善社会主义市场经济体制是非常必要的。

（5）在经济生活中，劳动价值论要求我们认清价值的本质是无差别的人类劳动，不能简单以市场价格代替价值。要正确把握简单劳动、复杂劳动的关系，大力发展科学技术，通过提高劳动生产率，更快更好地创造更多的价值。要健全完善社会主义市场经济体制，由市场决定资源配置，充分发挥价值规律的作用。

第二节　效用价值论

效用价值论是一种用人们对物品的主观心理评价来解释价值形成过程的经济理论，以主观心理感受解释商品价值的本质、源泉及尺度，因此效用价值论又称主观价值论。

效用价值论的主要观点是，价值并非商品内在的客观属性，而是人们对物品的效用的主观心理评价。效用是指物品满足人们某种欲望的能力，效用价值论认为效用是价值的源泉，也是形成价值的一个必要条件。同时，价值的形成还要以物品的稀缺性为前提，因为物品只有在对满足人们欲望而言是稀缺的时候，才构成人们的福利的条件，从而引起人们的评价，表现为价值。效用价值论认为，物品的价值是由物品的“边际效用”来衡量的。人们对物品的欲望随着物品的不断增加而递减，如果该物品供给无限，则该欲望可以递减到零。但由于物品的稀缺性，人们总是把物品在一定种类的欲望之间进行适当分配，以尽可能满足各种欲望。此时，人的欲望没有完全得到满足，而是停止在达到零之前的某一点上，这一点上的欲望便是边际效用，即在不断增加的物品中，最后一单位物品所具有的效用。边际效用论认为，只有边际效用才能显示出价值量因稀缺程度的变动而带来的变动，所以边际效用是价值的尺度。商品的价格决定于主观评价高于它的买主的人数与主观评价低于它的卖主的人数恰好相等之点，也就是在竞争条件下买卖双方对物品的主观评价彼此衡量的结果。

一、理论发展过程

效用价值论与劳动价值论几乎同时产生，因当时劳动价值论处于主导地位，所以效用价值论在提出时没有引起广泛的关注。首先提出效用价值论的是尼克拉斯·巴尔本（Nicholas Barbon），他认为：“商品的价值由效用决定，一切商品的价值来自商品的用途，没有用的东西是没有价值的。”18世纪意大利经济学家斐尔南多·加里安尼（Fernando Galiani）在《货币论》（1750）、《商业与管理》（1776）两部著作中认为物品的价值取决于物品的效用和稀缺性。与他同时代的法国经济学家埃蒂耶那·博诺·德·孔狄亚克（E. B. de Condillac）在《商业与政府的相互关系》（1776）一书中指出物品的价值取决于需要的强度和物品的稀缺性。18世纪中叶英国经济学家威廉·福斯特·劳埃德（W. F. Lloyd）、芒梯福特·朗菲尔德（Mountifort Longfield）等人用边际效用解释价值，认为价值是某物品交换其他物品的能力。

到了19世纪上半叶，让·巴蒂斯特·萨伊（Jean-Baptiste Say）、赫尔曼·海因里希·戈森（Hermann Heinrich Gossen）等人在前人研究的基础上，比较完整地论述了以消费者心理感觉为基础的效用价值理论。萨伊在《政治经济学概论》（1803）一书中认为效用是价值的基础，人们所给予物品的价值是由物品的用途而产生的，没有用的东西，谁也不会给予价值。在19世纪70年代之前，德国经济学家戈森系统阐述边际效用价值论，并为边际效用价值论奠定了理论基础。在1854年，他提出了人类满足需求的三条定理（后被称为“戈森定理”），其主要内容如下：①欲望或效用递减定理：随着物品占有量的增加，人的欲望或物品的效用是递减的；②边际效用相等定理：在物品有限条件下，为使人的欲望得到最大限度满足，务必将这些物品在各种欲望之间作适当分配，使人的各种欲望被满足的程度相等；③在原有欲望已被满足的条件下，要取得更多享乐量，只有发现新享乐或扩充旧享乐。

19世纪70—80年代，经过英国的威廉姆·斯坦利·杰文斯（W. S. Jevons）、奥地利的卡尔·门格尔（C. Menger）和法国的里昂·瓦尔拉斯（M . L. Walras）等人的深入分析，由欧根·冯·庞巴维克（Eugen Von Bohm-Bawerk）等人发展，逐步形成了以边际效用作为分析方法的价值理论体系。1862年，杰文斯指出随着一个人所消费的任一商品数量的增加，各自所用的最后一部分商品的效用或福利在程度上是减少的，而价值是人们对物品最后效用程度的估价。1871年门格尔在其《国民经济学原理》中指出商品的价值取决于人们对它的效用评价。价值，就是一种财货或一种财货的一定量，在我们意识中对于它的支配，关系到我们欲望满足时，对我们所获得的意义。瓦尔拉斯认为价值的起源应归之于稀少性，即数量有限的物品对人们的有用性。庞巴维克明确指出：“价值的正式定义是一件财货或各种财货对物主福利所具有的重要性。”价值来源于物品的效用，即来源于物品满足人们欲望的能力。一切物品都有效用，但并非都具有价值。当物品只具有为人类利益服务的一般能力时，它只具有效用，没有价值。当物品不仅是满足人类需要的因素，而且是人类福利不可缺少的条件时，它才有价值。换言之，物品要有价值，必须既有效用，又有稀缺性。

二、效用价值论主要内容

（一）效用的概念

效用是指商品或劳务满足人的欲望的能力，或者说，效用是指消费者在消费商品后所感受到的满足程度。一种商品或劳务对消费者是否有效用，取决于消费者是否有消费的欲望以及这种商品或劳务是否具有满足消费者欲望的能力。效用不具有客观性，不是商品或劳务固有的性质，而是只有在与人的需要发生关系时才会产生。

（二）边际效用递减规律及其应用

1.边际效用（marginal utility）

边际效用是指在一定时间内消费者增加一个单位商品或者劳务的消费所得到的增加的效用量或增加的满足，也就是每增加一个单位商品或劳务的消费所得到的总效用增量。边际效用是西方经济学家在分析消费问题和解释价值决定时常用的一个概念，也是效用价值论（特别是边际效用价值论）的基础。

令效用函数为U（X_1，X_2，…，X_n）（对应商品i=1，2，…，n），表示一定商品组合下的消费者效用，那么对应商品i的边际效用$MU=\frac{\partial U}{\partial X_i}$。

2.边际效用递减规律

西方经济学家认为，人的生活目标是把自己的生活享受提到尽可能高的水平，即追求生活享受总量的最大化。戈森认为，所有的享受都存在着两个共同特征：其一为“如果我们连续不断地满足同一种享受，那么同一种享受的量就会不断递减，直至最终得到饱和。”其二为“如果我们重复以前满足过的享受，享受量也会发生类似的递减；在重复满足享受的过程中，不仅会发生类似的递减，而且初始感到的享受量也会变得更小，重复享受时感到其为享受的时间更短，饱和感觉则出现得更早。享受重复进行得越快，初始感到的享受量则越少，感到享受的持续时间也就越短。”这种规律就是边际效用递减规律：每增加一个单位商品或劳务，消费者心理上感到增加的满足或效用会越来越小，即随着商品或劳务消费量的增加，总效用递减的速度不断增加。

也就是说，在一定时间内，在其他商品的消费数量保持不变的条件下，随着消费者对某种商品消费量的增加，消费者从该商品连续增加的每一消费单位中所得到的效用增量即边际效用是递减的。边际效用递减规律，如图2-1所示。

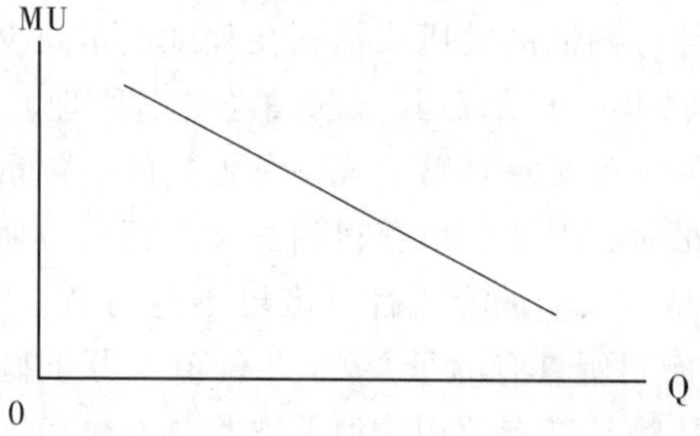

图2-1　某商品的边际效用曲线

3.消费者均衡与效用最大化问题（uility maximum problem）

消费者均衡是研究如何把既定的收入分配在各种商品的购买中以获得最大的效用。也可以说，它是研究消费者如何在预算、价格、偏好等条件不变的情况下，使得自己买到的产品组合实现效用最大化。

消费者效用最大化原则是表示消费者选择最优的一种商品组合，使得自己花费在各种商品上的最后一元钱所带来的边际效用相等（即购买的各种商品的边际效用与价格之比相等），最后等于每一元货币带来的边际效用λ。

消费者用既定的收入购买两种商品，P_1和P_2分别表示两种商品的既定价格，Q_1和Q_2分别表示两种商品的数量，MU_1和MU_2分别表示两种商品的边际效用，则上述的消费者效用最大化的均衡条件为：

$$P_1Q_1+P_2Q_2=\omega \tag{2-1}$$

$$MU_1/P_1=MU_2/P_2=\lambda \tag{2-2}$$

（三）效用价值论和商品价值

1.商品价值的来源

效用价值论认为价值不是商品的内在属性，而是人的主观评价形成的一种心理范畴。该理论认为一切价值只不过是表明了某种关系，价值应分为主观价值和客观价值。

主观价值是“一种财货或一类财货对于物主福利所具有的重要性。在此意义上，如果我认为我的福利同某一特定财货有关，占有它就能满足某种需要，能够给予我一种没有它就得不到的喜悦或愉快感，或者它能使我免除一种没有它就必须忍受的痛苦，那么这一特定财货对我是有价值的。”

主观价值的根源在于物品的有用性和稀缺性。所有能够满足人们某种独特的欲望的商品都具有效用，但是这并不代表这种商品具有价值。只有当商品的效用受到某种局限的时候，其价值才能被体现。也就是说，只有当商品出现稀缺的时候，才能够引起人们对它的渴望，价值的形成是建立在商品稀缺的基础上，例如当评估珠宝首饰时，宝石、玉石属于稀缺资源，因此宝石、玉石的评估价值主要源于其稀缺程度。客观价值是指一件物品实现某种客观结果的力量或能力。在这个意义上，有多少与人有关的外部结果，就有多少种价值，例如，食品的营养价值、木材和煤炭的加热价值等。上述例子中的各种客观价值并不属于经济关系，而是属于纯粹技术关系。在政治经济学中这个十分重要的客观价值是物品的客观交换价值。庞巴维克用客观交换价值一词指物品在交换中的客观价值，即用它交换其他经济物品的数量，比如，用一匹马换取五十镑或用一座房子换取一千镑等。

2.价值量的确定

由于物品的价值对于人类福利的重要性，物品的价值量必须是由决定这一商品的福利的量决定的。但物品的价值量并不是决定于任何单位物品提供的主观效用，也不是决定于人对任何单位物品的主观评价，而是决定于人们对最后单位物品的主观评价，决定于最后单位物品能满足人的最不重要的欲望即边际欲望的大小。

一件物品的价值，是由现有的一些同样物品所能满足的一切需要中最不迫切的那个需要的重要性来衡量的。这个最不迫切的需要的重要性就是这个物品的边际效用。至于物品的价值量为何由其边际效用决定，而不是由其最大效用或平均效用决定的问题，庞巴维克用反证法解释了这一观点。因为每一单位的物品都是同质的，它的用途是可以相互交换的，如果物品损失了一个单位，则放弃的必然是边际欲望的满足，所以损失了其中任何一单位物品，对物主的损失是完全一样的，即边际效用的损失。所以，决定物品价值大小的不是它的最大效用，也不是平均效用，而是最小效用（边际效用）。

而边际效用的大小是由需求和供给的关系决定的。“需要越广泛和越强烈，边际效用就越高；需要越少越不迫切，边际效用就越低。一方面，要求满足的需要越多和越强烈，另一方面，能满足该需要的物品量越少，即得不到满足的需要阶层就越重要，因而边际效用也越高。反之，需要越少和越不迫切，而能够用来满足它们的物品越多，则更下层的需要也可得到满足，因而边际效用和价值也就越低。”因此，“有用性和稀缺性是决定物品价值的最终因素。有用程度既然表示物品是否能对人类福利提供比较重要的服务，它同时也就表示（在极端情况下）边际效用可能达到的高度。而稀缺性则决定在具体情况下边际效用实际上达到的那一点。”

效用价值论在无形资产评估中应用广泛，如评估非专利技术，评估专业人员既要考虑该非专利技术的有用性，即该技术能够创造的经济利益；同时又要考虑该技术的稀缺性，即该技术的研发门槛、是否存在可替代的其他技术等。

3.价格形成的基本规律

边际效用价值论认为，在个体经济中，人们对物品进行单独的主观估价。当单个的经济人在市场上相遇时，他们之间就发生了竞争，而竞争的结果就是制定出市场平均价格。在同一市场中，假定信息对称，买卖双方对同质商品的竞价形成边际对偶，其主观评价决定均衡价格。这种边际对偶价格实际上接近于马歇尔的均衡价格论，表明了价格是由市场中无数的买者和卖者的竞争形成的。

三、对效用价值论的认识

效用价值论认为，商品的价值是由人们对商品效用的主观评价决定的。价值产生于人们对物品效用的主观评价，开辟了从需求的角度衡量价值的观点，可以用效用的大小来衡量其价值量，也为均衡价值论提供了理论基础。

由于效用价值是主观的评价，运用效用价值对资产进行评估往往带有一定的主观性，导致评估出的价值与客观价值存在一定差异。

边际效用价值论过于强调商品效用带给人的主观上的满足，忽略了交换和交换背后的社会经济关系，从而过分夸大了效用的作用，认为效用决定价值，效用是价值的源泉。

第三节　供求理论

供求理论是古典经济学在供求分析基础上发展起来的均衡价格理论。供求理论把供求关系量化，成为西方微观经济学的基础和核心理论。供求理论可以分成三个方面：需求理论、供给理论和供求均衡。

一、需求理论

（一）需求及影响需求的因素

经济学上所说的需求是指在一定时期内，在每一价格水平下消费者愿意并且能够购买的某种商品的数量。只有当消费者想购买某种商品，同时又有支付能力时，才能形成真实的需求。如果没有购买能力，仅仅有购买的欲望，不构成此处讨论的需求。经济学上讨论的需求是有支付能力的需求，或有效需求。

商品的需求数量由许多因素共同决定。其中，主要的因素及其影响如下：

（1）商品的价格。在一般情况下，商品价格与需求量呈负相关关系。一种商品价格越高，则该商品的需求量越小；一种商品价格越低，则该商品的需求量越大。

（2）消费者的收入水平。一般而言，如果其他条件不变，消费者收入提高，会增加对商品的需求量。但是收入水平增加并不会增加消费者对所有商品的需求。比如，收入提高，会增加消费者对某些高档商品的需求，减少其对相关低档商品的需求，从而引起消费需求结构的变化。在经济学理论中，需求量与消费者收入同方向变化的商品被称作正常商品，两者反方向变化的商品则被称为劣等商品。

（3）相关商品的价格。某种商品价格未变，但与其相关的其他商品的价格发生变化，也会导致其需求量发生变化。这里所说的“与其相关的其他商品”包括替代品和互补品。

替代品是指使用价值接近，可以相互替代满足人们的同一需求的商品，如牛肉和羊肉、可口可乐和百事可乐等。某种商品价格提高，会引起其替代品需求量的增加，商品的需求量与其替代品价格同方向变动。

互补品则是需要共同使用才能完整发挥其使用功能的商品，如汽车和汽油、乒乓球和乒乓球拍等。某种商品价格提高，会引起其互补品需求量的降低，商品的需求量与其互补品价格反方向变动。

（4）消费者的选择偏好。消费者喜好某种商品，就会增加对其需求的数量；需求量与偏好程度同方向变化。消费者选择偏好不仅体现出消费者个人的需要、兴趣和嗜好，也受到其所处的社会环境、文化习俗等因素的影响，并非一成不变。

（5）对商品价格变动的预期。消费者预期某种商品价格会下降，会降低当期购买的欲望，从而造成该商品需求量的减少；反之，如果预期商品价格会上升，会增加当期购买的意愿，从而导致该商品需求量增加。

除上述因素外，影响商品需求的因素还包括人口的数量、结构和年龄、政府的消费政策、社会文化习俗等。

（二）需求函数

需求函数用来表示一种商品的需求数量与其各种影响因素之间的关系。各种影响因素为自变量，需求数量为因变量。其数学表达式为：

$$D = f(a, b, c, d, \cdots, n) \tag{2-3}$$

公式中，a，b，c，d，…，n分别为影响需求数量的各因素。

（三）需求表及需求曲线

需求表是用来表示某种商品的价格与需求量相互关系的数字序列表。根据需求表画出的反映商品价格与需求量关系的曲线就是需求曲线。

见表2-1，假定在一定时期和特定的地区除价格之外的其他因素相对稳定不变，需求就是消费者对应每一价格水平愿意且能够购买的某种商品数量。需求函数可以表达为：

$$Q_d = f(P) \tag{2-4}$$

在公式中，P为商品的价格；Q_d为商品的需求量。

表2-1　　**某商品的需求表**

价格/需求量	A	B	C	D	E	F	G
价格（P，元）	1	2	3	4	5	6	7
需求量（Q_d，单位数）	350	300	250	200	150	100	50

根据表2-1中的数字绘制该商品的价格-需求量关系图，横坐标表示该商品的需求量（Q），纵坐标表示该商品的市场价格（P），如图2-2所示。

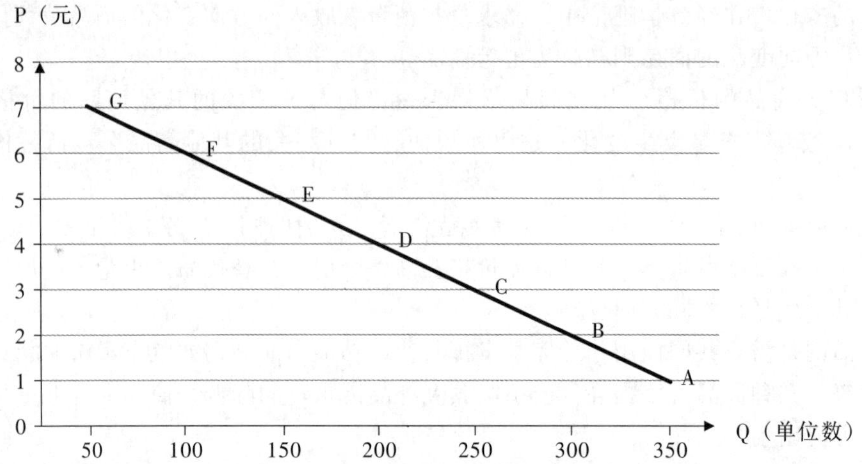

图2-2 某商品的价格-需求量关系图

由于需求量与市场价格成反比，因此“需求曲线”是一条向右下方倾斜的曲线。

需求曲线向右下方倾斜，体现了边际效用递减规律。某种商品，拥有的数量越多，消费者从新增一单位的相同商品中所增加的效用满足感就越低，因此，愿意为每新增单位商品所支付的代价也就越低。把整个消费者市场看作一个整体，随着商品购买数量的增加，市场愿意支付的价格自然就会降低，需求曲线就呈现向右下方倾斜的负斜率形式。

当影响需求的其他因素不变，仅仅是商品价格出现变动时，该商品的需求量会沿着需求曲线发生移动，表现为同一条需求曲线上相应点的移动，被称为需求量的变动，如图2-3所示。

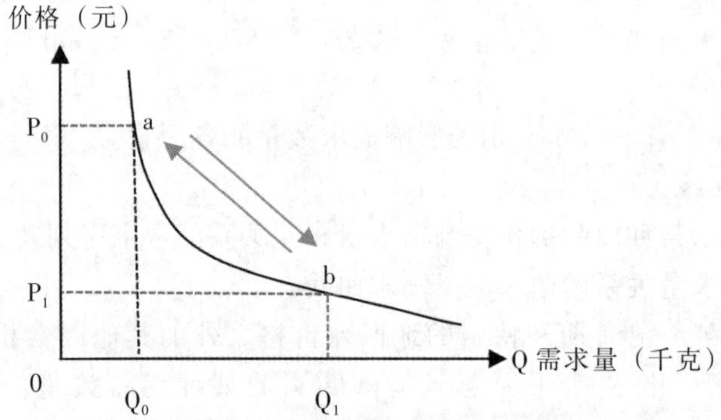

图2-3 价格变化对需求量的影响

当商品的价格不变，影响需求的其他因素发生变化时，该商品需求数量的变动表现为需求曲线的位置发生移动，被称为需求的变动，例如，在商品价格不变的前提下，当消费者的收入发生变化时，随着消费者收入的减少，需求量相应减少，需求曲线向左移动；反之，当消费者的收入增加时，需求曲线右移动，如图2-4所示。

（四）需求关系的特殊情形

在解释需求关系的特殊情形前，我们先明确替代效应、收入效应和总效应的概念。替代效应是当某种产品价格变化而其他产品价格不变时，产品之间的相对价格会发生变化，导致消费者在保持总效用不变的前提下，用相对更便宜的产品替代相对更贵的产品，从而

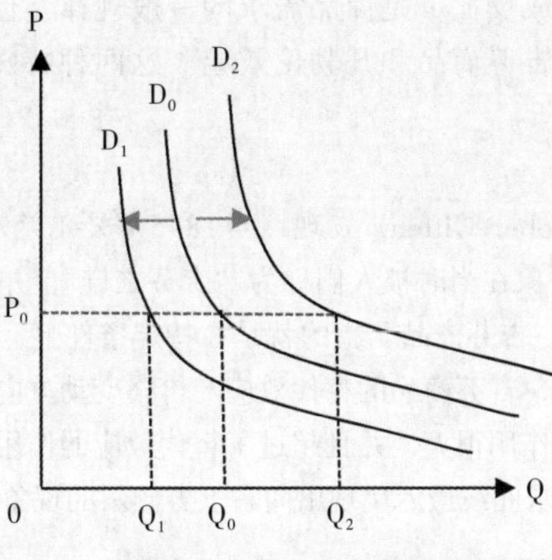

图2-4　消费者收入变化引起的需求曲线变化

引起该产品需求数量的变化。当该产品价格上升时，替代效应会减少其需求量，而当该产品价格下降时，替代效应会增加其需求量。收入效应是指在消费者货币收入不变的情况下，当某种产品的价格改变时，消费者的实际收入（即购买能力或支付能力）随之发生改变，造成对该产品的需求量发生变化。当该产品价格上升时，收入效应会减少其需求量，而当该产品价格下降时，收入效应会增加其需求量。

在消费者货币收入不变的情况下，当某产品价格发生变化时，替代效应和收入效应同时发生作用，两种效应的叠加表现为价格总效应，即总效应=替代效应+收入效应，如图2-5所示。

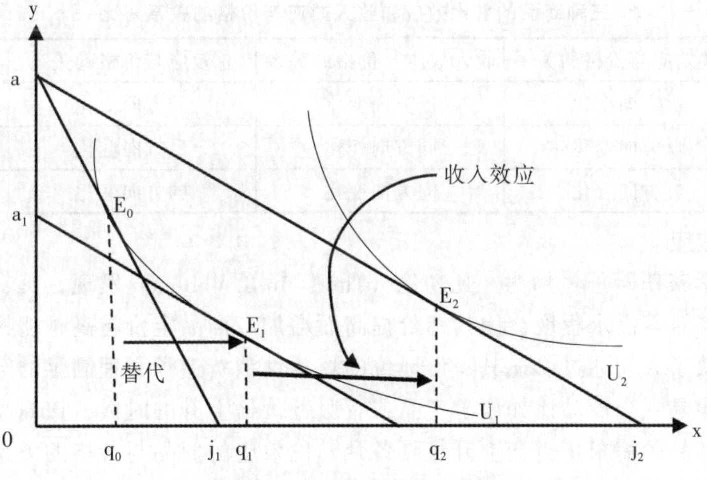

图2-5　替代效应和收入效应

图2-5中，x和y分别表示两种商品，横轴和纵轴分别代表x、y两种商品的数量。当x商品的价格下降时，其预算线由aj_1变动到aj_2，导致其对商品x的需求量由q_0增加到q_2，(q_2-q_0)是由于商品x的价格下降所引起的该商品需求量变动的总效应。其中，(q_2-q_1)属于收入效应，是由于商品x价格下降，使得消费者的实际收入水平提高，从而增加对商品x的需求量；(q_1-q_0)属于替代效应，是由于商品x价格下降，使得商品x相对于价格不变的商品y更为便宜，从而消费者会增加对商品x的购买而减少对商品y的购买。这是反映正常商品价格下降时所产生的收入效应和替代效应的分析示意图。

商品的需求量与其价格成反比，是商品需求的一般规律。但经济学家在研究中也发现了需求关系的特殊情形，如吉芬商品和凡勃伦效应。这两种特殊情形可以用替代效应和收入效应理论解释。

1.吉芬商品

英国人罗伯特·吉芬（Robert Giffen）发现，当1845年爱尔兰发生饥荒时，土豆价格上升，需求量反而出现增加，这一现象在当时被人们称为“吉芬之谜”，并把具有这种性质的商品称之为“吉芬商品”。经济学中的“吉芬商品”指的就是在特定条件下，需求量与价格同方向变动的特殊低档商品。作为低档商品，吉芬商品的替代效应与价格变动方向相反。但是吉芬商品的特殊性就在于，吉芬商品收入效应作用很大，并且超过了替代效应的作用，从而使总效应与价格变动方向相同。所以吉芬商品的需求曲线最后呈现出向右上方倾斜的现象，如图2-6所示。

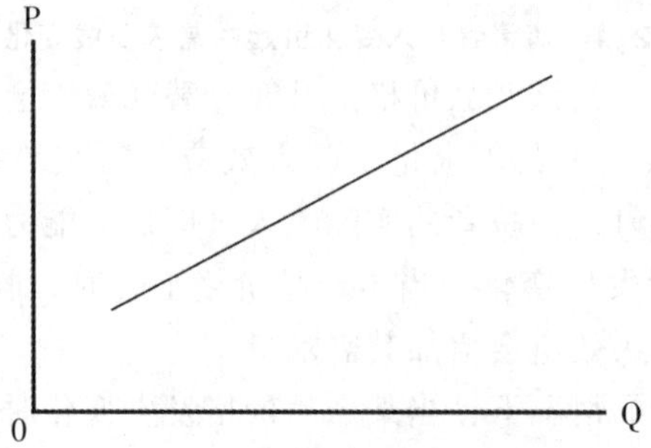

图2-6 吉芬商品的需求曲线

三种商品的替代效应和收入效应与价格的关系对比，见表2-2。

表2-2 三种商品的替代效应和收入效应与价格的关系对比

商品类别	替代效应与价格的关系	收入效应与价格的关系	总效应与价格的关系	需求曲线的形状
正常商品	反方向变化	反方向变化	反方向变化	向右下方倾斜
低档商品	反方向变化	同方向变化	反方向变化	向右下方倾斜
吉芬商品	反方向变化	同方向变化	同方向变化	向右上方倾斜

2.凡勃伦效应

美国经济学家托斯丹·邦德·凡勃伦（Thorstein B. Veblen）发现，具有显示财富效应的商品，消费者对其需求程度会因其标价提高而增加，商品定价越高越能畅销。这种“凡勃伦效应”反映了人们通过彰显其身份地位的炫耀性消费追求心理满足的经济现象。凡勃伦效应需求规律是：当商品比如旅游产品或者服务价格上升的时候，该商品被认为是质量的提高，对该商品的需求量也会上升。具备凡勃伦效应的商品与价格的关系不同于一般的商品供求规律，凡勃伦商品的需求量是随商品价格的上升而上升的，如图2-7所示。

二、供给理论

（一）供给及影响供给的因素

经济学上所说的供给，是指生产者在一定时期内，在各种可能的价格水平下愿意并且能够生产销售的某种产品的数量。一个生产者希望出售某种产品，又有能力生产并提供到市场上，才能形成真实的供给。如果没有生产能力，仅仅有出售的欲望，不是现实的供给。经济学上讨论的供给是有实际生产能力的供给，或有效供给。

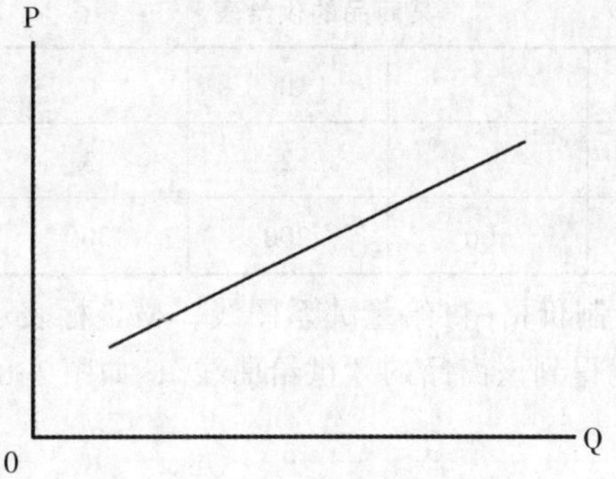

图2-7　凡勃伦商品的需求曲线

对一种商品的供给数量是由许多因素共同决定的，其中主要的因素及其影响如下：

（1）商品的自身价格。在一般情况下，商品价格与供给量呈正相关关系。一种商品价格越高，则该商品供给量越大；一种商品价格越低，则该商品供给量就越小。

（2）生产成本。当其他条件不变时，生产成本降低会增加商品利润，从而刺激厂商增加商品的供给量；相反，生产成本提高会减少商品利润，厂商会因此减少商品的供给量。

（3）生产技术水平。生产技术水平提高通常有利于提高效率或降低成本，从而增加生产者的利润空间，增加商品的供给量。

（4）与其相关的其他商品的价格。某种商品价格未变，但与其相关的其他商品的价格发生变化，也会导致其供给量出现变化。

（5）对商品价格变动的预期。生产者预期某种商品价格会上涨，往往会扩大生产增加供给；反之，如果预期商品的价格会下降，通常会缩减生产，减少供给。

（6）生产商数量。供应一定时期及区域市场的某种商品的生产商数量增加，一般会增加该商品的供给量。

此外，政府政策等其他因素也会影响商品的供给量。

（二）供给函数

供给函数用来表示一种商品的供给数量与其各种影响因素之间的关系。各种影响因素为自变量，供给数量为因变量。其数学表达式为：

$$S=f(a, b, c, d, \cdots, n) \tag{2-5}$$

公式中：a，b，c，d，…，n代表影响供给数量的各因素。

（三）供给表及供给曲线

与需求表类似，供给表是用来表示某种商品的价格与供给量相互关系的数字序列表。根据供给表画出的反映商品价格与供给量关系的曲线就是供给曲线。

见表2-3，假定在一定时期和特定的地区，价格之外的其他因素相对稳定不变，供给就是生产者对应每一价格水平愿意且能够提供的某种商品数量。供给函数可以表达为：

$$Q_s=f(P) \tag{2-6}$$

在公式中，P为商品的价格；Q_s为商品的供给量。

表2-3　　某商品的供给表

价格/供给量	A	B	C	D	E
价格（P，元）	1	2	3	4	5
供给量（Q_s，单位数）	100	200	300	400	500

根据表2-3中的数字绘制价格-供给量关系图线，横坐标表示供给量（Q），纵坐标表示商品的市场价格（P），就得到该商品的“供给曲线”，如图2-8所示。

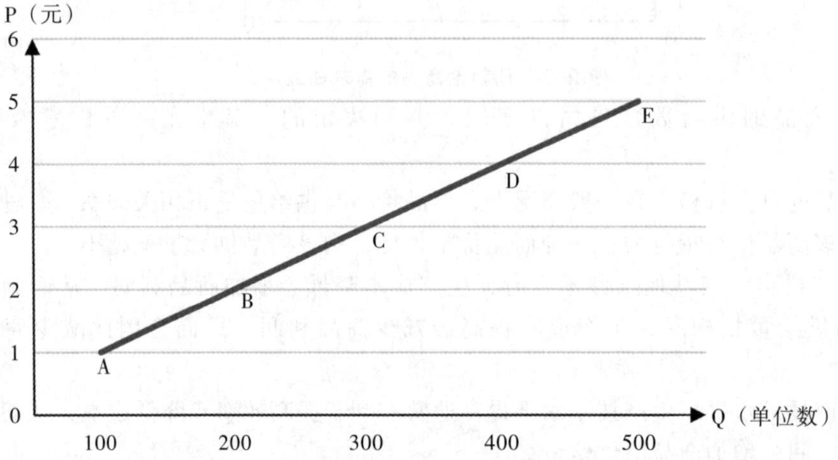

图2-8　某商品的价格-供给量关系图

由于供给量与市场价格成正比，因此，“供给曲线”是一条向右上方倾斜的曲线。

当影响供给的其他因素不变，仅仅是商品价格出现变动时，该商品的供给量会沿着供给曲线发生移动，表现为同一条供给曲线上相应点的移动，被称为供给量的变动，如图2-9所示。

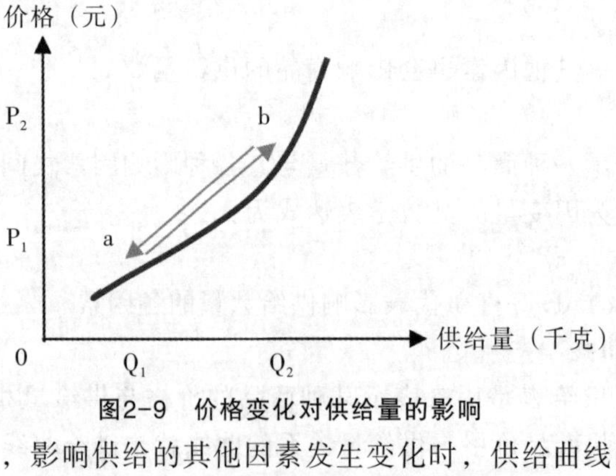

图2-9　价格变化对供给量的影响

当商品的价格不变，影响供给的其他因素发生变化时，供给曲线的位置发生移动，被称为供给的变动。以生产成本发生变化为例：在商品价格不变的情况下，随着生产成本提高，生产者因利润空间下降，而减少供给数量，供给曲线向左移动；反之，生产成本降低，生产者增加供给，供给曲线向右移动，如图2-10所示。

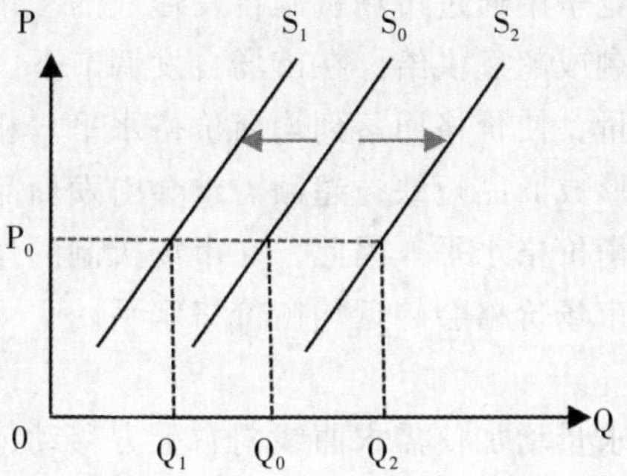

图2-10　生产成本变化引起的供给曲线变化

三、供求均衡

（一）市场均衡的概念

在经济学中，“均衡”一般指经济体系中的各种影响力量在相互制约中所达到的相对静止并保持不变的状态。市场均衡指的是影响市场供求的力量达成平衡的状态。在微观经济分析中，市场均衡分为局部均衡和一般均衡。局部均衡是指单个市场或部分市场的供求与价格之间的关系所处的相对静止状态，它不考虑市场之间的相互联系和影响。一般均衡是指经济社会中所有市场的供求与价格之间的关系所处的相对静止状态。一般均衡理论寻求在整体经济的框架内解释生产、消费和价格问题。假定各种商品的供求和价格都是相互影响的，在一般均衡中，只有所有市场都达到均衡，个别市场才能处于均衡。

（二）均衡价格

需求曲线和供给曲线都反映了价格对于消费者需求量和生产者供给量的影响作用。商品的均衡价格是在市场供求两种力量博弈下形成的。

如图2-11所示，均衡价格（P_0）是商品的市场需求量与市场供给量相等时所对应的价格，也是该商品的需求曲线与供给曲线相交时对应的价格。这一交汇点被称为均衡点（E），与均衡点对应的价格和供求量分别称作均衡价格和均衡数量。该商品在均衡点对应的供给数量和需求数量都等于其均衡数量（Q_0）。

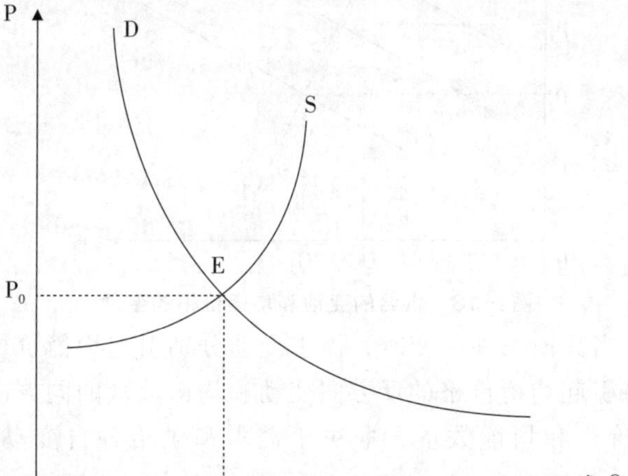

图2-11　均衡价格示意图

均衡价格是在供求双方竞争中通过市场机制自发形成的。市场价格高于均衡价格，则供大于求，市场出现商品过剩或超额供给。在市场自发调节下，超额供给会导致商品价格下降，供给方也会减少供应量，使价格回落到均衡价格水平。相反，如果市场价格低于均衡价格，则商品供不应求，形成商品短缺，超额需求会引发商品价格上涨，供给方也会增加供应量，使价格提升至均衡价格水平。因此，在市场机制的作用下，供求不相等的非均衡状态会逐步消失，商品的市场价格会趋近均衡价格水平。

（三）供求定理

（1）如果供给不变，需求量增加使需求曲线向右上方移动，导致均衡价格上升，均衡数量增加；相反，需求量减少使需求曲线向左下方移动，使得均衡价格下降，均衡数量减少，如图2-12所示。

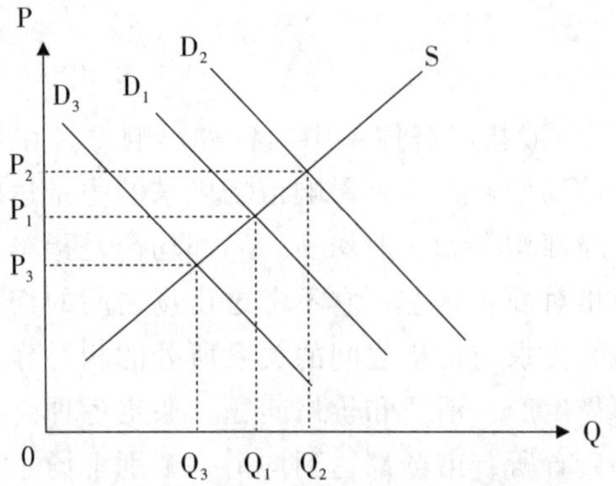

图2-12　需求的变动和均衡价格的变动

（2）如果需求不变，供给量增加使供给曲线向右下方移动，导致均衡价格下降，均衡数量增加；相反，供给量减少会使供给曲线向左上方移动，使得均衡价格上升，均衡数量减少，如图2-13所示。

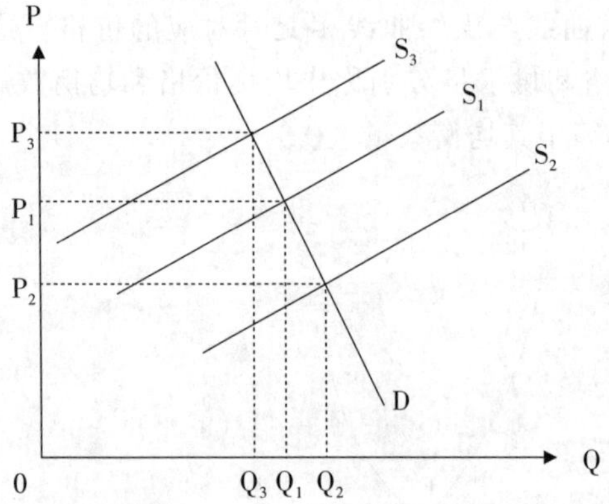

图2-13　供给的变动和均衡价格的变动

（3）供求定理。当其他条件不变时，需求变动分别引起均衡价格和均衡数量的同方向变动；供给变动将引起均衡价格的反方向变动和均衡数量的同方向变动。需求和供给同时作用下的均衡价格和均衡数量，取决于需求和供给各自变动的幅度，如图2-14所示。

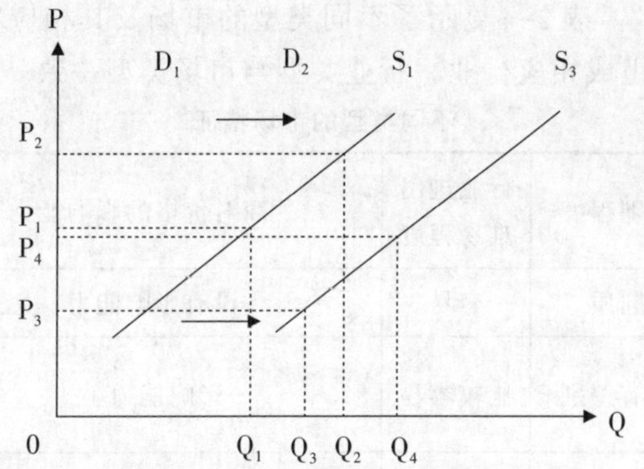

图2-14 需求和供给的同时变动

供求关系被广泛地应用于资产评估实务中。当应用市场法评估时，评估专业人员要重点调查资产在评估基准日的供求状况：当资产供不应求时，资产的价格会上升；当资产供大于求时，资产的价格会下降。当应用收益法评估时，预测相关资产在未来的价格和销售量，也要重点考察资产的供求状况，尤其是供求的长期趋势。

第四节 市场结构理论

资产的市场结构影响资产的价格和销售量，市场结构理论在评估实务中应用广泛，例如采用收益法评估企业价值，评估专业人员需要充分调查产品市场信息，合理划分产品的市场结构，再根据市场结构理论和其他相关信息，综合预测产品或服务的价格和销售量，这是收益法评估企业价值的重要参数。

一、市场结构的划分

（一）市场的概念

市场是以交易为核心，帮助交易双方相互作用、决定交易价格及数量的组织形式或制度安排。市场可以是固定的、有形的交易场所，也可以是顺应现代化通信手段的互联网交易平台。

狭义的市场是指买卖双方商品交换的场所；广义的市场是指各种主体之间交换关系的总和。市场主体之间的关系，主要包括买卖双方关系以及由此引发的卖方之间、买方之间的关系。

（二）按市场结构特征划分的市场类型

市场结构是对某种行业竞争状态和价格机制产生重要影响的市场组织特征，综合反映了一个行业买方和卖方的数量、规模及分布、行业进出难易程度和产品差别程度等。从市场结构特征看，决定市场类型划分的主要因素有厂商的数量、产品的差别程度、行业进出难易程度和厂商对市场价格的影响能力。

见表2-4，根据不同的市场结构特征，可以把市场划分为完全竞争市场、垄断竞争市场、寡头垄断市场和完全垄断市场。其中垄断竞争市场、寡头垄断市场和完全垄断市场统称为“不完全竞争市场”。表2-4显示了不同类型的市场及其相应特征。为同一市场提供商品或服务的所有厂商组成相应行业，行业类型与市场类型一致。

表2-4 不同类型的市场特征

市场类型	厂商数量	产品差别程度	行业进出难易程度	厂商对价格的影响能力	代表（或近似）行业
完全竞争	很多	完全同质	容易	没有影响能力	农产品
垄断竞争	很多	同种但有差别	比较容易	影响能力小	轻工业产品、零售业、服务业
寡头垄断	少数	寡头行业有差别；纯粹寡头行业无差别	有明显进入障碍	有一定能力但要考虑其他对手的反应；当厂商实力不对等时，领导型寡头厂商有率先定价的优势	钢铁、汽车、石油
完全垄断	唯一	没有相近的替代产品	极为困难或不可能	可以控制和操纵市场价格（除非受到政府的价格管制）	自然垄断、特许专营行业

二、完全竞争市场

（一）完全竞争市场的概念

完全竞争市场（又称纯粹竞争市场），是指不受任何阻碍和干扰、充分竞争的市场结构。在完全竞争市场，市场以其内在的价格、供求和竞争机制自发地调节生产和消费，政府不作任何干预。

（二）完全竞争市场的条件

完全竞争市场必须具备以下条件：

（1）有大量的买者和卖者。由于有众多的买者和卖者参与，相对于市场总需求量和总供给量，单一买者的需求量或单一卖者的供给量所占比例都很微小，都没有能力影响市场的生产（销售）数量和价格水平，只能被动地接受市场已形成的价格，而不能决定市场价格。

（2）每个厂商提供的都是完全同质的商品。厂商之间提供的商品完全没有差别，不仅质量、性能、外形、包装等完全相同，而且连提供的购物及售后等服务也都没有差别。这样，消费者无法区分产品差别形成偏好，厂商也不能利用产品差异区别定价，商品之间具有完全替代性，厂商不会也没有必要谋求改变商品价格，而是按照市场已经形成的价格维持属于他们自己的市场份额。

（3）各种资源能够自由流动。厂商进出一个行业，资源在厂商之间流动完全自由，不存在任何阻碍和干扰。市场引导资源向高利润生产领域转移，推动行业和厂商提高效率。

（4）信息畅通、完全。每个市场参与者都掌握与自身经济决策相关的全部信息，并据此谋求经济利益最优化。每位买方和卖方都按照大家了解的、市场已形成的价格进行交易，不会因信息不对称而相互欺诈。

完全竞争市场是没有交易者个性的非个性化市场，所有参与者既不具有市场地位差距，也不存在生产、消费和价格等差别。但在现实经济社会中，并不存在真正符合上述假设条件的完全竞争市场，通常认为农产品市场相对接近完全竞争市场。通过对完全竞争市场的研究，可以获得自由市场机制及其资源配置的基本原理，为分析和评价其他类型市场的竞争和效率提供借鉴。

（三）完全竞争市场的需求与均衡

完全竞争市场对厂商产品的需求曲线是一条水平线，所对应的价格是整个行业的供求均衡价格，且厂商的平均收益曲线、边际收益曲线和需求曲线重合，如图2-15所示。当受消费者收入水平、生产技术、政府政策等因素影响，众多消费者的需求量和众多生产者的供给量发生变化，从而形成新的均衡价格时，完全竞争市场又会形成一条与该均衡价格对应的新的水平线（厂商需求曲线）。

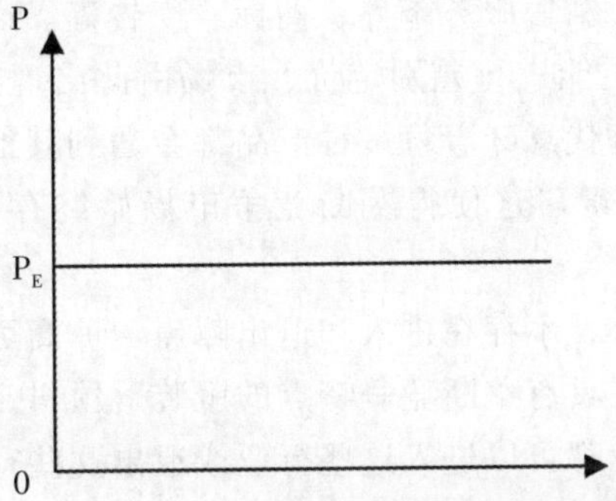

图2-15 完全竞争市场厂商需求曲线

完全竞争市场的厂商遵循边际收益（marginal revenue）等于边际成本（marginal cost）的原则实现利润最大化或亏损最小化目标，即MR=MC。

在完全竞争市场，厂商和消费者都是价格接受者。给定商品价格P，厂商的销售量为Q，总成本TC同样是Q的函数，这样，厂商的利润等于总收益TR减去总成本TC。

厂商利润最大化：$\pi = TR(Q) - TC(Q) = P \cdot Q - TC(Q)$，$\frac{\partial \pi}{\partial Q}=0$，$MR=MC=P$。 (2-7)

在短期，厂商在生产规模不变的情况下，可通过调整产量使边际收益等于短期边际成本，实现利润最大化；如果处于亏损状态，厂商通过比较平均收益和平均可变成本决定是否继续生产（当平均收益小于平均可变成本时须停止生产）。

在长期，厂商可以通过调整全部生产要素使边际收益等于长期边际成本，达到利润最大化。完全竞争市场的厂商调整全部生产要素的决策，可以是选择最优的生产规模，也可以是决定进入或退出某行业。有厂商进入或退出，整个行业产量的变化可能会影响生产要素市场的需求，使成本不变行业、成本递增行业和成本递减行业的生产要素价格分别保持不变、上升和下降。

三、垄断竞争市场

（一）垄断竞争市场的概念

垄断竞争市场是介于完全竞争市场和完全垄断市场之间的市场结构。它既有垄断，又有竞争，但不像完全竞争市场或完全垄断市场那样偏于一端。

在垄断竞争市场上，有许多厂商生产和销售有差别的同种产品。

与基于理论假设、在现实中很难找到的完全竞争市场和完全垄断市场不同，垄断竞争市场普遍存在于现实生活中，是我们接触最多的市场类型。垄断竞争市场的竞争特质高于其垄断属性，比较接近完全竞争市场结构。在现实生活中，零售业和服务业比较符合垄断竞争市场组织的特点。

（二）垄断竞争市场的条件

垄断竞争市场需要具备的条件主要包括：

第一，行业中存在着大量的厂商。由于厂商数量多，每个厂商都可对市场价格施加一定影响，但单个厂商对市场的影响能力又很小。单个厂商的决策不足以引起竞争对手的注意，也不用考虑来自其他竞争对手的反应。

第二，厂商生产有差别的同种产品，产品之间既有差别，又可相互替代。产品的差别可能涉及质量、构造、外观、销售服务条件、商标、广告等。产品之间存在差别，使消费者可以形成选择偏好，厂商也能进行差别定价，市场由此出现垄断因素，产品差别越大，垄断程度通常越高。产品的替代意味着每一种产品都会遇到其他厂商提供的大量的相似产品，市场又同时存在竞争因素。这使得垄断竞争市场始终存在垄断和竞争因素的相互作用。

第三，厂商生产规模较小，不存在进入和退出障碍。厂商可以比较容易地进入和退出某行业或生产集团，比如，在具有垄断竞争特点的服装、饮料、食品等市场上，只要按照国家法律法规经营，任何企业都可以进入这些行业或退出这些行业，不存在限制进入和退出的壁垒。

（三）垄断竞争市场的需求与均衡

垄断竞争厂商的需求曲线是向右下方倾斜的。这是因为，垄断竞争厂商可以通过调整产品的销售量来影响其价格。但由于各垄断竞争厂商的产品具有替代性，市场又存在竞争因素，因此，其向右下方倾斜的需求曲线较为平坦，相对接近完全竞争厂商呈水平形态的需求曲线。

垄断竞争厂商有两条需求曲线，都向右下方倾斜，通常被区分为主观需求曲线（d）和实际需求曲线（D）。d需求曲线（或预期的需求曲线）是厂商单独调整价格所对应的需求曲线；D需求曲线（或份额需求曲线）是在所有厂商都以相同方式改变价格的条件下单个厂商所对应的需求曲线，如图2-16所示。

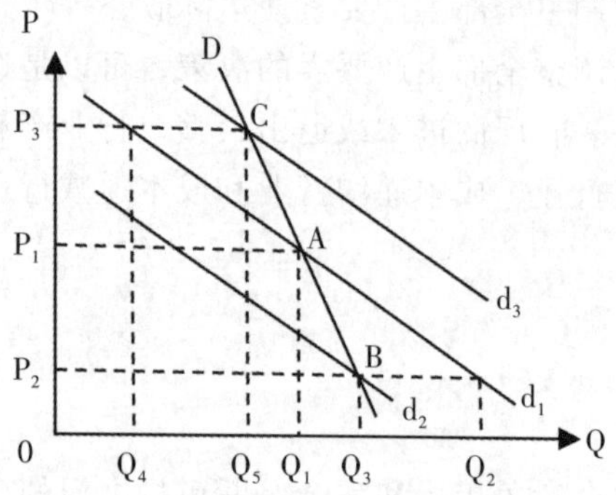

图2-16 垄断竞争厂商所面临的需求曲线

D需求曲线还用以表示某行业或生产集团所有厂商对应一定市场价格水平的实际销售份额。如果某行业或生产集团有n个垄断竞争厂商，不论全体厂商如何调整市场价格，D需求曲线反映的每个厂商的实际销售份额总是市场总销售量的1/n。

d需求曲线和D需求曲线的一般关系为：

（1）某行业或生产集团内所有厂商都以相同方式改变产品价格，市场价格变化使d需求曲线沿着D需求曲线发生平移。

（2）d需求曲线表示厂商单独调整价格所预期的产品销售量；D需求曲线表示每个厂商在一定市场价格水平所对应的实际市场需求量。d需求曲线和D需求曲线的交汇点反映垄断竞争市场的供求相等状态。

（3）d需求曲线较D需求曲线更为平坦，反映出两者所对应的需求弹性差异，即d曲线大于D曲线。

包括垄断竞争市场在内的所有非完全竞争厂商都没有供给曲线，因为它们都不满足商品的价格与其供给量存在一一对应关系的条件。

在垄断竞争市场中，厂商短期内仍然通过调整产量和价格使边际收益等于短期边际成本，从而实现利润的最大化：如果处于亏损状态，厂商同样需要通过比较平均收益和平均可变成本来决定是否继续生产。在长期，厂商可以通过调整生产规模使边际收益等于长期边际成本，从而追求利润的最大化。由于厂商进出行业比较容易，因此，长期均衡时垄断竞争厂商的利润一定为零。

由于垄断竞争厂商数量过多，且每个厂商的规模都过小，垄断竞争厂商在长期均衡条件下的理想产量会小于完全竞争厂商在长期均衡条件下的理想产量，这就使单个垄断竞争厂商存在未被利用的多余生产能力。这种现象的存在是垄断竞争市场产品差异化所伴随的代价，也为要求缩减厂商数量、提高厂商生产规模和降低平均生产成本提供了理由。

四、寡头垄断市场

（一）寡头垄断市场的概念及特点

寡头垄断市场又称寡头市场，是包含了垄断和竞争因素、与完全垄断更接近的市场结构，是由少数卖方（寡头）起主导作用的市场状态。它的主要特点是少数厂商垄断了某行业市场，控制了整个市场的产品生产和销售。寡头垄断市场在现代经济中比较常见，车、钢铁、石油、电信等行业具备寡头垄断市场的特点。

（二）寡头垄断市场的形成原因

寡头垄断市场形成的原因与完全垄断市场相似，主要有：①追求规模经济效益；②促使行业生产向大规模厂商集中；③少数厂商控制了行业基本生产资源的供给；④法律或政策的推动等。

寡头垄断市场存在明显的行业进入壁垒。竞争和规模经济要求降低了行业的平均成本，使大规模生产具有明显优势，小厂商逐步丧失生存空间，形成了占据绝大部分市场份额的少数厂商共享或角逐市场的行业态势。试图新进入的厂商，如果不具备与原有厂商相抗衡的生产规模和市场份额，就无法加入行业或通过竞争在行业立足。

（三）寡头垄断市场的分类

寡头垄断按照产品特征，可分为纯粹寡头市场和差别寡头市场。其中，纯粹寡头市场厂商的产品没有差别，厂商的相互依存程度高；差别寡头市场厂商的产品则是有差别的，厂商的相互依存度低。按照寡头厂商数量，可分为双头垄断、三头垄断和多头垄断。按照厂商的行动方式，则有勾结（合作）寡头和独立（不合作）寡头。

1.古诺模型

法国经济学家安东尼·奥古斯丁·古诺（Antoine Augustin Cournot）于1938年提出了“古诺模型”（又称作“双头模型”），反映两个实力相当厂商的寡头垄断模式。每个厂商都以自己的产量去适应对方已确定的产量，在已知对方产量的情况下，各自确定能给自己带来最大利润的产量。

设市场反需求函数为P（Q），P′（Q）<0，市场中存在2个厂商，分别生产q_1和q_2，每个厂商的成本函数为C（q）=cq，c>0。厂商1和厂商2的产量共同决定商品市场价格，P（Q）=P（q_1+q_2）。厂商1预测厂商2的产量为$\hat{q}_2$。对厂商1来说，利润最大化问题为$\pi_1=q_1 \cdot P(q_1+\hat{q}_2)-C(q_1)$，$\frac{\partial \pi_1}{\partial \pi_2}=MR_1-MC_1=0$。同理，厂商2预测厂商1的产量为$\hat{q}_1$，厂商2的利润最大化问题为$\pi_2=q_2 \cdot P(\hat{q}_1+q_2)-C(q_2)$，$\frac{\partial \pi_2}{\partial \pi_1}=MR_2-MC_2=0$。根据理性预期均衡，即各个厂商猜测的对手的产量都正确，$q_1=\hat{q}_1$，$q_2=\hat{q}_2$。最后联立以上式得出均衡产量。

2.伯特兰德模型（价格竞争）

伯特兰德模型是由法国经济学家约瑟夫·伯特兰德（Joseph Bertrand）于1883年建立的。伯特兰德模型是价格竞争模型，该模型假定当企业制定其价格时，认为其他企业的价格不会因它的决策而改变，并且n个（为简化，这里取n=2）寡头企业的产品是完全替代品。厂商1和厂商2的价格分别为P_1和P_2，边际成本都等于C。根据该模型的假定，厂商1和厂商2的产品是完全替代品，所以消费者的选择就是价格较低的企业的产品；如果厂商1和厂商2价格相等，则两个厂商平分需求。于是，每个企业的需求函数为：

$$Q_i(P_i, P_j)=\begin{cases} Q(P_i) & 当P_i<P_j时; \\ \frac{1}{2}Q(P_i) & 当P_i=P_j时; \\ 0 & 当P_i>P_j时 \end{cases} \tag{2-8}$$

因此，两个企业会竞相削价以争取更多的顾客。当价格降到$P_1=P_2=C$时，达到均衡，即伯特兰德均衡。只要有一个竞争对手存在，企业的行为就同在完全竞争的市场结构中一样，价格等于边际成本。

3.斯塔克尔伯格模型

斯塔克尔伯格模型由德国学者冯·斯塔克尔伯格（Von Stackelberg）于1934年提出。在他所建立的寡头厂商行为理论中，斯塔克尔伯格提出了将寡头厂商的角色定位为“领导者”或“追随者”的分析范式。在该模型中有两个寡头厂商，一个是实力相对雄厚、居于支配地位的“领导者”；另一个则成为前者的“追随者”。领导型厂商在了解并考虑追随型厂商对其决策的反应方式的基础上做出追求自身利润最大化的产量决策；追随者厂商则在领导型厂商所确定产量的前提下做出有利于自身利润最大化的产量决策。

4.价格领导模型

斯塔克尔伯格模型中的寡头对产量的决策和反应模式同样可用于厂商对价格的确定过程，即领导型厂商率先确定价格，其他厂商跟随定价。这成为“价格领导模型”所反映的内容。

价格领导通常有三种形式：支配型价格领先、成本最低型价格领先和晴雨表型价格领先。

支配型价格领先，是由行业中占支配地位的寡头按照利润最大化原则确定产品售价。

成本最低型价格领先，是由行业中成本最低的寡头按照利润最大化原则确定其产品产销数量和价格，其他寡头按同一价格销售各自的产品并据此确定各自的产销量。

晴雨表型价格领先，是由行业中获取信息、判断市场趋势等方面有公认特殊能力的寡头确定产品价格，其他寡头根据该价格相应调整自身的产品价格。

在寡头垄断市场，各寡头厂商都拥有可以影响竞争对手决策的市场份额，每个寡头做出涉及产量、价格的决策前都需了解或判断其他竞争对手可能的反应。这种行为关系和决策影响的复杂性和不确定性，也加深了研究寡头厂商价格和产量决策的难度。可以说，针对不同类型的寡头以及不同的“决策—反应”条件，就会存在不同的市场竞争结果，从而形成不同的研究结论。

五、完全垄断市场

（一）完全垄断市场的概念及主要条件

完全垄断市场（又称垄断市场），是与完全竞争市场对立的市场类型，行业中只有唯一的供给者。

完全垄断市场需要具备的条件主要包括：

（1）只有唯一的供给厂商和众多的需求者。

（2）厂商生产和销售的商品没有替代品。

（3）其他厂商无法进入该行业。

与完全竞争市场一样，完全垄断市场也只是一种极端的理论抽象，在现实经济生活中几乎不存在。为维护社会和消费者利益，大多数垄断企业的经营实际上会受到法律的规范和政府的管控。

完全垄断市场模型，作为完全竞争市场的对立物，为研究评价其他市场结构的经济效率提供了理论参照。研究完全垄断市场，还有助于分析垄断市场所形成的各种经济关系，把握政府、各市场参与主体的关系和行为。

（二）完全垄断市场形成的主要原因

在完全垄断市场中，独家垄断厂商完全排除了竞争，控制了行业的生产、销售和价格，消费者没有其他选择。

形成垄断的原因主要有：竞争和规模经济要求引起生产和资本的集中，使得单独厂商控制了行业生产所需的全部资源；专利保护使得拥有生产专利的厂商可在规定的保护期内独家垄断产品生产；国家基于财政、国家安全和社会管理需要，通过法律规定和行政措施授予厂商独家生产经营权，使其形成垄断；厂商利用现行进入行业的条件或凭借所拥有的自然、地理优势，控制了行业生产资源，阻碍其他厂商进入行业，从而形成了对行业生产经营的自然垄断。

（三）完全垄断市场的需求与均衡

垄断市场只有一个厂商，市场的需求曲线也是垄断厂商的需求曲线，该曲线也是向右下方倾斜的。令垄断厂商的产量为Q，那么商品价格为$P(Q)=a-bQ$，$P'(Q)<0$，厂商成本函数为$C(Q)$，厂商利润为$\pi(Q)=Q\cdot P(Q)-C(Q)$。垄断厂商求取利润最大化，

那么需要 $\pi'(Q)=MR-MC=0$，即 $MR=MC$。垄断厂商可通过减少销售量提高市场价格，也可借助增加销售量压低市场价格，通过改变销售量达到控制市场价格的目的。垄断厂商的销售量与市场价格呈反向变动关系，如图2-17所示。

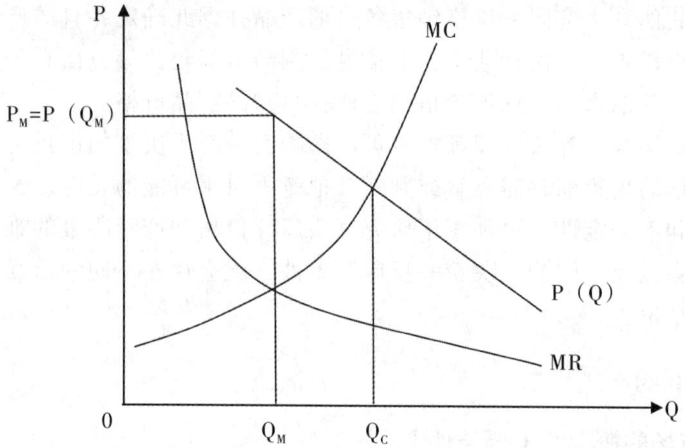

图2-17　完全垄断市场的均衡

在短期内，垄断厂商在生产规模不变的情况下，通过调整产量和价格，使边际收益等于短期边际成本，达到利润最大化。垄断厂商按照上述原则调整产量与价格后的盈利情况，还需分析其平均成本状况。

在长期内，垄断厂商可以通过调整生产规模，使边际收益等于长期边际成本，从而实现利润最大化。与完全竞争厂商不同，由于排除了其他厂商的加入，垄断厂商可以通过调整规模在长期内获得更大的利润，其长期均衡的利润总大于短期均衡的利润。

第五节　有效市场理论

1970年，美国芝加哥大学金融学教授尤金·法玛（Eugene Fama）系统地提出了有效市场假说（Efficient Markets Hypothesis），该假说一经提出就成为证券市场研究的热门课题，在现代金融市场理论框架占据重要地位，也是目前最具争议的投资理论之一。

一、有效市场理论的发展历程

英国经济学家乔治·吉布森（George Gibson）最早讨论了市场有效问题。他于1889年出版了《伦敦、巴黎和纽约的股票市场》，初步描述了类似有效市场的思想，在当时产生了一定影响。

法国经济学家路易斯·巴切利尔（Louis Bachelier）将统计分析用于收益分析，运用随机游走模型，研究了布朗运动及股价变动的随机性，认识到市场基于信息影响的有效性。1900年他在博士论文《投机理论》中首次得出"市场收益是独立同分布的随机变量"的结论，发现股票收益率波动的数学期望值总是为零，提出了股价遵循公平游戏模型。

英国统计学家莫里斯·乔治·肯德尔（Maurice George Kendall）在1953年发表的《经

济时间序列分析》一文中，研究了19种英国股票价格指数和纽约、芝加哥商品交易所棉花、小麦即期价格的周变化规律，发现股票价格遵循随机游走规律。

保罗·萨缪尔森（Paul Samuelson）与伯努瓦·曼德尔布罗特（Benoit Mandelbrot）分别于1965年和1966年，研究了公平游戏模型与随机游走理论的关系，从而论述了有效市场与公平游戏模型之间的关系。

有效市场理论的最终形成及完善得益于尤金·法玛的卓越贡献。1965年，尤金·法玛在《金融分析家》杂志上发表《股票市场价格行为》一文，首次提出“有效市场”的概念。他认为，在有效市场中，存在着大量理性的、追求利益最大化的投资者。他们积极参与竞争，每一个人都试图预测单个股票未来的市场价格，每一个人都能轻易获得当前的重要信息。在一个有效市场上，众多精明投资者之间的竞争导致这样一种状况：在任何时候，单个股票的市场价格都反映了已经发生的以及尚未发生、但市场预期会发生的事情。1970年，尤金·法玛在其经典论文《有效资本市场：理论与实证研究回顾》中系统总结了过去对市场有效性的研究，并提出了有效市场假说以及研究市场有效性的完整理论框架。

2013年10月14日，瑞典皇家科学院宣布授予美国经济学家尤金·法玛、拉尔斯·彼得·汉森以及罗伯特J.席勒该年度诺贝尔经济学奖，以表彰他们在研究资产价格的实证分析方面取得的杰出成就。

二、有效市场理论的主要内容

有效市场假说认为，价格完全反映了全部所获得信息的证券市场是有效市场。

一个特定信息在信息交流和竞争充分的市场能迅速被投资者知晓，股票市场的竞争使股价及时、充分地反映该信息的影响，据此交易的投资者不可能获得高于市场平均的超额利润，只能赚取市场平均水平的报酬。

信息有效、投资者理性和市场理性的统一造就了有效的市场。

（一）有效市场假说的前提条件

（1）市场上的投资者都是理性的经济人，都以追求利益最大化为行动目标，投资人都力图利用所获信息谋取最高的利润。

（2）与投资相关的信息都以随机方式进入市场，信息的发布各自独立。

（3）市场对信息的反应迅速而准确，股票价格因而反映了市场的全部信息。

（4）整个市场完全竞争，有大量投资者参与，大家都是价格的接受者。

有效市场理论是应用资产评估市场法的重要前提。当在资产评估过程中应用市场法时，首先要有一个活跃的公开市场，在市场中有众多平等的买方和卖方，双方的交易行为均建立在自愿的、理智的基础上，这个公开市场就接近有效市场的概念。一般来说，市场越有效，相关交易越活跃，与被评估资产相类似资产的价格越容易获得，评估结果也就更加准确。反之，不宜采用市场法进行评估。

（二）有效市场的形态

证券市场包含以下三个层级的信息：

（1）反映了证券历史价格的信息，如已发生的股票交易数量、价格、回报率等。

（2）已公开的所有信息。除上述反映证券历史价格的信息外，还包括上市公司披露的信息，已公开的行业信息和证券市场及公司分析信息，有关的经济、政治新闻等信息。

（3）所有的可知信息。除上述已公开信息外，还包括未公开的内部及私人信息。

根据证券价格对市场信息的反映程度，有效市场划分为弱式有效市场、半强式有效市场和强式有效市场三种形态。

1.弱式有效市场（weak form market efficiency）

在弱式有效市场，股票的市场价格已充分反映了股票所对应的历史价格信息，历史资料无法影响股票的未来价格，也无法准确预测股票价格，投资者无法利用股票的历史交易信息获得超额收益。技术分析手段不再有效，基本分析还可能对投资者有所帮助。

2.半强式有效市场（semi strong form market efficiency）

在半强式有效市场，股票的市场价格已充分反映了全部公开信息，投资者无法利用公开信息获得超额收益，技术分析和基本分析都不再有效，但掌握内幕信息可能获得超额利润。

3.强式有效市场（strong form market efficiency）

在强式有效市场，股票市场价格已充分反映了已知的全部信息，投资者无法利用任何已知的信息获得超额收益，不仅任何分析手段都失效，而且连垄断、利用内幕信息也无法获取超出投资对象风险水平之上的收益。

三、有效市场理论的局限

迄今，有效市场理论并未被业界所有人士接受，围绕有效市场理论的争议也一直存在。

（一）实证研究中发现的“特例”现象

对有效市场理论实证研究中所发现的“特例”现象主要有：

1.小公司效应

罗尔夫·本茨（Rolf Banz）1981年以纽约证券交易所的股票为样本所做的研究发现，小规模组公司的股票具有相对高的收益率，说明股票收益率与公司大小有关。凯姆（Keim）等学者的研究也印证了相似规模效应的存在。

2.时间效应

约瑟夫（Rozeff）和基米（Kirmey）1976年对纽约证券交易所1904—1974年股价指数的研究发现，无论大小类型股票，都存在一月份的平均收益率高于其他月份的“一月份现象”。居尔特金（Gultekin）等人1983年对17个国家股票收益率的研究中发现有13个国家也存在“一月份现象”。除此之外，研究者还发现了诸如股票收益的周末效应、季度波动等时间效应现象，说明股票收益率与时间有关。

3.账面市值比效应

法玛和弗伦希（French）1992年对纽约证券交易所、美国证券交易所和纳斯达克证券交易所的公司股票研究发现，账面市值比高的股票在次年的收益率高于账面市值比低的股票。他们的结论也被兰考内斯特（Lakonishok）、施莱弗（Shleifer）和维希尼（Vishny）的研究所印证。

按照有效市场理论，有效市场不会出现股票收益的规律性现象。因为一旦出现这种现象，理性的投资人就会利用这种规律性赢得超额回报，最终会使收益率之间出现不平衡。有效市场中的投资只能补偿与投资对象相应的正常风险，从而消除了获得超额收益的投资机会。

（二）对有效市场理论相关假设的不同看法

1.理性经济人

理性经济人假设要求投资者有明确的投资预期，都以追求个人经济利益最大化为目标。股票价格波动是投资人基于完全信息集的理性预期结果，投资人的智力水平、分析能力和对信息的解释不存在差异。

现实市场的投资者并非都具有各项理性预期。具有不同预期的投资者使得市场价格在不断的随机波动中趋向均衡。

对金融决策行为“理性经济人”假设的质疑，产生了研究金融活动当事人行为方式及心理特质的新领域——金融行为学。

2.信息相关假设

有效市场理论要求，市场参与者之间不存在信息占有不对称、信息加工不同步、信息解释差异；新信息完全随机出现，信息的获取、传输和运用是自由而高效的，信息在市场中充分且均匀分布。这里面所暗含的假设是：信息的获取成本为零。这也与市场现实存在一些偏离：

（1）信息搜集、整理和发布过程实际存在成本，获取和使用信息并非完全免费。

（2）信息传播的速度和范围会因客观条件限制，不能及时、全面地被投资者接受。这些条件可能包括传播的程序、途径、载体和技术等。

（3）发布者出于利益考虑，会对信息公开的数量、规模和时间施加影响。

（4）投资者实施交易的时间及交易决策的有效性，可能受其所在交易地点、交易手段、交易条件和交易技术等因素的影响。

（5）受个人风险偏好、知识背景和信息掌控能力等差别影响，投资者对信息的判断存在个体差异。

四、有效市场理论的主要作用

（一）证券市场方面

有效市场理论揭示了股票价格形成机制及股票投资期望收益率的变动模式。有效市场假说提出之前，人们认为股票价格有规律可循，尝试通过分析过去的股票价格信息去预测其未来价格。有效市场理论的研究者认为，股票价格遵循随机游走规律，并无规律可循。有效市场理论以信息为纽带，通过股票市场信息披露水平、股票价格对相关信息的反应效率等，研究不同信息作用形态下股票市场的特点。

利用有效市场假说的理论和实证研究成果，研究分析不同证券市场之间在信息披露、交易规则、投资理念等方面的差异，可以为我国资本市场的规范和发展提供理论支持。

如果市场是无效的，即未达到弱式有效，那么当前的价格就不能完全反映历史价格信息，因此未来的价格变化就会对过去的价格信息做出反应。在市场无效的情况下，人们可以利用分析技术从过去的价格信息中分析出未来价格的某种变化倾向，从而在交易中获利。

如果市场是弱式有效的，那么过去的历史价格信息就已完全反映在当前的价格中，未来的价格变化将与当前及历史价格无关，这时使用技术分析当前及历史价格对未来做出预测将是徒劳的，技术分析将失效。在弱式有效市场中，组织管理者是积极进取的，会在选择资产和买卖时机上下功夫，从而努力寻找价格偏离价值的资产。

如果市场没有达到半强式有效，那么公开信息未被当前价格完全反映，分析公开资料寻找被错误定价的证券将能增加收益。但是如果市场半强式有效，那么仅仅以公开资料为基础的分析将不能提供任何帮助。因为针对当前已公开的资料信息，目前的价格是合适的，未来的价格变化与当前已知的公开信息毫无关系，其变化纯粹依赖明天新的公开信息。在这样的一个市场中，已公布的基本信息无助于分析家挑选价格被高估或低估的证券，基于公开资料的基础分析毫无用处。

如果市场是强式有效的，任何新信息（包括公开的和内部的）将迅速在市场中得到反映。在这种市场中，任何企图寻找内部资料信息来打击市场的做法都是不明智的，任何专业投资者的边际市场价值都为零。对于证券组合理论来说，其组合构建的条件之一即假设证券市场是充分有效的，所有市场参与者都能同等地得到充分的投资信息，如各种证券收益和风险的变动及其影响因素，同时不考虑交易费用。但对于证券组合的管理来说，如果市场是强式有效的，组合管理者会选择消极保守型的态度，只求获得市场平均的收益率水平，因为无法以现阶段已知的任何特征来区别将来某段时期的有利或无利的投资，进而进行组合调整。因此在这样一个市场中，管理者一般模拟某一种主要的市场指数进行投资。

综合以上分析，有效市场理论与证券投资分析的关系见表2-5。

表2-5 有效市场理论与证券投资分析的关系

市场类型	技术分析	基本分析	内幕消息	组合管理
无效市场	有效	有效	有效	积极进取
弱式有效	无效	有效	有效	积极进取
半强式有效	无效	无效	有效	积极进取
强式有效	无效	无效	无效	消极保守

（二）金融理论方面

法玛将经济学的竞争均衡理论引入资本市场研究，指明了收益和风险的均衡关系。有效市场假说与资本结构理论（MM）、资本资产定价模型（CAPM）相互紧密依赖，通过市场效率和均衡模型相互作用、彼此促进，从而推动了金融理论的发展。有效市场假说及其实证研究，为资本结构理论、资本资产定价模型和期权定价理论被人们普遍、迅速接受提供了有力支持。

【思政课堂】 夯实理论基础，培养科学精神

资产评估的基础理论与经济学息息相关，包括劳动价值论、效用价值论、供求理论、市场结构理论和有效市场理论等，阐述了商品价值形成原因、供求关系以及市场的分类，为资产评估的实践提供了重要保障。

尽管资产评估是一门实践性很强的学科，但是仍然脱离不开经济学的相关理论，因此资产评估从业者们更应注重资产评估理论与实践相结合，培养科学精神，即实事求是，求

真务实，开拓创新的理性精神，这对于资产评估行业的茁壮成长是十分必要的。

随着科技的发展，时代的进步，数据资产、知识版权等无形资产的评估需求不断扩大，这些无形资产往往具有非实体性、依托性和价值易变性等特征，传统的评估方法如成本法、市场法、收益法等不能满足评估的需求，从而给资产评估从业者们带来全新的挑战。因此，资产评估专业人员评估时应当在传统的理论基础上，发挥科学精神。尤其对于新兴的无形资产的评估，资产评估专业人员应当发挥批判和怀疑的精神，不囿于权威，不拘泥于传统的资产评估方法，积极创新，开拓利用人工智能、机器学习等算法完善无形资产的评估，通过实践和探索去验证真理，克服难题。正如培根所言，“只有顺从自然，才能驾驭自然”，新时代的资产评估从业者和接班人需不断夯实理论基础，培养科学精神，为资产评估行业的建设添砖加瓦。

【本章小结】

本章主要阐述与资产评估有关的基础理论，本章首先阐述了探索商品价值形成原因的两大基本经济学理论——劳动价值论和效用价值论。劳动价值论认为价值是抽象劳动的凝结，商品的价值量就是生产商品所耗费的劳动量。效用价值论是一种用人们对物品的主观心理评价来解释价值形成过程的经济理论，以主观心理感受解释商品价值的本质、源泉及尺度，因此又被称为主观价值论。

本章进一步介绍了需求理论、供给理论以及供求均衡。需求是指在一定时期内，在每一价格水平下消费者愿意并且能够购买的某种商品的数量。供给是指生产者在一定时期内，在各种可能的价格水平下愿意并且能够生产销售的某种产品的数量。市场均衡是指影响市场供求的力量达成平衡的状态。在微观经济分析中，市场均衡分为局部均衡和一般均衡。

此外，本章介绍了市场结构理论与有效市场理论。市场结构理论在评估实务中应用广泛。根据不同的市场结构特征，可以把市场划分为完全竞争市场、垄断竞争市场、寡头垄断市场和完全垄断市场。有效市场理论一般根据证券价格对市场信息的反映程度，划分为弱式有效市场、半强式有效市场和强式有效市场三种形态。迄今，有效市场理论并未被业界所有人士接受，在实证研究中也发现了一些“特例”现象，围绕有效市场理论的争议也一直存在。

【练习题】

（一）单项选择题

1.下列关于劳动价值论的说法，正确的是（　　）。

A.价值是由凝结在商品中的无差别人类劳动决定的

B.确定商品价值量的个别劳动时间是固定不变的

C.商品是价值和使用价值的统一体，没有价值的商品也没有使用价值

D.决定商品价值量的劳动时间为个别劳动时间

2.按照效应价值论的观点，下列说法错误的是（　　）。

A.效用是指消费者在消费商品前所能感受到的将要满足的程度

B.一种物品具有价值，必须满足有用性和稀缺性两个条件

C.效用价值论从需求的角度衡量物品的价值，这种价值分为主观价值和客观价值

D.人们可以用效用的大小而不是劳动价值衡量商品的价值，效用是价值的源泉

3.按照需求理论的观点，下列观点正确的是（　　）。

A.需求曲线是一条由左下向右上倾斜的曲线，当商品价格保持不变，消费者收入减少时，需求曲线将向右移动

B.需求曲线是一条由左下向右上倾斜的曲线，当商品价格保持不变，消费者收入减少时，需求曲线将向左移动

C.需求曲线是一条由左上向右下倾斜的曲线，当商品价格保持不变，消费者收入增加时，需求曲线将向右移动

D.需求曲线是一条水平直线，当商品价格保持不变，消费者收入增加时，需求曲线将不移动

4.具体劳动创造了商品的（　　）。

A.使用价值　　B.价值　　C.交换价值　　D.价格

5.在下列说法中，满足消费者效用最大化的是（　　）。

A.购买最后一个商品的边际效用相等

B.花费在各种商品上的最后一元钱所带来的边际效用相等

C.消费者增加每一消费单位的边际效用不变

D.购买两种商品的单位价格之和等于消费者收入

（二）多项选择题

1.根据供求理论，影响商品需求的因素一般包括（　　）。

A.生产商的数量　　B.相关商品的价格

C.对商品价格变动的预期　　D.消费者的收入水平

E.消费者的选择偏好

2.根据市场结构划分市场类型的理论，完全竞争市场必须具备的条件有（　　）。

A.厂商提供的产品无差异　　B.厂商生产和销售的商品没有替代品

C.信息畅通、完全　　D.资源能够自由流动

E.有大量的买者和卖者

3.根据供求理论，下列属于影响商品供给数量的因素有（　　）。

A.生产的成本　　B.商品的价格

C.对商品价格变动的预期　　D.消费者的收入水平

E.生产的技术水平

4.根据有效市场理论，下列属于证券市场外在效率衡量因素的有（　　）。

A.证券市场所提供的服务设施完备

B.证券市场上的交易者能以最低成本达成交易

C.与证券有关的信息充分披露，每个投资者能在相同的时间获得等量等质的信息

D.证券价格能随着信息变化自由变动

E.证券市场的组织机构健全

5.效用价值论认为价值不是商品的内在属性，价值应分为（　　）。

A.主观价值　　B.客观价值
C.劳动价值　　D.交换价值
E.抽象价值

（三）判断题

1.效用价值论认为，价值是人们对物品的效用的主观心理评价。(　　)
2.消费者均衡不需要考虑消费者收入。(　　)
3.主观价值的根源在于物品的有用性和稀缺性。(　　)
4.吉芬商品替代效应与价格的关系呈反方向变化。(　　)
5.其他因素不变，仅商品价格出现变动时，被称为供给的变动。(　　)
6.其他因素不变，供给量增加会导致均衡价格下降。(　　)
7.垄断竞争需要具备的条件包括：每个厂商提供的商品是完全同质的。(　　)
8.古诺模型又称双头模型，反映两个实力相当厂商的寡头垄断模式。(　　)

（四）简答题

1.什么是消费者均衡？消费者效用最大化的均衡条件是什么？
2.边际效用递减规律是什么？
3.完全垄断市场需要具备的条件有哪些？
4.强式有效市场有什么特点？

客观题智能测评

第三章

资产评估基本事项

【学习目标】

1.理解和掌握资产评估的目的与价值类型；

2.掌握资产评估的对象，熟悉资产评估的范围；

3.掌握资产评估的常用基本假设；

4.理解资产评估的评估基准日；

本章思维导图

5.实事求是，学会独立思考、判断，坚持客观、公正地表达意见和为人处世。

【案例导入】

2020年6月30日，重庆百货大楼股份有限公司（600729，以下简称“重庆百货”）发布公告称，为彻底解决重庆百货与步步高投资集团股份有限公司（简称“步步高集团”）在重庆地区的同业竞争、减少关联交易，提高重庆百货的持续盈利能力和在合川区的市场占有率，重庆百货以现金方式向步步高集团收购重庆市合川区步步高宝川置业有限责任公司（简称“宝川置业”）和重庆步步高中煌商业管理有限公司（简称“步步高中煌”）各100%股权。交易价格以经交易双方确认的截至2020年5月31日（评估基准日）宝川置业和步步高中煌的净资产评估值为准，分别为64 286.42万元和1 309.14万元，合计65 595.56万元。

具有从事证券、期货业务资格的重庆华康资产评估土地房地产估价有限责任公司接受重庆百货的委托，采用资产基础法对宝川置业和步步高中煌的净资产进行了评估，并分别出具重康评报字〔2020〕第160-2号、第160-1号《资产评估报告》。

以重康评报字〔2020〕第160-2号《资产评估报告》为例。该报告中披露了重庆百货拟收购宝川置业股权所涉及的宝川置业股东全部权益的资产评估项目的评估基本事项。

评估目的：为重庆百货拟收购宝川置业股权，提供所涉及的宝川置业股东全部权益在评估基准日的市场价值参考。

评估对象：宝川置业股东全部权益。

评估范围：宝川置业申报的资产及负债。

价值类型：市场价值。

评估基准日：2020年5月31日。

评估方法：资产基础法。

评估结论：截至评估基准日，宝川置业经审计的资产总额65 038.86万元，负债总额119.64万元，净资产64 919.22万元。根据本次评估目的，经评估人员综合评定估算，宝川置业在评估基准日的资产总额为64 406.06万元，负债总额119.64万元，股东全部权益的市场价值为64 286.42万元，评估增值-632.80万元，增值率-0.97%。

资料来源：整理自《资产评估报告》重康评报字〔2020〕第160-2号、第160-1号.

评估目的、评估对象（范围）、价值类型、评估基准日等评估基本事项，决定了评估结论。这些事项是编制资产评估报告的基础，也是资产评估报告的重要组成部分。本章重点学习资产评估目的、评估对象、价值类型、评估基准日、评估假设这些评估基本事项，其他评估基本事项在其他章节中学习。

第一节　资产评估目的

资产评估是为满足特定经济行为的需要进行的。随着现代商品经济的发展，各种经济行为不断发生。企业改制、上市、合资、合作经营，股权转让，资产买卖、置换、出资，债转股，担保融资，破产清算，保险赔偿，损失补偿，税收，司法诉讼，会计计量等各种经济行为为资产评估行业提供了大量不同种类的评估业务，也由此决定了资产评估目的的多样性。

一、资产评估目的的概念

资产评估目的，是资产评估业务所对应的经济行为对资产评估结果的使用要求，或资产评估结论的具体用途。

资产评估业务所对应的经济行为，通常可以分为转让，抵（质）押，公司设立、增资，企业（公司）改建，财务报告，税收和司法等。不同的经济行为，对资产评估结果的使用要求不同，资产评估目的也因此有所不同。

知识链接3-1

《国际评估准则》关于资产评估目的的规定

二、常见的资产评估目的

资产评估专业人员在承接资产评估业务时应与委托人沟通确定资产评估目的。确定评估目的是委托人的责任，评估目的应当在资产评估委托合同中明确约定。根据资产评估实践中所涉及的经济行为不同，有下列常见的资产评估目的：

（一）资产转让

资产转让是最常见的评估目的。转让行为所对应的评估目的是确定转让标的资产的价值，为转让定价提供参考。引发资产评估的转让行为主要包括资产的收购、转让、置换、抵债等。转让行为的标的资产可以是股权等出资人权益（即产权转让或股权转让），也可以是单位或个人拥有的能够依法转让的有形资产、无形资产等。

（二）抵（质）押

对于抵（质）押业务来说，下列情形一般需要进行资产评估：

（1）贷款发放前设定抵（质）押权的评估

评估目的是了解用于抵押或质押资产的价值，作为确定发放贷款的参考依据。单位或个人在向金融机构或其他非金融机构进行融资时，金融机构或非金融机构需要获得借款人或担保人用于抵押或质押资产的评估报告。抵押或质押的标的，既可以是具体的资产，又可以是股权或产权。房地产抵押、知识产权质押、珠宝质押等目的的评估是最为常见的评估业务。

（2）实现抵（质）押权的评估

评估目的是确定抵（质）押品的价值，为抵（质）押品折价或变现提供参考。当借款人到期不能偿还贷款时，贷款提供方作为抵（质）押权人可以依法要求将抵（质）押品拍卖或折价清偿债务，以实现抵（质）押权。

（3）贷款存续期对抵（质）押品价值动态管理所要求的评估

评估目的是监控抵（质）押品的价值变化，为贷款风险防范提供参考。通常由金融机构要求评估机构在规定时间以及市场发生不利变化时对抵（质）押品进行价值评估。

显而易见，抵（质）押评估为提高抵（质）押担保质量、保障银行等机构的债权安全、及时量化和化解风险提供了有效的专业支持。

（三）公司设立、增资

根据《公司法》《公司注册资本登记管理规定》等相关法律法规的规定，公司设立或增资时需要评估的具体经济行为，见表3-1。

表3-1 公司设立、增资行为的评估目的

经济行为	资产评估目的
非货币资产出资	为确定可出资资产的价值提供参考。评估结论用于揭示出资资产的市场价值，以保障企业股东、债权人以及社会公众的利益
以货币或非货币资产增资扩股	对被增资企业的股权价值进行评估，为确定股东出资金额和股权比例提供参考
发行股份购买资产	评估标的资产的价值，为上市公司确定资产购买价格和股票发行方案提供参考
债权转股权	对拟转为股权的债权进行评估，为确定债权转股金额和股份数额提供价值参考。被转股企业为国有非上市公司的，还应当按规定对其股权价值进行评估

（四）企业改制

企业进行公司制改建，或者由有限责任公司变更为股份有限公司，需要对改建、变更所涉及的整体或部分资产进行资产评估。

我国通常所说的企业改制主要是指国有企业的改制，即国有企业改建为有限责任公司或股份有限公司。改制企业以企业的实物、知识产权、土地使用权等非货币资产折算为国有资本出资或者股份的，要求通过资产评估合理确定国有资本金的价值。其评估目的是为确定国有资本出资额或者股份数额提供参考依据。

公司由有限责任公司变更为股份有限公司，《公司法》规定如下：企业采用有限责任公司经审计的净资产账面价值折股变更为股份有限公司时，需要对用于折股的净资产进行评估。评估的实质是评估有限责任公司用于折股资产的市场价值扣除负债价值后是否不低于其对应的审计后的净资产账面价值。评估目的是核实企业用于折股的审计后净资产的账面价值是否不低于其市场价值，防止虚折股权/股份的情况发生。

在有限责任公司改建股份有限公司的过程中，发生引进战略投资者等导致拟改建公司的国有股东股权比例发生变化的情况，还应根据国有资产监管要求，在上述股权比例变化的环节对拟改建公司的股东权益价值进行评估。评估目的是为确定股东出资金额和股权比例提供参考。

（五）财务报告

根据《以财务报告为目的的评估指南》，以财务报告为目的的评估，是指资产评估机构及其资产评估专业人员遵守法律、行政法规、资产评估准则和企业会计准则及会计核算、披露的有关要求，根据委托对评估基准日以财务报告为目的所涉及的各类资产和负债的公允价值或者特定价值进行评定和估算，并出具资产评估报告的专业服务行为。

知识链接 3-2

与以财务报告为目的的资产评估相关的会计准则

企业编制财务报告时，可能需要对某些资产进行评估，其评估目的是为会计核算和财务报表编制提供相关资产、资产组等评估对象的公允价值或可收回金额等特定价值的专业意见。合并对价分摊、资产减值测试、投资性房地产和金融工具等资产的公允价值计量等，是我国以财务报告为目的的主要评估业务。

【例 3-1】

以财务报告为目的的评估

北京中科华资产评估有限公司接受通化金马药业集团股份有限公司（以下简称“通化金马”）的委托，按照《企业会计准则第8号——资产减值》《会计监管风险提示第8号——商誉减值》《以财务报告为目的的评估指南》等有关法律、法规、会计准则、资产评估准则的要求，对通化金马以财务报告为目的拟进行商誉减值测试涉及的并购哈尔滨圣泰生物制药有限公司（以下简称“圣泰生物制药”）100%股权所形成的含商誉相关资产组在2019年12月31日评估基准日的可收回金额进行了评估，并出具资产评估报告（中科华评报字（2020）第034号）。评估基本事项如下：

经济行为：2015年8月11日通化金马通过支付现金购买资产的方式收购了圣泰生物制药100.00%的股权，属于非同一控制下的企业合并。《企业会计准则第8号——资产减值》第二十三条规定，企业合并所形成的商誉，至少应当在每年年度终了进行减值测试。

评估目的：对通化金马拟进行商誉减值测试所涉及的圣泰生物制药含商誉资产组于评估基准日可收回金额进行评估，为通化金马编制财务报告提供价值参考。

评估对象：圣泰生物制药含商誉资产组在评估基准日可收回金额。

评估范围：圣泰生物制药商誉相关长期经营性资产及分摊的商誉，具体包括：固定资产、无形资产、长期待摊费用、递延所得税资产、其他非流动资产及分摊的商誉。商誉相关资产组账面价值31 377.78万元，商誉176 369.81万元，合计207 747.59万元。

价值类型：按照《企业会计准则第8号——资产减值》的相关规定，商誉的减值测试需要测算资产组（CGU）的可收回金额，因此本次减值测试价值类型选择为可收回金额。

评估基准日（减值测试日）：2019年12月31日。在评估业务开展过程中涉及的参数、价格等均以评估基准日为标准。

评估方法：采用收益法预计未来现金流量现值。采用资产基础法评估公允价值减去处置费用后的净额。

根据此次评估的评估目的和价值类型，对于资产组的减值测试需要估算资产组的可收回金额来间接实现，可收回金额是指资产组的公允价值减去处置费用后的净额与其预计未来现金流量的现值两者之间较高者。

故此次评估采用收益途径确定与商誉相关资产组预计未来现金流量现值，采用资产基础法评估公允价值减去处置费用后的净额。两者之间较高者作为可收回金额与资产组账面价值相比较，判断商誉是否减值。处置费用数额较小，忽略不计。

评估结论：商誉属于不可辨识无形资产，因此无法直接对其进行价值测试，需要通过间接的方式，即通过对资产组的价值估算来实现对商誉价值的间接估算。

经过评估人员测算，截至评估基准日（减值测试日），圣泰生物制药含商誉资产组可收回金额账面价值为207 747.59万元，采用资产基础法评估公允价值减去处置费用后的净额34 134.13万元，预计未来现金流量现值25 525.13万元；可收回金额取两种方法评估值较高者为34 134.13万元，含商誉资产组减值173 613.46万元，减值率83.57%。

资料来源：通化金马．通化金马药业集团股份有限公司以财务报告为目的拟进行商誉减值测试涉及的哈尔滨圣泰生物制药有限公司含商誉资产组可收回金额项目资产评估报告［EB/OL］．［2020-07-20］．http：//www. cninfo. com. cn/new/disclosure/detail？ stockCode=000766&announcementId=1208046724&orgId=gssz0000766&announcementTime=2020-07-20.（巨潮资讯网，经作者整理）

（六）税收

与税收领域相关的资产评估业务主要涉及以下方面：

一是非货币资产投资的计税价值评估。其评估目的是为核定非货币资产计税申报价值的公允性提供资产价值参考。

二是非货币资产持有或流转环节所涉税种的税基评估。其评估目的是根据涉税情形，确定相关非货币性资产的应税流转或所得额、财产价值或增值额，为税收征管部门确定相关计税基准提供参考。非货币性资产的持有或流转可能会涉及流转税、所得税、财产税和土地增值税等税种。对纳税申报不合理、未制定计税价格标准且价值不易按照通常方法确定的非货币性资产，税收征管部门会要求提供资产评估报告。

三是抵税财物处置环节的资产评估，比如，对抵税财物的拍卖，按照规定，除有市场价或可依照通常方法确定价格之外的拍卖对象应当委托评估，其评估目的是确定相关财物的价值，为确定拍卖保留价提供参考。

（七）法律诉讼

资产评估可以为在法律诉讼过程中涉及的财产价值提供估价服务。法律诉讼评估，一般包括两种情形：

一是与诉讼标的相关的财产（权益）价值及侵权（损害）损失数额等的评估，包括刑事案件定罪量刑中对相关损失的估算和民事诉讼中对诉讼标的财产（资产）价值、侵权损害损失额的评估。其评估目的是揭示相关财产（权益）价值及侵权（损害）损失金额，为司法审判提供参考依据。

二是民事判决执行中拟拍卖、变卖执行标的物的处置价值的评估。其评估目的是确定涉案执行财产的价值，为人民法院在司法执行中确定财产处置参考价值提供专业意见。

为规范资产评估机构及其资产评估师执行人民法院委托司法执行财产处置资产评估业务，2019年5月6日中国资产评估协会（以下简称“中评协”）发布了《人民法院委托司法执行财产处置资产评估指导意见》，自2019年7月1日起施行。作为一个特殊的评估服务领域，人民法院委托司法执行财产处置资产评估业务需要面对的问题复杂多样，如在签订业务委托合同、评估资料收集、评估程序履行等方面都与常规评估业务存在差异。因此，该指导意见侧重于对执行该类资产评估业务中的特殊情况从评估委托、评估操作要求、披露要求等方面予以规范和指导。

（八）其他评估目的

除上述资产评估目的之外，资产评估可以为企业清算业务、财产保险业务等提供估值服务。其评估目的是为确定清算财产价值、保险标的物价值或保险损失额提供参考。

三、资产评估目的的作用

评估目的直接或间接地决定和制约着资产评估的条件以及价值类型的选择。不同的评估目的可能会对评估对象的确定、评估范围的界定、价值类型的选择以及潜在交易市场的确定等方面产生影响。

（一）资产评估目的是界定评估对象和评估范围的基础

明确资产评估目的，可以清晰地划定出评估对象是什么，以及评估对象的内容及构成（评估范围），例如，以房地产抵押为评估目的的资产评估，其评估对象为某一特定的房地产，其评估范围包括土地和房屋，但不包括房屋的精装修部分；如果以房地产买卖为目的的资产评估，其评估范围就应该包括房屋的精装修部分。因此，在评估实务中，应根据资产评估目的，确定评估对象和评估范围，并在评估委托合同和资产评估报告书中明确载明。

（二）资产评估目的对于价值类型的选择具有约束作用

价值类型是资产评估结果的价值属性及其表现形式。不同的经济行为决定了资产评估的不同目的，不同的资产评估目的对资产评估结果的价值属性提出了不同的要求。因此，资产评估目的是决定价值类型的一个重要因素。

但是，资产评估目的对资产评估结果的价值属性的要求不是抽象的和绝对的。当评估时的市场条件、评估对象自身条件等不同时，即使是相同的评估目的，其对资产评估结果的价值类型的要求也会有所差别。也就是说，价值类型的选择还受到资产评估目的之外其他因素的影响，单纯将资产评估目的与价值类型的关系固定化是不可取的。

《资产评估价值类型指导意见》第十四条规定，注册资产评估师执行资产评估业务，选择和使用价值类型，应当充分考虑评估目的、市场条件、评估对象自身条件等因素；第十五条规定，注册资产评估师选择价值类型，应当考虑价值类型与评估假设的相关性。

由此可见，资产评估目的不是决定价值类型的唯一因素。评估时的市场条件、评估对象自身条件、评估的时间、地点、经济行为、各当事人的状况等，都可能影响价值类型的选择。因此，资产评估目的对于价值类型的选择具有约束作用。

以下以企业价值评估为例，具体说明资产评估目的的作用。

如果评估目的是有限责任公司变更设立股份有限公司，评估结论用于核实股份有限公司设立时依据审计后净资产确定的注册资本是否不低于市场价值，涉及的评估对象和评估范围是该企业根据公司法的规定，可以用于出资的资产及相关负债形成的净资产，且应该与审计后净资产的口径一致，价值类型需要选择市场价值，潜在交易市场需要选择经营注册地的资产交易市场。

如果评估目的是股权转让，评估对象应是企业的股权，评估范围是企业的全部资产和负债（包括公司法规定不能用于出资的资产，如商誉），价值类型则需要根据交易双方的实际情况选择市场价值或投资价值等，潜在交易市场则需要根据可能的交易地点选择主要的或最有利的股权交易市场等。

总而言之，资产评估目的是委托人对资产评估结论的使用要求，或是委托人或资产评估报告使用人对资产评估结论的具体用途，在资产评估中具有十分重要的作用。

第二节　资产评估对象与评估范围

一、资产评估对象

（一）什么是资产评估对象

资产评估对象，又称评估客体，是指被评估标的，是资产评估的具体对象。根据《资产评估法》中资产评估的定义，资产评估对象通常包括不动产、动产、无形资产、企业价值、金融权益、资产损失或者其他经济权益。

按资产的组合形式，资产评估对象可分为单项资产、资产组合和整体企业（或单位）。

单项资产包括无形资产、不动产、机器设备以及其他动产等。单项资产不仅指“一项资产”，比如，一台设备、一栋房产、一辆汽车、一项专利等；而且也可能包括若干项以独立形态存在、可以单独发挥作用或以个体形式进行销售、转让和出租的资产。

资产组合是指由多项资产按照特定的目的，为实现特定功能而组成的有机整体。企业会计准则中规定的资产组，是指企业可以认定的最小资产组合，其产生的现金流入应当基本上独立于其他资产或者资产组产生的现金流入。

整体企业实际是具有独立获利能力的一个或多个资产组的组合。整体企业的评估对象通常指其权益。比如，在企业价值评估中，其评估对象是股东全部权益、股东部分权益或者企业整体价值。

（二）资产评估对象的分类

1.企业价值评估的评估对象

根据《资产评估执业准则——企业价值》，企业价值评估中的评估对象是企业整体价值、股东全部权益价值或股东部分权益价值等。

企业整体价值是企业总资产价值减去非付息债务价值后的差额，或企业所有者权益价值与全部付息债务价值之和。

股东全部权益价值是企业的所有者权益价值或净资产价值。股东部分权益价值是企业所有者权益价值或净资产价值的一部分。一般来说，当评估股东部分权益价值时，应先对股东全部权益价值进行评估，然后按照一定的股权比例估算股东部分权益价值。但由于存在控股权溢价和少数股权折价因素，股东部分权益价值并不必然等于股东全部权益价值与股权比例的乘积。

2.资产组评估中的评估对象

资产组是由单项资产组成的资产组合，从资产方角度分析，资产组实际相当于企业的资产；从负债方角度分析，资产组是所有者权益和债权权益。因此，资产组的评估对象可以是资产组的资产，也可以是资产组的权益。

如果资产组的评估目的涉及资产组整体转让，则评估对象可以界定为资产组的权益，如所有者权益；如果评估目的涉及的经济行为是针对资产组中各单项资产的，则可以将评估对象设定为各单项资产和负债，比如，X司有A和B两个独立的业务，如果拟对A业务进行转让，需要进行资产评估，则评估对象是X公司对A业务的权益。

3.单项资产评估中的评估对象

单项资产的评估对象一般是所对应的资产，例如，评估一幢写字楼，评估对象就是该幢写字楼，包括组成该写字楼的房屋建筑物、电梯、空调设备等。因为电梯、空调等附属设备是保障写字楼发挥正常使用功能，支持其正常市场价值的必要组成部分，所以通常要与写字楼的建筑物一并处置。

按照不同的标准，可以将单项资产划分为不同的种类，见表3-2。

表3-2 单项资产的分类

分类标准	种类
资产的存在形态	有形资产、无形资产
资产的流动性	流动资产、非流动资产
资产是否独立存在	可确指资产、不可确指资产

(1) 按资产的存在形态分类：有形资产和无形资产。

有形资产是指那些具有物质实体的资产，主要包括机器设备、房屋建筑物、流动资产等。无形资产是指那些没有物质实体，但能够长期发挥效益并给产权主体带来经济利益的资源，主要包括商标权、专利技术、特许经营权、商誉等。

(2) 按资产的流动性分类：流动资产和非流动资产。

流动资产是指企业可以在一年或者超过一年的一个营业周期内变现或者运用的资产，主要包括货币资金、交易性金融资产、应收票据、应收账款、预付款项和存货等。非流动资产是指除流动资产以外的资产，主要包括可供出售金融资产、持有至到期投资、长期应收款、长期股权投资、投资性房地产、固定资产、在建工程、无形资产、长期待摊费用等。建筑物、机器设备、无形资产就是比较常见的单项资产评估对象。

(3) 按资产是否独立存在分类：可确指资产和不可确指资产。

可确指资产是指能够独立存在的资产。不可确指资产是指不能独立于有形资产而单独存在的资产。通常是把除商誉以外的资产都归并为可确指资产，而把商誉作为不可确指资产。

【例3-2】

评估对象的确定

A集团拥有商品商标Y，注册领域为第1号注册领域。该集团已采用普通方式将商标Y许可给其下属的B上市公司使用。合同规定，B公司可以无时间限制、无地域限制地免费使用该商标。A集团拟将Y商标的所有权转让给B公司，需要对Y商标的所有权进行评估。另外，A集团在同一注册领域内还有一个与商标Y相似的注册商标Z，主要作为保护商标使用。请确定本次评估的评估对象。

在该例中，商标Y属于产品商标，本次的评估目的是转让其所有权。但是拟受让方B公司在此之前已经拥有该商标的许可使用权（普通许可），转让方A集团还拥有与商标Y注册在同一领域内相似的商标Z，该商标主要作为保护商标使用，需随同商标Y一并转让。

由于A集团已经采用普通许可方式无限期、无地域限制、免费许可给B公司使用商标Y，因此，此次转让商标所有权中不应包含该项许可使用权。本次评估的评估对象应包括：①商标Y所有权中扣除B公司许可使用权之外的权利；②商标Z的所有权。

二、资产评估范围

资产评估范围，是对评估对象所进行的详细描述，包括构成、物理及经济权益边界、约束条件等内容，是资产评估专业人员根据评估目的界定的评估对象的资产边界。

评估对象和评估范围从本质和形式两个方面对被评估资产进行了规定。评估对象反映了资产的质的规定性；评估范围则反映了资产的量的规定性，即资产的具体表现形态，比如，当一套生产设备和相应的厂房拟对外出租时，评估对象是这些生产设备和相应厂房在一定期限内的使用权；评估范围则是该租赁行为所涉及的一定数量和相应生产能力的设备及相应数量的厂房，而种类、数量、规格型号等则是被评估资产的具体表现形式。

三、评估对象与评估范围的确定

评估对象应当由委托人依据法律法规的规定和经济行为要求提出，并在评估委托合同中明确约定。在评估对象确定过程中，评估机构和资产评估专业人员应当关注其是否符合法律法规的规定、满足经济行为要求，必要时向委托人提供专业建议。

资产评估范围应当依据法律法规的规定、实现评估目的要求，以及评估对象的特点合理确定，并在资产评估委托合同中明确界定，具体内容应由委托人负责提供。

评估对象及范围的确定，应当针对评估所服务经济行为的特点，保障评估目的的实现。一般来说，当评估对象为相关企业的股东权益（所有者权益）或资产组权益时，评估范围为组成相关企业或业务资产组的全部资产和负债。当评估对象为单项资产时，评估范围也为该单项资产，体现为对该单项资产边界和条件的描述。

【例3-3】

单项资产评估对象与评估范围的确定

中资资产评估有限公司接受大唐电信科技产业控股有限公司（简称“大唐电信”）的委托，就大唐电信拟以无形资产出资，需对于评估基准日的无形资产的市场价值进行了评估。本次评估的基本事项如下：

评估目的：大唐电信拟以无形资产出资，为此需对涉及的专利等的所有权价值进行评估，为该经济行为提供价值参考依据。

评估对象和评估范围为：大唐电信拥有的23项专利的所有权。

价值类型：市场价值。

评估基准日：2021年6月30。

评估方法：成本法、收益法。

评估结论：本资产评估报告选用收益法评估结果作为评估结论。截至评估基准日2021年6月30日，大唐电信的无形资产所有权价值，采用收益法的评估值为961.62万元。

微课：资产评估对象

资料来源：高鸿股份．大唐电信科技产业控股有限公司拟以无形资产出资涉及的专利等的所有权项目资产评估报告．[EB/OL]．[2021-11-19]．http：//www.cninfo.com.cn/new/disclosure/detail？stockCode=000851&announcementId=1211625360&orgId=gssz0000851&announcementTime=2021-11-19.

第三节 资产评估价值类型

一、价值类型的概念

价值类型是指资产评估结果的价值属性及其表现形式。不同的价值类型从不同的角度反映了资产评估价值的属性和特征。不同的价值类型所代表的资产评估价值不仅在性质上是不同的，而且在数量上也存在着较大的差异。

价值类型是影响和决定资产评估价值的重要因素，其对资产评估方法的选择具有一定影响。明确价值类型，可以更为清楚地表达评估结论，从而避免评估委托人和其他报告使用人误用评估结论。

二、价值类型的种类

国内外评估界对价值类型有不同的分类。《国际评估准则》将价值类型划分为：市场价值（Market Value）、市场租金（Market Rent）、公平价值（Equitable Value）、投资价值（Investment Value）、协同价值（Synergistic Value）与清算价值（Liquidation Value）。《资产评估价值类型指导意见》第三条规定，资产评估价值类型包括市场价值和市场价值以外的价值类型。市场价值以外的价值又称非市场价值，泛指所有不符合市场价值定义条件的其他价值的统称，包括投资价值、在用价值、清算价值、残余价值等。

（一）市场价值

市场价值是在适当的市场条件下，自愿买方和自愿卖方在各自理性行事且未受任何强迫的情况下，评估对象在评估基准日进行公平交易的价值估计数额。

市场价值的上述定义，可从以下方面全面理解：

“估计数额”是指资产在公平市场交易以应付货币表示的价格。市场价值是评估基准日市场上能够合理取得的最可能价格。既是卖方能够合理获取的最好售价，又是买方能够合理取得的最有利价格。另外，市场价值是一个估计数额，而不是事先确定的数额或实际销售的价格。

“适当的市场条件”是指市场上有足够多的市场参与者，且买、卖双方能够合理地知晓评估基准日时该项资产的性质和特征、真实的和潜在的使用状况，以及市场状况。

“自愿买方”是指有动机而非被迫的买方。这个买方既不是过度渴望要买，又不是任何价位都要买。这个买方还要根据当前市场现实和当前市场预期去购买，而不是根据实际上并不存在或无法成立的假想的市场去交易。假设的买方不会以高于市场要求的价格去支付。

“自愿卖方”既不准备以任何价格急于出售或被迫出售，也不准备为获得被当前市场认为不合理的价格而继续持有资产。自愿卖方有动机在经过适当的市场营销后，根据市场情况以公开市场上可获得的最佳价格出售资产，而不论这个价格的具体水平。

“各自理性行事”是指自愿买方和自愿卖方会运用所掌握的知识，理性地寻求对自身最有利的价格。“且不受任何强迫”是指各方都有动机自愿进行交易，没有任何一方是在被迫或受外界过度干预下完成交易。

“公平交易”是指交易方之间没有特定的或特殊的关系，如母公司与子公司，或出租方与承租方，这些特殊关系可能使价格水平出现异常变化而具有非市场特征或者被抬高。市场价值交易假定交易在非关联方之间进行，各自独立行事。

“评估基准日”是指市场价值是某一特定日期的时点价值，仅反映了评估基准日的真实市场状况和环境，而不是评估基准日以前或以后的市场状况和环境。

（二）投资价值

投资价值是指评估对象对于具有明确投资目标的特定投资者或者某一类投资者所具有的价值估计数额，亦称特定投资者价值。

投资价值是针对特殊的市场参与者，即“特定投资者或者某一类投资者”而言的。这类特定的投资者不是主要的市场参与者，或者其数量不足以达到市场参与者的多数。明确的投资目标，是指特殊的市场参与者一般追求协同效应，或者因追求其他特定目的而可以接受不同的投资回报。一般表现为特定投资者或者某一类投资者自身已拥有的资产与标的资产之间形成协同效应，从而获得超额收益；或因自身偏好而可以接受的一般市场参与者无法接受的交易价值。

知识链接 3-3

《企业并购投资价值评估指导意见》

与市场价值相比，投资价值除受到交易标的因素和交易市场因素的影响差异之外，其最为重要的差异还在于，投资价值会受到特定交易者的投资偏好或其所追求的协同因素的影响。

（三）在用价值

在用价值是指将评估对象作为企业、资产组的组成部分或者要素资产按其正在使用方式和程度及其对所属企业、资产组的贡献的价值估计数额。在用价值的实质就是按评估基准日的使用方式和程度使用资产所能创造的价值，因此在用价值又称“使用价值”。

（四）清算价值

清算价值是指在评估对象处于被迫出售、快速变现等非正常市场条件下的价值估计数额。

由该定义可知，清算价值是资产拥有者变现资产的价值，是退出价，而不是购买资产的进入价；清算价值的“退出变现”是在被迫出售、快速变现等非正常市场条件下进行的，与市场价值所对应的市场条件明显不同。当评估对象面临被迫出售、快速变现或者评估对象具有潜在被迫出售、快速变现等情况时，通常选择清算价值作为评估结论的价值类型。

（五）残余价值

残余价值是指机器设备、房屋建筑物或者其他有形资产等的拆零变现价值估计数额。当评估对象无法或者不宜整体使用时，即其整体已经不具有使用价值，但是其构成的零部件还具有使用价值时，评估专业人员通常应当考虑将评估对象进行拆零变现，并选择残余价值作为评估结论的价值类型。

比如，根据国家规定的发电机组“上大压小”政策，某火力发电厂拥有的一台火力发电机组需要关停，该发电机组不能异地使用。如果对该发电机组进行以清算为目的的评估，应选择残余价值类型。

（六）其他价值类型

《资产评估价值类型指导意见》规定：执行资产评估业务，应当合理考虑该指导意见与其他相关准则的协调。评估专业人员采用该指导意见规定之外的价值类型时，应当在资产评估报告中予以披露。

上述规定实际上是允许评估专业人员根据特定业务需求而选择其他价值类型，只是需要在评估报告中进行充分披露。

会计准则中的“公允价值”是比较常见的其他价值类型。《企业会计准则第39号——公允价值计量》将“公允价值”定义为：市场参与者在计量日发生的有序交易中，出售一项资产所能收到或者转移一项负债所需支付的价格。这里的“有序交易”，是指在计量日前一段时期内相关资产或负债具有惯常市场活动的交易。强制清算等被迫交易不属于有序交易。

在评估实务中，以抵押、质押为目的的评估和以保险赔偿为目的的评估等可能需要考虑其他价值类型。评估专业人员只要确信其符合《资产评估价值类型指导意见》的基本要求，并在评估报告中予以披露就可以使用。

知识链接3-4

《国际评估准则》定义的价值类型

三、价值类型的选择

价值类型是资产评估结果价值属性的表现形式，而资产评估价值属性是由资产评估的目的所要求的，并受市场条件和评估对象自身条件的影响。《资产评估价值类型指导意见》规定，注册资产评估师执行资产评估业务，选择和使用价值类型，应当充分考虑评估目的、市场条件、评估对象自身条件等因素。因此，资产评估目的、评估时所面临的市场条件以及评估对象的条件是影响资产评估价值类型的重要因素。

（一）资产评估目的

资产评估目的是制约资产评估价值类型的主要因素。从根本上讲，价值类型是由资产评估目的决定的，而资产评估目的是为特定的资产业务服务的，因此，不同的资产业务对价值类型提出了不同的要求。资产评估目的不但决定着资产评估结果的具体用途，而且会直接或间接地在宏观层面上影响资产评估的过程及其运作条件，包括对评估对象的使用方式和使用状态的约束，以及对资产评估市场条件的限定。因此，相同的资产在不同的评估目的下，由于资产评估价值类型的不同可能会有不同的评估结果。

一般来说，当评估专业人员执行的资产评估业务对市场条件和评估对象的使用等并无特别限制和要求，特别是不考虑特定市场参与者的自身因素和偏好，评估目的是为正常的交易提供价值参考依据时，通常应当选择市场价值作为评估结论的价值类型。

当评估业务针对的是特定投资者或者某一类投资者，并在评估业务执行过程中充分考虑并使用了仅适用于特定投资者或者某一类投资者的特定评估资料和经济技术参数时，通常选择投资价值作为评估结论的价值类型。

比如，A企业拥有一座海滨酒店，B企业拥有一个海滨浴场，两个企业位置相邻，现在A企业要收购B企业，应该如何选择价值类型？

A企业收购B企业是股权收购经济行为。A企业的海滨酒店与B企业的海滨浴场存在着经营层面的协同，这种酒店+浴场的经营模式显然更容易吸引顾客，因此，A企业收购B企业存在协同效应，并且这种协同属于经营协同。如果需要考虑协同效应对股权收购价值的影响，则评估时应当选择投资价值类型。但在评估业务过程中是否要选择投资价值，评估专业人员需要与委托人协商明确具体委托诉求后才能确定。

以抵（质）押为目的、以税收为目的、以保险为目的的评估业务或以财务报告为目的的评估业务等，其评估结论的价值类型可能会受到法律、行政法规或者合同的约束，这些评估业务的评估结论应当按照法律、行政法规或者合同的规定选择评估结论的价值类型；法律、行政法规或者合同没有规定的，可以根据实际情况选择市场价值或者市场价值以外的价值类型，并予以定义。

（二）评估对象的自身条件

评估对象的自身条件是制约资产评估价值类型的重要因素。评估对象自身的功能、使用方式和利用状态是影响资产评估价值的内在因素。不同功能的资产会有不同的评估结果，同一资产由于使用方式和使用状态的不同也会出现不同的评估结果。

有的资产单独使用可以获得最佳的效用，而有的资产作为资产组的一部分使用则可以发挥最大的效用，即对于不同类型的资产，其单独使用或作为局部资产使用将直接影响其效用的发挥，也影响其价值类型和评估值。因此，评估专业人员必须熟悉各种类型的使用方式对其效用的影响，以及不同使用方式对其效用水平发挥的影响程度。评估对象的使用方式与使用空间首先是由资产评估目的和评估范围所规范的。资产评估的目的对评估对象的使用方式，尤其是使用空间的规范，往往是通过资产评估的假设体现出来的，比如，持续使用假设、最佳使用假设等。

当评估对象是企业或者整体资产中的要素资产时，并在评估业务执行过程中只考虑了该要素资产正在使用的方式和贡献程度，没有考虑该资产作为独立资产所具有的效用及在公开市场上交易等对评估结论的影响，通常选择在用价值作为评估结论的价值类型。

当评估对象面临被迫出售、快速变现或者评估对象具有潜在被迫出售、快速变现等情况时，通常选择清算价值作为评估结论的价值类型。

当评估对象无法使用或者不宜整体使用时，通常考虑评估对象的拆零变现，并选择残余价值作为评估结论的价值类型。

【例3-4】

清算价值评估

开元资产评估有限公司接受重庆嘉酿啤酒有限公司（简称“重庆啤酒公司”）的委托，对其拟快速处置柳州山城啤酒有限责任公司（简称“山城啤酒公司”）所涉及的山城啤酒公司的净资产于评估基准日2018年6月30日的清算价值进行了评估，并出具资产评估报告（开元评报字〔2018〕419号）。

本次评估的评估目的是为重庆啤酒公司提供山城啤酒公司净资产在2018年6月30日的清算价值参考，评估对象为山城啤酒公司的净资产，评估范围为山城啤酒公司申报并经审计的相关资产及负债。截至评估基准日，山城啤酒公司申报评估的资产账面值为1 286.48万元，负债账面值为11 213.51万元，净资产账面值为−9 927.03万元。

在资产评估专业人员根据本次评估的评估目的、评估对象的具体状况及评估资料的收集情况等相关条件、经与委托人充分沟通并就本次评估之评估结论的价值类型选取达成一致意见的前提下，选定清算价值作为本次评估的价值类型。

开元资产评估有限公司采用资产基础法进行评估。考虑到资产的变现率受市场需求、处置时间、处置费用、使用状态、资产质量、资产性能、处置方式、买方心理等因素影响，本次评估通过对与山城啤酒公司相类似的资产变现情况进行分析，结合本次评估目的及评估对象的具体情况，综合确定山城啤酒公司的变现率，其中：流动资产均为非实物性资产，其变现能力较强，故变现率为100%；对于非流动资产的变现率，评估人员考虑工业类房地产、设备的具体情况分类确定；工业土地变现率为75%～85%，工业厂房和设备已按可变现价值评估，故变现率为100%。

山城啤酒公司净资产的清算价值，见表3-3①。

表3-3

清算价值评估结果表

评估基准日：2018年6月30日　　　　金额单位：万元

项目	账面价值	评估价值	变现系数		变现价值	
	A	B	最低	最高	最低	最高
流动资产	18.22	18.22	100%	100%	18.22	18.22
非流动资产	1 268.26	3 201.75			2 480.98	2 769.29
无形资产	1 155.26	2 883.08	75%	85%	2 162.31	2 450.62
其他非流动资产	113.01	318.67			318.67	318.67
其中：						
专用设备及待报废设备		311.86	100%	100%	311.86	311.86
工业厂房		6.81	100%	100%	6.81	6.81
资产总计	1 286.48	3 219.97			2 499.20	2 787.51
流动负债	11 213.51	11 213.51			11 213.51	11 213.51
非流动负债	—	—			—	—
负债合计	11 213.51	11 213.51			11 213.51	11 213.51
净资产（所有者权益）	−9 927.03	−7 993.54			−8 714.31	−8 426.00

由上表可知，山城啤酒公司净资产于评估基准日的清算价值的最终评估结论为−8 714.31万元至−8 426.00万元。

经评估，山城啤酒公司的资产负债率为871.64%，已严重资不抵债，评估时已停止经

① 个别数据与手工计算存在差异。

营，公司的股权价值已为零，资产变现值为2 499.20万元至2 787.51万元，负债为11 213.51万元（其中欠关联方10 993.53万元），优先负债包括应付职工薪酬和应交税费等共216.98万元，剩余负债为10 996.53万元，剩余负债的清偿率为20.75%至23.38%。

资料来源：重庆啤酒．柳州山城啤酒有限责任公司净资产清算价值评估项目资产评估报告（开元评报字〔2018〕419号）．［2018-07-19］．https：//data.eastmoney.com/notices/detail/600132/AN201807181167791566，%7Bgpmc%7D.html.

（三）资产评估的市场条件

资产评估时所面临的市场条件及交易条件是资产评估的外部环境，是影响价值类型的重要因素。在不同的市场条件下或交易环境中，即使相同的资产也会有不同的价值类型和评估结果。资产评估所依据的市场条件主要通过资产评估市场条件假设表现出来，其中最基本的市场条件假设是公开市场假设和清算假设。当选择价值类型时，应当考虑价值类型与评估假设的相关性。

根据公开市场假设，在公开市场上，买者和卖者的地位是平等的，彼此都有获取足够市场信息的机会和时间，买卖双方的交易行为都是在自愿的、理智的而非强制的条件下进行的。在这种条件下，资产的交换价值受市场机制的制约并由市场行情决定，而不是由个别交易决定。资产在公开市场上实现的交换价值隐含着市场对该资产在当时条件下有效使用的社会认同。公开市场条件是评估资产市场价值的基础。

反之，如果不具备公开市场条件，资产评估的价值类型只能是市场价值以外的价值，例如，如果资产是在某种外在的压力下出售或变现，适用于清算假设，资产在市场上不会有充分的展示时间，也不会有充分的市场竞争，市场表现为非公开的市场。在这种市场条件下，被评估资产的价值类型显然不是市场价值。

需注意的是，当选择市场价值时，评估专业人员必须关注到不同的市场可能会有不同的市场价值。特别是不同的国家和地区可能形成不同的交易市场，即使在一个国家或地区内也可能存在多个不同的交易市场，评估专业人员在选择市场价值时，还应该同时关注所选择的市场价值体现了哪个市场的市场价值。

当标的资产可以在多个市场上交易时，评估专业人员除需要在评估报告中恰当披露所选择的市场价值是哪个市场的市场价值，还应该说明选择该交易市场的市场价值的理由。

例如，某国内企业计划收购一家总部在澳大利亚的A公司，A公司拥有一家在美国注册的全资子公司B公司。当执行评估业务时，应该如何选择价值类型？当评估A公司价值时涉及评估B公司的股权价值，应该如何选择B公司价值所对应的市场？

本例的评估目的是为某企业收购海外公司资产提供价值参考，属于资产收购行为。由于没有提及需要考虑特定的买方或卖方的投资偏好或特定目标，因此应该选择市场价值。

微课：资产评估价值类型

本例要评估B公司的价值，但是标的资产（A公司）是澳大利亚的公司。当评估A公司时应该选择A公司所在的澳大利亚市场；但这并不意味着评估B公司的市场价值时也一定要选择澳大利亚市场。因为B公司是在美国注册的公司，从理论上说，其股权既可以在美国市场转让，又可以在澳大利亚市场转让，并且这两种转让方式都存在可能性。因此，当评估B公司的市场价值时，应该选择B公司在美国市场和在澳大利亚市场中的最有利市场，即应该评估B公司在美国市场和澳大利亚市场中最有利市场的市场价值。

第四节 资产评估假设

一、资产评估假设的概念

由于人类认识客体的无限变化和认识主体有限能力的矛盾，人们需要依据已经掌握的数据资料对某一事物的某些特征或者全部事实做出合乎逻辑的推断。这种依据有限事实、对于所研究的事物做出合乎逻辑的假定说明就是假设。假设必须依据充分的事实，运用已有的科学知识，通过推理而形成。资产评估作为一门学科，与其他学科一样，其理论体系和方法体系的确立也是建立在一系列假设基础上的。

资产评估假设是依据现有知识和有限事实，通过逻辑推理，对资产评估所依托的事实或前提条件做出的合乎情理的推断或假定。资产评估假设是资产评估结论成立的前提条件。

由于受各种主客观因素的影响，评估专业人员对资产评估活动中面临的资产、市场等方面的了解和认识存在不够充分的情况。为了得出符合资产业务要求的评估结论，必须要设定一些假设，这就形成了资产评估假设。从资产评估活动来看，资产评估是在模拟的市场条件下进行的价值判断，评估结论并不是评估对象真正进入市场交易的价格，而是在交易之前估计出来的可能实现的交易价格，资产是否正处于交易之中、资产在什么样的市场条件下进行交易、资产在交易时的使用状况如何等情况都会对评估结论产生影响，因此，必须依据现实条件设定一系列的假设，将评估活动限定在设定的假设之内，才能使评估工作得以顺利进行。

二、资产评估假设的类型

资产评估假设涉及不同的方面，可以分为评估前提性假设、评估外部环境假设以及评估具体假设三大类，每一大类假设下又有不同的假设。

（一）评估前提性假设

评估前提性假设，又称评估基本假设，是对资产交易及市场条件、评估对象存续及使用状态方面的假设，是资产评估顺利进行的基本前提条件，具体包括资产交易情况假设、市场条件假设、评估对象存续及使用状态假设，见表3-4。

表3-4 评估前提性假设

分类	常用的评估假设
资产交易情况假设	交易假设
市场条件假设	公开市场假设 清算假设
评估对象存续及使用状态假设	持续使用假设、持续经营假设 最佳使用假设、现状利用假设

资产交易情况假设，是指资产评估是一种模拟市场的价值判断活动，当进行资产评估时，评估专业人员往往从资产交易情况的角度开始，一般假定评估对象已经处在交易过程中（即交易假设）。

市场条件假设，是在交易假设的基础上，进一步限定评估对象在何种市场条件下进行交易的假设。现实的市场情况多种多样，但理论上通常将市场分为两类，一类是公开市场，另一类是非公开市场。由此，与市场类型相对应的资产评估市场条件假设也分为公开市场假设和非公开市场假设。清算假设就属于非公开市场假设。

评估对象存续及使用状态假设，是对评估对象存续情况、使用状态与使用效率等方面的假定说明，比如，针对企业等经营主体的持续经营假设；针对单项资产的持续使用假设、最佳使用假设和现状利用假设等。

（二）评估外部环境假设

评估外部环境假设是对评估所依托的国家宏观环境、行业及地区环境条件的假设。

国家宏观环境假设主要包括有关宏观政治、经济、社会、法律、文化等环境条件变化趋势、稳定性，以及不可抗力影响等条件的假设，通常会涉及对汇率、利率、税赋、物价或通货膨胀等因素影响的判断。行业及地区环境假设主要包括有关产业政策、行业准入及竞争、行业规划等行业条件，以及受国家和行业条件影响的地区相关环境条件的假设。

（三）评估具体假设

评估具体假设是按照评估目的及评估操作要求针对评估对象的特点所具体使用的评估假设。对于企业等经营主体，可能涉及经营范围及方式、经营管理水平、会计政策、税赋基准及税率、补贴及优惠政策、企业守法合规、管理团队的稳定性及尽责履职、关联交易定价等方面的假设。对于单项资产，则可能涉及评估对象的物理、法律、经济状况，未来的管理及运营等方面的假设。

三、常用的评估基本假设

（一）交易假设

交易假设是假定评估对象已经处在交易过程中，评估专业人员根据评估对象的交易条件等模拟市场进行评估。为了发挥资产评估在资产实际交易之前为委托人提供资产价值参考的专业支持作用，同时又能够使资产评估得以进行，利用交易假设将被评估资产置于“交易”当中，模拟市场进行评估是十分必要的。

交易假设是资产评估得以进行的最基本的前提假设。交易假设一方面为资产评估得以进行“创造”了条件；另一方面明确限定了资产评估的外部环境，即资产是被置于市场交易之中，资产评估不能脱离市场条件而孤立地进行。

交易假设适用于资产交易、产权转让或经营主体变动等资产评估业务。常见经济行为的资产评估一般都可以使用该假设。

（二）公开市场假设

公开市场是指一个有众多自愿的买者和卖者的竞争性市场。在这个市场上，买者和卖者的地位是平等的，彼此都有获取足够市场信息的机会和时间，买卖双方的交易行为都是在自愿的、理智的而非强制或不受限制的条件下进行的。公开市场是充分发达与完善的市场，现实中的市场条件未必能达到公开市场的完善程度。

公开市场假设是以评估对象在公开市场条件下进行交易作为资产评估的假定前提。该假设是对评估对象拟进入的市场条件，以及评估对象在这样的市场条件下接受何种影响的一种假定说明。公开市场假设是假定较为完善的公开市场存在，评估对象将要在这样一种公开市场中进行交易。

当然，公开市场假设也是基于市场客观存在的现实，即资产在市场上可以公开买卖这样一种客观事实为基础的。由于公开市场假设假定市场是一个充分竞争的市场，评估对象在公开市场上实现的交换价值隐含着市场对该评估对象在当时条件下有效使用的社会认同。在资产评估中，公开市场的范围可以是地区性市场、全国性市场和国际性市场。

公开市场假设是资产评估中的一个重要假设，也是资产评估中使用频率较高的一种假设。凡是能在公开市场上进行交易、用途较为广泛的或者通用性较好的资产，都可以考虑按公开市场假设前提进行评估。在资产评估常见的经济行为中，以自愿公开交易或假定自愿公开交易为目的的资产评估，其评估对象的市场条件可以运用公开市场假设予以明确和设定。

（三）清算假设

清算假设是以评估对象在非公开市场条件下快速变现作为资产评估的假定前提。清算假设首先是基于评估对象面临交易时间受限的事实或可能性，再根据相应数据资料推定评估对象处于快速变现的状态。交易时间受限可能是由于评估对象处于被迫出售状态或其他非被迫但必须在短时间内变现的原因造成的。由于清算假设假定评估对象处于快速变现条件之下，其评估值通常要低于在公开市场假设前提下同样资产的评估值，因此，在清算假设前提下资产评估结果的适用范围是有限的。

清算假设包括有序清算假设和强制清算假设。有序清算假设是指经营主体在其所有者有序控制下实施清算，即清算在一个有计划、有秩序的前提下进行，比如，企业的结业清算，清算过程完全掌握在企业股东的手中，资产变现有相对宽松的展示和讨价还价的时间。在这种情况下，对可变现的资产进行评估，可以采用有序清算假设。而强制清算假设，则是假设经营主体在外部力量控制下进行清算。强制清算是经营主体的清算不在其所有者控制之下，而是在外部势力的控制下（比如，由债权人或法院指定的清算代理人控制），按照法定的或者由控制人自主设定的程序进行，该清算经营主体的所有者无法干预，比如，某企业破产清算评估项目，清算组制定并经债权人会议表决通过清算方案，要求在限定时间内处置完可变现资产。在这种情况下，可以采用强制清算假设对可变现的资产进行评估。

（四）持续使用假设

持续使用假设是以评估对象正处于使用状态，并且还将继续使用下去作为资产评估的假定前提。持续使用假设是对评估对象在特定市场条件下的存续和使用状况的一种设定。根据持续使用的具体情况不同，持续使用假设又分为以下几种具体假设。

1.在用续用假设

在用续用假设是假定评估对象按现行使用的地点和用途继续使用，比如，评估一台用来加工汽车零部件的机床，假设其仍在原地并按原有使用方式继续被使用。

2.转用续用假设

转用续用假设是假定评估对象在原来使用地点改变用途继续使用，比如，根据城市规划的要求，将城市郊区的一宗农业用地，规划为城市居民住宅用地，评估时，可采用转用续用假设。

3.移地续用假设

移地续用假设是假定评估对象改变使用地点继续使用，比如，企业停产搬迁或者进行搬迁补偿目的的评估。这时企业的设备一般都需要从原安装地拆除，搬迁到新地址后再安装调试，因此需要在评估过程中选择移地续用假设，并需要根据评估目的要求和买卖双方的约定，恰当处理相关拆除、运输以及再安装费用。

4.移地转用续用假设

移地转用续用假设是评估对象改变使用地点和用途继续使用。

（五）持续经营假设

持续经营假设是假设一个经营主体（企业或业务资产组）的经营活动可以连续下去，在未来可预测的时间内，该主体的经营活动不会中止或终止。

在评估过程中，除非存在明显的“反证”，否则，都将假设经营主体的经营活动是连续下去的。而“反证”，是指那些表明经营主体的经营活动将会中止或终止的证据，比如，合同规定的经营期限即将到期、资不抵债已被宣告破产、国家法律明文规定要求停业清算等。

持续经营假设要求经营主体在其可以预见的未来不会停止经营。这种经营可以是在现状基础上的持续经营，也可以是按照未来可以合理预计状态下的持续经营。这两种状态有所不同，如果需要区分，评估专业人员可以增加限定为“现状持续经营”或者“预计状态持续经营”。

持续经营假设是一项针对于经营主体（企业或业务资产组）的假设，一般不适用于单项资产。在常见经济行为的资产评估中，绝大部分以企业或业务资产组等经营主体权益为评估对象的均可采用持续经营假设。

（六）最佳使用假设

最佳使用，是指在法律上允许、技术上可能、经济上可行的前提条件下，能够使评估对象产生最高收益的利用方式，包括最佳的用途、规模、档次等。

最佳使用假设常用于房地产评估中。由于房屋和土地经常存在多种用途或利用方式，因此，评估时要求进行最佳使用分析，按照最佳使用状态进行评估。根据最佳使用分析，通常某种房地产的最佳使用状态可能是改变用途、改变规模、更新改造、重新开发或维持现状，也可能是前述情形的若干组合。当然，房地产的最佳使用必须是法律上允许、技术上可能、经济上可行的使用状态。

（七）现状利用假设

现状利用假设要求对评估对象按照其目前的利用状态及利用方式进行价值评估。当然，目前的利用状态及利用方式可能不是最佳使用方式。

比如，市中心地段有一块土地，国有土地使用证载明用途为工业，其最佳用途为商业。评估假设是否可以将其设定为商业用地用途呢？如果土地权利人无权改变土地用途，则只能按照现状利用假设评估。如果土地权利人有权通过履行规定的程序改变土地用途，且能够提供支持按商业用途评估的规划资料，则可以在考虑支付必要变更成本的前提下采用最佳使用假设。

四、资产评估假设的作用

资产评估假设对具体资产业务中的市场状况、资产交易和使用状况等进行了合理的设定，使资产评估活动在特定的框架内有序开展。资产评估假设的作用主要体现在以下方面：

（一）评估假设是资产评估工作顺利进行的基础条件

资产评估假设将评估对象置于一个相对固定的市场环境中，以及将评估对象设定到某一种状态下。这样，评估专业人员就可以根据资产评估假设所限定的市场条件及评估对象的用途和使用方式，经过评定估算，得出符合资产评估目的的评估结论。如果评估对象面临的市场条件不确定，评估对象的用途和使用方式不确定，那么资产评估就无法进行。从这个意义上来说，资产评估假设是资产评估得以顺利进行的基础条件，在资产评估中具有重要作用。

（二）评估假设是资产评估价值类型的重要影响因素

价值类型是资产评估结果的价值属性及其表现形式。价值类型首先是资产评估目的的基本要求，不同的资产评估目的决定了资产评估结果的不同性质、特征及表现形式。而资产评估目的对价值类型的约束作用是通过资产评估假设具体体现出来的。资产评估假设不但对评估对象交易的前提条件、使用方式和使用状态等具有约束和限定作用，而且通过对评估对象交易的前提条件、使用方式和使用状态等的约束和限定影响着价值类型，例如，公开市场假设是评估资产市场价值的最重要的市场条件假设；而清算价值类型总是与清算假设联系在一起。当然，资产评估结果的价值属性及其表现形式是多种多样的，有的价值类型与多个资产评估假设相联系。因此，《资产评估价值类型指导意见》第十五条规定，注册资产评估师选择价值类型，应当考虑价值类型与评估假设的相关性。

（三）评估假设是资产评估结果客观合理的重要前提

资产评估结果是评估专业人员根据资产评估目的，将评估对象设置于特定市场条件、特定使用方式和使用状态下估算出来的。评估专业人员基于客观事实，对评估对象特定市场条件、特定使用方式和使用状态的设定，不仅使评估工作得以顺利进行，而且使得评估结果与特定的市场条件、资产特定使用方式和使用状态相对应，因此，评估假设是评估结果客观合理的前提。更为重要的是，评估假设作为资产评估报告的重要组成要素和披露内容，使评估报告的使用者知晓，其所使用的评估结论是在特定的资产评估假设前提条件下得出的专业性估价意见，评估报告结论的使用范围应与评估假设设定的市场条件、资产使用方式和使用状态相吻合，而不能随意地使用资产评估结论。

第五节　资产评估基准日

一、资产评估基准日的概念

一般而言，评估对象在不同时间点的价值是不一样的。资产的状态和资产交易的市场情况在不同的时间点是不同的，而且用于计量资产价值的货币的自身价值在不同的时间点也是不同的，由此导致了在不同的时间点评估对象具有不同的价值。评估主体是对评估对象在评估基准日这一时间点的价值进行评定估算。

资产评估基准日是资产评估结论对应的日期。资产评估机构与委托人洽谈评估业务时，需要了解委托人根据评估目的及相关经济行为需要确定的评估时点，也就是委托人需要评估机构评估什么时间点上的价值。这个时间点就是资产评估基准日。资产评估基准日必须在评估业务委托合同和评估报告中加以明确披露。

【例3-5】

中孚信息重大资产重组事项的两次评估①

中孚信息股份有限公司（以下简称“中孚信息”）拟以发行股份及支付现金的方式，购买交易对方黄建、丁国荣、高峰、范兵和罗沙丽5名自然人合计持有的武汉剑通信息技术有限公司（以下简称“标的公司”）99%股权。为此，中孚信息委托中水致远资产评估有限公司（以下简称“中水致远”）对拟收购股权所涉及的标的公司股东全部权益在评估基准日2017年12月31日的市场价值进行了评估。评估对象为标的公司股东全部权益价值。评估范围为经过审计后标的公司的全部资产和负债。

中水致远于2018年3月28日出具了《资产评估报告》（中水致远评报字［2018］第010005号）。评估结论是：评估基准日2017年12月31日，标的公司100%的股权评估值为95 042.00万元。根据规定，该评估结论有效使用期为一年，即自2017年12月31日至2018年12月30日期间有效。

根据交易各方签订的《发行股份及支付现金购买资产协议》及其补充协议，经友好协商，本次交易标的资产的作价最终确定为94 050.00万元。不过，本次交易并没有按照预期在《资产评估报告》（中水致远评报字［2018］第010005号）评估结论一年的有效期内完成。

为继续推进本次交易，中水致远又以2018年7月31日为补充评估基准日对标的公司100%股权进行了补充评估，并于2019年1月7日出具了中水致远评报字［2018］第010205号资产评估报告，公司第四届董事会第二十九次会议审议批准了上述资产评估报告。

根据中水致远评报字［2018］第010205号资产评估报告，评估基准日2018年7月31日标的公司100%的股权评估值为98 693.35万元，较2017年12月31日为评估基准日的评估结果（中水致远评报字［2018］第010005号）未出现减值，故而本次交易仍选用以2017年12月31日为评估基准日的评估结果作为定价依据。

两次评估都是采用收益法和资产基础法两种评估方法，评估结论都是采用收益法的评估结果。两次评估的结论，见表3-5。

---

① 本次发行股份及支付现金购买资产并募集配套资金事项于2017年11月14日申请筹划重大事项停牌，2019年4月28日通过中国证监会上市公司并购重组审核委员会审核，2019年8月9日收到中国证监会下发的《关于核准中孚信息股份有限公司向黄建等发行股份购买资产并募集配套资金的批复》（证监许可［2019］1425号）。中孚信息于2019年9月30日召开第四届董事会第三十六次会议，审议通过了《关于终止发行股份及支付现金购买资产并募集配套资金事项及签署本次交易终止协议的议案》。由于公司与本次重组交易对方黄建等5人开始启动本次交易至今历时较长，继续实施本次交易已无法达到各方预期，因此，经交易各方协商一致同意拟终止本次重大资产重组。

表3-5　　不同评估基准日下的评估结论　　单位：万元

项目	评估基准日	
	2017年12月31日	2018年7月31日
资产总额账面值	10 626.83	14 135.47
负债总额账面值	7 601.35	10 629.62
净资产账面值	3 025.48	3 505.85
净资产评估值	95 042.00	98 693.35
评估增值	92 016.52	95 187.50
评估增值率	3 041.39%	2 715.10%

资料来源：中孚信息. 拟收购武汉剑通信息技术有限公司股权所涉及的武汉剑通信息技术有限公司股东全部权益价值项目资产评估报告［EB/OL］.［2018-03-28］. http://guba.eastmoney.com/news，300659，751667701.html；中孚信息. 拟收购武汉剑通信息技术有限公司股权所涉及的武汉剑通信息技术有限公司股东全部权益价值项目资产评估报告［EB/OL］.［2019-01-08］. http://guba.eastmoney.com/news，300659，800694254.html.

上表数据表明，同一标的公司在不同的评估基准日，评估值会有所不同。评估基准日的重要性不言而喻。

具体来说，明确了资产评估基准日，不仅明确了评估结论所对应的时点，而且确定了评估报告结论的使用期限。由于评估对象的价值随着时间而不同，由此决定了资产评估结论的时效性。资产评估结论有一个有效期，超过这个有效期，评估报告的结论就很不能合理地反映评估对象的价值。对评估结论使用有效期的规定，通常是以评估基准日为基础确定的，例如，《资产评估执业准则——资产评估报告》第十条规定："通常，只有当评估基准日与经济行为实现日相距不超过1年时，才可以使用资产评估报告。"《企业国有资产评估管理暂行办法》也明确规定"经核准或备案的资产评估结果使用有效期为自评估基准日起1年"。为合理有效地利用资产评估结论，评估报告服务的经济行为必须在报告所明示的评估结论使用有效期内实施，评估报告使用人对此需要特别关注。

需注意的是，资产评估基准日不同于资产评估报告日。资产评估报告日通常为评估结论形成的日期。资产评估报告日的意义在于，界定了评估主体的义务时间界限。在评估基准日到评估报告日之间，如果评估对象的相关事项以及市场条件发生重大变化，则评估机构和评估专业人员负有了解和披露这些变化及其可能对评估结论产生影响的义务。如果发生的事项非常重大，足以对评估结论产生颠覆性影响，则评估机构应当要求评估委托人更改评估基准日重新评估。如果评估机构的要求未被委托人采纳，则应当在评估报告中就此重大事项及影响进行使用风险特别提示。而在评估报告日后，评估机构不再负有对被评估资产重大变化进行了解和披露的义务。

二、资产评估基准日的选择

评估基准日的选择是委托人的责任，评估专业人员可以从有效服务评估目的和满足其对报告使用要求的角度提供专业建议。评估基准日通常是现在时点，即现时性评估；也可以是过去或将来的时点，即追溯性评估和预测性评估。不同的评估基准日所对应的价值内涵是不同的，见表3-6。

表3-6　评估基准日与评估结论

分类	评估基准日	评估结论
现时性评估	现时日期	评估对象截至评估基准日的现实状态，在评估基准日市场条件下，以评估基准日货币币值计量的价值
追溯性评估	过去日期	采用被追溯基准日的货币价值作为计量标准，以评估对象截至被追溯基准日的状态为准，在被追溯基准日市场条件下所表现的价值
预测性评估	未来日期	被预测基准日预期的市场条件和价格标准（依据）；评估对象的状态则根据委托要求，可以确定为被预测基准日预期的状态，也可选择评估工作日现实的状态

（一）选择资产评估基准日应考虑的因素

评估基准日的选择需要重点考虑以下因素：

（1）有利于评估结论有效服务于评估目的；

（2）有利于现场调查、评估资料收集等工作的开展；

（3）企业价值评估业务中评估基准日尽可能选择会计期末；

（4）法律、法规有专门规定的，从其规定。

（二）资产评估基准日的具体选择

对于现时性评估，其评估基准日需要选择现时日期，同时应该选择与评估目的相关联的经济行为或特定事项的实施日期接近的日期，见表3-7。

表3-7　评估基准日的选择

经济行为	评估基准日
上市公司发行股票购买资产等重大资产重组	尽量与发行股票的定价日相近
企业合并对价分摊	购买日（购买方实际取得对被购买方控制权的日期）
核定税基、确定计税价值	应税行为发生所对应的日期
国有股东所持上市公司股份间接转让	与国有股东资产评估的基准日一致，且与国有股东产权直接持有单位对该产权变动决策的日期相差不得超过1个月

需注意的是，在评估实务中，资产评估报告经常需要引用其他专业报告的结论或数据，并且这些专业报告也通常具有时效性，比如，审计报告具有审计截止日或报告日；矿业权评估、土地估价等其他专业评估报告，也具有评估基准日（或估价日期、价值时点）。当资产评估报告引用这些专业报告时，评估专业人员应当关注这些专业报告的基准或截止日与评估基准日的匹配性。当评估报告引用的专业报告是审计报告时，审计报告的

截止日一般应与评估基准日保持一致。[①] 当评估报告需要引用其他评估机构出具的单项资产评估报告的结论时，拟引用单项资产评估报告的评估基准日、评估结论使用有效期、使用限制等应当满足资产评估报告的引用要求。

【思政课堂】　保持执业独立，护航评估行业发展

独立性是资产评估行业职业道德的灵魂。评估机构和评估专业人员在执行资产评估业务中是否恪守独立性原则是判断资产评估工作是否客观、公正的重要前提和保证。

独立性是指评估机构及其评估专业人员在执业过程中不受利害关系影响、不受外界干扰的执业原则。独立性包括实质上的独立和形式上的独立。实质上的独立是一种精神状态、一种自信心以及在判断时不依附和受限于外界的压力和影响，在执业过程中保持超然性，不主观袒护任何一方当事人。形式上的独立是指评估机构及其评估专业人员不得与委托方、被评估单位以及相关当事方有特殊的利益关系，即评估机构及其评估专业人员在为委托方提供服务时应在拥有相关充分信息的理性第三方或社会公众面前呈现出一种独立于委托方、被评估单位以及相关当事方的形象。实质上和形式上的独立是评估机构及其评估专业人员能够客观、公正地表达意见，以及取得社会公众信任的保证，是保护资产评估当事人合法权益和公共利益，维护社会主义市场经济秩序的前提。

对于独立性，法律与准则层面都进行了相关规定。《资产评估法》第四条规定，“评估机构及其评估专业人员开展业务应当遵守法律、行政法规和评估准则，遵循独立、客观、公正的原则”；第十七条规定，“评估机构应当依法独立、客观、公正开展业务，建立健全质量控制制度，保证评估报告的客观、真实、合理”。这是法律对独立性原则的强制规定。

《资产评估基本准则》和《资产评估职业道德准则》对独立性也做了具体要求。《资产评估基本准则》第六条规定，“资产评估机构及其资产评估专业人员开展资产评估业务，应当独立进行分析和估算并形成专业意见，拒绝委托人或者其他相关当事人的干预，不得直接以预先设定的价值作为评估结论”。《资产评估职业道德准则》第四章专门对独立性进行了规定，规定了回避制度，包括对亲属范围的认定，明确了可能影响独立性的情形，并要求资产评估机构不得分别接受利益冲突双方的委托对同一评估对象进行评估。

总而言之，独立性是评估机构和评估专业人员的立业之本，是资产评估行业的灵魂要求。在资产评估执业中恪守独立性，将有助于资产评估行业良好、健康地发展。

【本章小结】

本章对资产评估目的、评估对象与评估范围、价值类型、评估假设、评估基准日等资产评估基本事项进行了阐述。

资产评估是为满足特定经济行为的需要进行的。随着现代商品经济的发展，各种经济行为不断发生，由此决定了资产评估目的的多样性。

评估对象反映了资产的质的规定性；评估范围则反映了资产的量的规定性，即资产的具体表现形态。资产评估对象通常包括不动产、动产、无形资产、企业价值、金融权益、

① 特殊的情形是，《企业国有资产交易监督管理办法》第十一条规定，涉及参股权转让不宜单独进行专项审计的，转让方应当取得转让标的企业最近一期年度审计报告。

资产损失或者其他经济权益。随着市场经济的不断发展和新的经济行为的涌现，评估对象与评估范围也在不断拓展。

价值类型是指资产评估结果的价值属性及其表现形式。不同的价值类型从不同的角度反映了资产评估价值的属性和特征。明确价值类型，可以更为清楚地表达评估结论，避免评估委托人和其他报告使用人误用评估结论。

资产评估假设是对资产评估所依托的事实或前提条件做出的合乎情理的推断或假定。资产评估假设是资产评估结论成立的前提条件。交易假设、公开市场假设、持续经营假设、清算假设、最佳使用假设、现状使用假设等是常用的评估基本假设。

开展资产评估业务需确定评估基准日，以有效服务于评估目的。资产评估基准日是资产评估结论对应的日期，通常是现在时点，也可以是过去或将来的时点。

【练习题】

(一) 单项选择题

1.对被评估资产的价值进行评定估算的时点是（　　）。

A.评估日期　　B.评估工作日期

C.评估基准日　　D.过去、现在和未来

2.下列各项，属于不可确指资产的是（　　）。

A.房屋　　B.土地使用权　　C.专利权　　D.商誉

3.因债务不能清偿而银行需要对其受押的房地产进行处置，此时适用的评估假设是（　　）。

A.清算假设　　B.公开市场假设

C.继续使用假设　　D.持续经营假设

4.资产评估价值与资产交易中实际成交价格的关系是（　　）。

A.前者较高　　B.后者较高

C.二者相等　　D.前者可能高于、低于或者等于后者

5.资产评估假设最基本的作用是（　　）。

A.表明资产评估的作用　　B.表明资产评估面临的条件

C.表明资产评估的性质　　D.表明资产评估的价值类型

6.下列不属于资产评估对象的是（　　）。

A.实物期权　　B.人力资源　　C.特许经营权　　D.股东全部权益

7.资产评估结果的价值类型直接受制于（　　）。

A.资产评估方法　　B.资产评估程序

C.资产评估基准日　　D.资产评估目的

8.如果资产业务存在非市场因素的特别限制条件，评估专业人员通常应当选择的价值类型为（　　）。

A.公允价值　　B.投资价值

C.市场价值　　D.市场价值以外的价值

9.如果评估对象条件不能独立发挥效用，或者未处于合理、正常的使用状态，则不宜选择的价值类型是（　　）。

A.市场价值　　B.投资价值　　C.在用价值　　D.残余价值

10.一般来说，评估结论形成的日期为（　　）。

A.资产评估报告日　　B.资产评估基准日

C.资产评估开始日　　D.资产评估结论失效日

（二）多项选择题

1.按资产的构成及获利能力分类，资产可分为（　　）。

A.有形资产　　B.无形资产

C.单项资产　　D.整体资产

E.可确指资产

2.下列关于资产评估目的的阐述，正确的有（　　）。

A.确定评估目的是资产评估主体的责任

B.评估目的应在评估业务委托合同中明确约定

C.评估目的是评估结论的具体用途

D.评估目的是由引起资产评估的特定经济事项所约束

E.评估目的对于资产评估价值类型的选择具有约束作用

3.下列资产业务，属于非产权变动类资产评估目的的经济事项有（　　）。

A.资产抵押　　B.财务报告

C.资产担保　　D.资产转让

E.企业纳税

4.资产评估的基本假设有（　　）。

A.交易假设　　B.公开市场假设

C.持续使用假设　　D.预期收益假设

E.清算假设

5.持续使用假设可以进一步细分为（　　）。

A.在用续用假设　　B.非续用假设

C.转用续用假设　　D.移地续用假设

E.清算假设

6.资产评估的价值类型包括市场价值和市场价值以外的价值。下列属于市场价值以外的价值的有（　　）。

A.在用价值　　B.清算价值

C.投资价值　　D.保险价值

E.持续经营价值

7.影响资产评估价值类型选择的因素有（　　）。

A.资产评估目的　　B.资产评估方法

C.评估对象的利用状态　　D.评估对象的新旧程度

E.评估依据的市场条件

8.在下列资产评估目的中，通常应当选择市场价值以外的价值类型的情形有（　　）。

A.以抵押为目的的评估　　B.以课税为目的的评估

C.以保险为目的的评估　　D.以补偿为目的的评估

E.以转让为目的的评估

9.明确评估基准日的目的是（　　）。

A.确定评估对象的估价时间　　B.将动态下的资产固定在某一时点

C.将动态下的资产固定在某一时期　　D.确定评估机构的工作日

E.遵循科学的评估程序

10.下列关于评估基准日的阐述，正确的有（　　）。

A.评估基准日由评估专业人员决定

B.资产评估基准日不同于资产评估报告日

C.不同的评估基准日所对应的价值内涵是不同的

D.评估基准日通常是现在时点，也可以是过去或将来的时点

E.明确了资产评估基准日，也就确定了评估报告结论的使用期限

（三）判断题

1.资产评估是判断评估对象的评估价值，而不是评估对象的实际成交价格。（　　）

2.根据资产评估目的，评估专业人员即可确定资产评估的价值类型。（　　）

3.《国际评估准则》将价值类型划分为：市场价值、市场租金、公平价值、投资价值、协同价值与清算价值。（　　）

4.同一资产在不同的评估目的下进行评估，其评估结论会有所不同。（　　）

5.资产评估目的对于价值类型的选择具有约束作用。（　　）

6.一项资产评估必须同时满足交易假设、公开市场假设、持续使用假设和清算假设四个前提假设。（　　）

7.资产评估价值类型包括市场价值和市场价值以外的价值。（　　）

8.在不同假设条件下，评估结果应当趋于一致。（　　）

9.市场价值以外的价值也是公允价值，只是评估结果的适用范围相对较窄。（　　）

10.资产评估价值类型的选择不会影响评估结论。（　　）

（四）简答题

1.资产评估目的的作用有哪些？

2.如何理解资产评估对象与评估范围的关系？

3.怎样理解公开市场假设？

4.影响价值类型选择的因素有哪些？

5.选择资产评估基准日应考虑哪些因素？

客观题智能测评

第四章

资产评估程序

【学习目标】

1. 掌握资产评估基本程序及其主要内容；
2. 掌握资产评估业务基本事项的内容及要求；
3. 掌握评估资料的核查验证；
4. 熟悉资产评估计划的主要内容及调整；
5. 熟悉评估报告的审核；
6. 了解资产评估委托合同及形式；
7. 了解整理归集评估档案；
8. 强化法治理念，坚守职业道德，勤勉尽责。

本章思维导图

【案例导入】

2020年，湖南省资产评估协会组织开展了2020年度资产评估机构执业质量检查工作，并选取12名检查专家成立4个检查小组，对全省20家资产评估机构（以下简称“评估机构”）采取随机抽样与重点抽样相结合的方式进行了执业质量检查。

检查发现，部分评估机构对质量控制体系的建立和执行还不够重视；未按照评估准则要求履行适当的评估程序和评估业务所需的系统性工作步骤；评估工作底稿不能反映评估程序实施情况、未能支持评估结论；资产评估报告编制不够清晰、不够准确等情况。其中，在评估的实质程序方面存在的具体问题如下：

（1）在进行评估现场调查阶段，缺少必要的现场调查、询价记录或记录不完整。有的项目未对实物资产的现场勘察进行书面记录或记录过于简单粗略，仅有资产数量记录或照片，无资产盘点表、设备勘查表，无资产现状描述，无勘察时间、勘察人员和领勘人员签名等；缺少必要的询价记录或记录不完整，设备询价只有网址无实质记录和分析；有的企业的价值评估业务没有进行必要的访谈；有的重要评估程序没到位，货币资金评估未获取银行对账单、未实施函证程序、其他应收款未实施函证程序或缺少往来函证回函的分析底稿。

（2）在收集整理评估资料阶段，没有进行必要的访谈、收集的评估资料不完整，评估使用的资料核查验证不充分。部分资产评估项目未取得委托人（被评估单位）评估资产申报明细表或评估申报明细表填列的内容不完整，评估资料委托方未签字盖章；有的以实物资产盘点表、科目余额明细表代替被评估单位提供的委托人评估资产申报明细表；对资产权属、存在性、状态等资料收集不完整，不动产未收集开发公司权属资料或规划文件等证明资料；在企业价值评估中未收集企业历史沿革、现状、发展前景、相关宏观、区域经济、公司执行的会计制度、税收政策等资料；评估使用的资料核查验证不充分，重要权属证明、利用审计成果、审计函证、重要取价参数，底稿中未体现分析说明及确认的核查验证过程；没有对权属资料进行独立查证仅依赖客户声明。

（3）在评定估算形成结论阶段，参数预测依据不足、分析不够充分或无分析过程，重要取价参数底稿中未体现分析说明及确认的核查验证过程，如缺少历史经营情况的验证资料及预测数据的支撑依据，缺少采购成本、人员工资、管理服务费等历史数据的核实及预测依据资料；评定估算过程缺失或记录不完整，部分原材料实盘数量和账面库存数量相差较大，未见差异原因分析，评估人员根据实盘数量和账面单价确认评估值，未见评估单价分析确认过程；评估底稿缺少部分演算底稿或验算过程不够严谨，评估说明中类比对象的调整系数未做因素描述，剩余法中的建筑成本及前期费用无相关文件依据及计算过程，收益法中的收入、成本、收益期限、折现率等重要取价参数底稿未体现分析说明及确认的核查验证过程。

针对2020年度资产评估机构执业质量检查发现的问题，湖南省资产评估协会给予3家资产评估机构训诫，22名签字资产评估师训诫；给予受到惩戒的22名资产评估师强制强化培训。

资料来源：湖南省资产评估协会. 2020年度资产评估机构执业质量检查情况通报［EB/OL］.［2021-04-08］. https：//www.hnicpa.cn/news/1091.html.

第一节 评估程序概述

资产评估作为一项客观公正性和科学性要求较高的工作，评估机构及评估专业人员必须履行一系列系统性的工作步骤，方能完成资产评估工作，从而实现资产评估目的。

一、资产评估程序及其作用

资产评估的法律法规、行业评估准则等都明确对资产评估的基本程序进行了规范。正确履行资产评估程序，对于规范资产评估机构及评估专业人员行为，提高资产评估业务质量，防范资产评估执业风险，具有重要的意义。

（一）资产评估程序的含义

资产评估程序是对资产评估过程工作次序的安排。资产评估程序对于保证科学、公正开展评估业务而言非常重要，《资产评估法》《资产评估基本准则》均设专章对资产评估程序加以规范。中国资产评估协会还制定了《资产评估执业准则——资产评估程序》。

资产评估程序是指评估机构和评估专业人员执行资产评估业务、形成资产评估结论所履行的一系列系统性工作步骤。资产评估程序有广义和狭义之分，狭义的资产评估程序始于评估机构和评估专业人员接受委托，终止于向委托人或相关当事人提交资产评估报告书。广义的资产评估程序始于承接资产评估业务前的明确业务基本事项环节，终止于资产评估报告书提交后的整理归集评估档案。我国的资产评估程序属于广义的资产评估程序。

资产评估行业主管部门和自律组织对资产评估的基本程序进行了规范。中国财政部2017年颁布的《资产评估基本准则》第八条规定，“资产评估机构及其资产评估专业人员开展资产评估业务，履行下列基本程序：明确业务基本事项、签订业务委托合同、编制资产评估计划、进行评估现场调查、收集整理评估资料、评定估算形成结论、编制出具评估报告、整理归集评估档案。”中国资产评估协会2018年颁布的《资产评估执业准则——资产评估程序》第五条规定，“资产评估基本程序包括：明确业务基本事项；订立业务委托合同；编制资产评估计划；进行评估现场调查；收集整理评估资料；评定估算形成结论；编制出具评估报告；整理归集评估档案。”各项资产评估执业准则、资产评估指南和资产评估指导意见，分别针对不同的资产评估业务操作程序进行了执业规范。

资产评估程序规范是对资产评估工作规律的归纳与总结，是资产评估工作的操作指引，为资产评估工作指明了具体的操作步骤。评估机构及评估专业人员接受评估委托后，即可按照资产评估程序规定的工作步骤及相关要求开展评估工作。

（二）资产评估程序的作用

资产评估程序应当以资产评估机构和评估专业人员为主体，反映评估机构和评估专业人员为执行资产评估业务、形成资产评估结论所必须履行的系统性工作步骤。正确履行资产评估程序，对于规范资产评估机构及其资产评估专业人员行为，提高资产评估业务质量，防范资产评估执业风险，都有着重要的作用。

（1）保证资产评估行为的合法性

履行资产评估程序是资产评估法对评估机构及评估专业人员的基本要求。《资产评估法》从评估业务委托、评估报告的签署出具、报告的使用等方面对评估程序的履行提出了要求。如果评估机构和评估专业人员未能按照《资产评估法》的要求，履行必要的评估程序，将可能导致违反评估法，从而需要承担相应的法律责任，比如，评估基本程序中的明确业务基本事项，要求明确评估业务的委托人、产权持有人和委托人以外的其他评估报告使用人，如果评估机构及评估专业人员未履行或未能恰当履行该评估程序，导致未能识别与评估机构及评估专业人员存在的利害关系，受理了该业务，将违反《资产评估法》关于评估机构不能受理与自身有利害关系的业务的规定，要承担相应的法律责任。

（2）正确履行资产评估程序有利于保证和提高评估机构的业务质量

正确履行资产评估程序不仅是衡量资产评估机构和人员执行资产评估业务是否规范的重要标准，而且为上述相关当事方提供了评价资产评估服务的依据，这样才能有效地避免程序上出现疏漏，切实保证资产评估的业务质量。

（3）正确履行资产评估程序有利于防范评估执业风险

评估机构及评估专业人员在从事资产评估业务中存在一定的执业风险，如果评估过程存在瑕疵，不能得出公正合理的评估结论，可能会导致评估业务委托方或评估报告使用者的权益受到损失，评估机构和人员将承担一定的经济和法律责任。因此，正确履行资产评估程序是评估机构及评估专业人员防范评估执业风险的重要手段。履行资产评估程序是评估机构和评估专业人员防范执业风险、保护自身合法权益、进行合理抗辩的重要手段。

二、资产评估程序的内容

资产评估程序由具体的工作步骤组成，不同的资产评估业务由于评估对象、评估目的、评估资料收集情况等相关条件的差异，可能需要执行不同的资产评估具体程序或工作步骤，资产评估具体程序或工作步骤的划分取决于评估机构和评估专业人员对各项资产评估工作步骤共性的归纳，资产评估业务的性质、复杂程度也是影响资产评估具体程序的重要因素。但资产评估基本程序是相同的，各种类型的评估业务都应当遵循资产评估基本程序规范的要求，并以此为指引开展资产评估工作。根据各个工作步骤的重要性，资产评估基本程序通常包括以下八个主要环节：

（1）明确业务基本事项；

（2）订立业务委托合同；

（3）编制资产评估计划；

（4）进行评估现场调查；

（5）收集整理评估资料；

（6）评定估算形成结论；

（7）编制出具评估报告；

（8）整理归集评估档案。

知识链接4-1

资产评估
准则——基本准则

知识链接4-2

资产评估执业
准则——评估程序

三、执行资产评估程序的基本要求

资产评估的基本程序是资产评估工作步骤的系统性概括，资产评估机构及专业人员在执行资产评估业务时应当遵循《资产评估执业准则——资产评估程序》的要求，认真履行评估的基本程序。资产评估程序对资产评估机构及专业人员的基本要求包括以下几个方面。

（一）资产评估机构及专业人员不得随意减少评估基本程序

资产评估机构及专业人员在没有正当理由和可靠依据的情况下，应当按照评估程序的相关要求履行完整的评估程序，不得随意减少评估基本程序。资产评估机构及专业人员执行具体资产评估业务时，可以结合评估业务具体情况，制定并实施适当的具体评估步骤。在不影响评估质量的前提下，资产评估机构及专业人员可以在执行各项评估程序时针对具体情况对每项评估程序的繁简程度进行适当的调整或具体化。

（二）结合评估基本程序的要求，制定具体的实施步骤

资产评估的基本程序是资产评估师执行一项完整评估业务时应该履行的主要重点工作内容及要求，针对每一基本程序还应有具体的实施安排或步骤，资产评估机构应当在评估基本程序的基础上，建立健全本机构的资产评估程序制度。资产评估师应当根据评估对

象、评估范围、业务规模的不同，在制定评估计划时落实现场调查、收集评估资料、确定估算方法的具体实施步骤。资产评估是一项专业性较强的工作，资产评估师通常是在许多相关专业人员和助理人员的协同工作下完成评估业务，资产评估师应当指导业务助理人员履行评估程序，并对业务助理人员的工作结果负责。

（三）无法或者不能完全履行评估基本程序时的应对措施

执行资产评估业务，因法律法规规定、客观条件限制，无法或者不能完全履行资产评估基本程序，经采取措施弥补程序缺失，且未对评估结论产生重大影响时，资产评估机构及其资产评估专业人员可以继续开展业务，对评估结论产生重大影响或者无法判断其影响程度的，不得出具资产评估报告。

（四）评估程序的履行情况记录形成工作档案

为规避资产评估执业风险，资产评估机构及专业人员履行资产评估程序时，应当完整、详细记录有关评估程序的履行情况，从而形成工作档案。工作档案是证明完整、真实地履行评估程序的必要证据，对于规避和防范评估执业风险有重要的作用。

微课：资产评估程序概述

第二节　明确业务基本事项

明确业务基本事项是资产评估程序的第一个环节，包括在订立资产评估业务委托合同以前的一系列基础性工作，如对资产评估项目进行风险评价、明确与承接的资产评估项目有关的重要事项等。由于资产评估专业服务的特殊性，资产评估程序甚至在委托人委托资产评估机构、资产评估机构接受委托前就已开始。评估机构及专业人员需要明确资产评估的范围，根据资产评估对象的具体情况，在对自身专业胜任能力、独立性和业务风险承担能力进行综合分析与评价的基础上，合理承接资产评估业务。接受业务委托前，评估机构及评估专业人员需要明确评估的基本事项，主要包括评估报告使用者、评估目的、评估对象和评估范围、评估价值类型、评估基准日等。

一、资产评估业务基本事项的内容

根据《资产评估基本准则》第九条和《资产评估执业准则——资产评估程序》第八条的规定，资产评估机构受理资产评估业务前，应当明确下列资产评估业务基本事项：

（1）委托人、产权持有人和委托人以外的其他评估报告使用人；

（2）评估目的；

（3）评估对象和评估范围；

（4）价值类型；

（5）评估基准日；

（6）资产评估项目所涉及的需要批准的经济行为的审批情况；

（7）评估报告使用范围；

（8）评估报告提交期限及方式；

(9) 评估服务费及支付方式；

(10) 委托人、其他相关当事人与资产评估机构、资产评估专业人员工作配合和协助等其他需要明确的事项，如：评估机构和评估人员不能利用主管部门或行政机关的权力，对行业、地区的评估业务进行垄断；不应该以个人的名义接受委托，而应该以评估机构的名义接受委托；评估机构和评估人员不得通过诋毁、贬低同行信誉等不正当手段获得评估业务等。

二、接受委托前需明确的业务基本事项

资产评估机构在接受委托前，需要与委托人充分地沟通和交流，从而明确业务基本事项。基本事项主要包括下列内容：

(一) 委托人、产权持有人和委托人以外的其他资产评估报告使用人

资产评估机构从事资产评估业务，必须接受委托方的委托，最终向委托方提交资产评估报告书。评估机构及评估专业人员在明确评估业务基本事项阶段，应当对委托方的基本情况进行了解，主要包括委托方的名称、法定代表人、经济类型、所属行业、注册地址等。

在明确委托方的基本情况后，评估机构及评估专业人员需要进一步了解评估对象产权持有者的情况，以明确委托方与产权持有者的关系。在一般情况下，评估业务的委托方与评估对象的产权持有者是同一主体，委托方为特定的资产业务委托资产评估机构对自有产权的资产进行评估。但有时评估业务的委托方与评估对象的产权持有者不一定是同一主体，委托方为特定的资产业务委托资产评估机构对他人持有产权的资产进行评估。在评估业务开展之前，对于除委托方外的相关当事方的了解也较为重要，如果委托方与产权持有者、资产管理者并非同一主体，资产评估事先需要征得资产管理者的同意，方能顺利地履行资产评估的后续程序。

评估机构及评估专业人员通过履行评估程序，得出评估结论，需要向委托方出具资产评估报告。评估报告只能用于评估报告载明的评估目的和用途，由评估报告载明的评估报告使用者使用。因此，在明确评估基本事项阶段，需要了解委托方对评估报告的期望用途，以明确是否存在委托方以外的其他评估报告使用者，从而查明委托方与其他评估报告使用者之间的关系。

(二) 评估目的

资产评估目的是资产评估所要达到的目标，评估目的的不同，影响资产评估的价值类型和评估结果。资产评估总是为了满足特定资产业务需要进行的，明确资产评估特定目的，即查明引发资产评估的经济行为，如资产转让、股权转让、企业清算、财产抵押、财产课税、编制财务报告等。

评估人员应当要求委托方明确资产评估结果的预期用途，确定资产评估目的。资产的评估目的，一般由资产评估专业人员根据委托方的需要进行合理确定并清晰表述。从评估目的的本质来说，资产评估目的是由引发资产评估业务的事项决定的，需要评估专业人员与委托方交流，通过询问等方式了解其评估报告的用途，从而确定其资产的评估目的。

(三) 评估对象和评估范围

在明确了资产的评估目的后，需要了解评估对象的基本状况，明确评估的基本范围。

评估人员应当与委托方沟通，与委托方一道确定拟评估资产所包含的具体内容，以确定资产评估对象，明确资产评估的具体范围。

评估对象的基本状况，是指接受评估委托时评估对象所处的状态，主要包括实物状况、权属状况和使用状况等。明确评估对象的实物状况，主要是了解被评估资产的名称、类型、规格型号、技术参数、生产工艺、新旧程度、地理位置、数量等。明确评估对象的权属状况，主要是了解被评估资产的权利情况，查明委托方是否拥有资产的所有权和使用权，其权利是否受到一定限制。资产评估在一般情况下是评价实际权益状况下的资产价值，不得随意设定资产的权益状况来进行评估。明确评估对象的使用状况，主要是了解被评估资产的具体用途、利用效率、能源消耗、生产能力等。

评估范围与评估对象有着密切的联系，在明确了评估对象后，需要进一步明确评估对象的具体范围。评估范围是评估对象的具体化，即评估对象的内容与构成。评估范围的界定，需要根据资产评估的特定目的要求，有些评估对象不能用于某些评估目的，或有些评估目的限制了评估对象的范围和内容，所以，评估对象及其范围和内容，既不能简单地根据委托方的要求确定，又不能根据评估人员的主观愿望随意确定，而应根据评估目的，依据法律法规的规定并在征得了委托方的认可后综合确定。

(四) 价值类型

评估的价值类型一般分为市场价值和市场价值以外的价值两种类型。评估机构和专业评估人员应当在明确资产评估目的的基础上，恰当地确定资产评估结果的价值类型，并确信所选择的价值类型适用于资产评估目的及评估报告的期望用途。资产评估人员应当根据委托方评估资产的目的、评估时的资产市场条件和资产评估对象的自身条件等因素，选择评估价值类型及形式。从资产评估目的方面来看，以产权交易（转让）为目的的资产评估一般要求市场价值类型，以投资、继续使用、清算等为目的的资产评估一般要求市场价值以外的价值类型。某些特定的资产评估业务评估结论的价值类型可能会受到相关法律法规或者契约的约束，如以抵（质）押为目的的评估业务、以税收为目的的评估业务、以保险为目的的评估业务、以财务报告为目的的评估业务等。这些评估业务的评估结论应当按照相关法律法规或者契约等的规定选择评估结论的价值类型；相关法律法规或者契约没有规定的，可以根据实际情况选择市场价值或者市场价值以外的价值类型。

(五) 评估基准日

评估机构和评估专业人员应当明确资产评估基准日，并确信资产评估基准日有利于资产评估结论有效地服务于资产评估目的，从而减少或避免不必要的资产评估基准日期后事项。

(六) 资产评估报告使用范围

资产评估机构和评估人员在接受委托前还须与委托方进行沟通，了解本次资产评估是否有可能影响评估过程和结论的限制条件，以判断能否接受委托和怎样接受委托。

(七) 资产评估报告提交期限及方式

资产评估机构和评估人员应对评估工作量有个合理判断，并与委托方进行沟通，以明确本次评估工作的具体时间安排。

(八) 评估服务费及支付方式

资产评估机构在接受评估委托前应与委托方协商资产评估收费标准和收费方式，对资产评估对象价值量小而评估工作量大的项目，资产评估机构可要求委托方按评估项目的实际工作量支付评估费用。

（九）资产评估项目所涉及的需要批准的经济行为的审批情况

如果资产评估项目所涉及的经济行为需要有关部门的审批，评估机构洽谈人员应当了解该经济行为获得批准的相关情况。获得有关部门批准的文件应当载明批件名称、批准日期及文号。

（十）委托人、其他相关当事人、资产评估机构、资产评估专业人员工作配合和协助等需要明确的重要事项

根据评估业务具体情况，应当与委托人沟通，明确委托人与资产评估专业人员工作配合和协调等其他需要明确的重要事项，具体包括落实资产清查申报、提供资料、配合现场及市场调查，协调与相关中介机构的对接和交流等。当委托人不是评估对象的产权持有者时，需约定委托人协调产权持有者协助配合评估工作的责任。在资产评估委托合同签订之前将一切可能需委托人尽责的事项沟通明确，为签订资产评估委托合同做好准备。

评估机构和评估专业人员在明确上述资产评估基本事项的基础上，应对下列因素进行分析以确定是否承接资产评估项目：一是资产评估机构、人员的专业胜任能力及相关经验；二是评估机构和评估专业人员的独立性，以确认与委托人或相关当事方是否存在现实或潜在利益冲突；三是风险评价，以分析资产评估项目的执业风险。

第三节　订立业务委托合同

评估机构在决定承接评估业务之后，应当与委托人依法订立资产评估委托合同，约定评估机构和委托人权利、义务、违约责任和争议解决等内容。

一、业务委托合同的含义

资产评估委托合同是指评估机构与委托方签订的，明确评估业务基本事项，约定评估机构和委托方权利、义务、违约责任和争议解决等内容的书面合同。为规范业务委托合同的签订、履行等行为，明确签约各方的权利和义务，维护社会公共利益和资产评估各方当事人的合法权益，中国资产评估协会颁布了《资产评估执业准则——资产评估委托合同》。

资产评估机构承揽资产评估业务，应当与委托人签订业务委托合同。资产评估是一种中介服务活动，资产评估机构作为受托方，完成委托方特定资产的估价服务。资产评估机构（受托方）与委托方应当以书面形式签订业务委托合同，以书面形式表达双方的权利义务关系，分清各自的责任。

二、业务委托合同的内容

资产评估业务委托合同是在资产评估机构明确了上述基本事项，并对评估项目做出风险评价之后，资产评估机构与委托人共同签订的，以确认资产评估业务的委托与受托关系，明确委托目的、被评估资产范围及双方权利义务等相关重要事项的合同。资产评估业务委托合同应当内容全面、具体，含义清晰准确，符合国家法律法规和资产评估行业的管理规定，应包括以下基本内容：

（1）资产评估机构和委托人的名称、住所、联系人及联系方式；

（2）评估目的；

（3）评估对象和评估范围；

（4）评估基准日；

（5）评估报告使用范围；

（6）评估报告提交期限和方式；

（7）评估服务费总额或者支付标准、支付时间及支付方式；

（8）资产评估机构和委托人的其他权利和义务；

（9）违约责任和争议解决；

（10）合同当事人签字或者盖章的时间；

（11）合同当事人签字或者盖章的地点。

三、业务委托合同的签订与变更

业务委托合同的签约主体是资产评估机构和委托方，资产评估机构应当具有与所承接评估业务相适应的执业资格，委托方应当存在引发资产评估的特定业务事项。评估机构及评估专业人员承接资产评估业务时，应当就签订内容充分与委托方进行协商，从而明确评估业务合同的基本事项，并就合同的主要条款达成一致。业务委托合同制作完成后，应当由评估机构的法定代表人或合伙人签字并加盖评估机构公章。

业务委托合同签订后可以依法变更。《资产评估执业准则——资产评估委托合同》规定，业务委托合同签订后，签约各方发现相关事项约定不明确，或者履行评估程序受到限制需要增加、调整约定事项的，可以协商对业务委托合同的相关条款进行变更，并签订补充协议或者重新签订业务委托合同。业务委托合同签订后，评估目的、评估对象、评估基准日发生变化，或者评估范围发生重大变化，评估机构应当与委托方签订补充协议或者重新签订业务委托合同。

业务委托合同签订后，签约各方均应当按约定的事项履行各自的义务。业务委托合同应当约定签约各方的违约责任，签约各方因不可抗力无法履行业务委托合同的，可根据法律规定，部分或者全部免除责任。如果在履行业务委托合同过程中产生争议，和解、调解不成的，可以根据协议向仲裁机构申请仲裁，或者向人民法院提起诉讼。

四、业务委托合同提前终止及解除

由于人为或客观原因，可能会导致提前终止、解除资产评估业务委托合同的情形。《资产评估法》的第十八条和第十九条分别赋予了资产评估机构在法定情形下可以拒绝履行或单方解除资产评估业务委托合同的权利。资产评估机构可以在洽商、订立资产评估业务委托合同时依法要求体现相关约定，包括：

（1）委托人和其他相关当事人如果拒绝提供或者不如实提供开展资产评估业务所需的权属证明、财务会计信息或其他相关资料的，资产评估机构有权拒绝履行资产评估业务委托合同。

（2）委托人要求出具虚假资产评估报告或者有其他非法干预评估结论情形的，资产评估机构有权单方解除合同。

除此之外，还存在非资产评估机构及评估专业人员原因，导致资产评估委托合同解除的其他情形：

（1）委托人提前终止资产评估业务、解除资产评估业务委托合同。

（2）因委托人或其他相关当事人原因导致资产评估程序受限，资产评估机构无法履行资产评估业务委托合同，在相关限制无法排除时资产评估机构单方解除资产评估业务委托合同。

针对上述因法定情由提前终止和解除资产评估业务委托合同的情形，以及其他非资产评估机构及评估专业人员原因导致资产评估业务委托合同解除的情形，资产评估机构可以依据法律和相关资产评估准则的要求，在洽商、订立资产评估业务委托合同的同时与委托人约定：发生相关法定或特定的资产评估业务委托合同提前终止、解除的情形时，由委托人按照已经开展资产评估业务的时间、进度或者已经完成的工作量支付相应的评估服务费。

第四节　编制资产评估计划

资产评估计划是评估机构及评估专业人员为完成评估业务委托而拟定的工作思路和实施方案，是对资产评估工作步骤、工作时间和评估人员所作的规划和安排。在明确了资产评估基本事项的基础上，评估人员应对评估项目进行初步分析，根据所承接的评估项目的具体情况，编制合理的资产评估计划。

评估计划一般在评估项目开展前编制，为保证各种资源最有效配置并被合理利用，相关人员需要对未来可能进行的所有主要评估工作进行规划，依照评估工作程序的要求对现场调查、收集评估资料、评定估算、编制和提交评估报告等评估工作的各个具体环节进行规划，具体对评估步骤、工作进度安排、专业人员、时间、重点关注的事项等内容加以明确。

一、编制资产评估计划需考虑的因素

资产评估专业人员在编制资产评估计划的过程中，应当同委托人及相关当事人就相关问题进行沟通，以保证资产评估计划的可操作性，当编制资产评估计划时，其应当考虑以下因素：

（1）资产评估目的以及相关管理部门对资产评估开展过程中的管理规定。

（2）评估业务风险、评估项目的规模和复杂程度。

（3）评估对象及其法律、经济、技术、物理等因素。

（4）评估项目所涉及资产的结构、类别、数量及分布状况。

（5）委托人及相关当事人的配合程度。

（6）相关资料收集状况。

（7）委托人、评估对象产权持有人（或被评估单位）过去委托资产评估的情况、诚信状况及其提供资料的可靠性、完整性和相关性。

（8）资产评估专业人员的专业能力、经验及人员配备情况。

（9）与其他中介机构的合作、配合情况。

二、资产评估计划的主要内容

评估计划应当涵盖现场调查、收集评估资料、评定估算、编制和提交评估报告等评估业务实施全过程，包括资产评估业务实施的主要过程、时间进度、人员安排和技术方案等内容。

（一）资产评估业务实施的主要过程

资产评估计划应当涵盖现场调查、收集评估资料、评定估算、编制和提交资产评估报告等资产评估业务实施的主要过程。资产评估专业人员确定各主要过程的具体评估步骤时，需考虑以下因素：

（1）评估项目的背景和相关条件，包括评估目的、评估对象和评估范围、价值类型、评估基准日、本次评估操作的重点和难点、参与本项目的其他中介机构等。

（2）采用的评估方法。

（3）资产清查的工作重点及具体要求，如现场调查工作目标、现场调查工作总体时间安排、现场调查主要工作内容、现场调查的协调方式等内容。

（4）与参与本项目的审计、律师等其他中介机构的对接安排及注意事项等。

（二）资产评估业务实施的时间进度安排

明确资产评估业务实施的时间进度安排，有利于跟踪评估工作进度，保证在报告提交期限内提交报告。资产评估专业人员应结合评估报告提交期限、评估业务实施的主要过程的具体步骤、业务实施的重点和难点等来制定评估业务实施的进度安排。

资产评估师应在与委托方共同商定的评估作业日期，合理确定评估工作时间，并对各具体评估步骤的时间进度进行安排。资产评估师可以根据评估业务具体情况确定评估计划的繁简程度，对于小型评估项目，评估计划可以适当简化；对于那些大型的复杂的评估项目，要求附以流程图、进度表，以详细列示具体的操作安排。

（三）资产评估业务实施的人员安排

合理的评估业务实施人员安排是高效保质完成评估项目的保障。应当根据评估项目的资产规模、资产分布、资产专业结构、业务风险因素等情况以及评估方法、评估业务实施主要过程的主要步骤、业务实施的时间安排、费用预算等，综合考虑评估业务实施对评估专业人员的工作经验、技术水平、专业分工、人员数量等配置要求组建项目团队。

评估机构应根据评估任务量的大小、性质及评估工作的难易程度，合理确定此项评估的人员数量及构成，并根据评估人员的特点和专项特长，具体分配评估人员。评估机构应根据评估工作的地点、评估人员的多少、评估工作时间的长短等合理安排评估所需经费，从而做到既满足需要，又节省资金。

三、资产评估计划的调整

评估作业计划编制完成后，需要上报资产评估机构负责人审核，批准后方可实施。在评估业务执行过程中，评估人员应遵循设定的作业计划安排，如果评估工作本身遇到了障碍，出现了编制评估计划时没有预料到的操作层面或者技术层面的情况，从而造成评估工作未能按照原计划推进，以及由于委托人经济行为涉及的评估对象、评估范围、评估基准日发生变化，评估人员应尽快与委托人、其他相关当事人进行沟通，可以对作业计划进行必要的修改、补充和完善，从而调整评估工作步骤，适当增加或减少评估人员，调整评估作业时间。调整计划要兼顾评估效率和工作质量的原则，充分利用已有的工作成果，将评估计划调整导致的成本降低到最低水平。

第五节　进行评估现场调查

现场调查是资产评估人员亲临现场，实地查明评估对象的现实状况。现场调查应当在评估对象或评估业务涉及的主要资产所在地进行，评估人员应当深入现场，核实评估对象的存在性和完整性，勘查评估对象的品质和使用状况，从而查验评估对象的法律权属资料，了解评估对象的实际情况，取得相应的调查资料。通过现场调查，评估人员应当确信或证明评估对象是存在的、数量是正确的，对评估对象的技术状况和物理状况有充分的了解，对评估对象的运用或使用状况有充分的了解。

现场调查是资产评估的一个重要环节，评估人员执行资产评估业务时，应当根据评估业务的具体情况对评估对象进行适当的现场调查。现场调查对于评估人员全面、客观地了解评估对象，核实委托方和资产占有方提供资料的可靠性，确定委托资产的真实性、合法性和完整性，均有着重要的意义。

一、现场调查的目的

现场调查是资产评估工作中的重要一环，其目的主要在于：确定委托评估资产是否存在，以及其合法性和完整性；确定委托评估资产与账簿、报表的一致性；收集委托评估所需的有关数据资料。

二、现场调查的主要内容

（一）评估对象的现状

评估人员进行现场调查时，应与委托方或资产占有方进行沟通，索取需要评估的资产清单，以了解评估对象的现状。

（1）评估对象的存在性与完整性

评估人员应当亲临评估对象现场，查看资产清单中列出的各项资产，查看评估对象是否真实存在，核对评估对象的存在性与完整性。

评估对象的存在性是指评估对象是否真实存在。对于存货、动产、不动产等实物资产，评估专业人员可通过实地查看、核查合同、盘点、函证等方式核实其存在性；对于知识产权类无形资产，可通过核查权属文件、申请登记材料、技术文件、第三方证明文件等核实其存在性；对于应收账款、股权或其他经济权益，可通过核查会计记录、公司章程、权益证明、股权转让协议及函证等方式核实其存在性。评估对象的完整性是指评估对象符合相关经济行为对资产范围的要求，能够有效实现其预定功能。

评估专业人员核实资产的完整性时，既要关注资产物理意义上的完整性，又要关注资产功能上的完整性。

(2) 评估对象的现实状况

评估专业人员要根据评估对象的类型和特点，判断资产价值的具体影响因素，进而确定资产状况的现场调查内容。评估人员应当对拟评估资产的现实状况进行了解，为后续的评定估算工作取得现场资料。

整体企业的现场调查通常应该包括：企业的历史沿革、主要股东及其持股比例、主要的产权和经营管理结构；企业的业务、资产、财务、经营管理状况；企业的经营计划、发展规划；影响企业经营的宏观、区域经济因素；企业所在行业的现状与发展前景等内容。

房屋建筑物的现场调查通常应了解取得方式、建筑物结构、建成时间、地址、用途、建筑面积、长度、宽度、层离、层数等；机器设备的现场调查通常应了解设备名称、生产厂家、规格型号、发装地点、规定使用年限、购置日期、启用日期、已经使用年限、设备使用状况、设备维修情况等；存货的现场调查通常应了解名称及规格型号、计量单位、存放地点、数量、单价等；应收账款等债权债务的现场调查通常应了解债权债务人名称、业务内容、发生日期、履约及回收情况等。

(二) 评估对象的权属状况

评估人员进行现场调查时，还应当调查评估对象的权属状况，查明委托方或资产占用方是否拥有其所有权，权利是否受到一定的限制。资产的法律权属包括所有权、使用权及其他财产权利，资产的权属状态会影响资产的价值，资产的权属状态不同，资产的价值通常也不相同。

不同的资产评估项目，由于评估目的、评估对象等因素的不同，现场调查的具体内容也不尽相同。资产评估人员应当根据评估项目的具体情况，确定具体的调查内容和调查方式。

三、现场调查的基本要求

(一) 关于现场调查范围的要求

现场调查的范围是以委托方委托评估资产的范围为准，特别要注意委托方委托评估资产中包括的其自身占用以外的部分，如分公司资产、异地资产，以及租出资产等，不能将这部分资产遗漏，它们也应包括在勘察之列。

(二) 关于现场调查的程度要求

关于现场调查的程度应根据不同种类的资产繁简有别，具体情况可参考以下要求：

对于建筑物，评估人员要逐栋逐幢进行勘察核实，并了解其使用、维修情况和现状，以及做好勘察记录。建筑物的产权证明是在核查过程中必不可少的项目。

对于机器设备，主要看评估对象的数量，对于项目较小、设备数量不多的情况，要对待估设备逐一进行核查。当评估项目较大，设备种类繁多，数量较多时，评估人员可先按ABC分类法找出评估重点，对A类设备要逐一核查并进行技术鉴定；对B类设备也应尽量逐一进行核查；对C类设备可采取抽样核查的方法。

评估人员对流动资产的核查程度与委托方的管理水平和自查的程度有关。对于企业管理水平较高、自查比较彻底的，评估人员对流动资产一般采用随机抽样法进行核查并做好抽查记录。按照现行规定，流动资产抽查的数量应达到国家规定的比例，如对存货进行抽查，抽查数量应达40%以上，价值比例达60%以上，其中残次、变质、积压及待报废的存货应逐项进行核查。

对于无形资产、长期股权投资、递延资产等资产要逐笔进行核查。

涉及评估净资产的，要对负债逐笔进行审核。

四、现场调查的手段

根据《资产评估执业准则——资产评估程序》第十二条的规定，现场调查手段通常包括询问、访谈、核对、监盘、勘查等。

询问是指资产评估专业人员在阅读、分析评估申报资料的基础上，向评估对象的管理、使用、采购、营销等相关人员进行提问，以了解资产规模、来源、使用现状、未来利用方式等基本情况，或者企业经营状况、历史经营业绩、行业地位、未来发展规划等企业整体相关信息。

访谈是资产评估专业人员通过对特定人员或者相关人员的访问并交谈，从被访对象的答复中获取相关评估信息的调查方法。访谈可以面对面交流，也可以通过电话等工具进行，可以个别访谈，也可以团体访谈。针对涉及多个专业或部门、具有较大不确定性的综合项目或事项，如企业业务或财务状况、企业经营计划和发展战略等，访谈更有助于资产评估专业人员及时获得全面、综合性的信息做出合理的判断。

核对是资产评估专业人员对不同书面资料的相关记录之间进行审查核对，以及书面资料与相关实物进行审核查对，以查证上述两种情况是否都相符的调查手段。资产评估专业人员通过对委托人申报评估的资产，进行账表核对、账实核对以及将申报内容与相关权证、文件载明的信息核对等，了解资产的存在及法律权属状况。如果存在盘盈盘亏等现象，还需要调查原因。

监盘是指资产评估专业人员通过现场监督企业对现金、存货等资产的清点核对工作，主要对盘点实施方案、人员安排、盘点方式（逐项清点或者抽样清点）、盘点结果等进行了解以判断盘点结果能否反映实际状况，并根据盘点结果对资产数量、质量、金额等做出恰当判断。

勘查是指对实物资产的数量、质量、分布、运行和利用情况（经营情况）等所做的实地调查或查看，对相关技术检测结果的收集、观察，对其运行记录和定期专业检测报告的收集和分析等工作。在评估实务中，对特殊资产实施勘查，可以聘请行业专家协助开展工作，但应当采取必要措施确信专家工作的合理性。

五、现场调查的方式

资产评估专业人员对评估对象进行现场调查时，采用的调查方式包括逐项调查和抽样调查。

（一）逐项调查

逐项调查是指对纳入评估范围的所有资产及负债逐项进行核实，并进行相应的勘查和法律权属资料核实。

当存在下列情形之一时，资产评估专业人员应当考虑进行逐项调查：

(1) 评估范围内资产数量少、单项资产的价值量大，比如不动产评估项目。

(2) 资产存在管理不善等风险，产权持有人或被评估单位提供的相关资料无法反映资产的实际状况，并且从其他途径也无法获取充分、恰当的评估证据，比如停产多年的企业资产评估项目、企业破产清算项目等。

(二) 抽样调查

抽样调查是指按一定程序从研究对象的全体（总体）中抽取一部分单位（样本）进行调查或观察获取数据，并以此对总体的一定目标量做出推断。抽样调查的基本方法包括简单随机抽样、分层抽样、系统抽样、整群抽样、不等概率抽样、多阶段抽样、重点项目抽样等。

对于无法或不宜对评估范围内所有资产、负债等有关内容进行逐项调查的，如资产项数庞大、同质性强，可以采用抽样调查方式进行现场调查。重点项目抽样是指对纳入评估范围内的资产及负债，遵循重要性原则，对于价值量大的、关键或重要的资产进行调查。

资产评估专业人员采用抽样调查方式进行现场调查，当制订评估计划时，应考虑到抽样风险，要保证由抽样调查形成的调查结论合理、能够基本反映资产的实际状况，抽样误差要适度。《资产评估执业准则——机器设备》和《资产评估执业准则——不动产》均规定对机器设备、不动产进行现场调查可以采取抽样调查方法，但应当充分考虑抽样风险。选择抽样调查方式的理由要形成评估工作底稿。

六、现场调查工作受限及其处理

当现场调查工作受限时，资产评估专业人员应当从对评估结论的影响程度和替代程序两个角度，判断是否继续执行或终止评估业务。这里的替代程序是指在原定现场调查程序无法履行或者履行受限时资产评估专业人员为实现现场调查目标而另外执行的其他工作程序。

如果无法采取替代程序对评估对象进行现场调查，或者即使履行替代程序，也无法消除原定程序受限对评估结论产生重大影响的事实，或者无法判断其影响程度，评估机构应当终止执行评估业务。如果通过实施替代程序之后，受限事项并不会对评估结论产生重大影响，评估机构可以继续执行评估业务，但是资产评估专业人员应当在工作底稿中予以说明，分析其对评估结论的影响程度，并在资产评估报告中说明所受限制情况、所采取的替代程序及其对评估结论合理性的影响。

第六节　收集整理评估资料

从资产评估的过程来看，资产评估实际上就是对被评估资产的信息进行收集、分析判断并做出披露的过程。对资产评估加以严格的程序要求，其目的也是要保证评估对信息收集、分析的充分性和准确性。因此，资产评估人员应当独立获取评估所依据的信息，并确信信息来源是可靠的和适当的。

在上述几个环节的基础上，评估机构和评估专业人员应当根据资产评估项目的具体情况收集资产评估的相关资料。资料收集工作是资产评估业务质量的重要保证，不同的项目、不同的评估目的、不同的资产类型对评估资料有着不同的需求，由于评估对象及其所在行业的市场状况、信息化和公开化程度差别较大，且相关资料的可获取程度也不同，因此，评估机构和评估专业人员的执业能力在一定程度上体现在其收集、占有与所执行项目相关的信息资料的能力上。评估机构和评估专业人员在日常工作中应当注重收集信息资料及其来源，并根据所承接项目的情况确定收集资料的深度和广度，尽可能全面、翔实地占有资料，采取必要措施确信资料来源的可靠性。根据资产评估项目的进展情况，评估机构和评估专业人员还应当及时补充收集所需要的资料。

一、评估资料及其分类

（一）评估资料的概念

评估资料是指资产评估专业人员在执行资产评估业务时可以通过合法途径获得并使用的有关文件、证明和资料。评估资料是资产评估机构和评估专业人员形成合理评估结论并出具评估报告的依据。

（二）评估资料的分类

（1）从评估资料的内容划分

从内容划分，评估资料可分为权属证明、财务会计信息和其他评估资料。

权属证明资料是指资产的法律权属凭证、权威部门出具的权属证明资料以及能够间接证明资产归属的其他资料。

财务会计信息是指财务报表及附注、会计凭证、会计账簿及其他财务会计资料。

其他评估资料包括询价资料、交易案例、检查记录、鉴定报告、行业资讯、政府文件、专业报告等。

权属证明、财务会计信息主要通过现场调查程序取得，其他评估资料主要通过收集评估资料程序取得。

（2）从评估资料的来源划分

从来源划分，评估资料分为：直接从市场等渠道独立获取的资料，从委托人、产权持有人等相关当事人处获取的资料，从政府部门、司法机关及各类专业机构和其他组织处获取的资料。

从委托人、产权持有人等相关当事人处获取的资料通常包括：资产评估申报资料，评估对象权属证明，反映资产状况的资料，评估对象的历史、预测、财务、审计等资料，相关说明、证明和承诺等。资产评估专业人员应当要求委托人等相关当事人对其提供的评估资料以签字、盖章及法律允许的其他方式等进行确认。

二、主要评估资料

评估机构和评估专业人员应当通过与委托人、资产占有方沟通并指导其对评估对象进行清查等方式，对评估对象或资产占有单位的资料进行了解，同时也应当主动收集与资产评估业务相关的评估对象资料及其他资产评估资料。收集整理资料，一方面是为后面的资产评估准备素材和依据；另一方面也是评估机构建立评估工作档案的需要。为满足上述两方面的要求，评估机构应收集整理以下重要资料（根据项目的需要可作适当的删减或增加）：

（1）有关资产权利的法律文件或其他证明资料。

主要的产权证明文件包括：

① 有关房地产的土地使用证、房产执照、建设规划许可证、用地规划许可证、项目批准文件、开工证明、出让合同及转让合同、购买合同、原始发票等。

② 有关在建工程的规划、批文。

③ 有关设备的购买合同、原始发票等。

④ 有关无形资产的专利证书、专利许可证、专有技术许可证、特许权许可证、商标注册证、版权许可证等。

⑤ 有关股权投资合同。

⑥ 有关银行借款的合同。

（2）资产的性质、当前和历史状况信息，主要资料包括：

① 有关房地产的图纸、预决算资料。

② 有关在建工程的种类、开工时间、预计完工时间、承建单位、筹资单位、筹资方式、成本构成、工程基本说明或计划等。

③ 有关设备的技术标准、生产能力、生产厂家、规格型号、取得时间、启用时间、运行状况、大修理次数、大修理时间、大修理费用、设备与工艺要求的配套情况等。

④ 有关存货的数量、计价方式、存放地点、主要原材料近期进货价格统计表等。

⑤ 有关应收及预付款的账龄统计表、主要赊销客户的信誉及经营情况、坏账准备政策、应收款回收计划等。

⑥ 有关长期投资的明细表，包括被投资企业、投资金额、投资期限、起止时间、投资比例、年收益、收益分配方式、账面成本等。

⑦ 原始证据主要包括评估基准日的会计报表、盘点表、对账单、调节表、应收及应付询证函、盘盈及盘亏、报废资产情况说明及证明材料等。

（3）有关资产的剩余经济寿命和法定寿命信息。

在现场调查过程中，评估人员应了解资产的设计寿命，并通过技术鉴定了解和判断资产的剩余物理寿命和经济寿命等。

（4）有关资产的使用范围和获利能力的信息。

资产评估人员可以通过核实资产占有方的营业执照了解被评估资产的经营范围和使用范围，并通过技术鉴定掌握资产的可使用范围和空间。

（5）资产以往的评估及交易情况信息。

资产评估人员通过查询有关账簿及相关资料了解被评估对象以往的评估和交易情况。

（6）资产转让的可行性信息。

资产评估人员通过查询有关交易合同或意向书及相关的市场调查，了解被评估对象转让的可行性信息。

（7）类似资产的市场价格信息。

资产评估人员应通过市场调查了解和掌握与评估对象类似的资产的市场价格信息。

（8）委托方声明。

有关被评估资产所有权、处置权的真实性，产权限制，以及所提供的数据资料真实性的承诺等。

（9）可能影响资产价值的宏观经济前景信息。

（10）可能影响资产价值的行业状况及前景信息。

（11）可能影响资产价值的企业状况及前景信息。

（12）其他相关信息。

除上述重要资料外，资产评估人员还应了解和掌握其他相关信息，例如，各类资产负债清查表、登记表、评估申报明细表；资产、负债清查情况及调整说明；委托方营业执照副本及其他材料等。

虽然委托人或者其他相关当事人需要提供涉及评估对象和评估范围的必要资料，并要求委托人或者其他相关当事人对其提供的资产评估明细表及其他重要资料进行确认，但资产评估专业人员应当依法对在资产评估活动中使用的资料进行核查验证。

超出资产评估专业人员专业能力范畴的核查验证事项，资产评估机构应当委托或者要求委托人委托其他专业机构或者专家出具意见。因法律法规规定、客观条件限制无法实施核查验证的事项，资产评估专业人员应当在工作底稿中予以说明，并分析其对评估结论的影响程度，从而在资产评估报告中予以披露。如果上述事项对评估结论产生重大影响或者无法判断其影响程度，资产评估机构不得出具资产评估报告。

三、评估资料的核查验证

虽然委托人或者其他相关当事人需要提供涉及评估对象和评估范围的必要资料，并要求委托人或者其他相关当事人对其提供的资产评估明细表及其他重要资料进行确认，但资产评估专业人员应当依法对在资产评估活动中使用的资料进行核查验证。《资产评估执业准则——资产评估程序》第十五条明确规定："资产评估专业人员应当依法对资产评估活动中使用的资料进行核查验证。"

虽然资产评估的法规和准则都提到了核查验证，但都只是对核查验证程序提出了原则性要求，没有进一步的详细规定，不同的资产评估机构及其资产评估专业人员在具体操作过程中对核查验证的范围、执行方式或程度等重要事项的理解存在偏差，导致核查验证实务操作缺乏一致性和规范性。针对上述情况，中国资产评估协会在2019年12月31日印发《资产评估专家指引第8号——资产评估中的核查验证》（以下简称8号指引），供资产评估机构及其资产评估专业人员执行资产评估业务时参考。

（一）核查验证的对象

核查验证对象是指资产评估专业人员在执行资产评估业务时可以通过合法途径获得并使用的有关文件、证明和资料，包括权属证明资料、财务报表、会计凭证、价格信息以及相关的专业报告等。核查验证对象可以是资产评估相关当事人提供的，也可以是资产评估专业人员独立收集的，或者是政府部门、各类专业机构以及其他组织发布的。

（二）核查验证的范围

资产评估专业人员执行核查验证程序时，可以在符合项目风险以及业务质量控制要求的前提下，根据核查验证对象对评估结论的重要性水平确定核查验证的范围。重要性水平由资产评估专业人员根据评估目的、被评估单位内部控制状况、相关资料收集情况、评估对象金额和数量等因素进行综合分析后予以确定。

（三）核查验证的基本要求

资产评估专业人员应当依法对在资产评估活动中使用的有关文件、证明和资料的真实性、准确性、完整性进行核查验证。超出资产评估专业人员专业能力范畴的核查验证事项，资产评估机构应当委托或者要求委托人委托其他专业机构或者专家出具意见。因法律法规规定、客观条件限制无法实施核查验证的事项，资产评估专业人员应当在工作底稿中予以说明，分析其对评估结论的影响程度，并在资产评估报告中予以披露。如果上述事项对评估结论产生重大影响或者无法判断其影响程度，资产评估机构不得出具资产评估报告。

（四）核查验证的实施方式

核查验证的方式通常包括观察、询问、书面审查、实地调查、查询、函证、复核等。

观察要注重有效性和充分性。如果仅用观察方式不足以确认核查验证对象是否真实、准确和完整，还应当追加采用其他方式进行核查验证。对于重要的观察事项，应当记录观察对象、观察时间、观察地点、观察人员和观察结果，并对观察到的现象与核查验证对象是否一致发表明确意见。

询问应当形成询问记录，并要求询问人和被询问人对询问记录采用签字或者盖章等方式予以确认。如果被询问人拒绝签字或者拒绝以其他方式予以确认，资产评估专业人员应当在书面记录中注明。

书面审查应当分析相关书面信息来源的可靠性，并通过核对原件等方式对书面信息的准确性和完整性进行核查，同时要求提供方在复印件上盖章。

实地调查应当将实地调查情况形成书面记录，并由相关当事人签字。如果实地调查涉及的单位为企业法人，需要根据调查事项的重要性和相关性判断是否需要单位盖章确认。如果相关当事人拒绝签字或者盖章，资产评估专业人员应当在书面记录中注明。

查询应当查询公告、网页或者其他载体相关信息，通过对不同来源的信息进行对比、分析形成结论，并就查询的信息内容、时间、网址、载体等有关事项形成查询记录。

函证可以采用邮寄、快递、跟函、电子形式函证（包括传真、电子邮件、直接访问网站等）等方式发出和收回。信件回执、查询信函底稿和对方回函等资料应当由经办的资产评估专业人员签字。被询证人以传真、电子邮件等方式回函的，可以要求被询证人寄回询证函原件。被询证人未签署回执、未予签收或者在函证规定的期限内未回复的，由经办的资产评估专业人员对相关情况做出书面说明。

复核应当结合核查验证对象的特点，采取验算、校对等具体措施判断核查验证对象的真实性、准确性和完整性。对于重要的复核事项，应当记录复核过程、采取的措施、复核依据和复核结果，并且由复核人员进行签字确认。

资产评估专业人员应当根据各类资料的特点，合理确定核查验证的实施方式。对某些复杂的资料，可以采取多种方式相结合的形式进行。如果计划采用的核查验证实施方式无法执行，资产评估专业人员应当对该具体事项进行评判，确定是否需要采取其他替代措施完成核查验证工作。对超出资产评估专业人员胜任能力的核查验证事项，资产评估机构可以委托或者要求委托人委托相关专业机构出具专业意见。资产评估专业人员应当了解相关机构的执业资格、独立性，核查专业报告作为评估依据的可靠性、时效性。根据8号指引，评估机构对评估资料在不同情况下的具体核查验证方式如下：

（1）权属证明资料

权属证明资料的核查验证是对资产法律权属凭证、权威部门出具的权属证明资料以及能够间接证明资产归属的其他资料的核实。

①不动产权属证明。

不动产权属证明资料主要为不动产权证，没有颁发不动产权证的可以是国有土地使用权证、集体土地所有权证、集体土地使用证、土地他项权利证明书、农村土地承包经营权证、用地通知书、国有建设用地出让合同、划拨决定书、房屋所有权证、房屋他项权证、土地房屋权证、房地产权证、在建工程抵押登记证明等。不动产不包括海域、森林资源资产、矿业权等。

资产评估专业人员采用书面审查的方式核查上述权属证明资料的，应当查阅并核对评估对象的不动产权属原件、复印件是否一致。处于受理状态中的证明资料，资产评估专业人员可以根据需要要求评估对象产权持有人到不动产所在地的市、县人民政府不动产登记机构查询评估对象权属证明资料并取得查询结果。如果评估对象没有办理产权证，资产评估专业人员应当查验取得不动产的相关证明文件、发票以及合同等资料，并根据具体情况和重要性原则在资产评估报告中披露评估对象未办理产权证的原因、核查处理方法以及可能对评估结论产生的影响。

②森林资源权属证明。

森林资源权属证明资料主要为不动产权证，没有颁发不动产权证的可以是林权证、林木使用权证、森林资源资产抵押登记证等。资产评估专业人员采用书面审查的方式核查上述权属证明资料的，应当查阅并核对评估对象的不动产权证、林权证原件、复印件是否一致。处于受理状态中的证明资料，资产评估专业人员可以根据需要要求评估对象产权持有人到不动产所在地的市、县人民政府不动产登记机构查询评估对象权属证明资料并取得查询结果。如果评估对象没有办理产权证，应当查验取得森林资源的相关证明文件、合同等资料，并根据具体情况和重要性原则在评估报告中披露评估对象未办理产权证的原因、核查处理方法以及可能对评估结论产生的影响。

③矿业权权属证明。

矿业权权属证明资料主要包括：划定矿区范围批复、采矿权许可证、矿产资源勘查许可证、矿业权出让（转让）合同以及相关付款凭证、矿业权抵押备案相关资料等。资产评估专业人员采用书面审查的方式核查上述权属证明文件的，应当核对证书（或者资料）原件、复印件是否一致，资产评估专业人员可以根据需要通过矿业权行政管理部门官方网站查询相关信息，对资产权属相关数据的一致性进行核查。如果评估对象没有办理产权证，则应当查验取得矿业权的相关证明文件、合同等资料，并根据具体情况和重要性原则在评估报告中披露评估对象未办理产权证的原因、核查处理方法以及可能对评估结论产生的影响。

④机器设备权属证明。

机器设备权属证明资料主要包括：机动车登记证书、船舶所有权证书、船舶国籍证书；外购机器设备的购置合同、购置发票、付款凭据、进口设备报关单；自制机器设备主要材料以及外购件的采购合同和发票、竣工决算资料；融资租赁设备的融资租赁合同、发票；由法院判决形成的设备资产的法院判决书、资产交接单；抵（质）押机器设备的抵

（质）押合同、抵（质）押登记证书；国有资产划转材料、调拨单。

资产评估专业人员采用书面审查的方式核查上述权属证明资料的，应当查阅并核对权属证明资料的原件、复印件是否一致；如果权属证明资料原件留存于他处，资产评估专业人员可以向原件留存方查询或者函证；资产评估专业人员根据需要要求产权持有人到相关权属主管部门配合查询评估对象法律权属登记情况；对于重要设备的购买合同、发票（及报关单、装箱单等）、竣工决算资料等，资产评估专业人员根据经济行为特点、产权持有人信用情况以及重要性原则，自行判断是否采取其他延伸核查方式。对权属资料不完备、毁损、丢失等瑕疵事项，以及资产评估专业人员根据重要性原则应当收集但未能取得的相关权属资料，可以要求产权持有人提供产权归属承诺，并在评估报告中披露相关事项。

⑤知识产权权属证明资料的核查验证。

知识产权权属证明资料主要包括：专利证书、专利登记簿副本、最近一期的专利年费缴费凭证、实用新型、外观设计专利权评价报告或者专利权利要求书、专利说明书以及附图；委托人或者相关权利人提供的专有技术形成说明材料；注册商标证书、商标历史获奖证书、商标授权使用登记备案材料；著作权登记证书，著作权作品原稿、职务创作的相关合同、与著作权有关权利的情况说明、委托人和著作权人的身份证明文件和承诺函；植物新品种权证书；集成电路布图设计登记证书、延长期限请求费付款凭证；有效期内的知识产权年费缴费凭证、涉及的转让合同（购买协议）、授权使用协议、变更登记、付款记录等资料。

资产评估专业人员采用书面审查的方式核查上述权属证明资料的，应当查阅并核对权属证明资料的原件、复印件是否一致，查验权属材料的所有权人、取得方式、权利范围、有效期、他项权利（是否质押）等相关信息。对知识产权的权属信息可以与国家相关政府网站公示信息核对是否一致，以确认评估基准日真实有效的权属状态。对许可使用的知识产权使用权，资产评估专业人员应当查阅授权协议以及付款记录，必要时可以向权利人函证，以确认该类使用权的许可期限、许可范围、使用条件、许可费支付等相关条款的约定。如果评估对象没有取得知识产权权属文件，应当查验取得知识产权的相关证明文件以及合同等资料，并根据具体情况和重要性原则在评估报告中披露评估对象未办理产权证的原因、核查处理方法以及可能对评估结论产生的影响。

（2）财务会计信息资料

财务会计信息资料通常包括：由委托人和其他相关当事人提供的已经审计的财务报表及其附注、未经审计的财务资料、会计凭证以及会计账簿等。资产评估专业人员采用询问、书面审查、复核等方式对已经审计的财务报表及其附注进行核查，应当了解出具审计报告的会计师事务所的执业资质和独立性。

资产评估专业人员采用询问、书面审查以及复核等方式对未经审计的财务资料进行核查，应当对财务报表变动趋势、财务指标构成比例进行分析，将财务报表各项目的数据与有关的账簿进行核对。根据重要性原则采用抽样方法对相关会计凭证进行查阅，结合对评估对象的调查结论或者其他文件、证明和资料的核查验证结论来检查财务数据的一致性。

资产评估专业人员采用实地调查、书面审查等方式对现金、票据以及实物性资产等涉及的各类资料进行核查，应当将相关调查情况或者审查情况形成书面记录，由参与调查的资产评估专业人员、被评估单位的相关人员签字确认。

资产评估专业人员采用函证方式对银行存款、异地存货、往来账款、交易性金融资产等涉及的各类资料进行核查的，对利用第三方机构询证函结果的，应当记录取得第三方机构函证结果的过程、分析该函证行为的目的、核实函证基准日、了解第三方机构对函证的控制措施等。无法获取上述信息的，评估人员应当实施替代程序并获取相关证据，从而对该函证结果的可靠性进行分析判断。

（3）其他相关资料

资产评估专业人员采用查询、查阅、核对等方式对询价资料、交易案例、检查记录、鉴定报告、行业资讯、政府文件等其他相关信息资料进行核查，应当将通过文献查阅以及查询相关网址信息等获取的结论形成书面记录。

资产评估专业人员采用询问、书面审查以及复核等方式对其他专业机构提供的专业报告以及引用的单项资产评估报告进行核查，应当了解专业机构的业务范围、执业资质以及独立性，检查专业报告以及引用的单项资产评估报告出具的时效性，分析是否满足资产评估业务的需要。

资产评估专业人员采用书面审查、查询等方式对被评估单位对外担保进行核查，应当获取被评估单位出具的有关对外担保事项声明以及担保合同、协议等资料，利用央行全国联网的企业征信系统进行查询。

资产评估专业人员采用书面审查、查询、复核等方式对被评估单位涉及的诉讼、仲裁进行核查，应当查阅被评估单位出具的有关诉讼、仲裁事项的声明书，并与公告或者网站披露的信息进行核对，以了解被评估单位有关诉讼、仲裁事项发生的背景、涉及的金额以及可能对评估结论产生的影响。

资产评估专业人员采用书面审查方式对被评估单位存在抵（质）押的资产进行核查，应当查阅被评估单位提供的抵（质）押合同以及相关的主债权合同、抵（质）押资产清单以及说明。如果需要，可以向抵（质）押单位进行查询。

（4）企业价值评估中的核查验证

企业价值评估因企业类型和评估方法的不同，核查验证的对象和实施方式也有所不同。

宏观经济资料、区域经济资料、行业现状和发展前景资料，来自政府部门、行业协会的，应当从有关权威发布平台取得，一般可以视为具有权威性，可以直接引用，但应当关注该类资料的时效性。

资产评估专业人员采用书面审查、实地调查、查询等方式，对企业提供的投资协议、公司章程、公司制度、股权买卖协议或者回购协议等资料进行核查，应当查看相关印章、签字是否清晰、完整，与企业管理层进行访谈，利用“国家企业信用信息公示系统”查询公开信息。如果需要，还可以到市场监督管理等政府部门查询相关资料。

对于来自证券市场、产权交易市场等市场的资料进行核查验证，可以考虑的做法包括：

对于直接从上市公司年报获取的数据资料，由于该数据资料已经经过注册会计师审计，因此，资产评估专业人员进行必要分析调整后可以直接采用。

对于来自不同资讯网站的数据或者研究成果，资产评估专业人员可以结合网站的知名度和权威性综合判断获取的数据或者研究成果的可靠性。对于从浏览量较少的网站获取的数据或者研究成果，必要时获取两个以上途径的有效数据，从而相互验证其可靠性。

微课：评估资料的核查验证

第七节　评定估算形成结论

评估机构和评估专业人员在收集整理相关资产评估资料的基础上，进入评定估算环节，即在充分分析资产评估资料的基础上，恰当选择并运用资产评估方法形成评估结论，再经综合分析及反复审核后确定合理评估结论。该环节大致要经历以下几个阶段：

一、分析资料

资产评估机构人员应当根据评估目的和其他具体要求，对所收集的资产评估资料进行分析整理，选择相关信息并确定其可靠性和可比性，对不可比信息要进行必要的调整，以保证评估所用信息的质量。

二、选择评估方法

成本法、市场法和收益法是三种基本的资产评估方法。评估人员应当根据评估对象、价值类型、评估资料收集情况等相关条件，分析成本法、市场法和收益法等各种资产评估基本方法的适用性，恰当选择评估方法。评估人员选择评估方法时要注意以下几点：

（1）评估方法选择应当与评估对象的类型、现实状态等相适应；

（2）评估方法的选择应当与评估目的、评估时的市场条件、评估对象所处状态以及评估的价值类型相适应；

（3）评估方法的选择应当与占有资料的情况相适应。

三、运用评估方法评定估算资产价值

资产评估人员在确定资产评估方法后，应当根据已明确的评估目的和评估价值类型，以及所收集的信息资料和具体的执业规范要求，恰当、合理地形成初步评估结论。评估方法的选择包括选择评估技术思路、实现评估技术思路的具体方法以及选择技术经济参数等内容。采用成本法，应当在合理确定被评估资产的重置成本和各相关贬值因素的基础上得出评估初步结论；采用市场法，应当合理地选择参照物，并根据评估对象与参照物的差异进行必要调整，得出初步评估结论；采用收益法，应当在合理预测未来收益、收益期和折现率等相关参数的基础上得出评估初步结论。

当选择评估方法时，如果条件具备，评估人员可以选择两种或两种以上的评估方法对同一评估对象进行估算。当对同一评估对象采用多种评估方法时，评估人员应当对采用各种方法评估形成的测算结果进行分析比较，从而形成合理的评估结论。

需要特别注意的是：资产评估专业人员执行资产评估业务，应当合理使用评估假设，

并在资产评估报告中披露评估假设。

四、审核评估结论并给出合理评估结论

在形成初步资产评估结论的基础上，评估人员和机构内部的审核人员应对本次评估所使用的资料、经济技术参数等的数量、质量和选取依据的合理性进行综合分析，以确定合理的资产评估结论。当采用两种以上资产评估方法时，评估人员和审核人员还应当综合分析各评估方法之间的相关性和恰当性、相关参数选取的合理性，以确定最终的合理的资产评估结论。

第八节　编制出具评估报告

资产评估报告是指资产评估机构及其资产评估专业人员遵守法律、行政法规和资产评估准则，根据委托履行必要的资产评估程序后，由资产评估机构对评估对象在评估基准日特定目的下的价值出具的专业报告。

资产评估专业人员应当在评定、估算形成评估结论后，应按有关资产评估报告的规范及委托方的要求编制初步资产评估报告。资产评估机构应当按照法律、行政法规、资产评估准则和资产评估机构内部质量控制制度，对初步资产评估报告进行内部审核。同时，资产评估机构在不影响对评估结论进行独立判断的前提下，可以与委托人或者委托人同意的其他相关当事人就资产评估报告有关内容进行沟通，对沟通情况进行独立分析，并决定是否对资产评估报告进行调整。资产评估机构及其资产评估专业人员完成上述资产评估程序后，由资产评估机构出具并提交正式资产评估报告。

如果执行资产评估业务时，因法律法规规定、客观条件限制，无法或者不能完全履行资产评估基本程序，经采取措施弥补程序缺失，且未对评估结论产生重大影响的，可以出具资产评估报告，但应当在资产评估报告中说明资产评估程序受限情况、处理方式及其对评估结论的影响。如果程序受限对评估结论产生重大影响或者无法判断其影响程度的，不得出具资产评估报告。

资产评估机构应当遵守资产评估协议书所规定的提交评估报告书的时间和方式，在规定的时间内以恰当的方式将资产评估报告书提交给委托人。资产评估报告的编制要求、基本内容、编制方法、格式标准、复核内容、提交方式等内容将在后续的章节中介绍。

第九节　整理归集评估档案

一、资产评估档案的概念与内容

资产评估档案是指资产评估机构开展资产评估业务形成的，反映资产评估程序实施情

况、支持评估结论的工作底稿、资产评估报告及其他相关资料。纳入资产评估档案的资产评估报告应当包括初步资产评估报告和正式资产评估报告。

工作底稿可以是纸质文档、电子文档或者其他介质形式的文档，资产评估机构及其资产评估专业人员应当根据资产评估业务具体情况和工作底稿介质的理化特性谨慎选择工作底稿的介质形式。同时以纸质和其他介质形式保存的文档，其内容应当相互匹配，当二者不一致时，以纸质文档为准。工作底稿通常分为管理类工作底稿和操作类工作底稿。管理类工作底稿是指在执行资产评估业务过程中，为受理、计划、控制和管理资产评估业务所形成的工作记录及相关资料。操作类工作底稿是指在履行现场调查、收集评估资料和评定估算程序时所形成的工作记录及相关资料。资产评估专业人员通常应当在资产评估报告日后90日内将工作底稿、资产评估报告及其他相关资料归集形成资产评估档案，并在归档目录中注明文档介质形式。重大或者特殊项目的归档时限为评估结论使用有效期届满后30日内。

二、资产评估档案的归集和管理

资产评估机构应当在法定保存期内妥善保存资产评估档案，保证资产评估档案安全和持续使用。资产评估档案自资产评估报告日起保存期限不少于十五年；属于法定资产评估业务的，不少于三十年。资产评估档案应当由资产评估机构集中统一管理，不得由原制作人单独分散保存。资产评估档案的管理应当严格执行保密制度。除下列情形外，资产评估档案不得对外提供：

（1）国家机关依法调阅的；

（2）资产评估协会依法依规调阅的；

（3）其他依法依规查阅的。

【思政课堂】 坚守职业道德，保证执业质量

2014年，银信资产评估有限公司（以下简称“银信评估”）受托对深圳市保千里电子有限公司（以下简称“保千里电子”）的全部股东权益进行评估，按照收益法评估，评估后保千里电子的股东的全部权益价值为288 314万元，评估增值262 596.77万元，增值率为1 021.09%。

据证监会披露，银信评估的评估人员进行收益测算工作时，基于保千里电子汽车夜视前装系列产品无历史销售情况，对其估值主要是依据保千里电子和汽车厂商签订的带有销售数量的意向性协议。其中，预测2015年、2016年销售数量的协议合计12份，所涉预测销售数量共计114 800套。经查，保千里电子伪造了多份意向性协议或意向性协议附件。银信评估对上述意向性协议仅要求保千里电子签署了承诺所提供的资料真实、完整的《承诺函》，在部分意向性协议存在主协议未约定预计采购数量而仅在附件中约定、且附件未加盖合作厂商公章或骑缝章等不合理情况下，未对保千里电子作为未来销售预测的意向性协议适当关注并实施有效的评估程序，导致保千里电子汽车夜视前装系列产品未来销售收入的预测明显不合理，进而导致评估值高估，对市场和投资者产生严重误导。

从这起案件中，可以得到以下启示：

（1）评估专业人员应当依法对评估活动中使用的有关文件、证明和资料的真实性、准确性、完整性进行核查和验证。核查验证是资产评估程序中的重要环节，也是资产评估工作的重要手段。资产评估结论是否可靠，在很大程度上依赖于资产评估专业人员收集到的资料是否真实、准确和完整。

（2）在评估程序未能得到有效落实的情况下，很可能导致错误的评估结果。如果计划采用的核查验证实施方式无法执行，评估人员应当对该具体事项进行评判，以确定是否需要采取其他替代措施完成评估。

【本章小结】

本章对资产评估所进行的八大程序进行了细致的阐述。首先，介绍了评估程序的作用、内容以及执行的基本要求。其中需要注意的是，资产评估机构及专业人员不得随意减少评估基本程序；评估时应结合基本程序的要求，制定具体的实施步骤，无法或者不能完全履行评估基本程序时应采取相应的弥补措施，评估程序的履行情况记录应形成工作档案。

其次，详细介绍了明确业务基本事项、订立业务委托合同、编制资产评估计划等资产评估程序。资产评估机构在接受委托前，需要与委托人充分地沟通和交流，以明确业务的基本事项。评估机构在决定承接评估业务之后，应当与委托人订立资产评估业务委托合同，根据所承接的评估项目的具体情况，编制合理的资产评估计划。

最后，详细介绍进行评估现场调查、收集整理评估资料、评定估算形成结论、编制出具评估报告和整理归集评估档案等资产评估程序。资产评估专业人员应当亲临现场进行现场调查，在评定、估算形成评估结论后，应按有关资产评估报告的规范及委托方的要求编制初步资产评估报告，并进行评估档案的整理与归集。

【练习题】

（一）单项选择题

1.资产评估师通常首先应执行的评估程序是（　　）。

A.订立业务委托合同　　B.进行评估现场调查

C.明确业务基本事项　　D.评定估算形成结论

2.下列各程序对合理安排工作量、工作进度、专业人员调配、按时完成资产评估业务具有重要意义的是（　　）。

A.编制资产评估计划　　B.订立业务委托合同

C.进行评估现场调查　　D.评定估算形成结论

3.资产评估专业人员采用逐项或者抽样的方式进行现场调查时，主要依据的是（　　）。

A.替代原则　　B.重要性原则　　C.预期收益原则　　D.谨慎性原则

4.在下列事项中，不属于受理资产评估业务前必须明确的基本事项是（　　）。

A.评估方法　　B.评估项目　　C.评估基准日　　D.价值类型

5.在下列选项中，不属于评定估算形成结论的主要内容的是（　　）。

A.估算资产价值　　B.审核评估结论

C.选择评估方法　　D.收集资料

（二）多项选择题

1.资产评估师应明确评估业务基本事项包括（　　）。

A.评估目的　　B.评估对象和评估范围

C.价值类型　　D.评估基准日

E.评估报告使用限制

2.资产评估业务委托合同的基本内容包括（　　）。

A.评估目的　　B.评估假设

C.评估收费　　D.评估基准日

E.评估计划

3.资产评估专业人员进行现场调查的手段包括（　　）。

A.访谈　　B.询问

C.核对　　D.监盘

E.勘查

4.资产评估计划应重点考虑的因素包括（　　）。

A.评估目的　　B.评估假设

C.评估收费　　D.评估基准日

E.评估对象性质

5.资产评估专业人员应依法对资产评估活动中使用的资料进行核查验证，核查验证的方式通常包括（　　）。

A.观察　　B.询问

C.复核　　D.函证

E.书面审查

6.资产评估师收集的评估资料包括（　　）。

A.查询记录　　B.询价结果

C.检查记录　　D.行业资讯

E.分析资料

（三）判断题

1.资产评估师不得随意减少评估基本程序。（　　）

2.资产评估师在执行评估业务的过程中，由于受到客观限制，无法或者不能完全履行评估基本程序，可直接决定终止评估业务。（　　）

3.只要执行了资产评估程序就可以防范资产评估风险。（　　）

4.资产评估程序是规范资产评估行为、提高资产评估业务质量的重要保证。（　　）

5.超过资产评估专业人员能力范畴的核查验证事项，资产专业人员应当委托或者要求委托人委托其他专业机构或者专家出具意见。（　　）

（四）简答题

1.资产评估基本程序通常包括哪些环节？

2.资产评估基本事项包括哪些内容？

3.资产评估计划的内容是什么？

4.什么是管理类工作底稿？什么是操作类工作底稿？

客观题智能测评

第五章

资产评估方法

【学习目标】

1. 掌握市场法、收益法、成本法的概念、应用前提、常用的具体方法及其应用；
2. 熟悉市场法、收益法、成本法的基本步骤；
3. 了解市场法、收益法、成本法的适用范围和局限；
4. 熟悉影响评估方法选择的因素与披露要求；
5. 学会客观理性地面对选择，勇于尝试，敢于创新。

本章思维导图

【案例导入】

江苏大烨智能电气股份有限公司（以下简称“大烨智能”）拟通过全资子公司江苏大烨新能源科技有限公司（以下简称“大烨新能源”）或其指定的其他主体购买天津锌景零壹船舶租赁有限公司（以下简称“锌景零壹”）、天津锌景零贰船舶租赁有限公司（以下简称“锌景零贰”）在原合同项下的全部权利和义务，即锌景零壹、锌景零贰在原合同项下的全部权利和义务为本次交易标的资产“融资租赁权益”。其内涵为锌景01（编号为CMHI181-1，HUA JING 01）、锌景02（编号为CMHI181-2，HUA JING02）两条船舶的所有权（未办理过户手续）、完全使用权及原合同项下的已支付及未支付款项。交易各方以原合同价款为参考，经友好协商，本次交易对价为2.92亿元。本次交易完成后，大烨新能源承接原合同项下的应付款项预计5.62亿元。本次交易实质上为大烨新能源承债式购买船舶锌景01、锌景02，船舶总价款8.54亿元。因此，本次交易对价2.92亿元，负债5.62亿元。本次交易构成重大资产重组，不涉及业绩承诺及补偿、过渡期损益的归属及滚存未分配利润安排、资产的减值测试与补偿。根据《上市公司重大资产重组管理办法》《关于规范上市公司重大资产重组若干问题的规定》《公开发行证券的公司信息披露内容与格式准则第26号——上市公司重大资产重组》的要求，公司董事会根据相关法律、法规和规范性文件的规定，在详细核查了有关评估事项以后，现就评估方法与评估目的的相关性说明如下：

评估机构采用重置成本法和收益法，对大烨智能拟承接锌景零壹、锌景零贰的船舶融资租赁权益所涉及的2座水上平台进行了评估，并以重置成本法的结果作为本次的评估结论。评估机构在评估方法选取方面，综合考虑了拟购买资产行业特点和资产的实际状况，评估方法选择恰当、合理。本次评估目的系因大烨智能拟通过全资子公司大烨新能源或其指定的其他主体购买锌景零壹、锌景零贰公司在原合同项下的全部权利和义务，即锌景零壹、锌景零贰公司在原合同项下的全部权利和义务为本次交易标的资产“融资租赁权益”，其内涵为锌景01、锌景02两条船舶的所有权（未办理过户手续）、完全使用权及原合同项下的已支付及未支付款项，所以大烨智能需确定2座水上平台（铧景01、铧景02）于评估基准日的市场价值，为该行为提供价值参考依据。评估机构实际评估的资产范围与委托评估的资产范围一致；评估机构在评估过程中实施了相应的评估程序，遵循了独立性、客观性、科学性、公正性等原则，运用了合规且符合标的资产实际情况的评估方法，选用的参照数据、资料可靠；资产评估价值公允、准确。评估方法选用恰当，评估结论合理，评估方法与评估目的的相关性一致。

由此可见，资产评估作为一项专业服务行为，为人们的决策活动提供价值参考依据。当满足采用不同评估方法的条件时，资产评估专业人员应当选择两种以上评估方法，通过综合分析形成评估结论。

资料来源：大烨智能．关于本次重大资产购买评估机构的独立性、评估假设前提的合理性、评估方法与评估目的的相关性及评估定价的公允性的说明［EB/OL］．［2022-03-01］．http：//www.cninfo.com.cn/new/disclosure/detail? orgId=9900031478&announcementId=1212482857&announcementTime=2022-03-01%2020：22.

第一节　市场法

一、市场法的概念

市场法又称比较法、市场比较法，是指通过将评估对象与可比参照物进行比较，以可比参照物的市场价格为基础确定评估对象价值的评估方法的总称。

市场法是资产评估中若干评估思路中的一种，也是实现该评估技术思路的若干评估技术方法的集合。市场法包括多种具体方法，例如，企业价值评估中的交易案例比较法和上市公司比较法，单项资产评估中的直接比较法和间接比较法等。

市场法是根据替代原理，采用比较或类比的思路及方法估测资产价值的评估技术方法。因为任何一个正常的投资者购置某项资产时，所愿意支付的价格不会高于市场上具有相同效用的替代品的现行市价。市场法要求充分利用类似资产成交价格信息，并以此为基础判断和估测评估对象的价值。运用市场法评估资产的价值，直观明了，较容易被资产评估业务各当事人理解和接受。因此，市场法是资产评估中常用的评估方法之一。运用市场法进行资产评估，需满足一些前提条件。

二、市场法的应用前提

应用市场法进行资产评估需要满足两个基本的前提条件：一是评估对象的可比参照物具有公开的市场以及活跃的交易；二是有关交易的必要信息可以获得。

公开的市场是指一个充分竞争的市场，市场上有自愿的买者和卖者，在交易信息充分交换，或者交易信息公开的前提下，有相对充裕的时间，买卖双方进行平等交易，排除了个别交易的偶然性，市场成交价格基本上可以反映市场行情。公开市场中的交易行为越活跃，与评估对象相同或相类似的资产价格越容易获得，按市场行情估测评估对象价值，评估结果会更贴近市场，由此更容易被资产交易各方接受。

三、市场法的基本步骤及可比因素

（一）市场法的基本步骤

1.选择参照物

不论评估对象是单项资产还是整体资产，评估人员运用市场法评估时都首先需要选择参照物。对参照物的选取关键是资产的可比性问题，包括功能、市场条件及成交时间等。另外，与评估对象相同或相类似的参照物越多，越能够充分和全面反映资产的市场价值。按市场行情估测评估对象价值，评估结果会更贴近市场，在评估过程中评估人员对参照物的数量要求是不可避免的。在评估实践中，评估人员通常是在众多与评估对象相似的交易实例中选择具有可比性的交易实例作为比较、测算的参照物。当运用市场法评估资产价值时，参照物成交价高低会影响评估对象的评估值。而参照物成交价又不仅仅是参照物自身功能的市场表现，它还受买卖双方交易地位、交易动机、交易时限等因素的影响。为了避免某个参照物在个别交易中的特殊因素和偶然因素对成交价及评估值的影响，运用市场法评估资产时应尽可能选择多个参照物。

2.在评估对象与参照物之间选择比较因素

在资产评估过程中，评估人员需要对搜集到的信息资料进行筛选，从而确定具有可比性的交易实例作为与评估对象对比分析、评估量化的参照物。从理论上讲，影响资产价值的基本因素大致相同，如资产性质、功能、规模、市场条件等。但具体到每一种资产时，影响资产价值的因素又各有侧重，如影响房地产价值的主要因素是地理位置、环境状况等因素；而技术水平则在机器设备评估中起主导作用；收入状况、盈利水平、企业规模等因素在企业价值评估过程中相对更突出。所以，运用市场法时应根据不同种类资产价值形成的特点和影响价值的主要因素，选择对资产价值形成影响较大的因素作为对比指标，从而形成综合反映参照物与评估对象之间价值对照关系的比较参数体系，从多方面形成对比，使影响价值的主要因素能够得以全面反映。

3.指标对比和量化差异

根据前面所选定的对比指标体系，评估专业人员在参照物及评估对象之间进行参数指标的比较，并将两者的差异进行量化。对比主要体现在交易价格的真实性、正常交易情形、参照物与评估对象可替代性的差异等方面，例如，在不动产评估中要求参照物与评估对象应在同一供需圈内、处于相同区域或近邻地区等，但其交易情形、交易时间、建筑特征等方面可能存在差异；在机器设备评估中尽管要求资产功能指标，包括规格型号、出厂日期等相同或相似，但在生产能力、产品质量以及在资产运营过程中的能耗、料耗和工耗等方面可能有不同程度的差异；在企业价值评估中虽然要求参照物与评估对象在所属行业、生产规模、收益水平、市场定位、增长速度、企业组织形式、资信程度等方面相同或相似，但企业所在地区经济环境、产品结构、资产配置、销售渠道等方面可能存在差异。运用市场法的一个重要环节就是将参照物与评估对象对比指标之间的上述差异数量化和货币化。

4.分析确定已经量化的对比指标之间的差异

市场法以参照物的成交价格作为评定、估算评估对象价值的基础，对所选定的对比参数体系中的各差异因素进行分析比较，并通过多形式的量化途径，形成对价值的调整结果。在实际操作中，评估专业人员将已经量化的参照物与评估对象之间的对比指标差异对参照物的价格进行调整，得到评估对象的初步评估结果。

5.综合分析确定评估结果

当运用市场法进行评估时，如果选择多个参照物，对参照物进行指标对比和差异量化后，对应各参照物，会形成多个初步评估结果。但是，对于一项资产，通常应以一个结果来进行表示，最终的评估结果为一个确定数值，这就需要评估专业人员对若干评估初步结果进行综合分析，以确定最终的评估值。确定最终的评估值，主要取决于评估专业人员对参照物的把握和对评估对象的认识。如果参照物与评估对象的可比性都很好，在评估过程中没有明显遗漏或疏忽，评估专业人员可以采用算术平均法或加权平均法等方法将初步结果转换成最终评估结果。

（二）市场法的可比因素

1.运用市场法评估单项资产

运用市场法评估单项资产应考虑的可比因素主要有：①资产的功能。资产的功能是资产使用价值的主体，是影响资产价值的重要因素之一。资产评估强调资产的使用价值或功能，并不是从纯粹抽象意义上去讲，而是从资产的功能并结合社会需求来讲，从资产实际发挥效用的角度来考虑。也就是说，在社会需要的前提下，资产的功能越好，其价值越高，反之亦然。②资产的实体特征和质量。资产的实体特征主要是指资产的外观、结构、役龄和规格型号等。资产的质量主要是指资产本身的建造或制造工艺水平以及使用状态。③市场条件。其主要是要考虑参照物成交时与评估时的市场条件及供求关系的变化情形。市场条件包含宏观的经济政策、金融政策、行业经济状况、产品竞争情况等。供求关系是市场特征之一。在一般情形下，当市场供不应求时，价格偏高；当市场供过于求时，价格偏低。市场条件方面的差异对资产价值的影响应引起评估专业人员足够的关注。④交易条件。交易条件主要包括交易批量、交易动机、交易时间等。交易批量不同，交易对象的价格就可能不同。交易动机也对资产交易价格产生影响。在不同时间交易，资产的交易价格也会有差别。以上各因素是运用市场法经常涉及的一些可比性因素。当具体运用市场法进行评估时，评估专业人员还要视评估对象的具体情形考虑其具体的可比因素，如房地产评估中的区位因素，机器设备评估中的制造厂家、资产规格型号等。

2.运用市场法评估企业价值

当运用市场法评估企业价值时，评估专业人员应当重点考虑所选取参照企业的可比性。企业可比性可以通过以下两个标准来判断：①行业标准。处于同一行业的企业具有一定的可比性。当确认被评估企业所属行业时，评估专业人员可以参考国民经济行业分类、证监会上市公司行业分类、国际通用的标准行业代码等。但需要注意的是，当依照行业标准时，评估专业人员应当尽量选取与被评估企业在主营业务收入结构、利润结构、经营模式等方面相似的参照物。②财务标准。评估专业人员需要通过必要的分析从业务类型及资本构成、财务指标等方面进行比较，以此体现被评估企业和可比案例之间的风险和成长差异。

除此之外，评估专业人员还应当考虑股权评估交易的背景、交易日期、交易价格、收购股权的比重、影响交易价格的其他重要交易条款等。

四、市场法常用的具体评估方法

市场法实际上是指在一种评估思路下的若干具体评估方法的集合。市场法中的具体方法可以根据不同的划分标准进行分类，这些分类并不是严格意义上的方法分类，大多是尊重某种习惯的分类。分类的目的仅仅是为了叙述的便利和便于学习。按照参照物与评估对象的相近相似程度，市场法中的具体方法可以分为直接比较法和间接比较法两大类，如图5-1所示。

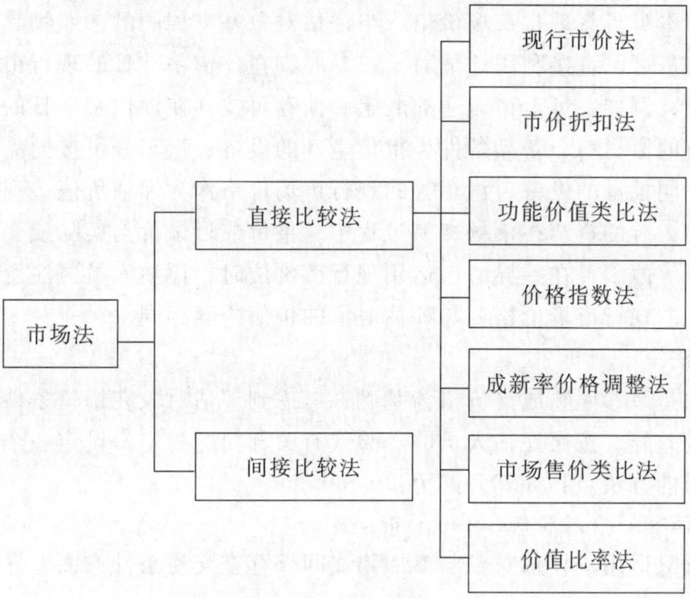

图5-1　市场法具体方法

直接比较法是指利用参照物的交易价格，以评估对象的某一或若干特征与参照物的同一或若干特征直接进行比较，得到两者的特征修正系数或特征差额，在参照物交易价基础上进行修正从而得到评估对象价值的方法。其基本计算公式为：

评估对象价值=参照物成交价格×修正系数1×修正系数2×…×修正系数n　　(5-1)

或：

评估对象价值=参照物成交价格±特征差额1±特征差额2±…±特征差额n　　(5-2)

直接比较法直观简洁、便于操作，但通常对参照物与评估对象之间的可比性要求较高。参照物与评估对象要达到相同或基本相同的程度，或参照物与评估对象的差异主要体现在某几项明显的因素上，例如新旧程度、交易时间、功能、交易条件等。根据存在差异因素的不同，直接比较法的具体技术方法也不相同。

间接比较法是利用资产的国家标准、行业标准或市场标准（标准可以是综合标准也可以是分项标准）作为基准，分别将评估对象和参照物整体或分项对比打分从而得到评估对象和参照物各自的分值。再利用参照物的市场交易价格以及评估对象的分值与参照物的分值的比值（系数）求得评估对象价值的一类评估方法。该方法并不要求参照物与评估对象必须一样或者基本一样。只要参照物与评估对象在大的方面基本相同或相似，通过评估对象和参照物与国家、行业或市场标准的对比分析，掌握参照物与评估对象之间的差异，在参照物成交价格的基础上调整、估算评估对象的价值。由于间接比较法需要利用国家、行业或市场标准，应用起来有较多的局限，因此，在资产评估实践中应用并不广泛。本节重点介绍直接比较法的具体方法。

当参照物与评估对象的差异仅仅体现在某一基本特征上的时候，直接比较法会演变成以下具体评估方法，如现行市价法、市价折扣法、功能价值类比法、价格指数法、成新率价格调整法、市场售价类比法和价值比率法等。

（一）现行市价法

当评估对象本身具有现行市场价格或与评估对象基本相同的参照物具有现行市场价格的时候，评估人员可以直接利用评估对象或参照物在评估基准日的现行市场价格作为评估对象的评估价值，例如，可上市流通的股票和债券可按其在评估基准日的收盘价作为评估价值；企业拥有的原材料、备品备件、批量生产的设备、汽车等可按同品牌、同型号、同规格、同厂家、同批量的设备、汽车等的现行市场价格作为评估价值。现行市价法是以成交价格为标准的，有的资产在市场交易过程中，报价或目录价与实际成交价之间会因交易对象、交易批量等原因存在差异。当运用现行市价法时，评估人员要注意评估对象或参照物在评估基准日的现行市场价格要与评估对象的价值内涵相同。

（二）市价折扣法

市价折扣法是以参照物成交价格为基础，考虑到评估对象在销售条件、销售时限或销售数量等方面的差异，按照评估人员的经验或有关部门的规定，设定一个价格折扣率来估算评估对象价值的方法。其计算公式为：

资产评估价值=参照物成交价格×（1-价格折扣率） (5-3)

此方法一般只适用于评估对象与参照物之间仅存在交易条件方面差异的情形。

【例 5-1】

评估某快速变现资产，在评估基准日与其完全相同的参照物正常变现30万元，经资产评估师综合分析，认为快速变现的折扣率应为40%。因此，确定该拟快速变现资产的评估价值为18万元。

资产评估价值=30×（1-40%）=18（万元）

（三）功能价值类比法

功能价值类比法（又称类比估价法）是以参照物的成交价格为基础，考虑参照物与评估对象之间的功能差异进行调整来估算评估对象价值的方法。根据资产的功能与其价值之间的关系可分为线性关系和指数关系两种情形。

（1）资产价值与其功能呈线性关系的情形，通常被称作生产能力比例法。其计算公式为：

资产评估价值=参照物成交价格×评估对象生产能力÷参照物生产能力 (5-4)

当然，功能价值类比法不仅仅表现在资产的生产能力这一项指标上，而且可以通过对参照物与评估对象的其他功能指标的对比，利用参照物成交价格推算出评估对象价值。

【例 5-2】

评估对象年生产能力为100吨，参照资产的年生产能力为200吨，评估基准日参照资产的市场价格为20万元，由此确定评估对象的评估价值为10万元。

资产评估价值=20×100÷200=10（万元）

（2）资产价值与其功能呈指数关系的情形，通常被称作规模经济效益指数法。其计算公式为：

$$资产评估价值=参照物成交价格\times\left(\frac{评估对象生产能力}{参照物生产能力}\right)^{x} \quad (5-5)$$

式中，x为功能价值指数。

【例5-3】

评估对象年生产能力为80吨，参照资产的年生产能力为120吨，评估基准日参照资产的市场价格为10万元，该类资产的功能价值指数为0.8，由此确定评估对象的评估价值为7.23万元。

$资产评估价值=10\times(80\div120)^{0.8}=7.23$（万元）

（四）价格指数法

价格指数法（又称物价指数法）是基于参照物的成交时间与评估对象的评估基准日之间的时间间隔引起的价格变动对资产价值的影响，以参照物成交价格为基础，利用价格变动指数（或价格指数）调整参照物成交价，从而得到评估对象价值的方法。其计算公式为：

①资产评估价值=参照物成交价格×（1+价格变动指数）　(5-6)

a.运用定基价格变动指数修正。如果能够获得参照物和评估对象的定基价格变动指数，则价格指数法的公式为：

$$资产评估价值=参照物资产交易价格\times\frac{1+评估基准日资产定基价格变动指数}{1+参照物交易日资产定基价格变动指数} \quad (5-6a)$$

b.环比价格变动指数修正。如果能够获得参照物和评估对象的环比价格变动指数，则价格指数法的公式为：

资产评估价值=参照物成交价格×参照物交易日至评估基准日各期（1+环比价格指数）乘积　(5-6b)

②资产评估价值=参照物成交价格×价格指数　(5-7)

a.运用定基指数修正。如果能够获得参照物和评估对象的定基价格指数，则价格指数法的数学式可以概括为：

$$资产评估价值=参照物资产交易价格\times\frac{评估基准日资产定基价格指数}{参照物交易日资产定基价格指数} \quad (5-7a)$$

b.运用环比指数修正。如果能够获得参照物和评估对象的环比价格指数，则价格指数法的数学式可以概括为：

资产评估价值=参照物成交价格×参照物交易日至评估基准日各期环比价格指数乘积　(5-7b)

价格指数法一般只运用于评估对象与参照物之间仅存在时间差异的情况，且时间差异不能过长。

【例5-4】

与评估对象完全相同的参照资产5个月前的正常成交价格为10万元，半年间该类资产的价格上升了6%。运用公式（5-6），则评估对象的评估价值为：

资产评估价值=10×（1+6%）=10.6（万元）

【例5-5】

被评估房地产于2022年6月30日进行评估，该类房地产2022年上半年各月月末的价格同2021年年底相比，分别上涨了2.5%、5.3%、6.6%、7.4%、9.8%和10.5%。其中，参照房地产在2022年3月底的正常成交价格为4 000元/平方米，运用公式（5-6a），则被评估房地产于2022年6月30日的价值为：

资产评估价值=4 000×（1+10.5%）÷（1+6.6%）=4 146（元/平方米）

【例5-6】

已知某参照物资产在2022年12月底的正常交易价格为100万元，该种资产已不再生产，但该类资产的价格变化情形如下：2023年1—5月的环比价格指数分别为102%、98.5%、102.5%和105.6%。根据公式（5-7b），评估对象于2023年5月的评估价值为：

资产评估价值=100×102%×98.5%×102.5%×105.6%=108.7（万元）

（五）成新率价格调整法

成新率价格调整法是以参照物的成交价格为基础，考虑参照物与评估对象新旧程度上的差异，通过成新率调整估算出评估对象的价值。其计算公式为：

$$\text{资产评估价值}=\text{参照物成交价格}\times\frac{\text{评估对象成新率}}{\text{参照物成新率}} \tag{5-8}$$

其中：

$$\text{资产的成新率}=\frac{\text{资产尚可使用年限}}{\text{资产已使用年限}+\text{资产尚可使用年限}}\times 100\%$$

此方法一般只运用于评估对象与参照物之间仅有成新程度差异的情况。当然，此方法略加改造也可以作为计算评估对象与参照物成新程度差异调整率和差异调整值的方法。

（六）市场售价类比法

市场售价类比法是以参照物的成交价格为基础，考虑参照物与评估对象在功能、市场条件和销售时间等方面的差异，通过对比分析和量化差异，调整估算出评估对象价值的一种方法。其计算公式为：

资产评估价值=参照物售价+功能差异值+时间差异值+…+交易情形差异值　　(5-9)

或：

资产评估价值=参照物售价×功能价值修正系数×交易时间修正系数×…×交易情形修正系数　　(5-10)

当参照物与评估对象的差异不仅仅体现在某一特征上的时候，上述评估方法，如现行市价法、市价折扣法、功能价值类比法、价格指数法和成新率价格调整法等的运用就可以演变成参照物与评估对象各个特征修正系数的计算，如交易情形修正系数（正常交易情形÷参照物交易情形）、功能价值修正系数（评估对象生产能力÷参照物生产能力）、交易时间修正系数（评估对象的定基价格指数÷参照物的定基价格指数）和成新程度修正系数（评估对象成新率÷参照物成新率）等。

（七）价值比率法

价值比率法，是指利用参照物的市场交易价格，其与交易某一经济参数或经济指标相比较形成的价值比率作为乘数或倍数，乘以评估对象的同一类经济参数或经济指标，从而得到评估对象价值的一种具体评估方法。价值比率法中的价值比率种类非常多，包括盈利类指标的价值比率，如息税前收益价值比率、税后现金流量价值比率和每股收益价值比率（市盈率）等；收入类指标的价值比率，如销售收入价值比率（市销率）；资产类指标的价值比率，如净资产价值比率、总资产价值比率等；其他类指标的价值比率，如成本市价比率、矿山可开采储量价值比率等。

价值比率法通常被用作评估企业价值。由于企业存在规模、盈利能力等方面的差异，因此为了提升可比性，就需要采用某种可比的“价值联系”将被评估企业与可比企业的价值联系起来。这种联系通常可以用价值比率来反映，对其进行调整，得到被评估企业的价值比率。根据所选取的可比参照物不同，分为“上市公司比较法”和“交易案例比较法”。上市公司比较法是指获取并分析可比上市公司的经营和财务数据，计算适当的价值比率，在与被评估企业比较分析的基础上，确定被评估企业价值的具体方法。上市公司比较法中的可比企业应当是公开市场上正常交易的上市公司。交易案例比较法是指获取并分析可比企业的买卖、收购及合并案例资料，计算适当的价值比率，在与被评估企业比较分析的基础上，确定被评估企业价值的具体方法。当运用交易案例比较法时，评估人员应当考虑被评估企业与交易案例的差异因素对价值的影响。

无论采用上述哪种方法计算企业价值，都应当对以下关键点进行把握：

首先，可比参照物相关数据信息来源及可靠性。市场法评估主要依赖可比参照物的数据来确定被评估企业的价值。因此，前者的数据是否真实可靠就显得尤为重要。这不仅需要保证数据的真实性，而且也要保证所获得数据的途径是合法的、有效的。

其次，可比参照物与可比标准的确定。

① 当分析可比参照物是否可比时，评估人员需要考虑企业生产的产品或提供的服务与参照物是否相同、相似，或者企业的产品或服务是否都受相同的经济因素影响。

② 被评估企业与可比企业的规模和获利能力是否相似。在这里，并不一定要求两者完全相同，但是，由于企业规模与生产能力之间并非呈现完美的线性关系，通常存在“规模效应”，所以如果企业规模差异太大，其获利能力可能失去可比性。因此，应当选取规模较为相似的企业进行比较。

③ 未来成长性相同或相似。从本质上来说，企业当前的价值来源于其未来的获利能力。成长性差异较大的公司，通常所处的生命周期不同，对于当前时点的可比性就存在较大差异。因而，评估专业人员在选取可比公司时将这一点纳入考虑范围之内，有助于提升其可比性。

再次，选取可比参照物数量的把握。从理论上分析，我们所选取的可比参照物应当与被评估企业情形相似。因此，所选取的可比参照物数量并不一定要求多，而是要求具有较高的可比性。选用上市公司作为可比参照物，得益于数据公开且易得，因此选取时，灵活性和可选择的范围比较大。资产评估专业人员要斟酌可比性，设置较为严格的可比标准，选择最为可比的企业或企业组合。但是，如果选用交易案例，则其数据的完整性和可靠性可能会受到限制。因此，为了避免个别企业数据的特殊性，且这种特殊性无法从公开市场中获得，可以选用更多的交易案例来中和这种特殊性。所以，当运用交易案例比较法时，评估人员可以尽量选择多个可比实例。

最后，价值比率的选取。由于价值比率在可比企业与被评估企业的价值之间建立了座桥梁，而这座桥梁是否能更好地反映价值就成为选取价值比率的关键。在通常情形下，评估人员需要考虑以下因素：

① 亏损企业一般不采用与净利润相关的价值乘数；

② 可比参照物与被评估企业的资本结构存在较大差异，则不宜选择部分投资口径的价值乘数；

③ 轻资产企业不宜选择与资产规模相关的价值乘数，应当考虑与收益口径相关的指标；

④ 对于成本和利润较为稳定的企业，可以采用收益口径的价值乘数进行评估；

⑤ 可比参照物与被评估企业的税收政策不一致，偏向于采用与税前收益相关的指标，从而避免了由于税收不一致而导致的价值差异性。

尽管价值比率有很多种（见表5-1），但在评估实务中，最常用的有市销率、市净率和市盈率。

表5-1 **价值比率类型**

价值 / 指标	权益价值（P）	企业整体价值（EV）
销售收入	P/Sales	EV/Sales
息税折旧摊销前利润	P/EBITDA	EV/EBITDA
息税前利润	P/EBIT	EV/EBIT
净利润	P/E	EV/E
净现金流	P/FCFE（对股东的现金流）	EV/FCFF（对公司的现金流）
账面价值	P/BV（账面权益价值）	EV/TBVIC（总资产或有形资产账面值）

下面介绍两种简单的价值比率及其相应的具体评估方法。

（1）成本市价法。

成本市价法是以评估对象的现行合理成本为基础，利用参照物的成本市价比率来估算评估对象价值的方法。其计算公式为：

$$资产评估价值=参照物成交价\times\frac{评估对象的现行合理成本}{参照物的现行合理成本} \tag{5-11}$$

【例5-7】

评估基准日某设备的成本市价率为150%，已知被估全新设备的现行合理成本为30万元，则其评估价值为45万元。

资产评估价值=30×150%=45（万元）

（2）市盈率倍数法。

市盈率倍数法主要适用于企业价值的评估。市盈率倍数法是以参照物（企业）的市盈率作为乘数（倍数），以此乘数与被评估企业相同口径的收益额相乘估算被评估企业价值的方法。其计算公式为：

企业评估价值=与被评估企业相同口径的收益额×参照物（企业）市盈率 (5-12)

【例5-8】

某被估企业的年净利润为1 100万元，评估基准日资本市场上同类企业平均市盈率为20倍，则：

该企业的评估价值=1 100×20=22 000（万元）

直接比较法具有适用性强、应用广泛的特点。虽然比较直观、简单明了，但此方法强调参照对象与评估对象之间的可比性。影响评估对象价值的因素较多，如可能同时有时间因素、价格因素、功能因素、交易条件等因素存在。另外，该法对信息资料的数量和质量要求较高，而且要求评估专业人员要有较丰富的评估经验、市场阅历和评估技巧。因为，直接比较法可能要对参照物与评估对象的若干可比因素进行对比分析和差异调整。没有足够的数据资料以及对资产功能、市场行情的充分了解，很难准确地评定估算出评估对象的价值。

微课：价值比率法

五、市场法的适用范围与局限

（一）市场法的适用范围

市场法通常被用于评估具有活跃公开市场且具有可比成交案例的资产。比如二手机器设备和房地产以及部分软件著作权等。通常二手设备市场可以成为机器设备评估的重要参照物选取市场；房地产评估则更多地选取其所在区域范围内的类似资产。

市场法被用于评估整体资产价值时，通常是用来评估企业价值。其中，最常用的是价值比率法，以参照企业的价值比率作为调整手段，以此比率与被评估企业的相关的财务指标（如利润、息税前利润、销售收入）相乘估算被评估企业的价值。

除了经常使用的市盈率外，用来评估企业价值的乘数还有很多种类。在实务中，评估人员通常根据被评估企业自身和所在行业特征综合判断采用一种或几种价值比率进行评估。

（二）市场法的局限

市场法作为目前资产评估的重要方法之一，有其重要的意义和优势。它是相对来说具有客观性的方法，也比较容易被交易双方所理解和接受。因而，如果不存在资产的成本和效用以及市场对其价值的认知严重偏离的情形下，市场法通常是资产评估三种方法中较为有效、可理解、客观的方法。

在经济较为发达、市场认知较为稳定的国家，市场法是运用较为广泛的方法。它不仅被用于包括设备和房地产在内的单项资产的评估，而且被用于企业整体资产评估中。然而，我国市场对诸如企业价值等资产的认知和反映仍会受到非理性因素的影响，评估人员在使用市场法进行资产评估的过程中就需要特别关注可比案例和评估对象在风险、收益方面的差异，深刻把握当前市场价格和资产价值之间的差异性，以避免用价格取代价值；在充分分析市场认知与价值内在差异性的基础上，合理调整价值乘数等相关因子，得到评估对象的评估价值。

第二节　收益法

一、货币时间价值及收益法的概念

（一）货币时间价值

收益法的基本思路是货币时间价值理论的重要应用之一。货币时间价值，是指一定量货币资本在不同时点上的价值量差额。货币的时间价值来源于货币进入社会再生产过程后的价值增值。在通常情况下，它是指在没有风险也没有通货膨胀情况下的社会平均资金利润率，是利润平均化规律发生作用的结果。根据货币时间价值理论，可以将某一时点的货币价值金额折算为其他时点的价值金额。

货币时间价值通常分为终值与现值。终值是指现在一定量的货币折算到未来某一时点的本利和，通常记作F。现值是指未来某一时点上一定量的货币折算到现在所对应的金额，通常记作P。现值和终值是一定量货币在前后两个不同时点上对应的价值。在现实生活中计算利息时所称本金和本利和的概念相当于货币时间价值理论中的现值和终值，利率（用r表示）可视为货币时间价值的一种具体表现；现值和终值对应的时点之间可以划分为n期（n≥1），相当于计息期。

单利和复利是计息的两种不同方式。单利是指按照固定的本金计算利息，是计算利息的一种方法。按照单利计算的方法，只有本金在贷款期限中获得利息，不管时间多长，所生利息均不加入本金重复计算利息。复利是指不仅对本金计算利息，还对前期所产生的利息也计算利息的一种计息方式。

根据理性经济人假设，人们通常会用赚取的收益进行再投资，企业的资金使用也是如此。因此，在财务估值中一般都按照复利方式计算货币的时间价值。

在一般情况下，根据收付金额、收付时点和收付期限的不同，货币时间价值的计算可以分为复利终值和现值、普通年金终值和现值、预付年金终值和现值、递延年金终值和现值、永续年金现值等几种类型。后边几种类型实则为复利终值和现值的衍生类型。

（1）复利终值和现值

复利计息方法是指每经过一个计息期，就要将该期所派生的利息加入本金再计算利息，逐期滚动计算，俗称“利滚利”。这里所说的计息期，是指相邻两次计息的间隔，如年、月、日等。除非特别说明，计息期一般为一年。

a.复利终值

复利终值指一定量的货币按复利计算的若干期后的本利总和。复利终值的计算公式如下：

$$F = P(1 + r)^n \tag{5-13}$$

式中，$(1 + r)^n$为复利终值系数，一般记作（F/P，r，n）。

【例5-9】

甲将100元存入银行，复利年利率为2%，求5年后的终值。

$F=P(1 + r)^n = 100 \times (1 + 2\%)^5 = 110.41$（元）

b.复利现值

复利现值是指未来某期的一定量的货币按复利贴现至现在的价值。复利现值的计算公式如下：

$$P=\frac{F}{(1 + r)^n} \tag{5-14}$$

式中，$\frac{1}{(1 + r)^n}$为复利现值系数，一般记作（P/F，r，n）。

【例 5-10】

甲为了5年后能从银行取出100元，在复利年利率为2%的情况下存入一笔钱，求当前存入金额。

$$P=\frac{F}{(1+r)^n}=\frac{100}{(1+2\%)^5}=90.57\text{（元）}$$

（2）年金终值和年金现值

年金是指间隔期相等的系列等额收付款。年金包括普通年金（后付年金）、预付年金（先付年金）、递延年金、永续年金。普通年金是年金最基本的形式，它是指从第一期起，在一定时期内每期期末等额收付的系列款项，又称后付年金。预付年金是指从第一期起，在一定时期内每期期初等额收付的系列款项，又称先付年金。预付年金与普通年金的区别仅在于收付款的时间不同，普通年金发生在期末，而预付年金发生在期初。递延年金是指递延若干期后才开始发生的系列等额收付款项。永续年金是指无限期收付的年金，即一系列没有到期日的现金流。在年金中，系列等额收付的间隔期间只需要满足"相等"的条件即可，间隔期间可以不是一年，例如每季度末等额支付的债务利息也是一种年金。

①年金终值

a.普通年金终值。普通年金终值是指普通年金最后一次收付时点的本利和，它是每次收付款项的复利终值之和。普通年金终值的计算实际上就是已知年金A，求终值F_A。

根据复利终值的方法，计算年金终值的公式为：

$$\begin{aligned}F_A&=A\sum_{i=1}^{n}(1+r)^{i-1}\\&=A\frac{(1+r)^n-1}{r}\end{aligned}\tag{5-15}$$

式中，$\frac{(1+r)^n-1}{r}$为年金终值系数，记作（F/A，r，n）。

b.预付年金终值。预付年金终值是指一定时期内每期期初等额收付的系列款项的终值。预付年金终值的计算公式为：

$$\begin{aligned}F_A&=A(1+r)\sum_{i=1}^{n}(1+r)^{i-1}\\&=A\frac{(1+r)^n-1}{r}(1+r)\end{aligned}\tag{5-16}$$

②年金现值

a.普通年金现值。普通年金现值是指普通年金折算到第一期期初的现值之和。根据复利现值的方法计算年金现值的公式为：

$$\begin{aligned}P_A&=A\sum_{i=1}^{n}\frac{1}{(1+r)^i}\\&=A\frac{1-(1+r)^{-n}}{r}\end{aligned}\tag{5-17}$$

式中，$\frac{1-(1+r)^{-n}}{r}$为年金现值系数，记作（P/A，r，n）。

【例 5-11】

某投资项目于2019年年初动工，假设当年投产，从投产之日起每年年末可得收益20 000元。假设年利率为5%，计算预期10年收益的现值。

$$P_A=A\sum_{i=1}^{n}\frac{1}{(1+r)^i}$$

$$=20\,000\times\frac{1-(1+5\%)^{-10}}{5\%}$$

$$=154\,435\text{（元）}$$

b.预付年金现值。预付年金现值是指将预付年金折算到第一期期初的现值之和。预付年金现值的计算公式如下：

$$P_A=A\frac{1-(1+r)^{-n}}{r}(1+r) \tag{5-18}$$

c.递延年金现值。递延年金现值是指对递延年金按照复利计息方式折算的现时价值。递延年金现值的计算方法有三种。

计算方法一：先将递延年金视为n期普通年金，求出递延期期末的普通年金现值，然后再折算到现在，即第0期价值。

$$P_A=A(P/A,r,n)\times(P/F,r,m) \tag{5-19}$$

式中，m为递延期，n为连续收支期数，即年金期。

计算方法二：先计算m+n期年金现值，再减去m期年金现值。

$$P_A=A[(P/A,r,m+n)-(P/A,r,m)] \tag{5-20}$$

计算方法三：先求递延年金终值，再折现为现值。

$$P_A=(F/A,r,n)\times(P/F,r,m+n) \tag{5-21}$$

【例5-12】

某企业向银行借入一笔款项，银行贷款的年利率为10%，每年复利一次。银行规定前10年不用还本付息，但从第11年至第20年每年年末偿还本息6 000元。用两种方法计算这笔款项的现值。

方法一：

$$P_A=A(P/A,10\%,10)\times(P/F,10\%,10)$$

$$=6\,000\times6.1446\times0.3855$$

$$=14\,212\text{（元）}$$

方法二：

$$P_A=A[(P/A,10\%,20)-(P/A,10\%,10)]$$

$$=6\,000\times(8.5136-6.1446)$$

$$=14\,214\text{（元）}$$

d.永续年金现值。永续年金现值可以看成是一个当n无穷大时的普通年金的现值，永续年金现值计算如下：

$$P(n\to\infty)=A\frac{1-(1+r)^{-n}}{r}=\frac{A}{r} \tag{5-22}$$

【例5-13】

甲欲投资购买一项资产，预计该项资产每年可以为甲带来20 000元的收益，且可以永续收益。问甲最多可以花费多少钱购买该项资产？（复利年利率为2%）

$$P_A=\frac{A}{r}=\frac{20\,000}{2\%}=100\,000\text{（元）}$$

（3）年偿债基金的计算

年偿债基金是指为了在约定的未来某一时点清偿某笔债务或积累一定数额的资金而必须分次等额形成的存款准备金，也就是使年金终值达到既定金额的年金数额（即已知终值F，求年金A）。在普通年金终值公式中解出A，这个A就是年偿债基金。

$$A = F_A\frac{r}{(1+r)^n - 1} \tag{5-23}$$

式中，$\frac{r}{(1+r)^n - 1}$为偿债基金系数，记作（A/F，r，n）。

（4）年资本回收额的计算

年资本回收额是指在约定年限内每期等额回收初始投入资本的金额。年资本回收额的计算实际上是已知普通年金现值P，求年金A。

$$A = P_A\frac{r}{1-(1+r)^{-n}} \tag{5-24}$$

式中，$\frac{r}{1-(1+r)^{-n}}$为资本回收系数，记作（A/P，r，n）。

（5）利率的计算

①插值法

在已知现值和终值的情况下，如何计算利率？在复利计息方式下，利率与现值（或者终值）系数之间存在一定的数量关系。已知现值（或者终值）系数，则可以通过插值法计算对应的利率。

$$r = r_1 + \frac{B - B_1}{B_2 - B_1}(r_2 - r_1) \tag{5-25}$$

式中，所求利率为r，r对应的现值/终值系数为B，B_1、B_2为现值/终值系数表中与B相邻的系数，r_1、r_2分别为B_1、B_2对应的利率。

a.若已知复利现值（或者终值）系数B以及期数n，可以查“复利现值（或者终值）系数表”，找出与已知复利现值（或者终值）系数最接近的两个系数及其对应的利率，然后按插值法公式计算利率。

【例5-14】

将10 000元存入银行。预计20年后这笔款项连本带利达到50 000元。在上述情况下，银行存款的年利率为多少？

10 000×（F/P，r，20）=50 000（元）

（F/P，r，20）=5

当r=8%时，（F/P，r，20）=4.6610

当r=9%时，（F/P，r，20）=5.6044

因此，r介于8%和9%之间：

$$r = r_1 + \frac{B - B_1}{B_2 - B_1}(r_2 - r_1)$$

$$= 8\% + \frac{5 - 4.6610}{5.6044 - 4.6610}(9\% - 8\%)$$

$$= 8.36\%$$

b.若已知年金现值（或者终值系数）以及期数n，则可以查“年金现值（或者终值）

系数表”，找出与已知年金现值（或者终值）系数最接近的两个系数及其对应的利率，按插值法公式计算利率。

c.永续年金的利率可以通过公式 $r=\frac{A}{P}$ 计算。

【例 5-15】

甲投资一项资产，花费500 000元，该项资产预计未来每年可为甲带来10 000元收益。若该项投资为永续收益性投资（永续年金），则收益率为多少？

由于每年收益为10 000元，且为永续收益性投资，其现值应为500 000元，因此：

$$r=\frac{10\,000}{500\,000}=2\%$$

若该项投资为永续收益性投资，则收益率为2%。

②名义利率与实际利率

名义利率是指票面利率，实际利率是指投资者得到利息回报的真实利率。

a.一年多次计息时的名义利率和实际利率。

如果以“年”作为基本计息期，每年计算一次复利，这种情况下的实际利率等于名义利率。如果按照短于一年的计息期计算复利，这种情况下的实际利率高于名义利率。名义利率与实际利率的换算关系如下：

$$i=\left(1+\frac{r}{m}\right)^{m}-1 \tag{5-26}$$

式中，i为实际利率，r为名义利率，m为每年复利计息次数。

【例 5-16】

年利率为12%，按季度复利计息，求实际利率。

$$i=(1+12\%\div 4)^{4}-1=12.55\%$$

b.通货膨胀情况下的名义利率与实际利率。

名义利率是央行或其他提供资金借贷的机构所公布的未调整通货膨胀因素的利率，即利息（报酬）的货币额与本金的货币额的比率，是包括补偿通货膨胀（或通货紧缩）风险的利率。实际利率是指剔除通货膨胀率后储户或投资者得到利息回报的真实利率。

名义利率与实际利率之间的关系为：

1+名义利率=（1+实际利率）×（1+通货膨胀率）

因此，实际利率的计算公式为：

$$实际利率=\frac{1+名义利率}{1+通货膨胀率}-1 \tag{5-27}$$

【例 5-17】

2012年我国商业银行一年期存款年利率为3%，假设通货膨胀率为2%，则实际利率为多少？

实际利率=（1+名义利率）÷（1+通货膨胀率）-1

=（1+3%）÷（1+2%）-1

=0.98%

（二）收益法的概念

收益法是指通过将评估对象的预期收益资本化或者折现，来确定其价值的各种评估方法的总称。用数学式可表示为：

$$P=\sum_{i=1}^{n}\frac{R_i}{(1+r)^i} \tag{5-28}$$

式中：P为评估价值；R_i为未来第i年的预期收益；r为折现率；n为收益年限；i为年序号。

该评估技术思路认为，任何一个理智的投资者购置或投资某一资产时，所愿意支付或投资的货币数额不会高于所购置或投资的资产在未来能给其带来的回报，即收益额。收益法利用投资回报和收益折现等技术手段，把评估对象的预期获利能力和获利风险作为两个相辅相成的关键指标来估测评估对象的价值。根据评估对象的预期收益来评估其价值，容易被资产评估业务各方所接受。所以，收益法是资产评估中常用的评估方法之一。

二、收益法的应用前提

收益法涉及三个基本要素：①评估对象的预期收益；②折现率或资本化率；③评估对象取得预期收益的持续时间。因此，能否清晰把握上述三要素就成为能否运用收益法的应用前提。从这个意义上来讲，应用收益法必须具备的前提条件是：①评估对象的未来收益可以合理预期并用货币计量；②预期收益所对应的风险能够度量；③收益期限能够确定或者合理预期。

评估对象上述前提条件表明，首先，评估对象的预期收益必须能被较为合理地估测。这就要求评估对象与其经营收益之间存在着可预测的关系。同时，影响资产预期收益的主要因素，主观因素和客观因素应比较明确，评估专业人员可以据此分析和测算出评估对象的预期收益。其次，评估对象所具有的行业风险、地区风险及企业风险是可以比较和测算的，这是测算折现率或资本化率的基本参数之一。评估对象所处的行业不同、地区不同和企业差别都会不同程度地体现在资产拥有者的获利风险上。对于投资者来说，风险高的投资，要求的回报率就高；风险低的投资，要求的回报率就会相应降低。最后，评估对象获利期限的长短，即评估对象的寿命，也是影响其价值和评估值的重要因素之一。

三、收益法的基本步骤和主要参数

（一）收益法的基本步骤

从收益法的概念可以看到，资产未来的预期收益和风险的量化是收益法应用的主要工作。因此，采用收益法进行评估，其基本步骤如下：

（1）搜集或验证与评估对象未来预期收益有关的数据资料，包括资产配置、生产能力、资金条件、经营前景、产品结构、销售状况、历史和未来的财务状况、市场形势与产品竞争、行业水平、所在地区收益状况以及经营风险等；

（2）分析测算评估对象的未来预期收益；

（3）分析测算评估对象预期收益持续的时间；

（4）分析测算折现率或资本化率；

（5）用折现率或资本化率将评估对象的未来预期收益折算成现值；

（6）分析确定评估结果。

（二）收益法的主要参数

运用收益法进行评估涉及许多经济技术参数，其中最主要的参数有三个：收益额、折现率和收益期限。

（1）收益额

收益额是运用收益法评估资产价值的基本参数之一。在资产评估中，资产的收益额是指根据投资回报的原理，资产在正常情形下所能得到的归其产权主体的所得额。资产评估中的收益额有两个比较明确的特点：

① 收益额是资产未来预期收益额，而不是资产的历史收益额或现实收益额。

② 用于资产评估的收益额通常是资产的客观收益，而不一定是资产的实际收益。收益额的上述两个特点是非常重要的，评估人员在执业过程中应切实注意收益额的特点，以便合理运用收益法来评估资产的价值。因资产种类较多，不同种类资产的收益额表现形式亦不完全相同，如企业的收益额通常表现为净利润或净现金流量，而房地产则通常表现为净收益等。

一般来说，资产预期收益有三种可以选择的类型：净利润、净现金流量和利润总额。

净利润与净现金流量都属于税后净收益，都是资产持有者的收益，在收益法中被普遍采用。两者的差异在于确定的原则不同，净利润是按权责发生制确定的，净现金流量是按收付实现制确定的。两者之间的关系可以简单表述为：

净现金流量=净利润＋折旧-追加投资（包含资本性支出和营运资金追加投资）

从资产评估的角度看，净现金流量更适宜作为预期收益指标，与净利润相比有两点优势：

第一，净现金流量能够更准确地反映资产的预期收益。净现金流量包含了计算净利润时扣除的折旧或摊销等非现金性支出，反映了当期企业可自由支配的实际现金净流量。折旧和摊销是会计上对企业已发生资本性支出的回收安排，作为非付现项目归集在企业的成本费用之中。但被其抵减的收入实际已归属企业，并成为企业可自主动用的资金，将其作为企业预期收益的一部分具有合理性。

第二，净现金流量体现了资金的时间价值。净现金流量是动态指标。它不仅是对数量的描述，而且与发生的时间密不可分。而净利润没有考虑现金流入流出的时间差异，它并不一定表明在未来某个时点资产持有者可支配的现金流量。由于收益法是通过将资产未来某个时点的收益折算为现值来估算资产的价值，因此用净现金流量来表示收益更准确，更能体现资金的时间价值。

在评估实务操作中，为了反映评估对象的价值内涵，在预期收益的口径上会进行适当调整，对于现金流量而言，资产评估采用的是自由现金流量。

预测资产未来收益的方法很多，但主要有两种：时间序列法和因素分析法。

时间序列法是建立资产以往收益的时间序列方程，然后假定该时间序列将会持续。时间序列方程是根据历史数据，用回归分析的统计方法获得的。如果在评估基准日之前，资产的收益随着时间的推移，呈现出平稳增长趋势，同时预计在评估基准日之后这一增长趋势仍将保持，则适合采用时间序列方法来预测资产的未来收益。

因素分析法是一种间接预测收益的方法。它首先确定影响一项资产收入和支出的具体因素；然后建立收益与这些因素之间的数量关系，例如销售收入增长1%对收益水平的影响等，同时对这些因素未来可能的变动趋势进行预测；最后估算出基于这些因素的未来收益水平。这种间接预测收益的方法比较难操作，因为它要求对收入和支出背后的原因作深入分析，但它的适用面比较广，预测结果也具有一定的客观性，因而在收益预测中被广泛采用。

（2）折现率

从本质上讲，折现率是一种期望投资报酬率，是投资者在投资风险一定的情形下，对投资所期望的回报率。折现率就其构成而言，由无风险报酬率和风险报酬率组成。无风险报酬率，亦称安全利率，是指没有投资限制和障碍，任何投资者都可以投资并能够获得的投资报酬率。在具体实践中，通常将政府债券当作没有风险的报酬率，因此，无风险报酬率可以参照同期政府债券收益率。风险报酬率是对风险投资的一种补偿，在数量上是指超过无风险报酬率之上的那部分投资回报率。在资产评估中，因资产的行业分布、种类、市场条件等的不同，其获取回报的风险不相同，折现率亦不相同。

在收益法运用中，折现率的确定十分关键，确定折现率的方法有加和法、资本资产定价模型、资本成本加权法和市场法等。

①加和法。

加和法是以折现率包含无风险报酬率与风险报酬率两部分为计算基础的，通过分别求取每一部分的数值，然后相加即得到折现率。

无风险报酬率的确定比较容易，政府债券收益率常被用作测量无风险收益率的替代值。通常认为政府短期债券（如3个月期限的政府债券）是最没有风险的投资对象，但是对资产评估而言，最好用较长期的政府债券收益率（1年或1年以上）作为基本收益率。尽管长期债券在平价变现方面有一定风险，但由于评估通常涉及基于长期收益趋势的资产，因此，选择长期债券利率作为无风险报酬率更为合适。在实务中，评估人员具体采用的政府债券收益期间，应与评估对象的预期收益期间相匹配。

见表5-2，折现率的风险报酬率部分反映两种风险：一是与市场相关的风险，二是与特定的评估对象或企业相联系的风险。以企业为例列出了风险报酬率确定过程中需考虑的主要因素。

表5-2 **风险报酬率相关因素**

与市场相关的风险		与特定的评估对象或企业相联系的风险	
1	行业的总体状况	1	产品或服务的类型
2	宏观经济状况	2	企业规模
3	资本市场状况	3	财务状况
4	地区经济状况	4	管理水平
5	市场竞争状况	5	资产状况
6	法律或法规约束	6	收益数量及质量
7	国家产业政策	7	区位

考虑表5-2中的因素后就会发现，风险报酬率的量化实际上是相当困难的，且对于每一个潜在的投资者而言都会有所不同，在评估实践中风险报酬率的确定方法有多种，需根据评估对象的具体状况选择。

②资本资产定价模型（capital asset pricing model）。

资本资产定价模型是通过β系数来量化折现率中的风险报酬率部分的常用方法。其计算公式为：

$$R = R_f + \beta(R_m - R_f) \tag{5-29}$$

式中：R为被评估企业所在行业（或被估企业自身）的风险报酬率；R_m为市场平均收益率；R_f为无风险报酬率；β为风险系数。

上述公式中，无风险报酬率是投资无风险资产所获得的投资回报率。它具备两个条件：首先，没有投资违约风险，这一点通常只有主权国家的政府信用才可以保证；其次，在特定的时间内，完成投资和再投资可以确定，即在一定的时间内，可以按照预期来进行完全的投资行为，也可以对本金和利息进行预期的再投资。在我国企业价值评估实务中，这一数值通常取我国中长期国债的到期收益率平均值。

（$R_m - R_f$）表示市场平均风险报酬率，又称系统性市场风险报酬率。它的本质是进行股权投资预期获得的超过无风险报酬率的收益率。

β系数的计算过程则较为复杂。在国外有专门的机构根据上市公司的经营状况和市场表现编制行业和公司的β系数，在国内也出现了专门的财经咨询服务机构，针对国内证券市场及上市公司，提供公司的β系数。由此可见β系数法适用于对股权被频繁交易的上市公司进行评估。对于非上市公司来说，可以参照上市公司中的情形相似的公司的β系数来确定自己的β系数，或者先确定公司所在的行业的β系数，计算行业风险报酬率。

β系数是通过对单只股票价格变动和大盘变动的历史数据统计分析得出的，是股票与大盘之间的联动性的体现。它所反映的是某一只股票的股价变动相对于大盘的表现情形，体现其收益变化幅度相对于大盘的变化幅度；绝对值越小，显示其变化幅度相对于大盘越小。如果是负值，则显示其变化的方向与大盘的变化方向相反，体现出该只股票的投资风险与大盘变动呈负相关性。

具体来说，如果β系数为1，则说明当大盘整体上涨10%时，该股票的报酬率上涨10%；反之，则下降10%。如果β系数为1.1，则说明当大盘整体上涨10%时，该股票上涨11%；如果β系数为0.8，则说明当大盘整体变动10%时，该股票同向变动8%。

实际中，一般用单一股票资产的历史收益率对同期大盘指数收益率进行回归分析，回归系数就是β系数。图5-2反映了单一股票历史收益率的线性回归及β系数的测算。图中显示该股票的β系数为0.611。

需要指出的是，尽管当前实务中多采用单一股票历史数据得出β系数，但作为未来预期收益的折现率计算指标之一，它所反映的应当是未来的变动情形。因此，不应当简单地直接使用历史β系数，而应该在充分分析被评估企业当前及未来发展状况的情形下，将其历史的β系数调整为能够反映未来情形的值，从而更为贴切地反映未来收益风险的变化情形。

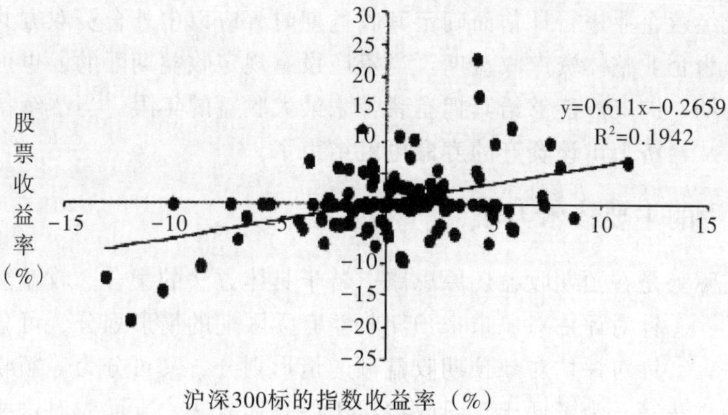

图5-2　某一股票β系数计算

③资本成本加权法（weighted average cost of capital）。

资本成本加权法是以企业的各种资本在企业全部资本中所占的比例为权数，对各种长期资金的资本成本加权平均计算出来的资本总成本。如果我们把资产视作投入资金总额，即构成一个持续经营的所有有形资产和无形资产减去流动负债的净额，那么企业资产可以理解为长期负债与所有者权益之和。

当从长期负债和所有者权益两个方面来认识资产，长期负债和所有者权益所表现出的利息率和投资收益率必然影响折现率的计算。对于这一问题，可以采用加权平均法来处理，其计算公式为：

$$\text{折现率}=\frac{\text{长期负债占}}{\text{资产总额的比例}}\times\frac{\text{长期}}{\text{负债利息率}}\times(1-\text{所得税税率})+\frac{\text{所有者权益占}}{\text{资产总额的比例}}\times\frac{\text{投资}}{\text{报酬率}} \quad (5\text{-}30)$$

其中，投资报酬率=无风险报酬率＋风险报酬率，在企业价值评估中一般使用股权资本报酬率。

④市场法。

市场法是通过寻找与评估对象相类似的资产的市场价格以及该资产的收益来倒求折现率，而不像加和法那样由折现率的各组成部分相加得出。用公式表示为：

$$\text{评估对象的折现率}=\left(\sum_{i=1}^{n}\text{样本资产的收益/样本资产价格}\right)\div n \quad (5\text{-}31)$$

样本资产是指与评估对象在行业、销售类型、收益水平、风险程度、流动性等方面相类似的资产。同时市场法要求尽可能多的样本，否则不能准确反映市场对某项投资回报的普遍要求。市场法的具体运用需视具体评估对象而定。

（3）收益期限

收益期限是指资产具有获利能力并产生资产净收益的持续时间，通常以年为时间单位。它由评估人员根据评估对象自身效能、资产未来的获利能力、资产损耗情形及相关条件以及有关法律、法规、契约、合同等加以确定。收益期分为有限期和无限期（永续）。

微课：收益法的评估参数

如无特殊情形，资产使用比较正常且没有对资产的使用年限进行限定，或者这种限定是可以解除的，并可以通过延续方式永续使用，则可假定收益期为无限期。如果资产的收益期限受到法律、合同等规定的限制，则应以法律或合同规定的年限作为收益期，例如，在对中外合资经营企业进行评估而确定其收益期时，应以中外合资双方共同签订的合同中规定的期限作为企业整体资产收益期。当资产没有规定收益期限的，也可按其正常的经济寿命确定收益期，即资产能够给其拥有者带来最大收益的年限。当继续持有资产对拥有者不再有利时，从经济上讲该资产的寿命也就结束了。

四、收益法中的主要技术方法

收益法实际上是在预期收益还原思路下若干具体方法的集合。收益法中的具体方法可以分为若干类：①针对评估对象未来预期收益有无限期的情形划分，可分为有限期和无限期的评估方法；②针对评估对象预期收益额的情形划分，又可分为等额收益评估方法、非等额收益评估方法等。为了便于学习收益法中的具体方法，下面先对这些具体方法中所用的字符含义作统一的定义：

P为评估值；i为年序号；P_n为未来第n年的预计变现值；R_i为未来第i年的预期收益；r为折现率或资本化率；n为收益年期；t为收益年期；A为年金。

（一）净收益不变

（1）在收益永续、各因素不变的条件下

其计算公式为：

$$P=\frac{A}{r} \tag{5-32}$$

其成立条件是：①净收益每年不变；②资本化率固定且大于0；③收益年期无限。

【例5-18】

评估对象为一未公开的食品配方。预计在未来无限年期其所产生的年收益为100万元，资本化率为10%，则该食品配方的价值为：

$$P=\frac{A}{r}=\frac{100}{10\%}=1\ 000\text{（万元）}$$

（2）在收益年期有限，且折现率大于0的条件下

其计算公式为：

$$P=\frac{A}{r}\left[1-\frac{1}{(1+r)^n}\right] \tag{5-33}$$

这是一个在评估实务中经常运用的计算公式。其成立条件是：①净收益每年不变；②折现率固定且大于0；③收益年期有限为n。

【例5-19】

评估对象为某一服装品牌的特许经营权。根据许可方与被许可方所签订的合同，在评估基准日，该品牌的尚可使用年限为5年。根据以往的经营数据和市场对该品牌的认可程度，预计其未来年收益将会维持在100万元。折现率假定为10%，则该品牌的特许经营权价值为：

$$\begin{aligned}P&=\frac{A}{r}\left[1-\frac{1}{(1+r)^n}\right]\\&=\frac{100}{10\%}\left[1-\frac{1}{(1+10\%)^5}\right]\\&=379.08\text{（万元）}\end{aligned}$$

（3）在收益年期有限，折现率等于0的条件下

其计算公式为：

$$P=A\cdot n \tag{5-34}$$

其成立条件是：①净收益每年不变；②收益年期有限为n；③折现率为0。

（二）净收益在若干年后保持不变

（1）无限年期收益

其基本公式为：

$$P=\sum_{i=1}^{t}\frac{R_i}{(1+r)^i}+\frac{A}{r(1+r)^t} \tag{5-35}$$

其成立条件是：①净收益在t年（含第t年）以前有变化；②净收益在t年（不含第t年）以后保持不变；③收益年期无限；④r大于0。

（2）有限年期收益

其计算公式为：

$$P=\sum_{i=1}^{t}\frac{R_i}{(1+r)^i}+\frac{A}{r(1+r)^t}\left[1-\frac{1}{(1+r)^{n-t}}\right] \tag{5-36}$$

其成立条件是：①净收益在t年（含第t年）以前有变化；②净收益在t年（不含第t年）以后保持不变；③收益年期有限为n；④r大于0。

这里需要注意的是，净收益A的收益年期是（n-t）而不是n。

【例5-20】

某收益性资产预计未来5年的收益额分别是11万元、15万元、12万元、10万元和14万元。假定从第6年开始，以后各年收益均为14万元，确定的折现率和资本化率均为10%。请分别确定该收益性资产在持续经营条件下和50年收益的评估值。

（1）持续经营条件下的评估过程：

①确定未来5年收益额的现值。

$$\text{现值总额}=\frac{11}{1+10\%}+\frac{15}{(1+10\%)^2}+\frac{12}{(1+10\%)^3}+\frac{10}{(1+10\%)^4}+\frac{14}{(1+10\%)^5}$$

$$=11\times0.9091+15\times0.8264+12\times0.7513+10\times0.6830+14\times0.6209$$

$$=46.9343\text{（万元）}$$

计算中的现值系数，可从复利现值表中查得。

②将第6年以后的收益进行资本化处理，即：

$14\div10\%=140$（万元）

③确定该企业评估值。

$$\text{企业评估价值}=46.9343+140\times0.6209$$

$$=133.8603\text{（万元）}$$

（2）50年的收益价值评估过程：

$$\text{评估价值}=\frac{11}{1+10\%}+\frac{15}{(1+10\%)^2}+\frac{12}{(1+10\%)^3}+\frac{10}{(1+10\%)^4}+\frac{14}{(1+10\%)^5}+\frac{14}{10\%\times(1+10\%)^5}\times\left[1-\frac{1}{(1+10\%)^{50-5}}\right]$$

$$=46.9343+140\times0.6209\times(1-0.0137)$$

$$=132.6694\text{（万元）}$$

(三）净收益按等差级数变化

（1）在净收益按等差级数递增，收益年期无限的条件下

其计算公式为：

$$P = \frac{A}{r} + \frac{B}{r^2} \tag{5-37}$$

其成立条件是：①净收益按等差级数递增；②净收益逐年递增额为B；③收益年期无限；④r大于0。

（2）在净收益按等差级数递增，收益年期有限的条件下

其计算公式为：

$$P = \left(\frac{A}{r} + \frac{B}{r^2}\right)\left[1 - \frac{1}{(1+r)^n}\right] - \frac{B}{r} \cdot \frac{n}{(1+r)^n} \tag{5-38}$$

其成立条件是：①净收益按等差级数递增；②净收益逐年递增额为B；③收益年期有限为n；④r大于0。

（3）在净收益按等差级数递减，收益年期无限的条件下

其计算公式为：

$$P = \frac{A}{r} - \frac{B}{r^2} \tag{5-39}$$

其成立条件是：①净收益按等差级数递减；②净收益逐年递减额为B；③收益年期无限；④r大于0；⑤收益递减到0为止（注：该数学计算公式是成立的，但完全套用资产评估是不合适的。因为资产产权主体会根据替代原则，在资产收益递减为零之前停止使用该资产或变现资产，不会无限制地永续使用下去）。

（4）在净收益按等差级数递减，收益年期有限的条件下

其计算公式为：

$$P = \left(\frac{A}{r} - \frac{B}{r^2}\right)\left[1 - \frac{1}{(1+r)^n}\right] + \frac{B}{r} \cdot \frac{n}{(1+r)^n} \tag{5-40}$$

其成立条件是：①净收益按等差级数递减；②净收益逐年递减额为B；③收益年期有限为n；④r大于0。

（四）净收益按等比级数变化

（1）在净收益按等比级数递增，收益年期无限的条件下

其计算公式为：

$$P = \frac{A}{r - s} \tag{5-41}$$

其成立条件是：①净收益按等比级数递增；②净收益逐年递增比率为s；③收益年期无限；④r大于0；⑤r>s>0。

（2）在净收益按等比级数递增，收益年期有限的条件下

其计算公式为：

$$P = \frac{A}{r - s}\left[1 - \left(\frac{1+s}{1+r}\right)^n\right] \tag{5-42}$$

其成立条件是：①净收益按等比级数递增；②净收益逐年递增比率为s；③收益年期有限；④r大于0；⑤r>s>0。

(3) 在净收益按等比级数递减，收益年期无限的条件下

其计算公式为：

$$P=\frac{A}{r+s} \tag{5-43}$$

其成立条件是：①净收益按等比级数递减；②净收益逐年递减比率为s；③收益年期无限；④r大于0；⑤r>s>0。

(4) 在净收益按等比级数递减，收益年期有限的条件下

其计算公式为：

$$P=\frac{A}{r+s}\left[1-\left(\frac{1-s}{1+r}\right)^n\right] \tag{5-44}$$

其成立条件是：①净收益按等比级数递减；②净收益逐年递减比率为s；③收益年期有限为n；④r大于0；⑤0<s≤1。

(五) 已知未来若干年后资产价格

其计算公式为：

$$P=\frac{A}{r}\left[1-\frac{1}{(1+r)^n}\right]+\frac{P_n}{(1+r)^n} \tag{5-45}$$

其成立条件是：①净收益在第n年（含n年）前保持不变；②预知第n年的价格为P_n；③r大于0。

(六) 资产未来收益有期限，且不等值

其计算公式为：

$$P=\sum_{i=1}^{n}\frac{R_i}{(1+r)^i} \tag{5-46}$$

其成立条件是：①每年预期收益不等额；②预期收益有期限n；③r大于零，且固定。

【例5-21】

某企业尚能继续经营，3年的营业收益全部用于抵充负债，现评估其3年经营收益的折现额，经预测得出3年内各年预期收益的数据见表5-3。

表5-3　**某企业未来3年的预期收益**

收益年份	收益额（万元）	折现率（%）	折现系数	收益折现值（万元）
第1年	400	6	0.9434	377.36
第2年	500	6	0.8900	445
第3年	300	6	0.8396	251.88

由此可以确定其折现额为：

资产评估价值=377.36+445+251.88=1 074.24（万元）

五、收益法的适用范围与局限

（一）收益法的适用范围

在单项资产评估中，收益法通常被用于以下类型资产的评估：①无形资产，包括专利及专有技术、商标、著作权、客户关系、特许经营权等。②房地产。通常是具有收益性的房产类别，比如商铺、酒店、写字楼等。③机器设备。一般情形下，单台机器设备很难独立产生收益，因此该类型资产不宜采用收益法进行评估。对于可出租的机器设备或可独立产生现金流的生产线、成套设备，可以采用收益法进行评估。④其他资产。比如非上市交易的股票、债券、长期应收款、长期股权投资等。

收益法在整体资产评估中的应用通常是对企业价值进行评估。企业经营的本质是获得收益，因此，收益法与其他评估方法相比更能体现企业存在和运营的本质特征，也是其价值更为直观的体现。在通常情形下，评估专业人员依据收益口径的不同，选择不同的收益法的具体方法进行评估。常见的方法有股利折现模型、现金流折现模型、经济利润模型，它们分别对应的收益口径为股利、自由现金流量以及经济利润。

对于轻资产类型的企业价值评估，收益法通常占据极为重要的地位。与传统生产性企业相比，轻资产企业所拥有的固定资产、有形资产较少，其获利的主要来源是无法体现在企业财务报表中的大量无形资产。因而，如果采用资产基础法对其进行评估，则其作为盈利主体而具有的价值可能无法全面体现出来，企业价值或被严重低估。在此状况下，收益法就成为更合理的方法。

用于企业评估的收益额可以有不同的口径，如净利润、净现金流量（股权自由现金流量）、息前净利润、息前净现金流量（企业自由现金流量）等。而折现率作为一种价值比率，要注意其计算口径。有些折现率是从股权投资回报率的角度考虑，有些折现率既考虑了股权投资的回报率同时又考虑了债权投资的回报率。净利润、净现金流量（股权自由现金流量）是股权收益形式，因此只能用股权投资回报率作为折现率。而息前净利润、息前净现金流量或企业自由现金流量等是股权与债权收益的综合形式，因此，只能运用股权与债权综合投资回报率，即只能运用通过加权平均资本成本模型获得的折现率。评估专业人员在运用收益法评估资产价值时，必须注意收益额与计算折现率所使用的收益额之间口径上的匹配和协调，以保证评估结果合理且有意义。

（二）收益法的局限

收益法是从资产的获利能力角度来确定资产的价值，较适宜于那些形成资产的成本费用与其获利能力不对称，成本费用无法或难以准确计算，存在无形资产以及具有收益能力的资产，例如企业价值、无形资产、资源性资产等的价值评估。

但是收益法也具有一定的局限性。首先，收益法的应用需具备一定的前提条件，对于没有收益或收益无法用货币计量以及风险报酬率无法计算的资产，该方法将无法使用。其次，收益法的操作含有较大成分的主观性，例如对未来收益的预测，对风险报酬率的确定等，从而使评估结果较难把握。

虽然从理论上讲收益法的计算公式较完美，但是如果所使用的假设条件和基于假设条件选取的数据存在问题，那么由此进行的预测也不可能准确，评估结果也就没有意义。它既需要评估专业人员具有科学的态度，又需要其掌握预测收益和确定风险报酬率的正确方法。此外，收益法的运用也需要一定的市场条件，否则一些数据的选取就会存在困难。例如，在证券市场不完善的情形下，β系数的准确性、适用性就会存在一定问题。同样，在市场机制不健全的市场上，对未来收益的预测由于不确定因素会较多，收益法的运用也会比较困难。

第三节　成本法

一、成本法的概念

成本法也是资产评估的基本方法之一。成本法是指按照重建或者重置被评估对象的思路，将重建或者重置成本作为确定评估对象价值的基础，扣除相关贬值，以此确定评估对象价值的评估方法的总称。从被评估资产重建或重置的角度考虑是成本法的基本思路，因为在条件允许的情形下，任何潜在的投资者决定投资某项资产时，所愿意支付的价格不会超过该项资产的现行购建成本。如果该投资对象并非全新，投资者所愿支付的价格会在投资对象全新的现行购建成本的基础上再扣除各种贬值。上述评估思路可用公式表述为：

评估价值=重置成本-实体性贬值-功能性贬值-经济性贬值　　(5-47)

成本法是以评估对象的重置成本为基础的评估方法。由于评估对象的再取得成本的有关数据和信息来源较广泛，并且资产的重置成本与资产的现行市价及收益现值也存在着内在联系和替代关系，因此，成本法也是一种被广泛应用的评估方法。成本法具体包括多种方法，如复原重置成本法、更新重置成本法、成本加和法（又称资产基础法）等。

资产的价值是一个变量，影响资产价值量变化的因素，除了市场价格以外，还有因使用磨损和自然力作用而产生的实体性损耗，因技术进步而产生的功能性损耗，因资产外部环境因素变化而产生的经济性损耗。因此，成本法除计算按照全新状态重新购建的全部支出及必要合理的利润外，对于损耗造成的价值损失也是一并计算的。这里需要特别提示的是，资产的损耗不同于会计规定的折旧。资产评估中的损耗，是根据重置成本对资产的实际价值损耗的计量，反映资产价值的现实损失额。会计上的折旧是依照会计核算要求和会计准则来反映的原始成本分摊，是根据历史成本对资产的原始价值损耗的计量，不一定能够准确反映资产价值变化的现实状况。

二、成本法的应用前提

成本法从再取得资产的角度反映资产价值，即通过资产的重置成本扣减各种贬值来反映资产价值。只有当评估对象处于继续使用状态下，再取得评估对象的全部费用才能构成其价值的内容。资产的继续使用不仅是一个物理上的概念，而且包含着有效使用资产的经济意义。只有当资产能够继续使用并且在持续使用中为潜在所有者或控制者带来经济利益时，资产的重置成本才能为潜在投资者和市场所承认和接受。从这个意义上讲，成本法主要适用于继续使用前提下的资产评估。对于非继续使用前提下的资产，如果运用成本法进行评估，则需对成本法的基本要素做必要调整。从相对准确合理、降低风险和提高评估效率的角度，把继续使用作为运用成本法的前提是有积极意义的。

采用成本法评估资产的前提条件是：

（1）评估对象能正常使用或者在用，即评估对象处于持续使用状态或被假定处于继续使用状态。持续使用假设又分为现状续用假设、转用续用假设和移地续用假设。

（2）评估对象能够通过重置途径获得，否则，从重置或者重建的角度计算其成本就不具有理论上和现实上的意义。

（3）评估对象的重置成本以及相关贬值能够合理估算。

当运用成本法对评估对象进行评估时，评估人员还应注意以下事项：

一是形成资产价值的耗费是必需的。耗费是形成资产价值的基础，但耗费包括有效耗费和无效耗费。采用成本法评估资产，首先要确定这些耗费是必需的，而且应体现社会或行业平均水平，而不应是某项资产的个别成本耗费。

二是最佳使用和快速变现情形。最佳使用是指市场参与者实现一项资产的价值最大化时该资产的用途。如果一项资产在法律允许、经济可行、技术可实现的条件下，有多种使用方式的选择，通常要求采用能使其价值最大化的用途。快速变现假设通常被用于由法院或者债权人等强制要求的情形。在这种情形下，资产变现的时间有限，因此，与正常的市场状况相比，快速变现前提下的资产价值通常较低。在实务中，对该前提下的资产进行评估通常会将正常市场条件下的资产价值乘以快速变现折扣比重，从而得到评估对象的价值。

三、成本法的基本步骤和主要参数

（一）成本法的基本步骤

资产评估专业人员运用成本法对评估对象进行评估，应当遵循以下步骤：

（1）确定评估对象，并估算重置成本；

（2）确定评估对象的使用年限；

（3）测算评估对象的各项损耗或贬值额；

（4）测算评估对象的价值。

（二）成本法的主要参数

就一般意义上讲，成本法的运用涉及四个基本要素，即资产的重置成本、资产的实体性贬值、资产的功能性贬值和资产的经济性贬值。在评估实践中，或者说在具体运用成本法评估资产的项目中，不是所有的评估项目一定都存在三种贬值，这需要根据评估项目的具体情形来定。就成本法理论而言，上述四个参数都可能存在。

（1）资产的重置成本

简单地说，资产的重置成本就是资产的现行再取得成本。重置成本的构成要素一般包括建造或者购置评估对象的直接成本、间接成本、资金成本、税费及合理的利润。重置成本应当是社会一般生产力水平的客观必要成本，而不是个别成本。具体来说，重置成本可区分为复原重置成本和更新重置成本：

① 复原重置成本是指采用与评估对象相同的材料、建筑或制造标准、设计、规格和

技术等，以现时价格水平重新购建与评估对象相同的全新资产所发生的费用。复原重置成本适用于评估对象的效用只能通过按原条件重新复制评估对象的方式提供。

② 更新重置成本是指采用与评估对象并不完全相同的材料、建筑或制造标准、设计、规格和技术等，以现时价格水平购建与评估对象具有同等功能的全新资产所需的费用。更新重置成本通常适用于使用当前条件所重置的资产可以提供与评估对象相似或者相同的功能，并且更新重置成本通常低于其复原重置成本。

（2）资产的实体性贬值

资产的实体性贬值，又称有形损耗，是指资产由于使用和自然力的作用导致资产的物理性能损耗或下降而引起的资产价值损失。资产的实体性贬值通常采用相对数计量，即实体性贬值率，用公式表示为：

$$\text{资产实体性贬值率}=\frac{\text{资产实体性贬值}}{\text{资产重置成本}}\times 100\% \tag{5-48}$$

（3）资产的功能性贬值

资产的功能性贬值是指由于技术进步引起资产功能相对落后而造成的资产价值损失。它包括由于新工艺、新材料和新技术的采用，而使原有资产的建造成本超过现行建造成本的超支额以及原有资产超过体现技术进步的同类资产的运营成本的超支额。功能性贬值可以体现在两个方面：一是从运营成本角度看，在产出量相等的情形下，评估对象的运营成本要高于同类技术先进的资产；二是从产出能力角度看，在运营成本相类似的情形下，评估对象的产出能力要低于同类技术先进的资产。

评估人员估算功能性贬值时，主要根据资产的效用、生产加工能力、工耗、物耗、能耗水平等功能方面的差异造成的成本增加或效益降低，相应确定功能性贬值额。同时，还要重视技术进步因素，注意替代设备、替代技术、替代产品的影响以及行业技术装备水平现状和资产更新换代速度。

（4）资产的经济性贬值

资产的经济性贬值是指由于外部条件变化引起资产闲置、收益下降等造成的资产价值损失。就表现形式而言，资产的经济性贬值有两种：一是资产利用率下降，甚至闲置等；二是资产的运营收益减少。

四、成本法主要参数的估算方法

通过成本法评估资产的价值不可避免地要涉及评估对象的重置成本、实体性贬值、功能性贬值和经济性贬值四大因素。成本法中的各种具体方法实际上都是在成本法总的评估思路基础上，围绕着上述因素采用不同的方式方法测算形成的（如图5-3所示）。在评估实务中，人们可能会采用不同的具体方式估算成本法中的各个参数，以及根据采用不同具体方式估算的各个参数的性质、特点来考虑与成本法中其他参数的相互关系。

（一）资产重置成本的估算

资产的重置成本可以通过若干种方法进行估算，这里对在评估实务中应用较为广泛的几种方法介绍如下：

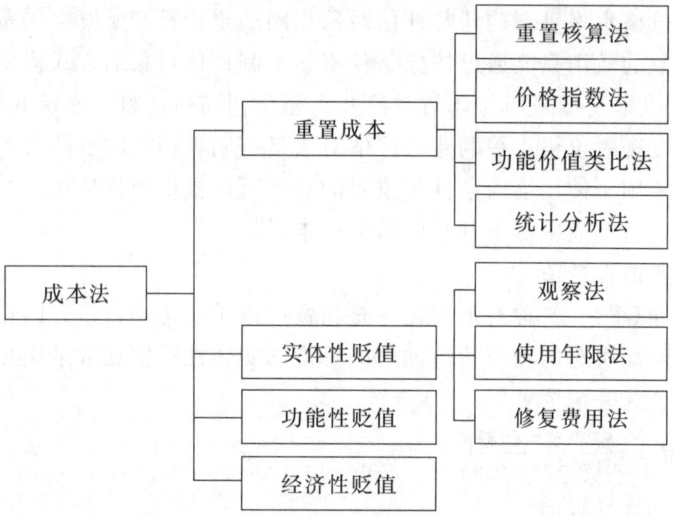

图5-3 成本法中的各参数测算的具体方法

（1）重置核算法

重置核算法又称细节分析法、核算法等，是利用成本核算的原理，根据重新取得资产所需的费用项目，逐项计算然后累加得到资产的重置成本。其实际测算过程又具体划分为两种类型，即购买型和自建型。购买型是以购买资产的方式作为资产的重置过程，购买的结果一般是资产的购置价，如果评估对象属于不需要运输、安装的资产，则购置价就是资产的重置成本。如果评估对象属于需要运输、安装的资产，则资产的重置成本具体由资产的现行购买价格、运杂费、安装调试费以及其他必要费用构成，将上述取得资产的必需费用累加起来，便可计算出该项资产的重置成本。自建型是把自建资产作为资产重置方式，根据重新建造资产所需的料、工、费及必要的资金成本和开发者的合理收益等分析和计算出资产的重置成本。

资产的重置成本应包括开发者的合理收益。一是重置成本是按在现行市场条件下重新购建一项全新资产所支付的全部货币总额，应该包括资产开发和制造商的合理收益。二是资产评估旨在了解评估对象在模拟条件下的交易价格，在一般情形下，价格都应该含有开发者或制造者的合理收益部分。资产重置成本中的收益部分的确定，应以开发者或制造者所在的行业平均资产收益水平为依据。

【例5-22】

重置购建一台设备，现行市场价格为每台10 000元，运杂费500元，直接安装成本400元，其中原材料150元，人工成本250元。根据分析，安装成本中的间接成本为人工成本的70%。则该机器设备的重置成本为：

直接成本= 10 000+500+400=10 900（元）

间接成本=250×0.7=175（元）

重置成本合计=10 900+175=11 075（元）

（2）价格指数法

价格指数法又称物价指数法，是利用与资产有关的价格变动指数，将评估对象的历史成本（账面价值）调整为重置成本的一种方法。当既无法获得处于全新状态的评估对象的现行市价，又无法获得与评估对象相类似的参照物的现行市价时，评估人员可以利用与资产有关的价格变动指数计算评估对象的重置价值。其计算公式为：

重置成本=资产的历史成本×价格指数

或：

重置成本=资产的历史成本×（1+价格变动指数）　　(5-49)

式中，价格指数可以是定基价格指数或环比价格指数。

定基价格指数是指在一定时期内对比基期固定不变的价格指数，即：

（评估基准日的定基价格指数÷资产购建时点的定基价格指数）×100%

环比价格指数可考虑按（5-50）式求得：

$$X=(1+a_1)\times(1+a_2)\times(1+a_3)\times\cdots\times(1+a_n)\times100\% \quad (5-50)$$

式中：X为环比价格指数；a_n为第n年环比价格变动指数，n=1，2，3，…，n。

【例5-23】

某评估对象购建于2013年，账面原值为10 000元，当时该类资产的定基价格指数为95%，评估基准日该类资产的定基价格指数为150%，则：

评估对象重置成本=10 000×（150%÷95%）×100%=15 789（元）

【例5-24】

某评估对象历史成本（账面价值）为200 000元，于2018年建成，于2023年进行评估，经调查已知同类资产环比价格变动指数分别为：2019年为11.5%，2020年为16%，2021年为29.5%，2022年为6.3%，2023年为5.1%，则有：

评估对象重置成本=20 000×（1+11.5%）×（1+16%）×（1+29.5%）×（1+6.3%）×（1+5.1%）×100%
=37 426（元）

需要强调的是，该方法所依据的历史成本应当是原始购置所发生的支出，经评估调整后价格以及二手交易价格均不能作为该方法使用的依据。

价格指数法与重置核算法是重置成本估算较常用的方法，尽管二者都是建立在利用历史资料的基础之上，但二者之间具有明显的区别：

①价格指数法估算的重置成本仅考虑了价格变动因素，因而确定的是复原重置成本；而重置核算法既考虑了价格因素，又考虑了生产技术进步和劳动生产率的变化因素，因而可以用来估算更新重置成本。

②价格指数法建立在不同时期的某一种或某类甚至全部资产的物价变动水平上；而重置核算法则建立在现行价格水平与购建成本费用核算的基础上。

明确价格指数法和重置核算法的区别，有助于科学地选择重置成本的估算方法，例如，一项科学技术进步较快的资产，采用价格指数法估算的重置成本往往会偏高，因此，更适合采用重置核算法。

（3）功能价值类比法

功能价值类比法，是指利用某些资产的功能（生产能力）的变化与其价格或重置成本的变化呈某种指数关系或线性关系，通过参照物的价格或重置成本以及功能价值关系估测被评估对象价格或重置成本的技术方法（该方法又称为类比估价法——指数估价法）。当资产的功能变化与其价格或重置成本的变化呈线性关系时，人们习惯把线性关系条件下的功能价值类比法称为生产能力比例法，而把非线性关系条件下的功能价值类比法称为规模经济效益指数法。

①生产能力比例法。生产能力比例法是寻找一个与评估对象相同或相似的资产为参照物，根据参照资产的重置成本及参照物与评估对象生产能力的比例，估算评估对象的重置成本。计算公式为：

$$评估对象重置成本=\frac{评估对象的年产量}{参照物的年产量}\times 参照物重置成本 \quad (5\text{-}51)$$

【例5-25】

某重置全新的一台机器设备价格为50 000元，年产量为5 000件。现知评估对象的年产量为4 000件，由此可以确定其重置成本为：

评估对象重置成本=4 000÷5 000×50 000=40 000（元）

这种方法运用的前提条件和假设是资产的成本与其生产能力呈线性关系，生产能力越大，成本越高，而且是成正比例变化。应用这种方法估算重置成本时，评估人员首先应分析资产成本与生产能力之间是否存在这种线性关系，如果不存在这种关系，则这种方法就不可以采用。

②规模经济效益指数法。通过不同资产的生产能力与其成本之间关系的分析我们可以发现，许多资产的成本与其生产能力之间不存在线性关系。当资产A的生产能力比资产B的生产能力大1倍时，资产A的成本却不一定比资产B的成本大1倍。也就是说，资产的生产能力和成本之间只是同方向变化，而不是等比例变化，这是规模经济效益作用的结果。两项资产的重置成本和生产能力相比较，其关系可用下列公式来表示：

$$\frac{评估对象的重置成本}{参照物资产的重置成本}=\left(\frac{评估对象的产量}{参照物资产的产量}\right)^x$$

推导可得：

$$评估对象的重置成本=参照物资产的重置成本\times\left(\frac{评估对象的产量}{参照物资产的产量}\right)^x \quad (5\text{-}52)$$

公式中的x被称为规模经济效益指数，事实上它的取得是靠统计分析得到的。目前在我国，这样的统计分析并不多见，在实践中评估人员通常采用的是一个经验数据。在美国，这个经验数据一般为0.4～1.2，这些数据也会随着社会经济的发展和行业发展而发生变化。我国到目前为止尚未有统一的经验数据，因此，在评估过程中评估人员要谨慎使用这种方法。公式（5-52）中的参照物资产一般可选择同类资产中的标准资产。

上述三种方法均可用于确定成本法中的重置成本的测算（估测资产重置成本的具体方法并不局限于上述几种方法）。至于选用哪种方法，应根据具体的评估对象和可以收集到的资料来确定。这些方法，对某项资产可能同时都可用，有的则不然，应用时必须注意分析方法运用的前提条件，否则将得出错误的结论。

另外，在用成本法对企业整体资产及某一相同类型资产进行评估时，为了简化评估业务，节省评估时间，评估人员还可以采用统计分析法确定某类资产的重置成本，这种方法运用的步骤是：

① 在核实资产数量的基础上，把全部资产按照适当标准划分为若干类别，如房屋建

筑物按结构划分为钢结构、钢筋混凝土结构等；机器设备按有关规定划分为专用设备、通用设备、运输设备、仪器、仪表等。

② 在各类资产中抽样选择适量具有代表性的资产，应用功能价值类比法、价格数法或重置核算法等方法估算其重置成本。

③ 依据分类抽样估算资产的重置成本与账面历史成本，计算出分类资产的调整系数。其计算公式为：

$$K=\frac{R'}{R} \tag{5-53}$$

式中：K为资产重置成本与历史成本的调整系数；R′为某类抽样资产的重置成本；R为某类抽样资产的历史成本。

根据调整系数K估算评估对象的重置成本。计算公式为：

$$\text{评估对象重置成本}=\sum \text{某类资产账面历史成本}\cdot K \tag{5-54}$$

某类资产账面历史成本可从会计记录中取得。

【例5-26】

评估某企业某类通用设备，经抽样选择具有代表性的通用设备5台，估算其重置成本之和为50万元。而该5台具有代表性的通用设备历史成本之和为25万元，该类通用设备账面历史成本之和为500万元，则：

K=50÷25=2

该类通用设备重置成本=500×2=1 000（万元）

（二）资产实体性贬值的估算

资产的实体性贬值又称有形损耗，是指资产由于使用及自然力的作用导致的资产物理性能损耗或下降而引起的资产价值损失。资产的实体性贬值通常采用相对数计量即实体性贬值率，用公式表示为：

微课：重置成本估测

$$\text{实体性贬值率}=\frac{\text{资产的实体性贬值}}{\text{资产的重置价值}} \tag{5-55}$$

资产的实体性贬值的计算一般可以选择以下几种方法：

（1）观察法

观察法是指由具有专业知识和丰富经验的工程技术人员，对评估对象的实体各主要部位进行现场勘查，并综合分析资产的设计、制造、使用、磨损、维护、修理、大修理、改造情形和物理寿命等因素，将评估对象与其全新状态相比较，考察由于使用磨损和自然损耗对资产的功能、使用效率带来的影响，判断评估对象的成新率，从而估算资产的实体性贬值。其计算公式为：

$$\text{资产实体性贬值}=\text{重置成本}\times\text{实体性贬值率} \tag{5-56}$$

或：

$$\text{资产实体性贬值}=\text{重置成本}\times(1-\text{实体性成新率}) \tag{5-57}$$

【例5-27】

评估对象于2020年1月1日购进，其购置时的成本为100万元。该设备于评估基准日（2022年12月31日）的全新购置价格为150万元。经过专家鉴定，该设备由于使用磨损所造成的贬值率为20%。则在不考虑其他因素的条件下，该设备的实体性贬值为：

实体性贬值=重置成本×实体性贬值率=150×20%=30（万元）

（2）使用年限法（又称年限法）

使用年限法是利用评估对象的实际已使用年限与其总使用年限的比值来判断其实体值率（程度），进而估测资产的实体性贬值。

使用年限法的数学表达式为：

$$资产实体性贬值率=\frac{实际已使用年限}{总使用年限}\times 100\% \tag{5-58}$$

$$资产实体性贬值=重置成本\times 资产实体性贬值率 \tag{5-59}$$

$$资产实体性贬值=重置成本\times \left(\frac{实际已使用年限}{总使用年限}\times 100\%\right) \tag{5-60}$$

式中：总使用年限是指实际已使用年限与尚可使用年限之和。其计算公式为：

$$总使用年限=实际已使用年限+尚可使用年限 \tag{5-61}$$

$$实际已使用年限=名义已使用年限\times 资产利用率 \tag{5-62}$$

由于资产在使用中负荷程度的影响，必须将资产的名义已使用年限调整为实际已使用年限。

尚可使用年限是根据资产的有形损耗因素，预计资产的继续使用年限。名义已使用年限是指资产从购进使用到评估时的年限。名义已使用年限可以通过会计记录、资产登记簿、登记卡片查询确定。实际已使用年限是指资产在使用中实际损耗的年限。实际已使用年限与名义已使用年限的差异，可以通过资产利用率来调整。资产利用率的计算公式为：

$$资产利用率=\frac{截至评估日资产累计实际利用时间}{截至评估日资产累计法定利用时间}\times 100\% \tag{5-63}$$

当资产利用率>1时，表示资产超负荷运转，资产实际已使用年限比名义已使用年限要长；

当资产利用率=1时，表示资产满负荷运转，资产实际已使用年限等于名义已使用年限；

当资产利用率<1时，表示开工不足，资产实际已使用年限小于名义已使用年限。

在评估实践中，资产利用率需要根据资产开工情形、修理间隔时间、工作班次等方面确定。

【例5-28】

某资产于2012年2月购进，当评估人员于2022年2月进行评估时，名义已使用年限是10年。根据该资产的技术指标，在正常使用情形下，每天应工作8小时，该资产实际每天工作7.5小时。假设全年按360天计算，由此可以计算该资产利用率：

资产利用率=10×360×7.5÷（10×360×8）×100%=93.75%

实际已使用年限=10×93.75%=9.4（年）

由此可确定其实际已使用年限为9.4年。

在实际评估过程中，一些企业的基础管理工作较差，再加上资产运转中的复杂性，资产利用率的指标往往很难确定。评估人员应综合分析资产的运转状态，诸如资产开工情形、大修间隔期、原材料供应情形、电力供应情形、是否为季节性生产等各方面因素

确定。

使用年限法所显示的评估技术思路是一种应用较为广泛的评估技术。在资产评估实际工作中，评估人员还可以利用使用年限法的原理，根据评估对象设计的总的工作量和评估对象已经完成的工作量、评估对象设计行驶里程和已经行驶的里程等指标，利用使用年限法的技术思路测算资产的实体性贬值。因此，使用年限法可以被许多指标利用来评估资产的实体性贬值。

【例 5-29】

被评估车辆可行驶的总里程为60万千米。截至评估基准日，该车辆已经行驶10万千米，重置成本为30万元。假定不考虑其他因素，则评估对象在基准日的实体性贬值额为：

实体性贬值额=重置成本×已行驶里程/总里程

=30×（10÷60）=5（万元）

此外，评估中经常遇到评估对象是经过更新改造过的情形。对于更新改造过的资产而言，其实体性贬值的计量还应充分考虑更新改造投入的资金对资产寿命的影响，否则可能会过高地估计实体性贬值。对于更新改造问题，一般采取加权法来确定资产的实体性贬值。也就是说，先计算加权更新成本，再计算加权平均已使用年限。其计算公式为：

$$\text{加权更新成本}=\text{已使用年限}\times\text{更新成本（或购建成本）} \tag{5-64}$$

$$\text{加权平均已使用年限}=\frac{\sum\text{加权更新成本(或购建成本)}}{\sum\text{更新成本(或购建成本)}} \tag{5-65}$$

需要注意的是，这里所涉及的成本可以是原始成本，也可以是复原重置成本。尽管各时期的投资或更新金额并不具有可比性，但从方便以及可以获得数据而言，采用原始成本比重新确定成本更具可行性，同时也反映了各特定时期的购建或更新所经历的时间顺序。

（3）修复费用法

修复费用法是利用恢复资产功能所支出的费用金额来直接估算资产实体性贬值的一种方法。修复费用包括资产主要零部件的更换或者修复、改造、停工损失等费用支出。如果资产可以通过修复恢复到其全新状态，可以认为资产的实体性损耗等于其修复费用。

【例 5-30】

一台数控折弯机，重置成本为150万元，已使用2年，其经济使用寿命为20年。现该机器数控系统损坏，估计修复费用约16.5万元，其他E部分工作正常。数控系统损坏属于可修复性损耗，用修复费用法计算其贬值，贬值额等于机器的修复费用；另外，该机器运行2年，用年限法来确定除损坏的数控系统之外部分所产生的实体性贬值，此项贬值率为10%。

所有实体性贬值及贬值率计算过程如下：

重置成本=150万元

可修复性损耗引起的贬值=16.5万元

不可修复性损耗引起的贬值=（150-16.5）×10%=13.35（万元）

实体性贬值=29.85万元

贬值率=29.85÷150=20%

（三）资产功能性贬值的估算

资产的功能性贬值是由于技术相对落后造成的贬值。估算功能性贬值时，主要根据资产的效用、生产加工能力、工耗、物耗、能耗水平等功能方面的差异造成的成本增加或效益降低，相应确定功能性贬值额。同时，还要重视技术进步因素，注意替代设备、替代技术、替代产品的影响以及行业技术装备水平现状和资产更新换代速度。

在通常情形下，功能性贬值的估算可以按下列步骤进行：

（1）将评估对象的年运营成本与功能相同但性能更好的新资产的年运营成本进行比较。

（2）计算二者的差异，确定净超额运营成本。由于企业支付的运营成本是在税前扣除的，因此企业支付的超额运营成本会引致税前利润额下降。所得税额降低，使得企业负担的运营成本低于其实际支付额。因此，净超额运营成本是超额运营成本扣除其抵减的所得税以后的余额。

（3）估计评估对象的剩余寿命。

（4）以适当的折现率将评估对象在剩余寿命内每年的净超额运营成本折现，这些折现值之和就是评估对象的功能性贬值。其计算公式为：

$$评估对象功能性贬值额=\sum(评估对象年净超额运营成本 \times 折现系数) \tag{5-66}$$

【例5-31】

计算某电焊机超额运营成本引起的功能性贬值：

（1）分析比较机器设备的超额运营成本因素。经分析比较，被评估的电焊机与新型电焊机相比，引起超额运营成本的因素主要为老产品的能耗比新产品高。通过统计分析，按每天8小时、每年300个工作日计算，每台老电焊机比新电焊机多耗电6 000度。

（2）确定被评估设备的尚可使用寿命，计算每年的超额运营成本。根据设备的现状，评估专业人员预计该电焊机尚可使用10年，如每度电按0.5元计算，则：

每年的超额运营成本=6 000×0.5=3 000（元）

（3）计算净超额运营成本=税前超额运营成本×（1-所得税税率）=3 000×（1-25%）=2 250（元）

（4）确定折现率，计算超额运营成本的现值。折现率为10%，10年的年金现值系数为6.145，则：

净超额运营成本的折现值=净超额运营成本×折现系数

=2 250×6.145=13 826（元）

应当指出，新老技术设备的对比，除生产效率影响工资成本超额支出以外，原材料消耗、能源消耗以及产品质量等指标都需全面关注，单因素的情形存在，多因素影响的情形也很多。

此外，功能性贬值的估算还可以通过对超额投资成本进行估算，即超额投资成本可视同为功能性贬值。其计算公式为：

$$功能性贬值=复原重置成本-更新重置成本 \tag{5-67}$$

在实际评估工作中也有功能性溢价的情形，即当评估对象功能明显优于参照资产功能时，评估对象就可能存在功能性溢价。

（四）资产经济性贬值的估算

就表现形式而言，资产的经济性贬值主要表现为运营中的资产利用率下降，甚至闲置，并由此引起资产的运营收益减少。资产的经济性贬值有两种：一是资产利用率下降，甚至闲置等；二是资产的运营收益减少。因此，经济性贬值的计算也存在两种途径。当有确切证据表明资产已经存在经济性贬值时，可参考下面两种方法估测其经济性贬值率或经济性贬值额。

（1）间接计算法

该方法主要测算的是因资产利用率下降所导致的经济性贬值。

$$经济性贬值率=\left[1-\left(\frac{资产预计可被利用的生产能力}{资产原设计生产能力}\right)^{x}\right]\times 100\% \quad (5-68)$$

式中：x为规模经济效益指数，在实践中多采用经验数据，数值一般为0.6~0.7。

经济性贬值额的计算应以评估对象的重置成本或重置成本减去实体性贬值和功能性贬值后的结果为基数，按确定的经济性贬值率估测。

（2）直接计算法

该方法主要测算的是因收益额减少所导致的经济性贬值。

$$经济性贬值额=资产年收益损失额\times(1-所得税税率)\times(P/A,\ r,\ n) \quad (5-69)$$

式中：（P/A，r，n）为年金现值系数。

【例5-32】

某被评估生产线的设计生产能力为年产20 000产品，因市场需求结构发生变化，在未来可使用年限内，每年产量估计要减少5 000台左右，假定规模经济效益指数为0.6。根据上述条件，按照间接计算法，该生产线的经济性贬值率大约在以下水平：

$$经济性贬值率=\left\{1-\left[(20\,000-5\,000)\div 20\,000\right]^{0.6}\right\}\times 100\%=16\%$$

假定每年减少5 000台产品，每台产品损失利润100元，该生产线尚可继续使用3年，企业所在行业的投资回报率为10%，所得税税率为25%。按照直接计算法，该生产线的经济性贬值额大约为：

$$\begin{aligned}经济性贬值额&=(5\,000\times 100)\times(1-25\%)\times(P/A,\ 10\%,\ 3)\\&=375\,000\times 2.4869\\&=932\,587.5\ （元）\end{aligned}$$

（五）综合成新率的估算

年限成新率的确定考虑了资产的经济寿命。在使用过程中资产的价值随着使用年限的消耗降低。

勘查成新率是评估专业人员通过现场勘查、查阅资产的历史资料，向操作人员询问资产的使用情形、维修保养情形等，对所获得信息进行分析后综合确定的成新率。在资产评估实践中，综合成新率可以通过将年限成新率和勘查成新率加权平均得到。

五、成本法的适用范围与局限

（一）成本法的适用范围

成本法之所以能够从一定层面上反映资产的价值，是因为资产的成本反映了资产在购建过程中的必要花费，也体现了取得该项资产所需要付出的代价。成本法适用于资产的功能作用具有可替代性、资产重置没有法律和技术障碍、重置资产所需要的物化劳动易于计量的评估对象。

单项资产的价值不仅可以由成本部分反映，在使用过程中的消耗、磨损以及由于市场情形的变化而产生的价值减损都会影响单项资产的价值。因而，评估人员使用成本法评估单项资产时，既要考虑重置成本，又要将由使用和其他因素所造成的实体性损耗、技术落后带来的功能性损耗以及由市场状况、政治因素等外部因素造成的经济性损耗考虑在内。

成本法运用于企业价值评估中，是将各项可以确认的资产、负债的现实价值逐项评估出来，最终确定企业价值。单项资产作为企业的一部分而存在，其发挥作用的价值与它作为一项单独的资产发挥作用，这两者的价值可能有所不同，比如，在一条生产线中，某单项设备对整个生产线产能的贡献程度很高，那么若将其放在该生产线中进行评估，则其价值有可能会高于单独对其进行评估时的价值。因此，要特别明晰这两种假设条件下的价值差异。

采用成本法对企业价值进行评估，可以根据不同资产的实际状态、使用方式等特殊性选用合适的评估方法进行评估，比如，对于某些二手办公设备，可采用市场法评估；对于自主研发的专利，则可以采用收益法评估。因此，成本法作为企业价值评估的种方法，更多地体现为一种加和的理念和方式，并不一定要求对其中各单项资产和负债均采用成本法评估。

（二）成本法的局限

成本法是在资产评估中最为基础的评估方法。它充分考虑了资产的损耗，使得评估结果更能反映市场对于获得某单项资产愿意付出的平均价格，有利于评估单项资产和具有特定用途的资产；另外，在无法预测资产未来收益和市场交易活动不频繁的情形下，成本法给出了比较客观和可行的测算思路和方法。

但是，由于成本法的理论基础是成本价值论，使用该方法所测算出的企业价值无法从未来收益的角度反映企业真实能为其投资者或所有者带来的收益。尤其是对于轻资产的企业而言，如果使用成本法进行评估，则通常很难将账面没有记载的各类无形资产算入评估资产的价值之中，因此，使用成本法得到的评估值与使用收益法或市场法得出的结果可能差异极大。

第四节　资产评估方法的选择

2016年7月2日通过的《资产评估法》第二十六条规定："评估专业人员应当恰当选择评估方法，除依据评估执业准则只能选择一种评估方法的外，应当选择两种以上评估方法，经综合分析，形成评估结论，编制评估报告。"评估专业人员恰当选择资产评估方法已上升为法律的要求。恰当选择评估方法是资产评估程序中必不可少的一个关键步骤，资产评估程序准则对资产评估方法的选择和运用做出了原则性规定。《资产评估执业准则》进一步细化和落实《资产评估法》相关规定的要求。

资产评估方法是确定资产价值的途径和手段及各种技术方法，主要包括市场法、收益法和成本法三种基本方法及其衍生方法。资产评估方法的选择和运用是从事资产评估业务的重要环节，也是影响资产评估结论和资产评估报告质量的重要因素。规范资产评估方法的选择、运用和披露，有利于促进资产评估机构和资产评估专业人员在资产评估执业实践中合理使用资产评估方法，从而提高资产评估执业质量。

一、评估方法选择的要求

资产评估专业人员选择资产评估方法时，应当充分考虑影响评估方法选择的因素，所考虑的因素主要包括：①评估目的和价值类型；②评估对象；③评估方法的适用条件；④评估方法应用所依据数据的质量和数量；⑤影响评估方法选择的其他因素。

当满足采用不同评估方法的条件时，资产评估专业人员应当选择两种以上评估方法，并通过综合分析形成评估结论。

（一）评估方法应当与评估目的和评估价值类型相适应

评估价值类型的确定首先取决于评估目的，评估目的是根本，资产评估方法作为获得特定资产价值的技术方法，需要与价值类型相适应，例如，对一项以成本模式进行后续计量的投资性房地产进行评估，为减值测试提供价值参考，评估目的为财务报告目的，价值类型应当为会计准则所要求的特定价值（可收回金额），在确定预计未来现金流量的现值时应当选择收益法；在确定公允价值减处置费用时，估算公允价值时可以选择市场法。

（二）评估方法的选取应当与评估对象的类型和现实状态相适应

不同的评估方法有不同的条件要求和程序要求，比如收益法主要适用于持续使用前提下的资产评估，并且评估对象具有预期获利能力；而市场法要求在公开市场上有可比的交易案例，并且评估对象与案例的价值影响因素差异可以合理比较和量化。这就要求资产评估专业人员充分分析评估对象的类型和现实状态，考虑各种评估方法的适用性和局限性，恰当选择评估方法，避免在评估对象不具备合理条件的情况下滥用评估方法。

（三）评估方法的选取应当与资料收集情况相适应

评估方法的应用会涉及特定的数据、参数，只有评估过程中所收集的资料和确定的依据可靠、合理、有效、充分，才能保证评估结果的合理性。在评估实践中，由于条件的制约往往会导致某种评估方法所需资料的数量和质量达不到要求，因此，评估专业人员应当考虑采用其他替代的评估方法进行评估。

二、可以采用一种评估方法的情形

资产评估专业人员在评估实践中，当存在下列情形时，可以采用一种评估方法：

（1）基于相关法律、行政法规和财政部部门规章的规定可以采用一种评估方法；

（2）由于评估对象仅满足一种评估方法的适用条件而采用一种评估方法；

（3）因操作条件限制而采用一种评估方法。操作条件限制应当是资产评估行业通常的执业方式普遍无法排除的，而不得以个别资产评估机构或者个别资产评估专业人员的操作能力和条件作为判断标准。

三、评估方法选择的披露

资产评估专业人员应该在资产评估报告中对资产评估方法的选择及其理由进行披露。

因适用性受限而选择一种评估方法的，应当在资产评估报告中披露其他基本评估方法不适用的原因；因操作条件受限而选择一种评估方法的，应当对所受的操作条件限制进行分析、说明和披露。

知识链接 5-1

《资产评估执业准则——资产评估方法》

微课：评估方法的比较与选择

【思政课堂】 学会选择，是评估的智慧，亦是人生的真谛

根据《资产评估准则——基本准则》，资产评估的基本方法有三种，即市场法、成本法和收益法。资产的组合和内部构成形形色色，而作为某一项资产却可能具有其自身的特殊性。因此，就某一种具体的评估方法而言存在着一定的局限性，但就三种方法总体而言又存在着普遍性和方法之间的互补性。评估人员在评估资产的过程中需要审慎选择相应的评估方法。评估方法的选择如此，人生的选择亦然。选择决定了前行的方向，选择能力更暗藏了人生的格局。当进行选择时，评估人员要做到以下几点：

（1）要处理好需要与可能，主观与客观，先进性与合理性的辩证关系。当选择资产评估方法时必须慎之又慎，只有适合评估对象的方法才可采纳，否则将会事倍功半，贻误时机。在人生的选择中，我们可以参照管理学上的“满意原则”，慎重地对待人生的每一个岔路口，选择适合自己的道路，审慎地走好未来的路。

（2）选择要与目的相适应。评估方法的选择要与评估目的相适应，人生中的其他选择亦是如此。“不忘初心，方得始终”，人生是一场修行，我们需要忠于内心的目标和生命的使命，做到善始善终。

（3）选择要受客观现实条件的制约。评估方法的选择会受到数据和信息资料的制约，人生道路上的其他选择也会受到自身条件的制约，例如，在职业选择上，部分刚毕业的大学生就希望马上获得高薪，不想付出太多的时间和艰辛就想获得巨大的成功。这实际上是不符合事物发展规律的。“伏久者飞必高，开先者谢独早”，我们越踏踏实实地学习、成长、历练，不忽略艰苦过程，就越能获得心仪的工作。

（4）统筹考虑不同的选择。评估人员需要把资产纳入不同评估途径中统筹考虑，我们也需要统筹考虑不同的选择，考虑选择带来的“机会成本”，当面临大的选择时，提前建立起自己的财务计划；考虑选择带来的“沉没成本”，勇于试错，用空杯心态打破过往认知的裹挟；考虑选择带来的“边际成本”，认识效率的本质，用复利效应建立起个人的优势。

在选择完成后，需要对所做的选择负责。资产评估师在选择评估方法后，需要依靠其职业素养和知识储备对评估业务负责。同理，我们需要对人生中的各种选择负责，勇于面对选择之后所出现的结果。生活是变换的，每一天都与昨天不同，我们能做的是接受更多的信息为自己的选择提供可能，并为之付诸实践。

【本章小结】

本章从资产评估方法的相关概念、应用前提、基本步骤、主要参数、适用范围和局限性的角度入手，介绍了资产评估的市场法、收益法、成本法。

第一，介绍了市场法。市场法即通过将评估对象与可比参照物进行比较，以可比参照物的市场价格为基础确定评估对象价值的评估方法的总称。市场法是根据替代原理，采用比较或类比的思路及方法估测资产价值的评估技术方法。

第二，介绍了收益法。收益法即通过将评估对象的预期收益资本化或者折现，来确定其价值的各种评估方法的总称。收益法利用投资回报和收益折现等技术手段，把评估对象的预期获利能力和获利风险作为两个相辅相成的关键指标来估测评估对象的价值。

第三，介绍了成本法。成本法即按照重建或者重置被评估对象的思路，将重建或者重置成本作为确定评估对象价值的基础，扣除相关贬值，以此确定评估对象价值的评估方法的总称。由于评估对象的再取得成本的有关数据和信息来源较广泛，并且资产的重置成本与资产的现行市价及收益现值也存在着内在联系和替代关系，因此，成本法被广泛应用。

第四，进一步阐述了资产评估方法的选择。资产评估专业人员选择资产评估方法时，应当充分考虑影响评估方法选择的因素。当满足采用不同评估方法的条件时，资产评估专业人员应当选择两种以上评估方法，通过综合分析并形成评估结论。

【练习题】

（一）单项选择题

1.市场法通常被用于评估（　　）。

A.具有可比成交案例的资产

B.具有活跃公开市场且具有可比成交案例的资产

C.具有活跃公开市场的资产

D.不具有活跃公开市场但具有可比成交案例的资产

2.评估一辆某型号汽车，八成新。已知同型号八成新汽车的市场价值为30万元，则该汽车的评估值最接近于（　　）万元。

A.24　　B.30　　C.25　　D.无法确定

3.某被估企业的年净利润为100万元，评估基准日资本市场上同类企业平均市盈率为15倍，则该企业的评估价值为（　　）万元。

A.150　　B.100　　C.1 500　　D.1 200

4.通过将评估对象的预期收益资本化或者折现，来确定其价值的各种评估方法的总称是指（　　）。

A.成本法　　B.市场法　　C.收益法　　D.综合估价法

5.某公司打算投资一个新项目，投入的权益资本为60%，长期债务资本为40%。假定权益资本为12%，长期债务资本成本（税后）为6%。则该项目的折现率为（　　）。

A.9%　　B.12%　　C.9.6%　　D.6%

6.评估某收益性资产，评估基准日后第1年的预期净收益为800万元，且经专业评估人员测定认为，其后各年该资产的净收益将以3%的比例递增，设定的资本化率为10%，资产效用永续，该资产的评估值为（ ）万元。

A.15 000　　B.55 550　　C.11 429　　D.18 356

7.成本法的基本思路是（ ）。

A.将资产的成本进行折现　　B.重建或重置被评估资产

C.将资产的未来收益进行折现　　D.按市价价格确定重置成本

8.资产由于使用和自然力的作用导致的资产的物理性能损耗或下降而引起的资产价值损失是指（ ）。

A.资产的重置成本　　B.资产的实体性贬值

C.资产的经济性贬值　　D.资产的功能性贬值

9.重新购置一台生产机器，现行市场价格为300万元，运杂费为20万元，直接安装费3万元，其中人工成本为1万元，原材料为2万元，已知安装成本中的间接成本为人工成本的300%，则用重置核算法计算的重置成本为（ ）万元。

A.293　　B.326　　C.329　　D.300

10.以下有关资产评估方法选择的说法，错误的是（ ）。

A.必须选择两种以上评估方法，经综合分析，形成评估结论，编制评估报告

B.评估专业人员恰当选择资产评估方法已上升为法律的要求

C.资产评估程序准则对资产评估方法的选择和运用做出了原则性规定

D.资产评估方法的选择和运用是影响资产评估结论和资产评估报告质量的重要因素

（二）多项选择题

1.资产评估的收益法的局限性有（ ）。

A.收益法的应用需具备一定的前提条件

B.收益法不容易被买卖双方接受

C.收益法不能用于轻资产类型的企业价值评估

D.收益法不能体现企业作为经营主体的存在目的

E.收益法的操作含有较大成分的主观性

2.一般来说，资产预期收益有三种可以选择的类型，包括（ ）。

A.净利润　　B.净现金流量

C.利润总额　　D.息税前利润

E.息前税后利润

3.在下列各项中，属于一般意义上讲的成本法运用的基本要素的有（ ）。

A.资产的重置成本　　B.资产的实体性贬值

C.资产的功能性贬值　　D.资产的历史成本

E.资产的经济性贬值

4.使用成本法进行资产评估的前提条件包括（ ）。

A.被评估资产处于持续使用状态或被假定处于继续使用状态

B.被评估资产必须是可再生、可复制的资产

C.被评估资产预期获利年限可以被预测

D.该评估资产应当具备可利用的历史资料

E.被评估资产存在一个活跃的公开市场

5.评估专业人员使用成本法评估单项资产时，需要考虑的因素包括（　　）。

A.重置成本

B.由使用和其他因素所造成的实体性损耗

C.未来现金流量的现值

D.由技术落后带来的功能性损耗

E.由市场状况、政治因素等外部因素造成的经济性损耗

（三）判断题

1.使用成本法评估企业价值时，要求对被评估企业的各单项资产和负债均采用成本法。（　　）

2.成本法所测算出的企业价值无法从未来收益的角度反映企业能为投资者带来的收益。（　　）

3.评估人员在使用市场法进行评估的过程中，选择的市场参照物应当与被评估资产在用途及性能上完全相同。（　　）

4.任何一个理智的投资者购置某项资产时，所愿意支付的价格不会高于市场上具有相同效用的替代品的现行市价。（　　）

5.当使用成本法评估单项资产时，评估人员既要考虑重置成本，又要考虑实体性贬值、功能性贬值和经济性贬值。（　　）

6.对轻资产企业而言，成本法难以全面反映账外无形资产的价值。（　　）

7.市场法要求充分利用类似资产成交价格信息，并以此为基础判断和估测被评估资产的价值。（　　）

8.市场法是根据替代原理，采用比较或类比的思路估测资产价值的评估技术方法。（　　）

9.使用成本法进行资产评估，需要满足的前提条件之一是被评估资产预期获利年限可以被预测。（　　）

10.如果被评估资产不存在一个活跃的公开市场，则不能采用成本法。（　　）

（四）综合题

某H股上市公司拟对国内某公司（非上市公司）进行收购，需聘请资产评估机构对收购对象进行评估，作为确定收购价格的参考依据，被收购公司属于轻资产类型的软件公司，设立时间较短，只有两年的经营历史，营业收入较少，目前该公司处于亏损状态。资产评估机构对该软件公司进行评估时，考虑到成本法难以体现轻资产公司的价值，拟使用收益法和市场法进行评估，在评估说明中，资产评估师对收益法和市场法的基本评估思路描述如下：

1.收益法的基本思想：

1）收益预测

（1）采用净现金流量（股权自由现金流量）作为收益额口径；

（2）根据该公司编制事业计划进行收益预测，因该公司事业计划的收益预测较历史数据有大幅度增长，资产评估师认为其未来收入及利润实现存在很大不确定性，因此要求该公司对所提供的盈利预测数据提供保证，并要求其承诺：如该公司不能实现预测利润，对实际利润与预测利润之间的差额由大股东补足。

（2）折现率的确定

折现率＝无风险报酬率＋风险报酬率＋企业个别风险

无风险报酬率按同期国债利率确定，取近年财政部发行的5年期凭证式国债的票面利率；风险报酬率参考国务院国资委制定的企业绩效评价标准值，选取相关行业净资产收益率的平均值；企业个别风险通过分析企业的财务、经营等风险加以确定。

（3）将未来收益折现得到评估值。

2.市场法的基本思路：

本次评估采用上市公司比较法，并选用市销率（PS）和市净率（PB）作为价值比率。

1）由于在境内资本市场未发现可比上市公司，因此，评估人员选取了3个H股上市公司作为可比对象；

2）计算评估对象的评估值。

（1）由于市销率、市净率可以从不同角度反映企业的价值特性，因此分别计算3家可比公司PS、PB；

（2）分别计算PS、PB的算术平均值

PS平均值＝（$PS_1+PS_2+PS_3$）/3

PB平均值＝（$PB_1+PB_2+PB_3$）/3

（3）计算出上述两个指标口径所对应的股权价值

Vps＝PS平均值-被评估企业销售收入

Vpb＝PB平均值-被评估企业净资产

（4）计算评估值

评估值＝（Vps＋Vpb）/2

请回答下列问题：

（1）该项目对收益口径的选取是否合适？说明理由。该项目收益法的运用存在什么问题？

（2）该项目中市场法的运用存在什么问题？

客观题智能测评

第六章

资产评估报告与档案

【学习目标】

1. 掌握资产评估报告的内容；
2. 掌握工作底稿的编制要求、资产评估档案的归集和管理；
3. 熟悉资产评估报告的分类、工作底稿的分类、内容；
4. 了解资产评估报告及规范要求、评估档案的保密与查阅；
5. 增强法律观念，坚守职业道德，严格遵守评估执业要求。

本章思维导图

【案例导入】

湖北某资产评估公司在国有企业改制过程中，提供虚假评估报告，造成国有土地漏评、低评，导致改制工作停滞，重新评估花费200余万元。武汉市青山区人民法院认定该公司的行为构成提供虚假证明文件罪，判决被告人赵某、钱某、孙某有期徒刑一年四个月，并分别判处罚金3万元、2万元和1万元，被告人李某判处罚金1万元。

2017年10月，湖北某资产评估有限公司在对某大型国有企业的评估业务中，时任该公司总经理的赵某和项目经理钱某受某大型国有企业相关人员的误导，该公司现场评估员孙某亦未按规定到现场勘查，最终错误地认定该国有企业权属的五宗土地为“插花地[①]”，属于无效资产，未纳入评估范围，导致五宗地漏评。经鉴定，五宗地漏评价值约为人民币2.3亿元。而后，赵某、钱某蓄意对某大型国有企业的投资性房地产评估项目进行低评，被低评项目价值为人民币1.2亿元。

在上述评估过程中，该评估公司的资产评估师李某因没有严格履行审核职责，未发现上述土地漏评情形，直接在评估报告上签名、盖印，由于自身过失导致了评估报告出现重大失实。另一名评估师全程并没有参与评估工作，而是由赵某代为签名、盖印。案发后，原评估报告作废，该大型国有企业另行花费200余万元进行重新评估，作为改制的依据。

在法庭上，赵某坦陈作为公司负责人，为了顺利承接评估业务，而听从委托方的安排，在现场评估员孙某未实地勘察的情况下就出具评估报告，并按照委托方的要求，一再压低评估价格。在整个过程中，赵某自身的内心也十分纠结，但在巨额评估费的诱惑下没能坚守住底线，最后造成国有土地被低评、漏评，导致原评估报告作废后重新评估，耗费人力、物力、财力。赵某对此表示忏悔。

现场评估员孙某表示，自己没有认真履职，未到现场勘察地块，听信委托方的一面之词，认定五宗土地为“插花地”，属于无效资产，导致价值2.3亿元的土地被漏评。评估师

---

① 插花地是指两个区之间没有明确归属的区域。两个或两个以上单位因地界互相穿插或分割而形成的零星分布的土地。插花地也指在城市规划区或者村庄建设规划区内难以单独出具规划要点、与“三旧”改造范围地块形成交互楔入状态、面积小于3亩的地块。

李某也谈到，自己没有认真审核评估报告，对工作的不负责任导致自己今日站在法庭之上接受审判。

资料来源：汤炜玮，苏贵，陈蓓丽．判了！出具虚假评估报告　资产评估公司人员获刑［EB/OL］．［2019-12-02］．http：//news.hubeidaily.net/pc/605586.html.

第一节　资产评估报告概述

资产评估机构及资产评估专业人员在完成资产价值评定估算工作后，需要按照一定程序和形式的要求，撰写资产评估报告书，以书面的形式向委托人及相关当事人报告评估过程和结果。为贯彻落实《资产评估法》，规范资产评估执业行为，保证资产评估执业质量，保护资产评估当事人的合法权益和公共利益，中国资产评估协会于2018年10月29日再次对《资产评估执业准则——资产评估报告》进行了修订（2019年1月1日起施行）。新修订的《资产评估执业准则——资产评估报告》，对评估报告的编制要求、内容构成等作了原则性的规定，资产评估机构及人员在编制资产评估报告时需要遵循这一规范。

一、资产评估报告的含义

根据《资产评估执业准则——资产评估报告》，资产评估报告是指资产评估机构及其资产评估专业人员遵守法律、行政法规和资产评估准则，根据委托履行必要的资产评估程序后，由资产评估机构对评估对象在评估基准日特定目的下的价值出具的专业报告。

资产评估报告是资产评估专业人员根据资产评估准则的要求，在履行必要评估程序后，对评估对象在评估基准日特定目的下的价值发表的、由其所在评估机构出具的书面专业意见，既是评估机构履行评估合同情况的总结，又是评估机构与资产评估专业人员为资产评估项目承担相应法律责任的证明文件。它是按照一定格式和内容来反映评估目的、假设、程序、标准、依据、方法、结果及适用条件等基本情况的报告书。在不同的国家和地区，政府及行业自律主管部门对资产评估报告的要求并不一致。在一些国家和地区，资产评估报告不仅是一种书面文件，而且是一种工作制度。这种工作制度规定评估机构在完成评估工作之后必须按照一定程序和形式的要求，用书面形式向委托方及相关主管部门报告评估过程和结果。我国目前实行的就是这种资产评估报告制度，又称广义的资产评估报告。

二、资产评估报告的种类

（一）按法律定位划分，评估报告可分为法定业务评估报告和非法定业务评估报告

评估机构承接涉及国有资产或者公共利益等评估委托时，需要按照法律、行政法规的规定进行评估的法定评估业务，所出具的评估报告为法定业务评估报告，比如按照国有资产评估管理的相关规定出具的国有资产评估报告。除此以外开展的评估业务所出具的评估报告为非法定业务评估报告。

（二）按评估对象划分，评估报告可分为整体资产评估报告和单项资产评估报告

对（企业、单位或业务等）整体资产进行评估所出具的资产评估报告称为整体资产评估报告。对一项资产，或若干项以独立形态存在、可以单独发挥作用或以个体形式进行交易的资产进行评估所出具的资产评估报告称为单项资产评估报告。尽管资产评估报告的基本格式是一样的，但因整体资产评估与单项资产评估在具体业务上存在一些差别，因此两种评估报告在内容方面存在差异。在一般情况下，整体资产评估报告的报告内容不仅包括资产，而且包括负债和股东权益（所有者权益），而单项资产评估报告一般不考虑负债。

（三）按评估报告的繁简程度划分，评估报告可分为评估报告和限制型评估报告

评估报告和限制型评估报告的区别在于报告所提供内容和信息的详细程度。相对于评估报告，限制型评估报告提供符合披露规则要求的解决评估问题所需要的最低限度信息，需要增加明确的报告使用人和使用用途限制说明段。国外评估准则要求评估师应在评估报告中明确说明评估报告的类型，并将评估报告按繁简程度区分为文字叙述型评估报告和表格型评估报告。

我国资产评估准则明确了资产评估报告的详略程度可以根据评估对象的复杂程度、委托人的要求合理确定，但没有规定资产评估报告按繁简程度划分的具体类型。

（四）按评估基准日划分，评估报告可分为现时性评估报告、预测性评估报告和追溯性评估报告

当评估基准日选择现在时点时，该类资产评估报告为现时性评估报告。当评估基准日选择未来某一时点时，该类资产评估报告为预测性评估报告，比如银行发放抵押贷款时，为明确抵押物在几年后某一时点的市场价值，委托评估机构进行评估，出具的评估报告为预测性评估报告。当评估基准日选择过去某一时点时，该类资产评估报告为追溯性评估报告，比如法院为明确诉讼标的在几年前某一时点的市场价值，委托评估机构进行司法诉讼评估，出具的评估报告为追溯性评估报告。

三、资产评估报告的作用

从资产评估机构和资产评估专业人员的角度看，资产评估报告主要有以下几方面的作用：

（1）资产评估报告对被评估资产提供较为全面、客观的价值判断和专业意见，是委托方开展相关资产业务的重要资产作价依据。

资产评估报告是资产评估机构根据委估资产的特点，由资产评估师及相应的专业人员，遵循公认评估原则和规范，按照法定的程序，运用合理的评估技术和方法对被评估资产价值进行估计和判断后，通过书面的形式表达的专业意见。该意见不代表、不倾向于任何当事人，是一种独立的估价意见，因而成为委托方和资产业务当事人对被估资产作价和交易的重要参考依据。

（2）资产评估报告既是资产评估机构的产品，同时又是反映和体现资产评估机构工作情况、明确委托方和评估机构及有关方面责任的依据。

资产评估报告首先是评估机构向委托方提供的产品，它用文字的形式，对委估资产的评估目的、背景、范围、依据、程序、方法和评定结果进行说明和揭示，并对评估结果的使用提出了方向和范围方面的要求和限定，从而体现了评估机构的工作成果。一方面，它

体现了评估机构满足委托方了解和掌握委估资产价值的需要；另一方面，资产评估报告对评估结果使用方向及范围的要求和限定，也反映了资产评估机构对委托方使用评估报告和评估结果的要求，并以此来明确委托方、受托方及有关方面的责任。资产评估报告也是评估机构履行评估协议和向委托方或有关方面收取评估费用的依据。

（3）资产评估报告是行业自律管理组织及有关部门审核资产评估机构执业质量和水平的重要标的和依据。

资产评估报告是反映评估机构和评估人员职业道德、执业能力水平，评估质量高低及机构内部管理机制完善程度的重要依据。有关管理部门通过审核资产评估报告，可以有效地对评估机构的业务开展情况进行监督和管理。对资产评估报告进行审核，是管理部门完善资产评估管理的重要手段。

（4）资产评估报告及其形成过程是建立评估档案的主要载体和来源。

知识链接6-1

《资产评估执业准则——资产评估报告》

评估机构和评估人员在完成资产评估任务之后，都必须按照档案管理的有关规定，将评估过程收集的资料、工作记录以及资产评估过程的有关工作底稿进行归档，以便进行评估档案的管理和使用。由于资产评估报告是对整个评估过程的工作总结，其内容包括了评估过程的各个具体环节和各有关资料的收集和记录，因此，不仅评估报告的底稿是评估档案归集的主要内容，而且资产评估报告本身也是资产评估档案的重要载体和来源。

第二节　资产评估报告的内容

资产评估机构及资产评估专业人员应当在评估报告中提供必要的信息，以反映评估委托的基本情况、评估的理论依据、评估资料的取得情况、评估采用的方法、评估的实施过程及评估结论。根据中国资产评估协会2018年10月29日发布的《资产评估执业准则——资产评估报告》的要求，资产评估报告的内容包括：标题及文号、目录声明、摘要、正文和附件。

一、评估报告封面内容

资产评估报告封面须载明评估报告标题及文号、评估机构全称和评估报告日。评估报告标题应当简明清晰，一般采用“企业名称+经济行为关键词+评估对象+评估报告”的形式。评估报告文号包括评估机构特征字、种类特征字、年份、报告序号。有服务商标的，评估机构可以在报告封面载明其图形标志。

二、评估报告声明与摘要

评估的声明起到表明立场、观点、态度，保护自己合法权益的作用。摘要可以让使用者尽快了解评估报告的主要内容。

（一）资产评估报告声明的基本内容

（1）资产评估报告依据财政部发布的资产评估基本准则和中国资产评估协会发布的资

产评估执业准则和职业道德准则编制。

（2）委托人或者其他资产评估报告使用人应当按照法律、行政法规规定和资产评估报告载明的使用范围使用资产评估报告；委托人或者其他资产评估报告使用人违反前述规定使用资产评估报告的，资产评估机构及其资产评估专业人员不承担责任。

（3）资产评估报告仅供委托人、资产评估委托合同中约定的其他资产评估报告使用人和法律、行政法规规定的资产评估报告使用人使用；除此之外，其他任何机构和个人不能成为资产评估报告的使用人。

（4）资产评估报告使用人应当正确理解和使用评估结论，评估结论不等同于评估对象可实现价格，评估结论不应当被认为是对评估对象可实现价格的保证。

（5）资产评估报告使用人应当关注评估结论成立的假设前提、资产评估报告特别事项说明和使用限制。

（6）资产评估机构及其资产评估专业人员遵守法律、行政法规和资产评估准则，坚持独立、客观、公正的原则，并对所出具的资产评估报告依法承担责任。

（7）其他需要声明的内容。

应当注意的是，评估报告声明应当置于评估报告摘要之前。声明一般不需要另行签字盖章。

（二）资产评估报告摘要的基本内容

资产评估报告摘要应当提供评估业务的主要信息及评估结论。资产评估师应当在评估报告正文的基础上编制评估报告摘要。每份资产评估报告的正文之前应有表达该报告关键内容的摘要，用来让各有关方面了解该评估报告的主要信息。

评估报告摘要应当简明扼要地反映经济行为、评估目的、评估对象和评估范围、价值类型、评估基准日、评估方法、评估结论及其使用有效期、对评估结论产生影响的特别事项等关键内容。该摘要还必须与评估报告提示的结果一致，不得有误导性内容，并应当采用提醒文字提醒使用者阅读全文。评估报告摘要应当采用下述文字提醒评估报告使用者阅读全文："以上内容摘自评估报告正文，欲了解本评估项目的详细情况和合理理解评估结论，应当阅读评估报告正文。"

评估报告摘要应当置于评估报告正文之前，与资产评估报告正文具有同等法律效力，一般不需要另行签字盖章。

三、评估报告正文与附件

正文部分是评估报告的主体内容，是通过评估工作形成的规范性正式文本。附件在评估报告中起到辅助说明的作用。

（一）资产评估报告正文的基本内容

（1）委托方、产权持有方和资产评估委托合同约定的其他资产评估报告使用者。评估报告正文应当介绍委托方、被评估单位（或者产权持有单位）和资产评估委托合同约定的其他评估报告使用者的概况。委托方和资产评估委托合同约定的其他评估报告使用者概况一般包括名称、法定住所及经营场所、法定代表人、注册资本及主要经营范围等。在企业价值评估过程中，被评估单位（或者产权持有单位）的概况一般包括：名称、法定住所及经营场所、法定代表人、主要经营范围、注册资本、公司股东及持股比例、股权变更情况及必要的公司产权和经营管理结构、历史情况等，近三年资产、财务、经营状况以及委托方和被评估单位（或者产权持有单位）之间的关系（如产权关系、交易关系）。单项资产或者资产组合评估，被评估单位（或者产权持有单位）概况一般包括名称、法定住所及经营场所、法定代表人、注册资本及主要经营范围等。委托方与被评估单位（或者产权持有单位）为同一企业的，按被评估单位（或者产权持有单位）的要求编写。存在交叉持股的，应当列示交叉持股图并简述交叉持股关系及是否属于同一控制的情形。存在关联交易的，应当说明关联方、交易方式等基本情况。评估报告使用者包括委托方、业务约定书中约定的其他评估报告使用者和国家法律、法规规定的评估报告使用者。

（2）评估目的。评估报告应当说明本次资产评估的目的及其所对应的经济行为，并说明该经济行为获得批准的相关情况或者其他经济行为依据。评估报告载明的评估目的应当唯一，表述应当明确、清晰。

（3）评估对象和评估范围。评估报告中应当载明评估对象和评估范围，并具体描述评估对象的基本情况，通常包括法律权属状况、经济状况和物理状况。若评估资产为多家占有，则应说明各自的份额及对应资产类型。

（4）价值类型及其定义。评估报告应当明确价值类型及其定义，并说明选择价值类型的理由。

（5）评估基准日。评估报告应当载明评估基准日，并与资产评估委托合同约定的评估基准日保持一致。评估报告应当说明选取评估基准日时重点考虑的因素（如经济行为的实现、会计期末、利率和汇率变化等）。评估基准日可以是现在时点，也可以是过去或者将来的时点。

此外，还应确定评估基准日的理由和成立条件，揭示确定基准日对评估结果的影响程度。另外，还应对采用非基准日价格标准做出说明。

（6）评估依据。这部分应当说明评估遵循的法律依据、准则依据、权属依据及取价依据等。对评估中采用的特殊依据应作相应的披露。

（7）评估方法。应在这部分中说明评估过程所选择、使用的评估方法和选择评估方法的依据或原因。以持续经营为前提，采用两种以上方法进行企业价值评估，应当分别说明两种评估方法选取的理由以及评估结论确定的方法。对所选择特殊评估方法的，也应介绍其原理及适用范围。

（8）评估程序实施过程和情况。这部分应反映评估机构自接受评估项目委托起至出具评估报告的主要评估工作过程，包括接受委托过程中确定评估目的、对象及范围，评估基准日和拟订评估方案等过程；指导被评估单位清查资产、准备评估资料，核实资产与验证资料等过程；选择评估方法、收集市场信息和估算等过程；评估结果汇总、评估结论分析、报告撰写和内部审核等过程。

（9）评估假设。这部分应当披露评估假设及其对评估结论的影响。

（10）评估结论。这部分是报告正文的重要部分，应当以文字和数字形式清晰说明评估结论。通常评估结论应当是确定的数值。经与委托方沟通，评估结论可以使用区间值表达。

（11）特别事项说明。这部分通常应说明产权瑕疵，未决事项、法律纠纷等不确定因素，重大期后事项以及在不违背资产评估准则要求的情况下，采用的不同于资产评估准则规定的程序和方法。资产评估师应当说明特别事项可能对评估结论产生的影响，并重点提示评估报告使用者予以关注。

（12）评估报告使用限制说明。此部分通常包括以下内容：评估报告只能用于评估报告载明的评估目的和用途；评估报告只能由评估报告载明的评估报告使用者使用；未征得出具评估报告的评估机构同意，评估报告的内容不得被摘抄、引用或披露于公开媒体，法律、法规规定以及相关当事方另有约定的除外；评估报告的使用有效期；因评估程序受限造成的评估报告的使用限制。资产评估师执行资产评估业务，评估程序受到限制且无法排除，经与委托方协商后仍需出具评估报告的，应当在评估报告中说明评估程序受限情况及其对评估结论的影响，并明确评估报告的使用限制。

（13）评估报告日。评估报告载明的评估报告日通常为资产评估师形成最终专业意见的日期。

（14）资产评估师签字盖章，评估机构或者经授权的分支机构加盖公章，法定代表人或者其授权代表签字，合伙人签字。评估报告正文应当由两名以上（含两名）资产评估师签字盖章，并由评估机构盖章。有限责任公司制评估机构的法定代表人或者合伙制评估机构负责该评估业务的合伙人应当在评估报告上签字。有限责任公司制评估机构的法定代表人可以授权首席评估师或者其他持有资产评估师证书的副总经理以上管理人员在评估报告上签字。有限责任公司制评估机构可以授权分支机构以分支机构名义出具除证券期货相关评估业务外的评估报告，加盖分支机构公章。评估机构的法定代表人可以授权分支机构负责人在以分支机构名义出具的评估报告上签字。声明、摘要和评估明细表上通常不需要另行签字盖章。

（二）资产评估报告附件的内容

评估报告附件通常包括：

（1）评估对象所涉及的主要权属证明资料。

（2）委托方和相关当事方的承诺函。

（3）评估机构及签字资产评估师资质、资格证明文件。

（4）评估对象涉及的资产明细表或资产汇总表。

（5）资产账面价值与评估结论存在较大差异说明。评估报告附件内容及其所涉及的签章应当清晰、完整，相关内容应当与评估报告摘要、正文一致。评估报告附件为复印件的，应当与原件一致。

按有关规定需要进行专项审计的，应当将企业提供的与经济行为相对应的评估基准日专项审计报告（含会计报表和附注）作为评估报告附件。按有关规定无须进行专项审计的，应当将企业确认的与经济行为相对应的评估基准日企业财务报表作为评估报告附件。

微课：资产评估报告的主要内容

如果引用其他机构出具的报告结论，根据现行有关规定，所引用的报告应当经相应主管部门批准（备案）的，应当将相应主管部门的相关批准（备案）文件作为评估报告附件。

这部分的格式没有具体要求，但必须按统一规格装订。

第三节 资产评估报告的编制

编制资产评估报告是资产评估工作的一个重要环节。评估机构和人员需要遵循资产评估报告编制的基本要求，按规定的步骤编制评估报告。这对于提升资产评估报告的质量意义重大。

一、评估报告编制的基本要求

资产评估师应当清晰、准确地陈述评估报告内容，不得使用误导性的表述。资产评估师应当在评估报告中提供必要信息，使评估报告使用者能够合理理解评估结论。资产评估师执行资产评估业务，可以根据评估对象的复杂程度和委托方要求，合理确定评估报告的详略程度。资产评估师在执行资产评估业务过程中，因法律法规规定、客观条件限制，无法或者不能完全履行资产评估基本程序，经采取措施弥补程序缺失，且未对评估结论产生重大影响的，可以出具资产评估报告，但应当在资产评估报告中说明资产评估程序受限情况、处理方式及其对评估结论的影响。如果程序受限对评估结论产生重大影响或者无法判断其影响程度的，不得出具资产评估报告。评估报告应当使用中文撰写。需要同时出具外文评估报告的，以中文评估报告为准。评估报告一般以人民币为计量币种。使用其他币种计量的，应当注明该币种与人民币的汇率。

编制资产评估报告的基本要求是指在编制资产评估报告的过程中的各主要环节和方面的技术要求，具体包括文字表达、格式与内容以及复核与反馈等方面的技能要求等。

（一）文字表达方面的技能要求

资产评估报告既是一份对被评估资产价值有咨询性和公正性作用的文书，又是一份用来明确资产评估机构和评估人员工作责任的文字依据，所以它的文字表达既要清楚、准确，又要提供充分的依据，还要全面地叙述整个评估的具体过程。其文字的表达必须准确，不得使用模棱两可的措辞。其陈述既要简明扼要，又要把有关问题说明清楚，不得带有任何诱导、恭维和推荐性的陈述。当然，在文字表达上也不能带有“大包大揽”的语句，尤其是涉及承担责任条款的部分。

（二）格式与内容方面的技能要求

对资产评估报告格式与内容方面的技能要求，目前还必须以《资产评估执业准则——资产评估报告》和《企业国有资产评估报告指南》为标准。

（三）复核与反馈方面的技能要求

对资产评估报告必须建立起多级复核和交叉复核的制度，明确复核人的职责，防止流于形式的复核。收集反馈意见的对象主要是委托方或资产占有方熟悉资产具体情况的人员。应谨慎对待委托方或资产占有方的反馈信息，应本着独立、客观、公正的态度去看待其反馈意见。

二、评估报告的编制步骤

制作资产评估报告主要包括五个步骤：

（一）整理工作底稿和归集有关资料

资产评估现场工作结束后，有关评估人员必须着手对现场工作底稿进行整理和分类，同时对有关询证函、被评估资产背景材料、技术鉴定情况和价格取证等有关资料进行归集和登记。现场未予确定的事项，还须进一步落实和核查。这些现场工作底稿和有关资料都是编制资产评估报告的基础。

（二）汇总评估数据和评估明细表的数字

在完成现场工作底稿和有关资料的归集任务后，评估人员应着手进行评估数据的汇总。如果评估对象是整体资产，评估人员还应着手评估明细表的数字汇总。明细表的数字汇总应根据明细表的不同级次，先进行明细表汇总，然后分类汇总，再到资产负债表式的汇总。不具备采用电脑软件汇总的评估机构，在数字汇总过程中应反复核对各有关表格中数字的关联性和各表格栏目之间数字的钩稽关系，防止出错。

（三）分析和讨论评估的初步数据

在完成评估数据和评估明细表的数字汇总后，应召集参与评估工作的有关人员，对评估报告初步数据的结论进行分析和讨论，比较各有关评估数据，复核记录估算结果的工作底稿，对存在作价不合理的部分评估数据进行调整。

（四）编写资产评估报告

编写资产评估报告可分为三个环节：

第一，在完成资产评估初步数据和数字的分析与讨论并对有关部分的数据进行调整后，由具体参加评估的各组负责人员草拟出各自负责评估部分的资产评估说明，同时提交全面负责、熟悉本项目评估具体情况的人员，草拟出资产评估报告。

第二，将评估基本情况和资产评估报告初稿的初步结论与委托方交换意见，听取委托方的反馈意见。

第三，在坚持独立、客观、公正的前提下，认真分析委托方提出的问题和建议，考虑是否应该修改评估报告，对评估报告中存在的疏忽、遗漏和错误之处进行修正，待修改完毕即可撰写出正式的资产评估报告。

（五）资产评估报告的签发与送交

评估机构撰写出正式的资产评估报告后，经审核无误，按以下程序进行签名盖章：先由负责该项目的资产评估师签章（两名或两名以上），再送复核人审核签章，最后送评估机构负责人审定签章并加盖机构公章。

资产评估报告签发盖章后即可连同评估说明及评估明细表送交委托单位。

三、评估报告的复核与提交

对资产评估报告的复核是指在正式出具资产评估报告之前，通过对工作底稿、评估说明、评估明细表以及报告书正文的文字、格式及内容的复核和反馈，检查评估报告中是否存在有关错误和遗漏等问题，并在出具正式报告书之前加以改正。对评估人员来说，资产评估工作是一项必须由多个评估人员同时作业的中介业务。每个评估人员都有可能因能力、水平、经验、阅历及理论方法的限制而产生工作盲点和工作疏忽，所以，对资产评估报告初稿进行复核就非常必要。由于大多数委托方和资产占有方对委托评估资产的分布、结构、成新等具体情况总是可能比评估机构和评估人员更熟悉，因此，在出具正式报告之前征求委托方意见、收集反馈意见有时也是很有必要的。

微课：资产评估报告的编制

第四节　资产评估报告的使用

资产评估机构出具并提交资产评估报告后，意味着资产评估工作已基本完成。在资产评估报告的使用过程中，委托人及其他评估报告使用者应当认真阅读资产评估报告的内容，正确理解评估结果的含义，恰当使用资产评估报告，合理实施评估目的对应的经济行为。《中华人民共和国资产评估法》第三十二条要求：“委托人或者评估报告使用人应当按照法律规定和评估报告载明的使用范围使用评估报告。委托人或者评估报告使用人违反前款规定使用评估报告的，评估机构和评估专业人员不承担责任。”资产评估报告的使用人不仅包括委托人，而且包括资产评估委托合同中约定和法律、行政法规规定的其他资产评估报告使用人，主要包括资产评估委托合同中约定的其他资产评估报告使用者、资产评估监管部门和其他相关部门等。资产评估机构及人员有义务帮助评估报告使用者正确理解资产评估报告的内容，指引其合理使用资产评估报告。

一、评估报告的使用者

根据《资产评估执业准则——资产评估报告》，资产评估报告使用人包括委托人、资产评估委托合同中约定的其他资产评估报告使用人和法律、行政法规规定的资产评估报告使用人。

资产评估报告的使用者必须在资产评估委托合同中予以明确约定。如果存在评估业务委托方之外的评估报告使用者，需要在评估报告中明确披露。

二、使用评估报告需要注意的问题

（一）委托方对资产评估报告的合理使用

委托方在收到受托评估机构送交的正式评估报告及有关资料后，可以依据评估报告所揭示的评估目的和评估结论，合理使用资产评估结果。从性质上说，资产评估结果和结论是资产评估师的一种专业判断和专业意见，并无强制执行力。在正常情况下，委托方完全可以在评估报告限定的条件下和范围内根据自身的需要合理使用评估报告及评估结论，并不一定完全按照评估结论一成不变地“遵照执行”。如果委托方直接使用了评估结论，那也是委托方的自主选择，并不是因为评估结论具有强制力。同时，评估报告及其结论虽无强制执行力，但评估结论也不得随意使用或滥用。委托方必须按照评估报告中所揭示的评估目的、评估结果的价值类型、评估结果成立的限制条件和适用范围正确地使用评估结论。委托方在使用资产评估报告及其结果时必须满足以下几个方面的要求：

（1）只能按评估报告所揭示的评估目的使用评估报告及其结论。一份评估报告只允许按一个用途使用。

（2）评估报告只能由评估报告中限定的期望使用者使用，评估报告及其结论不适用于其他人。

（3）只能在评估报告的有效期内使用报告。如果超过评估报告的有效期，原资产评估结果无效。

（4）在评估报告的有效期内，资产评估数量发生较大变化时，应由原评估机构或者资产占有单位按原评估方法对评估报告作相应调整，然后才能使用。

（5）涉及国有资产产权变动的评估报告及有关资料必须经国有资产管理部门或授权部门核准或备案后方可使用。

（6）作为企业会计记录和调整企业账项使用的资产评估报告及有关资料，必须根据国家有关法规规定执行。

所有不按评估报告揭示的目的、期望使用者、价值类型、有效期等限制条件使用评估报告及其结论并造成损失的，应由使用者自负其责。

（二）资产评估管理机构对资产评估报告的核准、备案和检查

资产评估管理机构对资产评估报告书的核准、备案和检查也是对资产评估报告的一种使用。资产评估管理机构主要是指对资产评估进行行政管理的主管机关和资产评估行业自律管理的行业协会。资产评估管理机构对资产评估报告的核准、备案和检查是资产评估管理机构实现对评估机构的行政管理和行业自律管理的重要过程。

一方面，资产评估管理机构通过对评估机构出具的资产评估报告的核准、备案和检查，能大体了解评估机构从事评估工作的业务能力和组织管理水平。由于资产评估报告是反映资产评估工作过程的工作报告，资产评估管理机构通过对资产评估报告进行核准、备案和检查，能够对评估机构的评估质量做出客观的评价，从而能够有的放矢地对评估机构的人员、技术和职业道德进行管理。

另一方面，国有资产评估报告能为国有资产管理提供重要的数据资料。通过对国有资产评估报告书的核准、备案和检查，以及统计与分析，可以及时了解国有资产占有、使用、转移状况以及增减值变动情况，进一步为加强国有资产管理服务。

当然，资产评估管理机构对评估报告书的使用也应该是全面和客观的，资产评估管理机构应结合评估项目的具体条件、评估机构的总体构思、评估机构设定的评估前提以及评估结果的价值类型和定义等，全面地评价评估报告和评估结论，避免就评估结论而论评估结论。

（三）其他有关部门对资产评估报告的合理使用

除了资产评估管理机构可以对资产评估报告进行核准、备案和检查外，政府、法院、证券监督管理部门、保险监督管理部门、市场监督管理部门、税务机关、金融机构等有关部门也经常使用资产评估报告。当然，这里也存在一个正确和合理使用评估报告和评估结果的问题。由于上述部门大都拥有或可以行使司法或行政权力，它们在使用资产评估报告及其结果时，往往伴随着司法和行政权力的使用，因此很容易把评估结论的咨询性与这些机关和部门的强制权力混为一谈，把资产评估结论的专业判断性与资产定价混为一谈。因而，具有司法行政权力的机关和部门正确和合理使用评估报告及其评估结论就显得尤为重要。

（1）政府对资产评估报告的使用

当政府作为国有资产所有者的代表进行国有企业改制时，对国有企业改制资产评估报告及其结论的使用应等同于普通的委托方使用资产评估报告，应按照普通委托方使用评估报告的要求去做。政府对改制企业交易价格的最终确定是政府作为资产所有者代表的自主选择。它既可以等同于评估机构出具的改制企业的评估结果，又可以不完全等同于评估机构的改制企业的评估结果。资产评估结果仅仅是政府确定最终交易价格的参照和专业咨询意见。评估机构及其人员仅对评估结论的合理性负责，并不对改制企业的交易结果负责。

（2）法院对资产评估报告的使用

法院通过司法程序解决财产纠纷和经济纠纷时，也大量使用资产评估报告及其结论来处理以资抵债等案件。法院是以仲裁者的身份使用评估结论的，评估结果一经法院裁决就必须依法执行，因此这里必须强调，资产评估不会因使用者的不同而改变其自身的性质，评估结论也不会因法院的使用而由专业咨询变成定价，评估结论无论如何都是对资产客观价值的估计值，而并不一定是这个客观价值本身，包括法院在内的权力机关，无论是作为仲裁者还是作为执法者，都应合理使用评估结论，都应以资产评估报告及其结论为基础和参照，综合考虑经济纠纷双方的申辩和理由来裁定经济纠纷涉及的资产价值或以资抵债的数额（价格）。

（3）证券监督管理部门对资产评估报告的使用

证券监督管理部门对资产评估报告的使用，主要是对申请上市的公司有关申报材料招股说明书中的有关资产评估数据的审核，以及对上市公司的股东配售发行股票时申报材料配股说明书中的有关资产评估数据的审核。根据有关规定，公开发行股票公司的信息披露至少要列示以下各项资产评估情况：按资产负债表大类划分的公司各类资产评估前账面价值及固定资产净值，公司各类资产评估净值，各类资产增减值幅度，各类资产增减值的主要原因。公开发行股票的公司若采用非现金方式配股，其配股说明书的备查文件必须附上资产评估报告。

证券监督管理部门对资产评估报告和有关资料的使用，主要是为了保护公众投资者的利益和资本市场的秩序，以及加强对取得证券业务评估资格的评估机构及有关人员的业务管理。证券监督管理部门对资产评估报告和有关资料的使用实际上是对资产评估机构及其人员的业务监管，相当于资产评估管理部门对资产评估报告的使用，因此应参照资产评估管理部门使用评估报告的要求使用，全面、客观地使用评估报告。

（4）保险监督管理部门、市场监督管理部门、税务、金融等其他部门对资产评估报告的使用

保险监督管理部门、市场监督管理部门、税务、金融等其他部门也在大量使用资产评估报告。这些部门使用资产评估报告时，也必须清楚地认识到资产评估结论只是一种专业判断和专家意见，而这些专业判断又是建立在一系列假设和前提基础之上的。在许多情况下，这些使用资产评估报告的部门必须全面理解和认识评估结论，并在此基础上结合本部门的资产业务做出自主决策。这并不是说因资产评估结论是一种专业判断和专家意见就可以减轻或豁免评估机构及其评估师的责任，而是说评估师应对评估程序以及评估结论的合理性负责。

第五节　资产评估档案

一、资产评估档案的含义

资产评估业务完成后，资产评估机构应当按照法律、行政法规和准则的规定建立健全资产评估档案管理制度并妥善管理资产评估档案。

根据《资产评估执业准则——资产评估档案》，资产评估档案是指资产评估机构开展资产评估业务形成的，反映资产评估程序实施情况、支持评估结论的工作底稿、资产评估报告及其他相关资料。纳入资产评估档案的资产评估报告应当包括初步资产评估报告和正式资产评估报告。

二、资产评估工作底稿

资产评估机构及评估师执行资产评估业务，应当遵守法律、行政法规和资产评估准则，编制工作底稿。工作底稿应当反映资产评估程序实施情况，支持评估结论。资产评估机构及其资产评估专业人员可以根据资产评估业务具体情况，合理确定工作底稿的繁简程度，但是工作底稿应当真实完整、重点突出、记录清晰。

工作底稿可以是纸质文档、电子文档或者其他介质形式的文档，资产评估机构及其资产评估专业人员应当根据资产评估业务具体情况和工作底稿介质的理化特性谨慎选择工作底稿的介质形式。

（一）资产评估工作底稿的分类

资产评估工作底稿通常分为管理类工作底稿和操作类工作底稿。

（1）管理类工作底稿

管理类工作底稿是指在执行资产评估业务过程中，为受理、计划、控制和管理资产评估业务所形成的工作记录及相关资料。通常包括以下内容：

① 资产评估业务基本事项的记录；

② 资产评估委托合同；

③ 资产评估计划；

④ 资产评估业务执行过程中重大问题处理记录；

⑤ 资产评估报告的审核意见。

以企业价值评估为例，上述五项内容可以细化为以下方面：

① 资产评估业务基本事项的记录；

② 资产评估项目风险评价；

③ 资产评估委托合同；

④ 资产评估计划；

⑤ 聘请专家的主要情况；

⑥ 资产评估过程中重大问题处理记录；

⑦ 资产评估报告审核情况。

（2）操作类工作底稿

操作类工作底稿是指履行现场调查、收集评估资料和评定估算程序时所形成的工作记录及相关资料。操作类工作底稿的内容因评估目的、评估对象和评估方法等不同而有所差异，通常包括以下内容：

① 现场调查记录与相关资料，通常包括：委托人或者其他相关当事人提供的资料，如：资产评估明细表，评估对象的权属证明资料，与评估业务相关的历史、预测、财务、审计等资料，以及相关说明、证明和承诺等；现场勘查记录、书面询问记录、函证记录以及其他相关资料。

② 收集的评估资料，通常包括：市场调查及数据分析资料，询价记录，其他专家鉴定及专业人士报告，其他相关资料。

③ 评定估算过程记录，通常包括：重要参数的选取和形成过程记录，价值分析、计算、判断过程记录，评估结论形成过程记录，与委托人或者其他相关当事人的沟通记录，其他相关资料。

（二）资产评估工作底稿的编制要求

（1）资产评估专业人员收集委托人或者其他相关当事人提供的资产评估明细表及其他重要资料作为工作底稿，应当由提供方对相关资料进行确认，确认方式包括签字、盖章或者法律允许的其他方式。

（2）资产评估项目所涉及的经济行为需要批准的，应当将批准文件归档。

（3）工作底稿中应当反映内部审核过程。

（4）资产评估专业人员应当根据资产评估业务特点和工作底稿类别，编制工作底稿目录，建立必要的索引号，以反映工作底稿间的钩稽关系。

三、资产评估档案的归集和管理

资产评估机构应明确业务部门和档案保管部门及相关人员在档案的归集、保管、借阅等环节的责任，应关注档案介质的理化特性，采用切实有效的手段履行资产评估档案在法定年限内的管理责任。

（一）资产评估档案的归集

资产评估专业人员通常应当在资产评估报告日后90日内将工作底稿、资产评估报告及其他相关资料归集形成资产评估档案，并在归档目录中注明文档介质形式。重大或者特殊项目的归档时限为评估结论使用有效期届满后30日内。

资产评估委托合同、资产评估报告应当形成纸质文档。评估明细表、评估说明可以是纸质文档、电子文档或者其他介质形式的文档。同时以纸质和其他介质形式保存的文档，其内容应当相互匹配，不一致的以纸质文档为准。

（二）资产评估档案的管理

资产评估机构应当在法定保存期内妥善保存资产评估档案，保证资产评估档案安全和持续使用。资产评估档案自资产评估报告日起保存期限不少于十五年；属于法定资产评估业务的，不少于三十年。

资产评估档案应当由资产评估机构集中统一管理，不得由原制作人单独分散保存。

资产评估机构不得对在法定保存期内的资产评估档案非法删改或者销毁。

资产评估档案涉及客户的商业秘密，评估机构、资产专业人员有责任为客户保密。资产评估档案的管理应当严格执行保密制度。除下列情况外，资产评估档案不得对外提供：

（1）国家机关依法调阅的；

（2）资产评估协会依法依规调阅的；

（3）其他依法依规查阅的。

本机构评估专业人员需要查阅评估档案，应按规定办理借阅手续。

【例6-1】

评估报告示例

本资产评估报告依据中国资产评估准则编制

HM股份有限公司拟对收购WL有限公司股权形成的商誉

进行减值测试涉及的相关资产组组合价值评估项目

资产评估报告

KY评报〔2020〕114号

（共一册 第一册）

KY资产评估有限公司

二〇二〇年三月三十日

目 录

声 明

一、本资产评估报告依据财政部发布的资产评估基本准则，以及中国资产评估协会发布的资产评估执业准则和职业道德准则编制。

二、委托人或者其他资产评估报告使用人应当按照法律、行政法规规定及本资产评估报告载明的使用范围使用资产评估报告；委托人或者其他资产评估报告使用人违反前述规定使用资产评估报告的，本资产评估机构及资产评估师不承担责任。本资产评估报告仅供委托人、资产评估委托合同中约定的其他资产评估报告使用人和法律、行政法规规定的资产评估报告使用人使用；除此之外，其他任何机构和个人不能成为资产评估报告的使用人。本资产评估机构及资产评估师提示资产评估报告使用人应当正确理解评估结论，评估结论不等同于评估对象可实现价格，评估结论不应当被认为是对评估对象可实现价格的保证。

三、本资产评估机构及资产评估师遵守法律、行政法规和资产评估准则，坚持独立、客观和公正的原则，并对所出具的资产评估报告依法承担责任。

四、本资产评估机构及资产评估师与资产评估报告中的评估对象没有现存或者预期的利益关系；与相关当事人没有现存或者预期的利益关系，对相关当事人不存在偏见。

五、本资产评估机构出具的资产评估报告中的分析、判断和结果受资产评估报告中假设和限制条件的限制，资产评估报告使用人应当充分关注资产评估报告中载明的假设、限制条件、特别事项说明及其对评估结论的影响。

六、因受新冠肺炎疫情的影响，委托人和相关当事人无法提供现场核实工作的条件，在不违背评估准则的前提下，资产评估师采取了其他有效替代程序进行了核实，对评估对象的价值进行估算发表了专业意见，并已对该事项进行了充分披露，资产评估师认为对评估结论没有较大影响。

摘 要

以下内容摘自资产评估报告正文，欲了解本评估项目的详细情况和合理理解评估结论，应当认真阅读资产评估报告正文。

一、委托人、委估资产组组合所在主要企业及其他资产评估报告使用人

本次资产评估的委托人为HM股份有限公司，本次委估资产组组合所在主要企业为WL有限公司。根据《资产评估委托合同》，本资产评估报告的其他使用人为国家法律、法规规定的资产评估报告使用人。

二、评估目的

HM股份有限公司根据企业会计准则的要求，拟对其收购WL有限公司股权所形成的商誉在资产负债表日进行减值测试，为此需要对该经济行为涉及的相关资产组组合在评估基准日的可回收价值进行评估。本次评估目的是为该经济行为提供委估资产组组合可回收价值的参考依据。

三、评估对象和评估范围

评估对象为涉及上述经济行为的相关资产组组合。评估范围为截至2019年12月31日的相关委估资产及负债。按委估资产组组合汇总表反映，不含商誉的资产总额、负债和相关商誉的申报金额分别为××元、××元和××元，资产净额（含商誉）为××元。

四、价值类型

按照《以财务报告为目的的评估指南》的要求，选择资产组组合的可回收价值作为本评估报告的价值类型。“可回收价值”是指委估资产组组合预计未来现金流量的现值或者公允价值减去处置费用的净额的孰高者。

五、评估基准日

评估基准日为2019年12月31日。

六、评估方法

根据评估对象、价值类型、资料收集情况等相关条件，本次采用收益法进行评估。

七、评估结论

在本报告所揭示的评估假设基础上，委估资产组组合的可回收价值为××元。

八、评估结论的使用有效期

本评估结论仅对HM股份有限公司商誉减值测试之经济行为有效。本评估结论的使用有效期为一年，即自评估基准日2019年12月31日起至2020年12月30日止。

资产评估报告的特别事项说明和使用限制说明请阅读资产评估报告正文。

HM股份有限公司拟对收购WL有限公司股权形成的商誉进行减值测试涉及的相关资产组组合价值评估项目资产评估报告

HM股份有限公司：

KY资产评估有限公司接受贵公司的委托，根据有关法律、行政法规和资产评估准则的规定，坚持独立、客观、公正的原则，采用收益法，按照必要的评估程序，对贵公司拟对收购WL有限公司股权形成的商誉进行减值测试涉及的相关资产组组合在2019年12月31日的可回收价值进行了评估。现将资产评估情况报告如下：

一、委托人、委估资产组组合所在主要企业及其他资产评估报告使用人

（一）委托人概况

1.名称：HM股份有限公司

2.住所：杭州市××区××路××号

3.法定代表人：××

4.注册资本：×××万元人民币

5.类型：其他股份有限公司（上市）

6.登记机关：浙江省市场监督管理局

7.经营范围：设计、制作、代理、发布国内各类广告，新媒体技术开发，实业投资，经营进出口业务，会展服务。

（二）委估资产组组合所在主要企业概况

本次委估资产组组合所在主要企业为WL有限公司。

1.企业名称、类型与组织形式

（1）名称：WL有限公司

（2）住所：北京市××区××路××号

（3）法定代表人：×××

（4）注册资本：×××万元人民币

（5）类型：其他有限责任公司

（6）登记机关：北京市市场监督管理局海淀分局

（7）经营范围：技术开发、技术转让、技术咨询、技术服务、技术培训；计算机系统服务；教育咨询；声乐培训；舞蹈培训；翻译服务；企业管理咨询；经济贸易咨询；企业策划、设计；公共关系服务；组织文化艺术交流活动（不含演出）；会议服务；自费出国留学中介服务；销售通信设备、电子产品、计算机、软件及辅助设备、机械设备（企业依法自主选择经营项目，开展经营活动；依法须经批准的项目，经相关部门批准后依批准的内容开展经营活动；不得从事本市产业政策禁止和限制类项目的经营活动）。

2.企业历史沿革

WL有限公司成立于2006年4月17日，成立时注册资本为××万元。

2015年1月，根据公司股东大会决议，增加注册资本至××万元。股权结构如下：

序号	股东名称	出资额（万元）	出资比例
1	HM股份有限公司	600	60%
2	HS投资管理中心（有限合伙）	150	15%
3	WL有限公司	150	15%
4	HT有限公司	100	10%
合计		10 000	100%

3.WL有限公司前二年及截至评估基准日的资产、负债状况及经营业绩见下表

合并报表口径

单位：人民币元

项目	2017年12月31日	2018年12月31日	基准日
资产	323 479 798.70	405 884 214.97	436 481 705.11
负债	182 147 062.89	189 130 277.17	159 576 041.11
股东权益	141 332 735.81	216 753 937.80	276 905 664.00
归属于母公司股东权益	139 255 985.16	217 632 589.92	281 456 098.56
项目	2017年度	2018年度	2019年度
营业收入	194 647 077.75	245 086 248.37	254 758 359.27
营业成本	65 949 635.01	96 192 754.44	126 131 409.13
利润总额	71 300 756.27	88 023 289.08	67 288 156.93
净利润	67 585 074.35	75 019 698.17	61 200 143.95
归属于母公司股东的净利润	69 706 441.79	78 513 374.87	65 431 510.24

2017年、2018年的财务报表均已经注册会计师审计，且均出具了无保留意见的审计报告。

4.WL有限公司经营情况等

WL有限公司成立于2006年4月17日，是一家以教育、文化、科技为主要投资经营方向，拥有高新技术企业证书的教育机构，主要经营业务包括继续教育、国际职业教育、IT职业教育、艺术职业教育、在线职业教育等五大板块。作为一家教育产业领航公司，WL有限公司致力于优化整合优质教育教学资源、优质院校品牌资源、政府资源、媒体资源，举办职业教育、国际教育、IT教育、在线教育、艺术教育、基础教育等办学项目，全方位输出招生、教学、实训、就业等综合教育服务。WL有限公司依托其集团公司的国企背景和良好政府关系，为公司及合作院校提供政府支持；依托媒体资源，为公司及合作院校招生与宣传提供平台支持；依托上市公司雄厚的经济实力，为公司项目扩展及与合作院校深入合作提供强有力的资金支持，WL有限公司集教学科研于一体。WL有限公司对外投资多家单位，截至评估基准日，其主要投资的具体情况如下：

WL有限公司投资情况一览表

序号	公司名称	级别	投资日期	合并比例	备注
1	北京星干线文化传播有限公司	二级	2010.9.9	100.00%	
2	北京星干线艺术教育科技有限公司	三级	2013.4.4	100.00%	
3	贵州星干线新思维文化传播有限公司	四级	2012.9.9	85.00%	
4	艾特嘉信息技术(北京)有限公司	三级	2006.2.2	80.00%	
5	北京红舞星文化传播有限公司	三级	2010.8.8	80.00%	
6	北京教培英才人力资源管理有限责任公司	二级	2015.8.8	100.00%	

续表

序号	公司名称	级别	投资日期	合并比例	备注
7	北京青友联教育科技有限公司	三级	2013.8.8	51.00%	
8	京师教培教育科技(北京)有限公司	二级	2015.6.6	55.00%	
9	励耘行知教育科技(北京)有限公司	二级	2011.4.4	100.00%	
10	珠海市励耘自学考试辅导中心	三级	2018.5.5	100.00%	
11	北京文教英才科贸有限公司	二级	2015.8.8	100.00%	
12	云科未来科技(北京)有限公司	二级	2014.8.8	70.00%	
13	云南求知教育信息咨询有限公司	二级	2015.6.6	100.00%	
14	昆明市五华区云师未来培训中心	三级	2017.3.3	100.00%	
15	中教未来(北京)文化传播有限公司	二级	2014.3.3	100.00%	
16	广州正索教育咨询有限公司	三级	2016.9.9	70.00%	
17	北京加美环球教育咨询有限公司	三级	2013.9.9	51.00%	
18	中网世纪教育科技(北京)有限公司	二级	2014.1.1	65.00%	
19	北京翻译研修学院	二级	2014.7.7	100.00%	
20	中教未来科技(北京)有限公司	二级	2015.12.12	100.00%	
21	北京产学研教育科技有限公司	三级	2016.5.5	80.00%	
22	智云未来教育科技(北京)有限公司	三级	2016.9.9	70.00%	
23	霍尔果斯中教未来教育咨询有限公司	二级	2016.6.6	100.00%	
24	中教知本教育科技(北京)有限公司	二级	2017.4.4	70.00%	
25	广州励耘教育科技有限公司	二级	2013.7.7	100.00%	
26	智明远扬教育科技(北京)有限公司	二级	2006.9.9	100.00%	
27	北京领域兄弟教育咨询有限公司	三级	2007.8.8	100.00%	
28	贵州雅致思语教育科技有限公司	三级	2015.7.7	70.00%	
29	北京未名环球教育科技有限公司	二级	2016.7.7	60.00%	
30	苏州中育教育科技有限公司	二级	2016.10.10	70.00%	
31	南京博彦教育科技有限公司	三级	2017.8.8	100.00%	
32	贵州中教未来教育科技有限公司	二级	2017.11.11	100.00%	
33	杭州华媒教育科技有限公司	二级	2017.5.5	100.00%	
34	合肥中教正远教育科技有限公司	二级	2017.4.4	51.00%	
35	北京朋智博信教育科技有限公司	二级	2010.7.7	80.00%	
36	哈尔滨哈报未来教育科技有限公司	二级	2018.5.5	60.00%	

二、评估目的

HM股份有限公司根据企业会计准则的要求，拟对收购WL有限公司股权所形成的商誉在资产负债表日进行减值测试，为此需要对该经济行为涉及的相关资产组组合在评估基准日的可回收价值进行评估。

本次评估目的是为该经济行为提供委估资产组组合可回收价值的参考依据。

三、评估对象和评估范围

评估对象为涉及上述经济行为的相关资产组组合。评估范围为截至2019年12月31日的相关委估资产及负债。按委估资产组组合汇总表反映，不含商誉资产总额、负债和相关商誉的申报金额分别为145 823 064.06元、57 583 891.57元和925 589 110.16元，资产净额（含商誉）为1 018 378 717.21元。具体内容如下：

WL有限公司资产负债表（简表）

金额单位：元

项目	申报金额（公允价值）
一、流动资产	113 054 314.60
二、非流动资产	32 768 749.46
其中：长期股权投资	
投资性房地产	
固定资产	8 554 701.02
在建工程	
无形资产	14 440 688.75
其中：无形资产——土地使用权	
其他非流动资产	1 445 614.00
不含商誉资产总计	145 823 064.06
三、流动负债	57 583 891.57
四、非流动负债	
负债合计	57 583 891.57
相关商誉	925 589 110.16
少数股东权益	−4 550 434.56
资产净额（含商誉）合计	1 018 378 717.21

委托评估对象和评估范围与上述经济行为涉及的评估对象和评估范围一致。

四、价值类型及其定义

按照《以财务报告为目的的评估指南》的要求，选择资产组组合的可回收价值作为本评估报告的价值类型。“可回收价值”是指委估资产组组合预计未来现金流量的现值或者公允价值减去处置费用的净额的孰高者。

五、评估基准日

因评估基准日应为商誉减值测试日，即资产负债表日，故由委托人确定本次评估基准日为2019年12月31日，并在资产评估委托合同中作了相应约定。

六、评估依据

（一）法律法规依据

1.《资产评估法》；

2.《公司法》《合同法》《证券法》等；

3.《会计监管风险提示第8号——商誉减值》；

4.《企业会计准则第8号——资产减值》；

5.有关其他法律、法规、通知文件等。

（二）评估准则依据

1.《资产评估基本准则》；

2.《资产评估职业道德准则》；

3.《资产评估执业准则——资产评估程序》；

4.《资产评估执业准则——资产评估报告》；

5.《资产评估执业准则——资产评估委托合同》；

6.《资产评估执业准则——资产评估档案》；

7.《资产评估执业准则——利用专家工作及相关报告》；

8.《资产评估价值类型指导意见》；

9.《资产评估对象法律权属指导意见》。

（三）权属依据

1.WL有限公司提供的《营业执照》、公司章程和验资报告；

2.与资产及权利的取得及使用有关的经济合同、协议、资金拨付证明（凭证）、财务报表及其他会计资料；

3.车辆行驶证、发票等权属证明；

4.软件著作权、商标等相关权属证明；

5.其他产权证明文件。

（四）取价依据

1.WL有限公司提供的评估申报表；

2.WL有限公司前两年及截至评估基准日的审计报告以及相关会计报表；

3.《机电产品报价手册》及其他市场价格资料、询价记录；

4.主要设备的购置合同、发票、付款凭证；

5.各项税收相关法规；

6.北京市人民政府及相关政府部门颁布的有关政策、规定、实施办法等法规文件；

7.主要库存商品市场销价情况调查资料；

8.WL有限公司的历史生产经营资料、经营规划和收益预测资料；

9.行业统计资料、相关行业及市场容量、市场前景、市场发展及趋势分析资料、定价策略及未来营销方式、类似业务公司的相关资料；

10.从“同花顺金融数据库”查询的相关数据；

11.中国人民银行公布的评估基准日贷款市场报价利率；

12.企业会计准则及其他会计法规和制度、部门规章等；

13.评估专业人员对资产核实、勘察、检测、分析等所搜集的佐证资料；

14.其他资料。

七、评估方法

（一）评估方法的选择

根据本次评估的资产特性、评估目的及《以财务报告为目的的评估指南》和企业会计准则的相关规定，本次评估所选用的价值类型为资产组组合的可回收价值。可回收价值等于委估资产组组合预计未来现金流量的现值或者公允价值减去处置费用的净额的孰高者。

1.预计未来现金流量现值

资产组组合预计未来现金流量的现值，按照资产组组合在持续使用过程中和最终处置时所产生的预计未来现金流量，选择恰当的折现率对其进行折现后的金额加以确定。

2.公允价值减去处置费用后净额

资产组组合的公允价值减去处置费用后的净额，根据公平交易中销售协议价格减去可直接归属于该资产组组合处置费用的金额确定。不存在销售协议但存在活跃市场的，按照该资产组组合的市场价格减去处置费用后的金额确定。在不存在销售协议和活跃市场的情况下，则以可获取的最佳信息为基础，估计资产组组合的公允价值减去处置费用后的净额，该净额参考同行业类似资产组组合的最近交易价格或者结果进行估计。

由于前一次商誉减值测试时，对相关资产组组合评估人员采用收益法测算，在此期间资产组组合所在企业外部经营环境及企业经营状况与前次相比未发生重大变化，故本次商誉减值测试也沿用收益法进行测算。

（二）收益法简介

收益法是指通过将委估资产组组合的预期收益资本化或折现以确定评估对象价值的评估方法。

1.收益法的应用前提

（1）投资者在投资某项资产组组合时所支付的价格不会超过该资产组组合未来预期收益折算成的现值。

（2）能够对委估资产组组合未来收益进行合理预测。

（3）能够对与委估资产组组合未来收益的风险程度相对应的折现率进行合理估算。

2.收益法的模型

结合本次评估目的和评估对象，采用税前现金流折现模型确定委估资产组组合的评估值。具体公式为：

$$P=\sum_{i=1}^{n}\frac{R_i}{(1+r)^i}+\frac{P_n}{(1+r)^n}$$

式中：n为明确的预测年限；R_i为评估基准日后第i年的税前现金流；r为折现率；i为未来的第i年；P_n为第n年以后的税前现金流。

3.收益期与预测期的确定

本次委估资产组组合所在的WL有限公司持续经营，其存续期间为永续期，且委估资产组组合中的设备等主要资产可以在存续期间通过资本性支出更新以保证经营业务的持续，因此本次评估的收益期为无限期。具体采用分段法对委估资产组组合的收益进行预测，即将委估资产组组合未来收益分为明确的预测期间的收益和明确的预测期之后的收益，其中对于明确的预测期的确定综合考虑了行业产品的周期性和WL有限公司自身发展情况，根据评估人员的市场调查和预测，取5年作为分割点较为适宜。

4.收益额的确定

本次评估中的预期收益口径采用税前现金流，计算公式如下：

税前现金流=息税前利润+折旧及摊销−资本性支出−营运资金增加额

息税前利润=营业收入−营业成本−税金及附加−销售费用−管理费用−研发费用−财务费用（不含利息支出）−资产减值损失+其他收益+投资收益+公允价值变动收益+资产处置收益+营业外收入−营业外支出

5.折现率的确定

（1）本次列入商誉减值测试范围的资产组组合实质与WL有限公司的营运资产组合重合，其未来现金流的风险程度与WL有限公司的经营风险基本相当，因此本次评估的折现率以WL有限公司的加权平均资本成本（WACC）为基础经调整后确定。

（2）加权平均资本成本（WACC）计算公式如下：

$$WACC = K_e \cdot \frac{E}{E+D} + K_d \cdot (1-T) \cdot \frac{D}{E+D}$$

式中：WACC为加权平均资本成本；K_e为权益资本成本；K_d为债务资本成本；T为所得税税率；$\frac{D}{E+D}$为企业资本结构。

债务资本成本K_d采用一年期LPR利率，权数采用企业同行业上市公司平均债务构成计算取得。

权益资本成本按国际通常使用的CAPM模型求取，计算公式如下：

$$K_e = R_f + Beta \cdot ERP + R_c$$

式中：K_e为权益资本成本；R_f为无风险报酬率；Beta为权益的系统风险系数；ERP为市场风险溢价；R_c为企业特定风险调整系数。

（3）WACC模型中的有关参数的计算过程：

①无风险报酬率的确定。

国债收益率通常被认为是无风险的。截至评估基准日，评估人员取国债市场上长期国债的平均到期年收益率3.43%为无风险报酬率。

②资本结构的确定。

通过“同花顺iFinD金融数据终端”查询沪、深两市同行业上市公司截至2019年9月30日的资本结构，以其算术平均值作为公司目标资本结构的取值。

③权益的系统风险系数Beta的确定。

通过“同花顺iFinD金融数据终端”查询沪、深两市同行业上市公司含财务杠杆的Beta系数后，通过公式$\beta_u = \beta_l \div [1+(1-T)\cdot(D \div E)]$（公式中，T为所得税税率，$\beta_l$为含财务杠杆的Beta系数，$\beta_u$为剔除财务杠杆因素的Beta系数，D÷E为资本结构）对各项beta调整为剔除财务杠杆因素后的Beta系数。

再通过公式$\beta_l = \beta_u \cdot [1+(1-T)\cdot(D \div E)]$，计算WL有限公司带财务杠杆系数的Beta系数。

④市场风险溢价ERP的确定。

估算股票市场的投资回报率首先需要确定一个衡量股市波动变化的指数，评估人员选用沪深300指数作为A股市场投资收益的指标，借助“同花顺iFinD金融数据终端”选择每年年末成分股的各年年末交易收盘价作为基础数据进行测算。经计算得到各年的算术平均及几何平均收益率后再与各年无风险收益率比较，得到股票市场各年的ERP。

由于几何平均收益率能更好地反映股市收益率的长期趋势，因此采用几何平均收益率估算ERP。

⑤企业特定风险调整系数R_c的确定。

企业特定风险调整系数表示非系统性风险，是由于WL有限公司特定的因素而要求的风险回报。与同行业上市公司相比，综合考虑WL有限公司的企业经营规模、市场知名度、竞争优劣势、资产负债情况等，从而分析确定企业特定风险调整系数。

（4）加权平均资本成本的计算

①权益资本成本K_e的计算。

$$K_e = R_f + Beta \cdot ERP + R_c$$

②债务资本成本K_d的计算。

债务资本成本K_d采用基准日适用的一年期LPR利率4.15%。

注：K_d也可根据企业的实际情况分析选取。

$$WACC = K_e \cdot \frac{E}{E + D} + K_d \cdot (1 - T) \cdot \frac{D}{E + D}$$

③加权平均资本成本的计算。

（5）上述WACC计算结果为税后口径，根据《企业会计准则第8号——资产减值》中的相关规定，为与本次现金流预测的口径保持一致，需要将WACC计算结果调整为税前口径。

根据国际会计准则IAS36——BCZ85指导意见，无论税前、税后现金流及相应折现率，均应该得到相同计算结果。本次评估根据该原则将上述WACC计算结果调整为税前折现率口径。

八、评估程序实施过程和情况

本项资产评估工作于2020年1月10日开始，资产评估报告日为2020年3月30日。整个评估工作分五个阶段进行：

（一）接受委托阶段

1.项目调查与风险评估，明确评估业务基本事项，确定评估目的、评估范围和对象、评估基准日；

2.接受委托人的资产评估项目委托，签订资产评估委托合同；

3.制订资产评估工作计划；

4.组成项目小组，并对项目组成员进行培训。

（二）资产核实阶段

1.评估机构根据资产评估工作的需要，向相关企业提供资产评估申报表表样，并协助其进行资产清查工作；

2.了解相关企业基本情况及委估资产状况，并收集相关资料；

3.审查核对相关企业提供的资产评估申报表和有关测算资料；

4.因疫情原因，委托人无法提供现场核实工作条件，评估人员通过取得基础资料、合同及财务资料等扫描件，以及资产清单、照片，采取内控调查、互联网及电话访谈、企业盖章说明、互联网查询核对等替代程序进行了核查验证；根据资产评估申报表的内容进行现场核实和勘察，查阅资产购建、运行、维修等相关资料，并对资产状况进行勘查、记录；

5.查阅委估资产的产权证、合同、发票等产权证明资料，核实资产权属情况；

6.收集在线教育行业资料，了解相关企业的竞争优势和风险；

7.获取相关企业的历史收入、成本以及费用等资料，了解其现有的生产能力和发展规划；

8.收集并查验资产评估所需的其他相关资料。

（三）评定估算阶段

1.根据委估资产的实际状况和特点，确定具体的估算思路；

2.开展市场调研、询价工作；

3.对委估资产进行评估，测算其评估价值；

4.在相关企业提供的未来收益预测资料的基础上，查阅有关资料，合理确定评估假设，形成未来收益预测。然后分析、比较各项参数，选择具体计算方法，确定评估结果。

（四）结果汇总阶段

1.分析各项参数的合理性，检查评估结果，形成评估结论；

2.编制初步资产评估报告；

3.对初步资产评估报告进行内部审核；

4.征求有关各方意见。

（五）出具报告阶段

征求意见后，正式出具资产评估报告。

九、评估假设

1.基本假设

（1）本次评估以WL有限公司按预定的经营目标持续经营为前提，即WL有限公司的所有资产仍然按照目前的用途和方式使用，不考虑变更目前的用途或用途不变而变更规划和使用方式。

（2）本次评估以相关企业提供的有关法律性文件、各种会计凭证、账簿和其他资料真实、完整、合法、可靠为前提。

（3）本次评估以宏观环境相对稳定为假设前提，即国家现有的宏观经济、政治政策及相关企业所处行业的产业政策无重大变化，社会经济持续、健康、稳定发展；国家货币金融政策保持现行状态，不会对社会经济造成重大波动；国家税收保持现行规定，税种及税率无较大变化；国家现行的利率、汇率等无重大变化。

（4）本次评估以相关企业经营环境相对稳定为假设前提，即相关企业主要经营场所及业务所涉及地区的社会、政治、法律、经济等经营环境无重大改变；相关企业能在既定的经营范围内开展经营活动，不存在任何政策、法律或人为障碍。

2.具体假设

（1）假设WL有限公司管理层勤勉尽责，具有足够的管理才能和良好的职业道德，合法合规地开展各项业务，WL有限公司的管理层及主营业务等保持相对稳定。

（2）假设委估资产组组合每一年度的营业收入、成本费用、更新及改造等的支出，均在年度内均匀发生。

(3) 假设WL有限公司在收益预测期内采用的会计政策与评估基准日时采用的会计政策在所有重大方面一致。

(4) 假设无其他人力不可抗拒因素及不可预见因素对WL有限公司造成重大不利影响。

3.特殊假设

假设WL有限公司未来高新技术企业认定到期仍能延续，企业所得税持续适用15%的税率。评估人员根据资产评估的要求，认定这些前提条件在评估基准日时成立，当以上评估前提和假设条件发生变化，评估结论将失效。

十、评估结论

在本报告所揭示的评估假设基础上，委估资产组组合的可回收价值为980 000 000.00元（大写为人民币玖亿捌仟万元整）。

十一、特别事项说明

1.在委估资产组组合的可回收价值评估中，评估人员对WL有限公司提供的评估对象和相关资产的法律权属资料及其来源进行了必要的查验，未发现其评估对象和相关资产的权属资料存在瑕疵情况。提供有关资产真实、合法、完整的法律权属资料是WL有限公司的责任，评估人员的责任是对WL有限公司提供的资料作必要的查验，资产评估报告不能作为对评估对象和相关资产的法律权属的确认和保证。若WL有限公司不拥有前述资产的所有权，或对前述资产的所有权存在部分限制，则委估资产组组合的评估结论会受到影响。

2.截至评估基准日，WL有限公司存在以下质押事项，可能对相关资产产生影响，但在评估时难以考虑：

WL有限公司以持有的ZM有限公司的100%股权为质押物，为WL有限公司向杭州某银行借款2 100万元人民币提供担保，担保期限为2017年1月9日至2021年1月8日，截至评估基准日，该质押项下的借款余额为785万元人民币。WL有限公司承诺，截至评估基准日，除上述事项外，不存在其他资产抵押、质押、对外担保、未决诉讼、重大财务承诺等或有事项。

3.在本次评估中，评估人员未对各种设备在评估基准日的技术参数和性能做技术检测，评估人员在假定WL有限公司提供的有关技术资料和运行记录是真实有效的前提下，通过实地勘察做出的判断。

4.新冠肺炎疫情在评估基准日前已经出现，但评估基准日时市场对该疫情尚无明确反应。基准日后疫情已在全球多国暴发，可能将对宏观经济以及市场信息产生重大影响。目前该疫情对经济形势的影响难以准确预估，因此本次评估未考虑该疫情对基准日评估结论可能产生的影响。

5.本评估结果是依据本次评估目的、以报告中揭示的假设前提而确定的委估资产组组合的可回收价值，没有考虑特殊的交易方式可能追加或减少付出的价格等对评估价值的影响，也未考虑宏观经济环境发生变化以及遇到自然力和其他不可抗力对资产价格的影响。

6.当对本次委估资产组组合的可回收价值进行评估时，评估人员依据现时的实际情况作了必要、合理的假设，在资产评估报告中列示。这些假设是评估人员进行资产评估的前提条件。当未来经济环境和以上假设发生较大变化时，评估人员将不承担由于前提条件的改变而推导出不同资产评估结论的责任。

7.本评估机构及评估人员不对资产评估委托人和WL有限公司提供的营业执照、验资报告、审计报告、会计凭证等证据资料本身的合法性、完整性、真实性负责。

8.本次评估对WL有限公司可能存在的其他影响评估结论的瑕疵事项，在评估资产时WL有限公司未作特别说明而评估人员根据其执业经验一般不能获悉的情况下，评估机构和评估人员不承担相关责任。资产评估报告使用人应注意上述特别事项对评估结论的影响。

十二、资产评估报告使用限制说明

1.本资产评估报告只能用于资产评估报告载明的评估目的和用途。

2.委托人或者其他资产评估报告使用人未按照法律、行政法规规定和资产评估报告载明的使用范围使用资产评估报告的，资产评估机构及资产评估师不承担责任。

3.除委托人、资产评估委托合同中约定的其他资产评估报告使用人和法律、行政法规规定的资产评估报告使用人之外，其他任何机构和个人不能成为资产评估报告的使用人。

4.资产评估报告使用人应当正确理解评估结论。评估结论不等同于评估对象可实现的价格，评估结论不应当被认为是对评估对象可实现价格的保证。

5.本评估结论的使用有效期为一年，即自评估基准日2019年12月31日起至2020年12月30日止。当评估目的在评估基准日后的一年内实现时，可以以评估结论作为参考依据，超过一年，需重新确定评估结论。

6.如果存在资产评估报告日后、有效期以内的重大事项，不能直接使用本评估结论。若资产数量发生变化，应根据原评估方法对资产价值进行相应调整；若资产价格标准发生重大变化，并对资产评估价值已经产生明显影响时，委托人应及时聘请评估机构重新确定评估结果。

7.当政策调整对评估结论产生重大影响时，应当重新确定评估基准日进行评估。

十三、资产评估报告日

本资产评估报告日为2020年3月30日。

KY资产评估有限公司

评估师：略

【思政课堂】 树立法律观念，坚守职业道德

2022年4月，中国证券监督管理委员会北京监管局发布《关于对邦讯技术股份有限公司采取责令公开说明行政监管措施的决定》，表明邦讯技术股份有限公司发布的《成都能盾电子科技有限公司股东股权价值评估报告书》相关信息披露不准确，评估机构北京宁邦鸿合资产评估事务所发表声明表示其决定撤销能盾电子股权评估报告，认为邦讯技术股份有限公司存在欺诈骗取评估报告的情形，主要原因一是评估报告出具至今，正式协议未寄回，评估费用未支付；二是委托人未如实告知评估目的；三是评估过程中未按照证券服务业务的风险类型设计并执行评估程序。此外，本次业务收费仅约定为5 000元人民币，与证券服务业务收费标准严重不符。但是邦讯技术股份有限公司主张其已经通过快递及电子数据传输文件的方式收到评估报告，并按照规定上传至深交所系统，并不承认存在骗取报

告的情况。

资产评估报告是投资者做出投资决策的重要参考，几千元中介费用，就可对价值上亿元的资产做出评估，且评估师签字等一应俱全，还被发布在深交所系统中，极有可能误导投资者。尽管评估机构发表声明撤销该报告，但是出现如此大的纰漏，势必会对评估师、评估机构的声誉甚至于评估行业造成一定的负面影响，从而降低投资者对资产评估报告的信任程度。

资产评估报告的出具以及档案的管理都有严格的规定，资产评估专业人员应当严肃执行此程序，树立法律观念，坚守职业道德，做好资产评估报告书的核准、备案和检查工作以及资产评估档案的归集和管理，避免发生被骗取评估报告的情形，以免对资产评估师、资产评估事务所以至于评估行业造成不良影响。

【本章小结】

资产评估报告与档案是评估过程与评估结论的重要载体。本章首先介绍了资产评估报告的含义、种类和作用，并介绍了资产评估报告的内容，一般包括：标题及文号、目录、声明、摘要、正文和附件。

本章进一步介绍了资产评估报告的编制基本要求与步骤，包括整理工作底稿和归集有关资料、汇总评估数据和评估明细表的数字、分析和讨论评估的初步数据、编写资产评估报告、资产评估报告的签发与送交，并阐明了使用资产评估报告时应当注意的问题。

最后，本章介绍了资产评估档案的含义，以及工作底稿的分类、归集与管理。资产评估工作底稿通常分为管理类工作底稿和操作类工作底稿。资产评估专业人员应当在规定时效内对工作底稿、资产评估报告及其他相关资料进行归集，并在法定保存期内妥善保存资产评估档案。

【练习题】

（一）单项选择题

1.下列各项不属于按评估对象划分的资产评估报告的是（　　）。

A.限制型评估报告　　B.房地产评估报告

C.机器设备评估报告　　D.无形资产评估报告

2.狭义的资产评估报告是（　　）。

A.一种工作制度　　B.资产评估报告书

C.公正性报告　　D.法律责任文书

3.如果对同一资产采用两种方法进行评估，评估报告中的评估结论应（　　）。

A.同时列示两个评估结果　　B.选择一个合理的评估结果

C.选择价值低的评估结果　　D.选择两种评估结果的平均数

4.根据《资产评估执业准则——资产评估报告》，评估报告的特别事项说明通常不包括（　　）。

A.产权瑕疵　　B.重大期后事项

C.未决事项等不确定因素　　D.被评估单位业务前景

5.资产评估结论最常用的价值定义是（　　）。
A.投资价值　　B.在用价值　　C.残余价值　　D.市场价值
6.下列对于委托方合理使用评估报告的说法不正确的是（　　）。
A.一份评估报告书只允许按一个用途使用
B.评估报告书只能由限定的期望使用者使用
C.原资产评估结果超过有效期就无效
D.当报告书有效期资产数量发生较大变化时评估结果也无须做出调整就可使用
7.下列不属于编制资产评估报告具体要求的是（　　）。
A.切忌表里不一　　B.文字表达方面的要求
C.切忌出具虚假报告　　D.提交报告书要及时
（二）多项选择题
1.资产评估报告按法律定位划分可分为（　　）。
A.正常评估报告　　B.法定评估业务评估报告
C.限制型评估报告　　D.无形资产评估报告
E.非法定评估业务评估报告
2.按评估基准日划分，资产评估报告可以划分为（　　）。
A.正常型评估报告　　B.现时性评估报告
C.限制型评估报告　　D.预测性评估报告
E.追溯性评估报告
3.资产评估报告的正文应包括的内容有（　　）。
A.评估基准日　　B.评估依据
C.评估方法　　D.摘要
E.附件
4.编制资产评估报告的具体要求包括（　　）。
A.切忌表里不一　　B.切忌出具虚假报告
C.提交报告书要及时、保密　　D.文字表达方面的技能要求
E.评估报告书的复核及反馈方面的技能要求
5.资产评估报告的编制步骤包括（　　）。
A.整理工作底稿和归集有关资料　　B.汇总评估数据和评估明细表的数字
C.编写资产评估报告书　　D.分析和讨论评估的初步数据
E.资产评估报告的签发与送交
6.下列项目属于管理类工作底稿的有（　　）。
A.资产评估工作计划　　B.市场调查及数据分析资料
C.资产评估业务委托合同　　D.资产评估报告的审核意见
E.委托人或者其他相关当事人提供的资料
（三）判断题
1.资产评估报告对资产业务定价具有强制执行的效力。（　　）
2.资产评估报告日为评估师将资产评估报告提交给委托人的日期。（　　）
3.资产评估行政管理的主管机关是政府财政部门。（　　）

4. 法定评估业务的资产评估报告应当由至少两名承办该项业务的资产评估师签名。（　）

5. 资产评估报告正文包括评估目的、评估对象和范围、摘要、价值类型等。（　）

6. 资产评估报告日就是评估报告的签署日。（　）

7. 资产评估报告的使用有效期通常为一年。（　）

（四）简答题

1. 资产评估报告的作用是什么？

2. 如何区分狭义和广义的资产评估报告的概念？

3. 资产评估报告声明主要包括哪些内容？

4. 资产评估报告的编制要求是什么？

5. 资产评估报告的编制步骤包括哪些？

6. 委托方利用资产评估报告需要注意哪些问题？

7. 资产评估档案管理有哪些具体要求？

客观题智能测评

第七章

资产评估职业规范与法律责任

【学习目标】

1. 熟悉资产评估法律规范、行政法规和部门规章；
2. 掌握资产评估准则体系的构成；
3. 熟悉资产评估的职业道德要求；
4. 掌握资产评估的法律责任；
5. 遵纪守法，恪守职业道德，强化社会责任意识，勇于担当。

本章思维导图

【案例导入】

2019年5月27日，银信资产评估有限公司（以下简称“银信评估”）受到证监会的行政处罚。证监会认为，银信评估在对中安消技术有限公司（以下简称“中安消技术”）进行评估时未勤勉尽责，出具的资产评估报告存在误导性陈述。

该行政处罚所涉及的评估事项如下：2014年2月14日，中安消股份有限公司（原名上海飞乐股份有限公司）[①]决定向深圳市中恒汇志投资有限公司发行股份，购买其持有的中安消技术有限公司（以下简称“中安消技术”）100%股权，银信评估为此次重大资产重组的评估机构。2014年4月25日，银信评估出具《上海飞乐股份有限公司拟收购中安消技术有限公司股权所涉及的中安消技术有限公司股东全部权益价值评估项目资产评估报告书》，采用收益法评估，中安消技术评估值为28.59亿元，评估增值约为26.91亿元，增值率为1 597.19%。

经证监会调查，银信评估在对中安消技术的评估中存在以下违法事实：

2013年11月，中安消技术与黔西南州政府签订《黔西南教育信息化工程项目建设战略合作框架协议》（以下简称《框架协议》），项目总金额4.5亿元，其中预计2014年确认收入3.42亿元，占银信评估评估时所依据的中安消技术本部在手合同及意向合同约4.7亿元的70%。根据《框架协议》的内容，中安消技术需要在框架协议内与黔西南州各县（市）人民政府、义龙新区管委会自行签订项目建设合同和还款协议，黔西南州政府只负责推进上述双方签订合作合同。黔西南州政府2016年8月15日出具的说明载明，该《框架协议》仅为合作框架协议，具体实施需通过公开招投标程序确定承建单位，且在已完成招标的各县（市、区）中，均无中安消技术中标。

银信评估未对该《框架协议》予以充分关注，未通过询问、函证、核对等方式进行调查，未保持应有的职业谨慎，没有对收益预测履行必要的分析、判断和调整程序，没有在

① 现名为“中安科股份有限公司”。该公司是1987年6月23日经沪体改（87）第4号文批准采用社会募集方式设立的股份有限公司。公司股票于1990年12月19日在上海证券交易所上市交易。2015年3月24日，公司名称由“上海飞乐股份有限公司”变更为“中安消股份有限公司”。2018年5月，公司名称由“中安消股份有限公司”变更为“中安科股份有限公司”。

考虑未来各种可能性及其影响的基础上（该项目需要经过政府招投标程序，该项目的营业收入具有重大不确定性）合理确定评估假设，形成未来收益预测，造成收益预测值和评估值严重虚增，致使评估值不真实。

银信评估的上述行为不符合《资产评估执业准则——资产评估程序》和《资产评估执业准则——企业价值》的相关规定，也违反了《证券法》的规定。

根据当事人违法行为的事实、性质、情节与社会危害程度，依据《证券法》的相关规定，证监会决定：（1）责令银信评估改正，没收评估业务收入160万元，并处以480万元罚款；（2）对首席评估师梅某、签字评估师杨某和签字评估师林某给予警告，并分别处以5万元罚款。

该案例揭示了评估机构与评估专业人员在执业过程中，必须遵循相应的法律法规、资产评估准则等职业规范要求。否则，就不得不承担相应的法律责任。

资料来源：中国证监会．中国证监会行政处罚决定书（银信资产评估有限公司、梅惠民、杨建平、林美芹）[EB/OL]．[2019-05-27]．http：//www.csrc.gov.cn/csrc/c101928/c1042464/content.shtml.

第一节　资产评估法律体系

经过三十多年的发展，随着内外部环境的日益复杂和市场竞争的加剧，我国资产评估行业已经进入了一个高风险发展阶段。为规避日益频发的法律诉讼、法律风险，评估机构与评估专业人员必须加强对资产评估相关法律法规、部门规章的学习与研究，增强法律意识，学会自我保护。

一、资产评估法律体系概述

围绕保障和促进社会公平正义，坚持依法治国、依法执政、依法行政共同推进，坚持法治国家、法治政府、法治社会一体建设，全面推进科学立法、严格执法、公正司法、全民守法，全面推进国家各方面工作法治化。资产评估法律体系，是由《资产评估法》《证券法》《公司法》等相关法律、行政法规、部门规章等组成的全面、系统的规范体系，是资产评估职业规范的重要组成部分，如图7-1所示。资产评估法律体系与资产评估准则体系[①]共同构成了资产评估职业规范，通过规范资产评估主体及相关当事人的行为，促进资产评估行业健康有序地发展。

（一）资产评估的法律规范

除《资产评估法》外，《企业国有资产法》《公司法》《证券法》等法律从不同角度对资产评估进行了规范。资产评估相关的法律规范，见表7-1。

这些法律对资产评估业务进行了明确的规定，使得涉及国有资产产权变动、公共利益等的评估行为有了法律依据。

---

① 本书的“资产评估准则”，专指由财政部制定的资产评估基本准则和由中国资产评估协会根据评估基本准则制定的资产评估执业准则与职业道德准则。

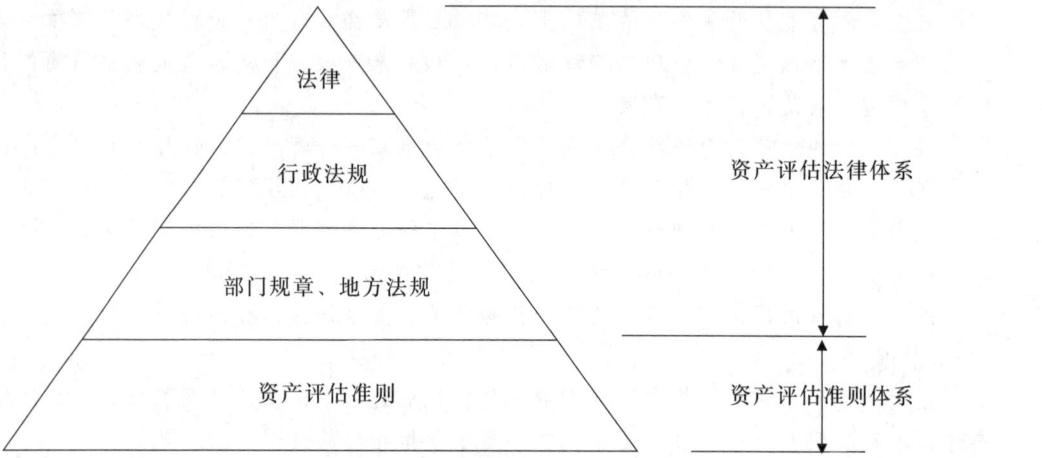

图7-1 资产评估职业规范

表7-1 **资产评估相关的法律规范**

法律名称	现行版本颁布时间	现行版本执行时间
《中华人民共和国资产评估法》	2016年7月2日	2016年12月1日
《中华人民共和国企业国有资产法》	2008年10月28日	2009年5月1日
《中华人民共和国公司法》	2018年10月26日	2018年10月26日
《中华人民共和国证券法》	2019年12月28日	2020年3月1日
《中华人民共和国城市房地产管理法》	2019年8月26日	2020年1月1日
《中华人民共和国政府采购法》	2014年8月31日	2014年8月31日
《中华人民共和国公路法》	2017年11月4日	2017年11月4日
《中华人民共和国合伙企业法》	2006年8月27日	2007年6月1日
《中华人民共和国拍卖法》	2015年4月24日	2015年4月24日
《中华人民共和国刑法》	2020年12月26日	2021年3月1日

知识链接7-1

资产评估相关法律规定

比如，《公司法》第二十七条规定，股东可以用货币出资，也可以用实物、知识产权、土地使用权等可以用货币估价并可以依法转让的非货币财产作价出资；对作为出资的非货币财产应当评估作价，核实财产，不得高估或者低估作价。法律、行政法规对评估作价有规定的，从其规定。

（二）资产评估的行政法规

行政法规是国务院根据宪法和法律，按照法定程序制定的有关行使行政权力、履行行政职责的规范性文件的总称。行政法规的制定主体是国务院，一般以条例、办法、实施细则、规定等形式组成。发布行政法规需要国务院总理签署国务院令。行政法规的效力仅次于宪法和法律，高于部门规章和地方性法规。

与资产评估相关的行政法规，见表7-2。

表7-2　　资产评估相关的行政法规

法规名称	现行版本颁布时间	现行版本执行时间
《国有资产评估管理办法》	2020年11月29日	2020年11月29日
《国有土地上房屋征收与补偿条例》	2011年1月21日	2011年1月21日
《探矿权采矿权转让管理办法》	2014年7月29日	2014年7月29日
《金融机构撤销条例》	2001年11月23日	2001年12月15日

1991年11月16日，《国有资产评估管理办法》（国务院令〔1991〕91号，以下简称“91号令”）发布，是我国第一部管理国有资产的行政法规。91号令的贯彻执行，对于加强国有资产管理，规范资产评估行为，维护国有资产权益，防止国有资产流失，发挥了重要作用。根据2020年11月29日《国务院关于修改和废止部分行政法规的决定》修订并发布《国有资产评估管理办法》（2020年修订版），自发布之日起施行。该办法对国有资产评估的范围、原则、组织管理、评估程序、评估方法，以及法律责任等作了明确规定，为开展国有资产评估工作提供了必要的法律规范和政策依据。

该办法的第三条与第四条分别对国有资产占有单位“应当进行资产评估”和“可以进行资产评估”的情形进行了规定，见表7-3。

表7-3　　《国有资产评估管理办法》的相关规定

应当进行资产评估的情形	可以进行资产评估的情形
①资产拍卖、转让； ②企业兼并、出售、联营、股份经营； ③与外国公司、企业和其他经济组织或者个人开办外商投资企业； ④企业清算； ⑤依照国家有关规定需要进行资产评估的其他情形	①资产抵押及其他担保； ②企业租赁； ③需要进行资产评估的其他情形

（三）资产评估的部门规章

知识链接7-2

资产评估相关行政法规规定

部门规章是指国务院各组成部门以及具有行政管理职能的直属机构根据法律和国务院的行政法规、决定、命令，在本部门权限内按照规定程序制定的规范性文件的总称。与资产评估相关的主要部门规章，见表7-4。

表7-4　　资产评估相关的部门规章（节选）

规章名称	颁布的部门	现行版本颁布时间	现行版本执行时间
《国有资产评估管理若干问题的规定》	财政部	2001年12月31日	2002年1月1日
《关于规范国有企业改制工作的意见》	国有资产监督管理委员会	2003年11月30日	2003年11月30日
《企业国有资产评估管理暂行办法》	国有资产监督管理委员会	2005年8月25日	2005年9月1日
《行政单位国有资产管理暂行办法》	财政部	2017年12月4日	2018年1月1日
《关于外国投资者并购境内企业的规定》	商务部	2009年6月22日	2009年9月8日

续表

规章名称	颁布的部门	现行版本颁布时间	现行版本执行时间
《金融企业国有资产评估监督管理暂行办法》	财政部	2007年10月12日	2008年1月1日
《关于加强以非货币财产出资的评估管理若干问题的通知》	财政部、工商总局	2009年3月30日	2009年3月30日
《企业国有资产交易监督管理办法》	国有资产监督管理委员会、财政部	2016年6月24日	2016年6月24日
《中央企业境外投资监督管理办法》	国有资产监督管理委员会	2017年1月7日	2017年1月7日

知识链接7-3

资产评估相关部门规章规定

其中，《企业国有资产交易监督管理办法》是为规范企业国有资产交易行为，加强企业国有资产交易监督管理，防止国有资产流失，根据《国有资产法》《公司法》《企业国有资产监督管理暂行条例》等有关法律法规制定的，由国有资产监督管理委员会、财政部于2016年6月24日发布并实施。该办法对国家出资企业产权转让、增资、资产转让等国有资产交易行为做出了详细规定，部分条款规范了国有资产评估。比如，第十二条规定，对按照有关法律法规要求必须进行资产评估的产权转让事项，转让方应当委托具有相应资质的评估机构对转让标的进行资产评估，产权转让价格应以经核准或备案的评估结果为基础确定。

二、《资产评估法》的出台及主要内容

（一）出台的意义

我国的资产评估行业在蓬勃发展的同时，长期存在着市场人为分割、评估标准与规范不统一、评估法律责任不明确等诸多问题，这些问题已经严重制约了资产评估行业的持续健康发展。为了规范资产评估行为，保护资产评估当事人合法权益和公共利益，促进资产评估行业健康发展，维护社会主义市场经济秩序制定，2016年7月2日十二届全国人大常委会第二十一次会议表决通过了《资产评估法》，并自2016年12月1日起执行。《资产评估法》的出台，首次确立了资产评估行业的法律地位，对资产评估行业发展具有里程碑式的重要意义。

（1）进一步完善了我国的法律体系。《资产评估法》的出台不仅完善了我国社会主义市场经济法律体系，而且填补了国家法律在资产评估行业基本法的空白，使评估行业有法可依。

（2）有利于维护社会主义市场经济秩序，保护国有资产和公共利益，保护当事人的合法权益。《资产评估法》的出台，完善了国家强制力对市场经济秩序的监管领域，维护了评估行业的法律地位，使其在维护交易的公平合规、促进资本有效配置等方面发挥重要作用。随着国有企业改革的深化和其他所有制经济的发展，国有企业和非公有制企业之间的资产转让、兼并、重组、联合、股权交易越来越频繁，《资产评估法》对监督并防止国有资产流失、维护社会公共利益、保护各方合法权益具有重要意义。

（3）促进了资产评估行业的健康有序发展。《资产评估法》将不同专业评估行为统一在一部法律框架下，促进了不同评估专业协会制定统一规则，加深了各协会间沟通与协作；降低了资产评估行业资格准入门槛，有利于专业人才的流入；加强了对评估机构及评估专业人员从业行为的规范，有利于提高资产评估行业服务的质量；同时明确了评估行业的法律责任，促使评估主体依法开展评估业务。

（二）主要内容

《资产评估法》由八章、五十五条组成，包括总则、评估专业人员、评估机构、评估程序、行业协会、监督管理、法律责任与附则等内容。各章的主要内容如下：

1.总则

总则部分共7条，主要阐述了《资产评估法》立法目的，界定了资产评估的概念、评估的业务类型，也对评估主体执业原则、执业方式、行业管理方式、行政管理部门的职责进行了规定。

需强调的是，《资产评估法》第三条规定：自然人、法人或者其他组织需要确定评估对象价值的，可以自愿委托评估机构评估。涉及国有资产或者公共利益等事项，法律、行政法规规定需要评估的（以下称法定评估），应当依法委托评估机构评估。由此将资产评估业务划分为两类，一类是自愿评估业务，而另一类是法定评估业务。

2.资产评估专业人员

第二章在对资产评估专业人员的概念进行界定的基础上，对评估师资格的全国考试、评估专业人员的权利、义务、禁止从事的行为等进行了规定。

3.资产评估机构

第三章对评估机构的设立条件、备案、质量控制等管理制度、有权拒绝或解除履行合同的情形、禁止从事的行为等进行了规定。

4.评估程序

为了保证评估机构与评估专业人员的独立、客观、公正地开展业务，《资产评估法》第四章对评估程序做出了具体规定，主要包括：委托人如何选择评估机构；订立评估委托合同；评估业务的承办与评估专业人员回避；现场调查与资料收集；选择评估方法、编制评估报告；评估报告的签署、出具、使用与异议的处理；评估档案的保存期限等规定。

5.评估行业协会

评估行业协会是评估机构和评估专业人员的自律性组织，依照法律、行政法规和章程实行自律管理。不同于行政机关和事业单位，评估行业协会是由会员组成的自我约束、自我管理的自律性组织。

《资产评估法》第五章对于评估行业协会的性质、章程、职责、沟通协作和信息共享机制、会员的权利与义务、会费的收取与使用等进行了规定。

中国资产评估协会是资产评估机构和评估专业人员自愿结成的行业性的全国性的非营利性的社会组织，受登记管理机关民政部和业务主管单位财政部的业务指导和监督管理。

6.监督管理

制定评估基本准则和评估行业的监督管理办法是监督管理的重要内容。《资产评估法》第三十九条规定，国务院有关评估行政管理部门组织制定评估基本准则和评估行业监督管理办法；第七条规定，国务院有关评估行政管理部门按照各自职责分工，对评估行业进行监督管理。目前国务院有关评估行政管理部门是指财政部、住房和城乡建设部、自然资源部、商务部和银保监会。另外，对于评估机构与评估专业人员的行政监管要与行业自律管理衔接起来。同时，还需对有关评估行业协会实施监督检查。当然，评估行政管理部门的监管权力必须要依法而行。

7.法律责任

第七章对评估专业人员、评估机构的违法行为和法律责任进行了具体规定。同时，还规定了委托人、评估行业协会以及有关行政管理部门、评估行业协会工作人员的法律责任。这对于规范评估主体的执业行为、促进评估行业的健康发展至关重要。

8.附则

第八章第五十五条规定了《资产评估法》自2016年12月1日起施行。

第二节　资产评估准则

资产评估准则是资产评估理论研究成果和实践经验的高度浓缩，在指导评估实践、保证评估质量和促进评估行业发展方面发挥了重要的作用，其成熟和完善程度是衡量一个国家或地区评估行业水平的重要标准之一。资产评估准则是资产评估行业发展到一定阶段的产物，并随着资产评估行业的发展而不断完善。

一、我国资产评估准则[①]的发展

随着社会主义市场经济的不断发展，涌现出大批的资产评估业务，我国评估行业得到了快速发展，对资产评估准则的建设提出了迫切要求，推动了资产评估准则的发展和完善。

我国资产评估准则的发展大致可以划分为五个阶段，分别是：以政府文件规范为主的初创阶段（1988—1995年）、政府文件和准则制定的并行阶段（1996—2000年）、准则体系初步建成的奠基阶段（2001—2007年）、完整准则体系的形成阶段（2008—2016年）以及准则体系的全面修订与完善阶段（2017年至今）。[②]

1.以政府文件规范为主的初创阶段（1988—1995年）

在该阶段，1989年国家国有资产管理局等部委发布了《关于出售国有小型企业产权的暂行办法》《关于企业兼并的暂行办法》《关于在国有资产产权变动时必须进行资产评估的若干暂行规定》；1991年国务院发布了《国有资产评估管理办法》(91号令)；国家国有资产管理局和相关政府部门还发布了评估报告格式与内容、评估方法选择等评估执业技术操作要求。这些文件规范为初创时期的资产评估提供了基本的业务指导，但尚未形成全面的技术标准。

2.政府文件和准则制定的并行阶段（1996—2000年）

财政部发布的《中国注册资产评估师职业道德规范》和《中国注册资产评估师职业后

---

① 本书中的《资产评估准则》，是指由财政部制定的《资产评估基本准则》和由中国资产评估协会据此制定的《资产评估执业准则》与《职业道德准则》。

② 郭化林. 中外资产评估准则［M］. 北京：高等教育出版社，2015.

续教育规范》、中评协发布的《资产评估业务约定书指南》、《资产评估计划指南》、《资产评估工作底稿指南》和《资产评估档案管理指南》等，成为该阶段规范资产评估行业与评估主体执业行为的标准。但由于这些规范和指南等是针对某一项业务和工作做出规定或提出要求，缺乏系统性和完整性，因此，并没有以准则的形式发布。

3.准则体系初步建成的奠基阶段（2001—2007年）

严格来说，我国资产评估准则的建设是从21世纪初开始的。2001年，财政部发布的《资产评估准则——无形资产》是我国资产评估行业的第一项准则，标志着我国资产评估准则建设迈出了第一步。2004年，《资产评估准则——基本准则》和《资产评估职业道德准则——基本准则》发布，确立了我国资产评估准则的基本理念和基本要求，从而奠定了资产评估准则体系的基础。2007年，涉及主要评估程序和主要职业领域的资产评估准则体系初步建成。

4.完整准则体系的形成阶段（2008—2016年）

在这一阶段，中评协先后对《资产评估准则——无形资产》等准则进行了修订，并制定了《专利资产评估指导意见》等一系列新的准则。截至2016年年底，我国已形成了覆盖资产评估主要执业流程及领域、符合国情、与国际趋同的较为完整的资产评估准则体系。该体系由28项评估准则组成，包括2项基本准则，12项具体准则，5项评估指南和9项指导意见。这些准则总体上是科学合理的，基本符合评估执业和监管需求，对规范执业行为、促进行业发展、提升行业公信力发挥着重要作用。

5.准则体系的全面修订与完善阶段（2017年至今）

随着我国资产评估行业市场化的进一步发展，2016年《中华人民共和国资产评估法》颁布实施，2017年《资产评估行业财政监督管理办法》（财政部86号令）①出台，资产评估准则的实施环境在实践、法律、监管等方面发生了重大变化，为此对资产评估准则体系的建设提出了新的要求。根据《资产评估法》等有关规定，财政部对《资产评估基本准则》进行了修订，并于2017年8月印发，自2017年10月1日起施行。中国资产评估协会也依据《资产评估基本准则》对已发布的资产评估执业准则和职业道德准则进行全面修订。至此，已形成由基本准则、职业道德准则和执业准则（包括具体准则、评估指南和指导意见）构成的系统、完善的资产评估准则体系，如图7-2所示。

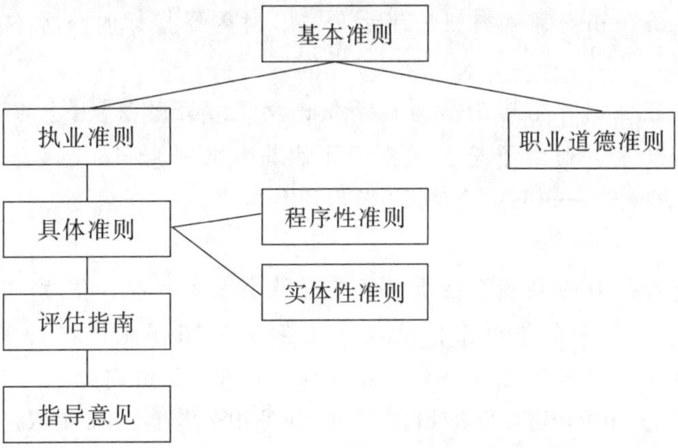

图7-2　我国资产评估准则体系框架图

① 2017年4月21日财政部令第86号公布，根据2019年1月2日《财政部关于修改〈会计师事务所执业许可和监督管理办法〉等2部部门规章的决定》进行了修改，并以财政部令第97号发布。

基本准则是财政部根据《资产评估法》《资产评估行业财政监督管理办法》，对评估机构及其评估专业人员执行资产评估业务应当遵循的基本理念、基本要求和基本程序等方面制定的基本规范，是中国资产评估协会制定资产评估执业准则和职业道德准则的基本依据。

执业准则是中国资产评估协会根据资产评估基本准则制定的资产评估机构及其专业人员在执行资产评估业务过程中应当遵循的程序规范和技术规范，包括具体准则、评估指南和指导意见三个层次。具体准则又分为程序性准则与实体性准则。

职业道德准则对资产评估机构及其资产评估专业人员职业道德方面的基本遵循、专业能力、独立性、资产评估专业人员与委托人和其他当事人的关系、资产评估专业人员与其他资产评估专业人员的关系等进行了规范。

【例7-1】

粤传媒旧案　评估机构中企华接百万罚单

2019年5月22日，北京中企华资产评估有限责任公司（以下简称“中企华”）及其两名注册评估师因在广东广州日报传媒股份有限公司（以下简称“粤传媒”）通过发行股份及支付现金的方式收购上海香榭丽传媒股份有限公司（以下简称“香榭丽”）项目中的未勤勉尽责行为而受到了证监会的行政处罚。

该评估项目的基本情况是：2013年9月，中企华与粤传媒签订《业务约定书》，担任粤传媒收购香榭丽项目的专项评估机构。中企华于2013年10月17日出具了《广东广州日报传媒股份有限公司拟以现金及发行股份购买资产涉及的上海香榭丽广告传媒股份有限公司股东全部权益项目评估报告》（以下简称《资产评估报告》）。中企华在《资产评估报告》中明确了评估结论的使用有效期限为2013年6月30日至2014年6月29日。该报告所列示的财务基础数据及引用中天运会计师事务所的相关审计数据存在虚假记载。该项目于2014年7月1日完成交割手续，收费金额为25万元，中企华于2014年1月3日收到粤传媒评估费25万元。

行政处罚书中详细披露了中企华及其签字注册评估师在粤传媒收购香榭丽项目中的违法事实，包括：对香榭丽应收账款执行函证程序时未保持有效控制；对作为评估基础的香榭丽历史财务数据评估程序不到位；未对采用其他证券服务机构的专业意见的内容审慎核查；此外，中企华还存在内部审核程序流于形式、对重要指标的分析不完整等其他程序缺陷问题。

中企华及其签字注册评估师的行为，不仅违反了《证券法》《上市公司重大资产重组管理办法》的相关规定，而且不符合《资产评估基本准则》，以及《资产评估准则——评估程序》《资产评估准则——企业价值》《资产评估准则——利用专家工作》等评估准则相关条款的规定。

根据当事人违法行为的事实、性质、情节与社会危害程度，依据《证券法》的有关规定，证监会决定：责令中企华改正，没收其业务收入25万元，并对其处以75万元的罚款；给予两名签字注册评估师警告处分，并分别处以5万元的罚款。

资料来源：证监会．中国证监会行政处罚决定书（北京中企华资产评估有限责任公司、张齐虹、胡奇）〔2019〕36号［EB/OL］．［2019-05-22］．http：//www.csrc.gov.cn/csrc/c101928/c1042468/content.shtml.

二、我国资产评估准则的制定机制

（一）制定主体

根据《资产评估法》的规定，财政部作为资产评估行业的行政管理部门，负责组织制定资产评估基本准则。中国资产评估协会作为资产评估行业的自律管理组织，负责依据资产评估基本准则制定资产评估执业准则和职业道德准则，具体负责准则立项、准则制定的指导、审核、修改、发布、宣传、解释、培训、实施跟踪等工作。

（二）咨询组织

为保证资产评估准则制定工作的顺利进行，提升准则的科学性与权威性，财政部和中国资产评估协会成立了三个委员会，即财政部成立的资产评估准则委员会，中国资产评估协会成立了资产评估准则技术委员会和专业委员会，共同发挥专业咨询作用。上述委员会的主要职能，见表7-5①。

表7-5　　资产评估准则咨询组织的职能

咨询组织	职能
资产评估准则委员会	审议财政部及中评协拟发布的资产评估准则； 对资产评估准则的体系、体例、结构、立项等提供咨询意见； 对资产评估准则涉及的重大或专业性问题提供咨询意见； 对资产评估准则的具体实施提供咨询意见
资产评估准则技术委员会	审议资产评估准则制订计划； 审议资产评估准则草稿、拟发稿，提供咨询意见； 组织资产评估准则相关的专题研究； 推动资产评估准则国际交流； 承担财政部资产评估准则委员会办公室相关工作
专业委员会	就资产评估准则制定工作提供咨询意见； 参与资产评估准则不同阶段的研究； 承担资产评估准则相关专项研究工作

资产评估准则委员会和资产评估准则技术委员会的委员均来自于资产评估行政管理部门、相关资产评估服务领域监管部门、资产评估行业协会、资产评估执业界、企业界和科研院校。资产评估准则专家咨询委员会的委员包括境内外专家，境内专家由相关部门领导、专家学者、评估机构代表、评估报告使用者代表（银行、不良资产管理公司、证券和保险管理部门等）组成，境外专家由国际组织、外国及港澳台地区评估行业知名学者、专家组成。

（三）制定程序

资产评估准则的制定过程分为立项、起草、公开征求意见、审议和发布五个阶段。资产评估基本准则报财政部审定后，由财政部发布。资产评估执业准则和资产评估职业道德准则由中国资产评估协会发布。中国资产评估协会制定资产评估准则的程序，如图7-3②所示。

① 陈明海．资产评估准则：思路与思考［M］．北京：经济科学出版社，2017：47-49.
② 陈明海．资产评估准则：思路与思考［M］．北京：经济科学出版社，2017.

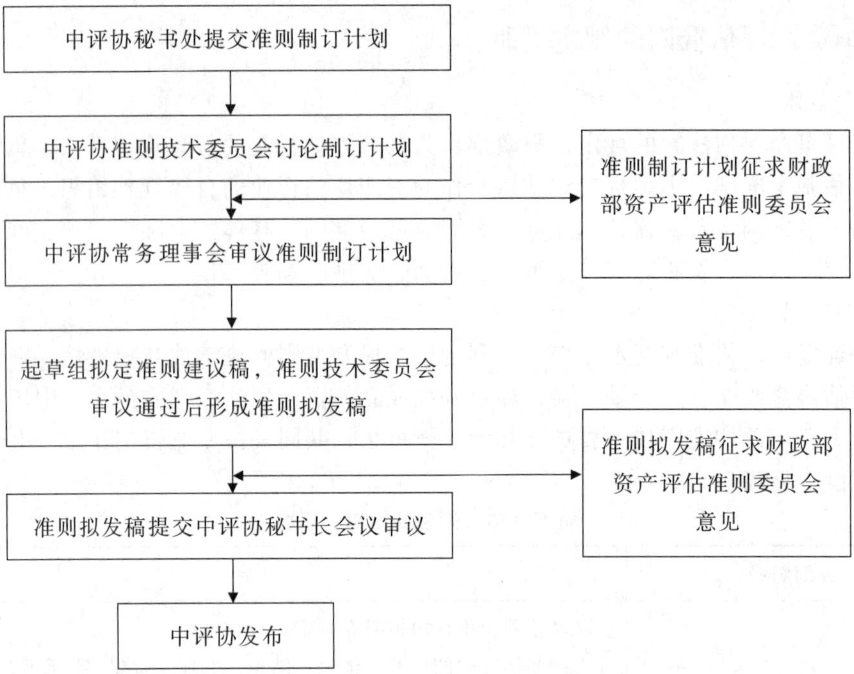

图7-3　资产评估准则的制定程序

（四）更新机制

目前我国已经初步建立了资产评估准则动态更新的机制，中国资产评估协会在财政部的指导之下，为了满足执业和监管的需求，及时制定新的资产评估准则项目，并对已发布的准则进行更新。

三、我国资产评估准则体系的构成

截至2022年年末，我国资产评估准则体系共包括1项基本准则、1项职业道德准则、30项执业准则（12项具体准则、5项评估指南和13项指导意见）。我国现行资产评估准则体系的具体构成，如图7-4所示。

为规范资产评估准则术语使用，促进资产评估准则的理解和执行，在财政部指导下，中国资产评估协会组织研究形成了《资产评估准则术语2020》，并于2020年11月25日发布。此外，中国资产评估协会还发布了14项专家指引与3项操作指引，以作为资产评估准则体系的重要补充。

（一）资产评估基本准则

《资产评估基本准则》（简称《基本准则》）共六章三十五条，分别为总则、基本遵循、资产评估程序、资产评估报告、资产评估档案和附则。《基本准则》主要明确了基本准则规范的主体和适用范围，资产评估机构及其资产评估专业人员开展资产评估业务的基本遵循，对资产评估程序、资产评估报告和档案等重要执业内容做出了具体规范并规定了资产评估准则体系组成。

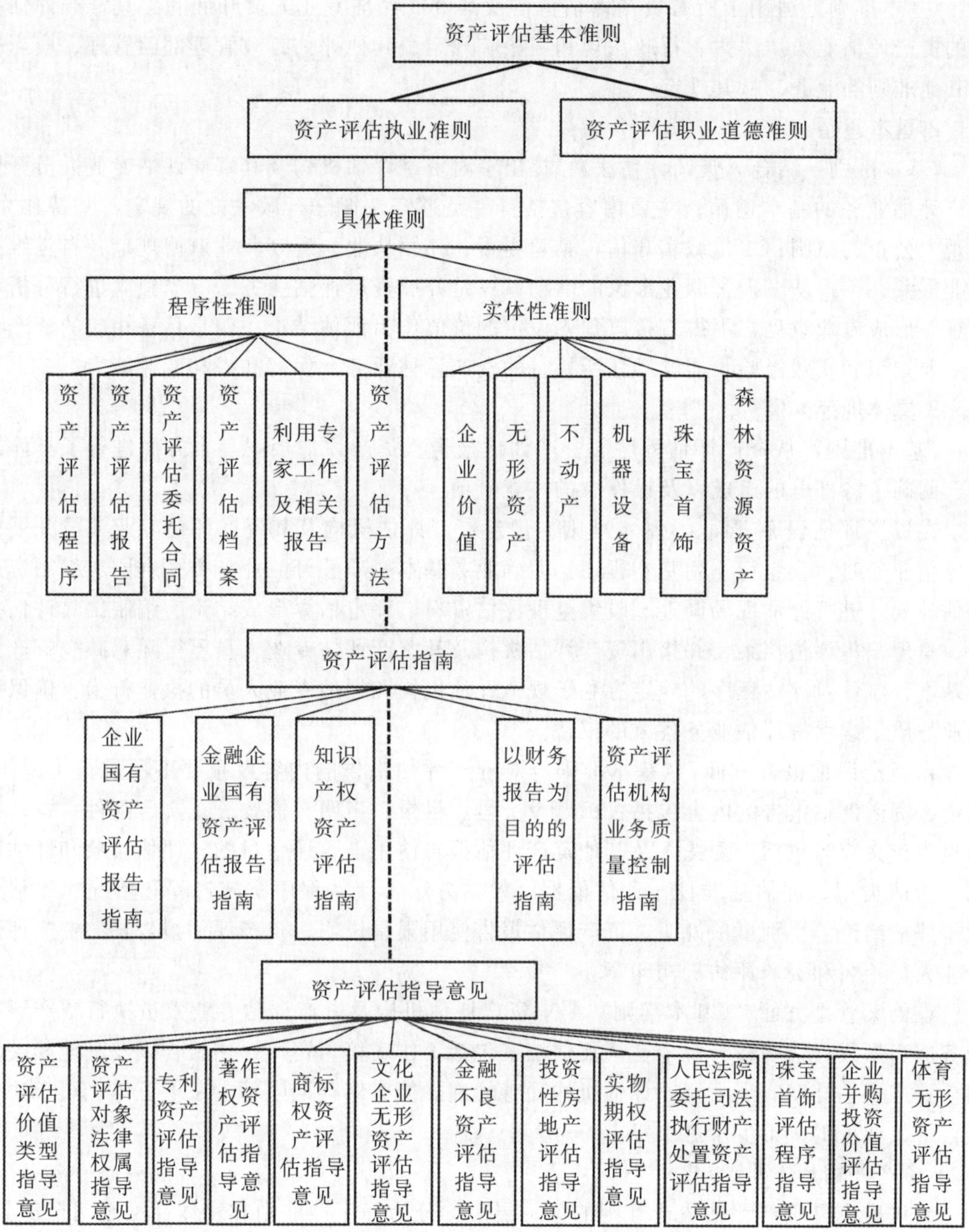

图7-4　我国现行的资产评估准则体系

1.规范主体和适用范围

《基本准则》规范的主体为资产评估机构和资产评估专业人员。资产评估机构是指依法设立，在财政部门备案、接受委托执行资产评估业务并独立承担民事责任的法人或者非法人组织；资产评估专业人员是指具备相应的资产评估专业知识和实践经验，能够胜任所执行的资产评估业务的从业人员，通常包括资产评估师和其他具有评估专业知识及实践经验的评估从业人员。

《基本准则》适用于所有资产评估机构及其资产评估专业人员开展的出具资产评估报告的资产评估业务。法律、行政法规和国务院规定由其他评估行政管理部门管理，应当执行其他准则的业务，从其规定。

2.基本遵循

《基本准则》结合《资产评估法》，提出了对资产评估机构及其资产评估专业人员开展资产评估业务的基本遵循，主要内容包括：一是遵守法律、行政法规的规定，坚持独立、客观、公正的原则；二是诚实守信，勤勉尽责，谨慎从业，遵守职业道德规范，自觉维护职业形象，不得从事损害职业形象的活动；三是开展资产评估业务，应当独立进行分析和估算并形成专业意见，不得直接以预先设定的价值作为评估结论；四是具备相应的资产评估专业知识和实践经验，能够胜任所执行的资产评估业务，保持和提高专业能力。

3.具体规范

《基本准则》从资产评估程序、资产评估报告、资产评估档案三个方面进行了具体规范，明确了各部分的组成以及操作中的注意事项。

在资产评估程序方面，《基本准则》规定资产评估机构及其资产评估专业人员开展资产评估业务时，应履行下列基本程序：明确业务基本事项、订立业务委托合同、编制资产评估计划、进行评估现场调查、收集整理评估资料、评定估算形成结论、编制出具评估报告、整理归集评估档案，并指出资产评估机构及其资产评估专业人员不得随意减少资产评估基本程序。对评估程序的规定有利于规范评估机构和评估专业人员的执业行为，确保评估业务质量，保护评估业务各方的权益。

在资产评估报告方面，《基本准则》对资产评估报告的内容及重要事项进行了说明，其中，资产评估报告的内容包括：标题及文号、目录、声明、摘要、正文、附件。资产评估报告正文应当包括：委托人及其他资产评估报告使用人、评估目的、评估对象和评估范围、价值类型、评估基准日、评估依据、评估方法、评估程序实施过程和情况、评估假设、评估结论、特别事项说明、资产评估报告使用限制说明、资产评估报告日、资产评估专业人员签名和资产评估机构印章。

在档案管理方面，《基本准则》要求资产评估机构及资产评估专业人员执行资产评估业务应当形成评估档案。规定资产评估档案包括工作底稿、资产评估报告以及其他相关资料。资产评估档案应当由资产评估机构妥善管理。档案保存期限不少于十五年。属于法定资产评估业务的，不少于三十年。

（二）资产评估具体准则

具体准则是资产评估执业准则的第一层次，分为程序性准则和实体性准则两个部分。程序性准则是关于资产评估机构及其资产评估专业人员通过履行一定的专业程序完成评估业务、保证评估质量的规范。实体性准则是针对不同资产类别的特点，分别对不同类别的资产评估业务中的资产评估机构及其资产评估专业人员的技术操作提供指导。

程序性准则包括：《资产评估执业准则——资产评估程序》《资产评估执业准则——资产评估报告》《资产评估执业准则——资产评估委托合同》《资产评估执业准则——资产评估档案》《资产评估执业准则——利用专家工作及相关报告》《资产评估执业准则——资产评估方法》。这些准则从基本遵循与实施要求方面对在资产评估业务执行过程中所涉及的主要程序进行规范，切实保证了评估业务质量，便于管理部门对评估行业进行统一管理。

资产评估机构及其资产评估专业人员应根据不同的资产评估对象，在相应的实体性准则的指导下开展资产评估业务。实体性准则包括：《资产评估执业准则——企业价值》《资产评估执业准则——无形资产》《资产评估执业准则——不动产》《资产评估执业准则——机器设备》《资产评估执业准则——珠宝首饰》《资产评估执业准则——森林资源资产》。

（三）资产评估指南

资产评估指南是资产评估执业准则的第二层次，是针对出资、抵押、财务报告、保险等特定评估目的和特定资产的评估业务，以及某些重要事项制定的规范。2017年9月8日，中国资产评估协会根据《资产评估基本准则》印发了《企业国有资产评估报告指南》、《金融企业国有资产评估报告指南》、《知识产权资产评估指南》、《以财务报告为目的的评估指南》以及《资产评估机构业务质量控制指南》，并于2017年10月1日起执行。

《企业国有资产评估报告指南》是中国资产评估协会根据国有资产评估管理有关规定和《资产评估执业准则——资产评估报告》制定的，从标题及文号、目录、声明和摘要，正文，附件，评估明细表，评估说明，出具与装订六个部分对资产评估机构及其资产评估师编制和出具企业国有资产评估报告的行为进行规范。

《金融企业国有资产评估报告指南》根据金融企业国有资产评估管理有关规定和《资产评估执业准则——资产评估报告》制定，从标题及文号、目录、声明和摘要，正文，附件，评估明细表，评估说明，出具与装订六个部分对金融企业国有资产评估报告的编制和出具行为进行规范。

《知识产权资产评估指南》由中国资产评估协会根据《资产评估执业准则——无形资产》制定。该指南所称知识产权资产评估，是指资产评估机构及其资产评估专业人员遵守法律、行政法规和资产评估准则，根据委托对评估基准日特定目的下的知识产权资产价值进行评定和估算，并出具资产评估报告的专业服务行为。其中知识产权资产是指知识产权权利人拥有或者控制的，能够持续发挥作用并且带来经济利益的知识产权权益。知识产权资产包括专利权、商标专用权、著作权、商业秘密、集成电路布图设计和植物新品种等。评估指南详细规范的评估目的包括以转让或者许可使用为目的的知识产权资产评估、以出资为目的的知识产权资产评估、以质押为目的的知识产权资产评估、以诉讼为目的的知识产权资产评估、以财务报告为目的的知识产权资产评估。资产评估机构及资产评估专业人员执行知识产权资产评估业务，应当遵守该指南。

《以财务报告为目的的评估指南》共有七个部分，对以财务报告为目的的评估过程中涉及的评估对象、价值类型、评估方法、披露要求进行规范，执行以财务报告为目的的评估业务，应当遵守该指南。

《资产评估机构业务质量控制指南》规定，资产评估机构应当结合自身规模、业务特征、业务领域等因素，建立质量控制体系，保证评估业务质量，防范执业风险。质量控制体系包括资产评估机构为实现质量控制目标而制定的质量控制政策，以及为政策执行和监控而设计的必要程序。其所包含的控制政策和程序通常包括：质量控制责任；职业道德；人力资源；资产评估业务受理；资产评估业务计划；资产评估业务实施和资产评估报告出具；监控和改进；文件和记录。

（四）资产评估指导意见

资产评估指导意见是资产评估执业准则的第三层次，该层次较为灵活。具体准则中的实体性准则是针对不同资产类别评估业务的技术操作提供指导，而其细类资产的评估规范，则采用指导意见形式。同时，资产评估业务中某些具体问题的指导性文件，也采用指导意见形式。截至2022年6月底，共发布13项指导意见，如《资产评估价值类型指导意见》《专利资产评估指导意见》《资产评估对象法律权属指导意见》《企业并购投资价值评估指导意见》等。

（五）专家指引与操作指引

1.专家指引

资产评估专家指引是在资产评估准则的基础上，针对评估业务中的特定事项或难点问题提供的进一步技术性指导。资产评估专家指引由中国资产评估协会组织具有丰富理论和实践经验的专家起草而成，是资产评估准则体系的重要补充。

专家指引来自于专家自身经验和以往案例，是优秀评估实践的具体体现。但由于评估业务因不同经济行为、交易目的存在多样复杂的情况，专家指引可能会具有一定的局限性，因此，专家指引不作为执业的强制性标准。截至2022年6月底，中国资产评估协会共发布14项资产评估专家指引，见表7-6。

表7-6 **资产评估专家指引**

序号	指引	颁布时间
第1号	金融企业评估中应关注的金融监管指标	2015年7月22日
第2号	金融企业首次公开发行上市资产评估方法选用	2015年7月22日
第3号	金融企业收益法评估模型与参数确定	2015年7月22日
第4号	金融企业市场法评估模型与参数确定	2015年7月22日
第5号	寿险公司内部精算报告及价值评估中的利用	2015年7月22日
第6号	上市公司重大资产重组评估报告披露	2015年7月22日
第7号	中小评估机构业务质量控制	2015年7月22日
第8号	资产评估中的核查验证	2019年12月31日
第9号	数据资产评估	2019年12月31日
第10号	在新冠肺炎疫情期间合理履行资产评估程序	2020年3月11日
第11号	商誉减值测试评估	2020年12月29日
第12号	收益法评估企业价值中折现率的测算	2020年12月30日
第13号	境外并购资产评估	2021年12月31日
第14号	科创企业资产评估	2021年12月31日

2.操作指引

操作指引由中国资产评估协会制定并发布，用以指导评估机构执行非价值估算类业务。

2014年4月30日发布《财政支出（项目支出）绩效评价操作指引（试行）》，用以指导评估机构执行财政支出（项目支出）绩效评价业务，自2014年8月1日起施行。

2016年10月13日发布《PPP项目资产评估及相关咨询业务操作指引》，用以指导资产评估机构执行PPP项目资产评估及相关咨询业务，维护PPP项目各相关当事方的合法权益，促进PPP模式的实施与推广，自发布之日起施行。

2019年12月6日发布《道路运输物流企业授信额度评估咨询操作指引（试行）》，为资产评估机构执行道路运输物流企业授信额度评估咨询业务时提供参考，自2020年1月1日起试行。

第三节 资产评估职业道德

一、资产评估职业道德的含义与作用

资产评估职业道德是指资产评估机构及其资产评估专业人员开展资产评估业务应当具备的道德品质和体现的道德行为。中国资产评估准则体系将职业道德准则与执业准则置于同等重要的地位。通过准则的形式规范资产评估机构及其资产评估专业人员的从业行为，有利于提高资产评估专业人员的职业素质，在社会上树立良好的职业形象，提高行业的公信力。

鉴于职业道德在资产评估行业中的重要地位，2004年财政部颁布了《资产评估职业道德准则——基本准则》，并将其作为资产评估准则体系的重要组成。2012年中评协颁发《资产评估职业道德准则——独立性》，对注册资产评估师在执业过程中恪守独立性原则进行进一步的说明规范。现行的职业道德准则是中评协于2017年9月发布的《资产评估职业道德准则》。

《资产评估职业道德准则》对资产评估机构及其资产评估专业人员职业道德方面的基本遵循、专业能力、独立性、与委托人和其他当事人的关系、与其他资产评估专业人员的关系等进行了规范。

【例7-2】

出具虚假记载文件 中广信评估违法遭罚

2019年5月15日，广东中广信资产评估有限公司（以下简称“中广信”）及其三名资产评估人员因在对罗顿发展股份有限公司（以下简称“罗顿发展”）所涉上海名门世家四期商业广场项目投资的市场价值进行评估中涉嫌违反《证券法》以及相关评估准则，未勤勉尽责，制作、出具的文件有虚假记载而受到证监会行政处罚。

一、评估项目基本情况

中广信与罗顿发展约定本次评估目的是确定罗顿发展长期投资中对上海名门世家四期商业广场项目投资在评估基准日2014年12月31日的市场价值，为罗顿发展会计核算提供参考依据；评估对象范围包括上海名门世家四期商业广场的商业用房、车库及其土地使用权；资产价值类型采用市场价值；评估服务费为人民币5万元。约定中广信于2015年3月4日前提供评估报告电子版终稿，2015年3月10日前提供纸质版正式报告。

二、主要违法过程

2015年1月17日，张某（时任深圳某会计师事务所员工，经中广信同意以中广信名义承做本案评估项目）选取罗顿发展名下住宅交易案例作为可比较案例，使用市场法，估算并确定评估值为512 304 620元。在没有提交黄某（本次评估项目负责人、签字评估师）等进行内部审核的情况下，张某将包含上述评估值的评估明细表通过邮件发给罗顿发展的王某。罗顿发展以上述评估明细表上的评估值进行会计核算，审计机构也在上述评估值的基础上进行了年报审计。

2015年3月3日，黄某对张某以前述住宅案例完成的评估报告初稿进行修改后提交中广信质控部门审核。由于存在计价依据不足及停车场无询价记录问题，未通过中广信的审核。3月4日，黄某向张某反馈复核部门的复核意见，要求张某依据复核意见修订评估报告。同日，张某在找不到可比较案例的情况下通过电子邮件向罗顿发展的王某发送该评估报告初稿，评估值仍然为512 304 620元。审计机构于2015年3月6日出具了审计报告。

2015年7月底，由于罗顿发展催要正式评估报告，中广信也催收评估费用，张某重新进行了询价，网上获取2015年7月的3个可比较商铺案例，将交易日期篡改为2014年12月31日，根据案例调整评估说明，编制工作底稿，同时相应调整评估报告，但仍然维持评估值512 304 620元不变，并最终通过了中广信的审核。黄某与张某出于“评估报告日期应在审计报告之前”的考虑，最终决定将报告日期倒签为2015年1月15日，并报汤某（时任中广信法定代表人，签字评估师）同意。中广信于7月底正式签发了“中广信评报字〔2015〕081号”评估报告书及同一编号的评估说明书。2015年9月22日，罗顿发展支付了5万元评估费。

根据证监会的行政处罚书，中广信及其评估专业人员的违法事实是：未对停车场进行询价；在商铺可比较交易案例的交易时间与评估基准日相差7个月的情况下未执行修正程序，且未进行现场询价；评估底稿倒签相关文件日期；以预先设定的价值作为评估结论。当2015年7月出具评估报告时，中广信在变更商铺可比较案例后不更改评估结论；制作与出具的《评估说明书》《评估报告书》存在虚假记载。

上述行为不仅违反了《证券法》的相关规定，而且违反了《资产评估准则——评估程序》、《资产评估职业道德准则——基本准则》第八条、《资产评估准则——基本准则》第七条等评估准则的规定。

根据当事人违法行为的事实、性质、情节与社会危害程度，依据《证券法》第二百二十三条的规定，证监会责令中广信改正，没收业务收入5万元，并处以15万元的罚款；对张某、黄某、汤某给予警告，并分别处以3万元、5万元和5万元的罚款。

资料来源：中国证监会. 中国证监会行政处罚决定书（广东中广信资产评估有限公司、汤锦东、黄元助、张晓晶）〔2019〕34号［EB/OL］.［2019-05-15］. http: //www.csrc.gov.cn/csrc/c101928/c1042470/content.shtml.

二、资产评估职业道德的基本要求

诚实守信，勤勉尽责，谨慎从业，坚持独立、客观、公正的原则是对资产评估机构及其专业人员职业道德的基本要求。资产评估机构及其专业人员开展资产评估业务时，不仅应当遵守法律、行政法规和资产评估准则，履行资产评估委托合同规定的义务，而且应当自觉遵守职业道德的基本要求，并将其落实在评估程序的每一个环节中，自觉维护职业形象，不得从事损害职业形象的活动。

三、资产评估职业道德的具体要求

资产评估职业道德的具体要求是指对资产评估机构及其专业人员在专业能力、独立性、与委托人和其他当事人的关系，以及与其他资产评估专业人员的关系等方面的要求。

（一）专业能力

评估机构及其专业人员的专业能力，主要表现在以下方面：

1.应当具备相应的评估专业知识和实践经验，能够胜任所执行的资产评估业务。

2.应当完成规定的继续教育，保持并提高专业能力。

3.应当如实声明其具有的专业能力和执业经验，不得对其专业能力和执业经验进行夸张、虚假和误导性宣传。

4.资产评估机构执行某项特定业务缺乏特定的专业知识和经验时，应当采取弥补措施，包括利用专家工作及相关报告等。

应注意的是，资产评估专业人员除了应具备一定的专业知识、专业技能，还应具备一定的专业经验。仅具有专业知识或取得资产评估师职业资格并不意味着具备承接各类资产评估业务的能力。资产评估专业人员在接受评估业务或资产评估机构签署评估委托合同之前，应当了解该评估项目所必备的专业知识、专业技能和经验，并对自己的能力做出客观判断。若资产评估专业人员不能胜任且不能采取有效弥补措施保障评估业务完成，资产评估机构及其专业人员则应拒绝或退出相关业务。

（二）独立性

独立性要求资产评估机构及其专业人员当开展资产评估业务时，应做到以下两点：

1.采取恰当措施保持独立性。资产评估机构不得受理与自身有利害关系的资产评估业务；资产评估专业人员与委托人、其他相关当事人和评估对象有利害关系的，应当回避。

2.识别可能影响独立性的情形，合理判断其对独立性的影响。

可能影响独立性的情形通常是指资产评估机构及其专业人员或者其亲属（配偶、父母、子女及其配偶）与委托人或者其他相关当事人之间存在经济利益关联、人员关联或者业务关联。

经济利益关联是指资产评估机构及其专业人员或者其亲属拥有委托人或者其他相关当事人的股权、债权、有价证券、债务，或者存在担保等可能影响独立性的经济利益关系。

人员关联是指资产评估专业人员或者其亲属在委托人或者其他相关当事人担任董事、监事、高级管理人员或者其他可能对评估结论施加重大影响的特定职务。

业务关联是指资产评估机构从事的不同业务之间可能存在利益输送或者利益冲突关系。

此外，资产评估机构不得分别接受利益冲突双方的委托，对同一评估对象进行评估。

（三）与委托人和其他相关当事人的关系

资产评估机构及其资产评估专业人员应正确处理与委托人和其他相关当事人的关系，为此需要做到：

1.不得以恶性压价、支付回扣、虚假宣传，或者采用欺骗、利诱、胁迫等不正当手段招揽业务。资产评估专业人员不得私自接受委托从事资产评估业务并收取费用。

2.不得利用开展业务之便，为自己或者他人谋取不正当利益，不得向委托人或者其他相关当事人索要、收受或者变相索要、收受资产评估委托合同约定以外的酬金、财物等。

3.保持公正的态度，以客观事实为依据，实事求是地进行分析和判断，拒绝委托人或者其他相关当事人的非法干预，不得直接以预先设定的价值作为评估结论。

4.与委托人进行必要沟通，提醒资产评估报告使用人正确理解评估结论。

5.遵守保密原则，对评估活动中知悉的国家秘密、商业秘密和个人隐私予以保密，不得在保密期限内向委托人以外的第三方提供保密信息，除非得到委托人的同意或者属于法律、行政法规允许的范围。

（四）与其他资产评估机构及资产评估专业人员的关系

资产评估机构及其专业人员在开展资产评估业务过程中，一方面，应当与其他资产评估机构及评估专业人员保持良好的工作关系，不得贬损或者诋毁他人；另一方面，资产评估机构不得允许其他资产评估机构以本机构名义开展资产评估业务，或者冒用其他资产评估机构名义开展资产评估业务；资产评估专业人员不得签署本人未承办业务的资产评估报告，也不得允许他人以本人名义从事资产评估业务，或者冒用他人名义从事资产评估业务。

第四节　资产评估的法律责任

一、资产评估法律责任的含义

资产评估的法律责任是指资产评估机构及其专业人员当执行资产评估业务时，因为自身过错行为导致委托方或第三方利益受损而应承担的法律后果。

规定和追究资产评估的法律责任，是要惩罚违法、违约、侵权的评估机构和评估专业人员，让其承担不利后果；赔偿相关法律关系主体受到的损失或侵害；同时警示评估机构及评估专业人员，预防其违法违规行为。明确资产评估的法律责任，可以维护相关当事人利益，规范评估机构及评估专业人员的行为，使其在法律、法规和准则的约束下执业，维护资产评估市场的健康秩序。

二、资产评估法律责任的类型

资产评估的法律责任包括行政责任、民事责任与刑事责任三种类型。

（一）行政责任

行政责任是资产评估法律责任的主要形式，是指犯有一般违法行为的单位或个人，依照法律法规的规定应承担的法律责任。这里的“一般违法行为”是指违反刑法以外的其他法律的行为。

行政责任包括行政处分与行政处罚。行政处分是对国家工作人员及由国家机关委派到企业事业单位任职的人员的行政违法行为所给予的一种制裁性处理。行政处分包括警告、记过、降级、撤职、开除等。行政处罚是指行政机关依法对违反行政管理秩序的公民、法人或者其他组织，以减损权益或者增加义务的方式予以惩戒的行为。根据2021年1月22日修订通过、自2021年7月15日起施行的《中华人民共和国行政处罚法》，行政处罚包括：警告、通报批评；罚款、没收违法所得、没收非法财物；暂扣许可证件、降低资质等级、吊销许可证件；限制开展生产经营活动、责令停产停业、责令关闭、限制从业；行政拘留；法律、行政法规规定的其他行政处罚。

《公司法》《证券法》《资产评估行业财政监督管理办法》等法律、法规对于资产评估的行政责任都有明确的规定，比如，《证券法》第二百一十三条规定，证券服务机构违反本法第一百六十三条的规定，未勤勉尽责，所制作、出具的文件有虚假记载、误导性陈述或者重大遗漏的，责令改正，没收业务收入，并处以业务收入一倍以上十倍以下的罚款，没有业务收入或者业务收入不足五十万元的，处以五十万元以上五百万元以下的罚款；情节严重的，并处暂停或者禁止从事证券服务业务。对直接负责的主管人员和其他直接责任人员给予警告，并处以二十万元以上二百万元以下的罚款。

（二）民事责任

民事责任是一种财产责任，是指民事主体在民事活动中，因实施了民事违法行为，根据民法所承担的对其不利的民事法律后果或者基于法律特别规定而应承担的民事法律责任。资产评估的民事责任一般是指资产评估机构与资产评估专业人员执业评估业务对委托人或第三方的合法权益造成侵犯或损失而应承担的法律后果。

按照不同的分类标准，民事责任可以划分为不同的种类，见表7-7。

表7-7 民事责任的种类

分类标准	种类
责任发生的依据	合同责任、侵权责任、其他责任
是否具有财产内容	财产责任、非财产责任
承担民事责任的财产范围	无限责任、有限责任
民事责任由民事行为相对方单方，还是相互承担	单方责任、双方责任
承担民事责任主体的数量	单独责任、共同责任
对共同责任进一步区分	按份责任、连带责任、不真正连带责任
承担责任是否以当事人具有过错为条件	过错责任、无过错责任、公平责任

承担民事责任的方式主要有：赔偿损失，支付违约金，消除影响、恢复名誉，赔礼道歉等。比如，根据《证券法》第一百六十三条的规定，资产评估机构制作、出具的资产报告有虚假记载、误导性陈述或者重大遗漏，给他人造成损失的，应当与委托人承担连带赔偿责任，但是能够证明自己没有过错的除外。

（三）刑事责任

刑事责任是指犯罪人因实施刑法所禁止的行为而应当承担的法律责任。资产评估的刑事责任是资产评估机构和资产评估专业人员触犯了刑法而导致的刑事法律后果。承担刑事责任意味着应受刑罚处罚。刑事责任是资产评估法律责任中最为严重的法律责任，因此、惩罚也是最为严厉的。

根据《中华人民共和国刑法》的规定，刑罚分为主刑和附加刑。主刑是对犯罪分子适用的主要刑罚方法，只能独立适用，不能附加适用，对犯罪分子只能判一种主刑。主刑分为管制、拘役、有期徒刑、无期徒刑和死刑。附加刑是既可以独立适用又可以附加适用的刑罚方法，即对同一犯罪行为既可以在主刑之后判处一个或两个以上的附加刑，又可以独立判处一个或两个以上的附加刑。附加刑分为罚金、剥夺政治权利、没收财产。对犯罪的外国人，也可以独立或者附加适用驱除出境。

《中华人民共和国刑法》对于资产评估刑事责任的规定如下：

"第二百二十九条　承担资产评估、验资、验证、会计、审计、法律服务、保荐、安全评价、环境影响评价、环境监测等职责的中介组织的人员故意提供虚假证明文件，情节严重的，处五年以下有期徒刑或者拘役，并处罚金；有下列情形之一的，处五年以上十年以下有期徒刑，并处罚金：

（一）提供与证券发行相关的虚假的资产评估、会计、审计、法律服务、保荐等证明文件，情节特别严重的；

（二）提供与重大资产交易相关的虚假的资产评估、会计、审计等证明文件，情节特别严重的；

（三）在涉及公共安全的重大工程、项目中提供虚假的安全评价、环境影响评价等证明文件，致使公共财产、国家和人民利益遭受特别重大损失的。

有前款行为，同时索取他人财物或者非法收受他人财物构成犯罪的，依照处罚较重的规定定罪处罚。

第一款规定的人员，严重不负责任，出具的证明文件有重大失实，造成严重后果的，处三年以下有期徒刑或者拘役，并处或者单处罚金。"

【例7-3】

法网恢恢　违法评估插翅难逃

2015年1月，吉林中欣资产评估有限公司（以下简称"中欣评估公司"）受吉林省交通投资集团有限公司（以下简称"交投公司"）下属吉林省天旗资产经营管理有限公司（以下简称"天旗公司"）委托，对白城市城祥房地产开发有限责任公司（以下简称"城祥公司"）截至2015年1月25日的全部资产及负债进行评估。

在对城祥公司评估过程中，中欣评估公司法定代表人林秀娟委派公司的资产评估师张某到城祥公司开发的"城尚成项目"，对城祥公司未出售的房产、土地等资产进行实地核查、询价、进行评估。张某没有认真履行资产评估师的义务做尽职调查，没有实际考虑城祥公司"城尚成项目"的地理位置，就盲目以白城市最好商业区卖价最高的商业网点为参考，对城祥公司所建房地产楼房和二期在建楼房进行评估，评估值为人民币1 247 698 700.00元。委托方对此结果不满意，要求将评估值往上调整。林秀娟按照委托方的要求，多次授意张某将评估值往上调整。

张某离职后，林秀娟明知梁某没有房地产资产评估师资质，却委派梁某对"城尚成项目"继续进行评估，并授意梁某将评估价值提高至13.5亿元以上；梁某明知自己没有房地产资产评估师资质，也没有到白城市对城祥公司"城尚成项目"进行实地现场调查。在张某第三次调整的1 346 684 100.00元基础上，大幅度调整431 238 600.00元，最终将评估价值提高到1 350 083 400.00元。林秀娟拿到资产评估报告后，让其资产评估公司具有房地产评估资质的两位评估师林某和郑某在评估底稿和评估报告上签字、盖章，履行评估师职责。这两位签字评估师林某和郑某违反资产评估准则规定，没有实地到现场对评估资产进行调查，也没有实际参与资产调查和评估，就在评估报告上签字、盖章，使评估报告发生法律效力。林秀娟作为中欣评估公司的法定代表人和资产评估师，严重违反资产评估准则，明知第一次评估值为1 247 698 700.00元，反而多次要求张某、梁某等人将评估值调高，出具虚增了102 384 700.00元的评估报告；并由没有参加实地现场调查的林某和郑某在报告上签字、盖章，出具报告，使资产评估报告发生法律效力后，提供给委托方。委托方天旗公司依据该报告对城祥公司进行收购，从而给天旗资产公司造成巨额损失。

中欣评估公司以及林秀娟的行为不仅违反了资产评估准则的相关规定，还触犯了《中华人民共和国刑法》，构成提供虚假证明文件罪。法院判决中欣评估公司犯提供虚假证明文件罪，判处罚金人民币50 000元，并没收其违法所得32 320元。

案发后，林秀娟被公安机关抓获归案，其主动向公安机关坦白交代自己的违法犯罪事实，对其违法犯罪事实供认不讳，系自首，并积极配合公安机关侦办案件，对后期相关案件的侦破起到了决定性的作用，依法对其从轻处罚。法院判决林秀娟犯提供虚假证明文件罪，判处有期徒刑一年，缓刑一年，并处罚金人民币10 000元。

资料来源：四平市铁西区人民法院．林秀娟吉林中欣资产评估有限公司提供虚假证明文件罪一审刑事判决书［EB/OL］．［2020-10-30］．https：//wenshu.court.gov.cn/website/wenshu/181107ANFZ0BXSK4/index.html？docId=uRWyTlZjqeGFY/t2o+MNX6l/o39gE6+S5kPRKrWkXtHCdzJuaC6UgPUKq3u+IEo4EjJWhaANV73JHy8vZrP033LUIS1Fs3GaNepeCmzPzC2mTDLrlT1gR4qHtaRZ/qfd.

综上所述，资产评估机构及其专业人员执行资产评估业务如果违反相关法律、法规和准则规范的规定，就要承担一定的法律责任，并受到相应的惩罚，见表7-8。

表7-8　资产评估的法律责任及惩罚措施

法律责任类型	惩罚措施
行政责任	警告、罚款、没收违法所得、没收非法财物、责令停产停业、暂扣或吊销许可证、暂扣或吊销执照等
民事责任	赔偿损失、支付违约金、消除不良影响、赔礼道歉等
刑事责任	按刑法相关条款惩罚，有期徒刑、拘役、罚金等

三、《资产评估法》规定的法律责任

《资产评估法》的第七章法律责任，不仅详细规定了资产评估机构和资产评估专业人员的法律责任，而且对委托人、评估行业协会以及有关行政管理部门、评估行业协会的工作人员的法律责任也进行了明确。

（一）资产评估专业人员的法律责任

1.签署、出具虚假评估报告的责任

《资产评估法》第四十五条规定：评估专业人员违反规定，签署虚假评估报告的，由

有关评估行政管理部门责令停止从业两年以上五年以下；有违法所得的，没收违法所得；情节严重的，责令停止从业五年以上十年以下；构成犯罪的，依法追究刑事责任，终身不得从事评估业务。

2. 评估专业人员违反其他禁止性规定的责任

《资产评估法》第四十四条规定：评估专业人员违反规定，有下列情形之一的，由有关评估行政管理部门予以警告，可以责令停止从业六个月以上一年以下；有违法所得的，没收违法所得；情节严重的，责令停止从业一年以上五年以下；构成犯罪的，依法追究刑事责任：

（1）私自接受委托从事业务、收取费用的；

（2）同时在两个以上评估机构从事业务的；

（3）采用欺骗、利诱、胁迫，或者贬损、诋毁其他评估专业人员等不正当手段招揽业务的；

（4）允许他人以本人名义从事业务，或者冒用他人名义从事业务的；

（5）签署本人未承办业务的评估报告或者有重大遗漏的评估报告的；

（6）索要、收受或者变相索要、收受合同约定以外的酬金、财物，或者谋取其他不正当利益的。

（二）资产评估机构的法律责任

1. 签署、出具虚假评估报告的责任

《资产评估法》第四十八条规定：评估机构违反本法规定，出具虚假评估报告的，由有关评估行政管理部门责令停业六个月以上一年以下；有违法所得的，没收违法所得，并处违法所得一倍以上五倍以下罚款；情节严重的，由市场监督管理部门吊销营业执照；构成犯罪的，依法追究刑事责任。

2. 评估机构未经工商登记从业的责任

《资产评估法》第四十六条规定：违反本法规定，未经工商登记以评估机构名义从事评估业务的，由工商行政管理部门责令停止违法活动；有违法所得的，没收违法所得，并处违法所得一倍以上五倍以下罚款。

3. 评估机构违反其他规定的责任

《资产评估法》第四十七条规定：评估机构违反本法规定，有下列情形之一的，由有关评估行政管理部门予以警告，可以责令停业一个月以上六个月以下；有违法所得的，没收违法所得，并处违法所得一倍以上五倍以下罚款；情节严重的，由工商行政管理部门吊销营业执照；构成犯罪的，依法追究刑事责任：

（1）利用开展业务之便，谋取不正当利益的；

（2）允许其他机构以本机构名义开展业务，或者冒用其他机构名义开展业务的；

（3）以恶性压价、支付回扣、虚假宣传，或者贬损、诋毁其他评估机构等不正当手段招揽业务的；

（4）受理与自身有利害关系的业务的；

（5）分别接受利益冲突双方的委托，对同一评估对象进行评估的；

（6）出具有重大遗漏的评估报告的；

（7）未按本法规定的期限保存评估档案的；

（8）聘用或者指定不符合本法规定的人员从事评估业务的；

（9）对本机构的评估专业人员疏于管理，造成不良后果的。

对于评估机构未按规定备案或者不符合本法第十五条规定的条件的，由有关评估行政管理部门责令改正；拒不改正的，责令停业，可以并处一万元以上五万元以下罚款。

4.对屡次违法增加处罚的规定

《资产评估法》第四十九条是针对资产评估机构、资产评估专业人员屡次违法的增加处罚规定。该法规定：评估机构、评估专业人员在一年内累计三次因违反本法规定受到责令停业、责令停止从业以外处罚的，有关评估行政管理部门可以责令其停业或者停止从业一年以上五年以下。

（三）委托人的法律责任

1.未依法履行委托义务的责任

《资产评估法》第五十一条针对法定资产评估业务委托责任人未依法履行资产评估委托义务的法律责任进行了以下规定：

违反本法规定，应当委托评估机构进行法定评估而未委托的，由有关部门责令改正；拒不改正的，处十万元以上五十万元以下罚款；情节严重的，对直接负责的主管人员和其他直接责任人员依法给予处分；造成损失的，依法承担赔偿责任；构成犯罪的，依法追究刑事责任。

2.委托人的违法责任

《资产评估法》第五十二条规定：违反本法规定，委托人在法定评估中有下列情形之一的，由有关评估行政管理部门会同有关部门责令改正；拒不改正的，处十万元以上五十万元以下罚款；有违法所得的，没收违法所得；情节严重的，对直接负责的主管人员和其他直接责任人员依法给予处分；造成损失的，依法承担赔偿责任；构成犯罪的，依法追究刑事责任：

（1）未依法选择评估机构的；

（2）索要、收受或者变相索要、收受回扣的；

（3）串通、唆使评估机构或者评估师出具虚假评估报告的；

（4）不如实向评估机构提供权属证明、财务会计信息和其他资料的；

（5）未按照法律规定和评估报告载明的使用范围使用评估报告的。

前款规定以外的委托人违反本法规定，给他人造成损失的，依法承担赔偿责任。

（四）资产评估协会及其工作人员、国家机关工作人员的法律责任

《资产评估法》第五十三条、第五十四条分别规定了资产评估行业协会及其工作人员、国家机关工作人员的责任。

评估行业协会违反《资产评估法》的，由有关评估行政管理部门给予警告，责令改正；拒不改正的，可以通报登记管理机关，由其依法给予处罚。

有关行政管理部门、评估行业协会工作人员违反《资产评估法》的规定，滥用职权、玩忽职守或者徇私舞弊的，依法给予处分；构成犯罪的，依法追究刑事责任。

知识链接 7–4

其他法律法规对资产评估法律责任的规定

四、资产评估法律责任风险的防范

资产评估机构及其专业人员执行资产评估业务，应当遵守相关法律、行政法规和资产评估准则的规定，努力防范法律责任风险。为此，可以采取以下措施：

（一）完善资产评估法律法规体系，强化资产评估主体的法律意识

改革开放以来，随着我国资产评估行业的发展，各种相关的法律法规制度也在不断完善，但是与行业的发展速度相比，资产评估法律法规制度的建设还是滞后于行业发展。2016年7月《资产评估法》的出台，取得了里程碑式的进展，标志着中国资产评估行业迈入依法治理新时代。但由于该法中的一些条文相对原则化，相应的司法解释和实施细则尚未出台，使得各行业对该法的条文理解不尽统一、执行效果也有待提升。因此，完善资产评估法律法规体系的建设和实施对于资产评估法律责任的防范至关重要。

与此同时，还应加大资产评估法律法规的宣传和培训，不断强化评估机构及评估专业人员的法律意识，树立起依法依规的执业理念。资产评估机构及评估专业人员在资产评估执业中，应遵章守则、规范执业行为、勤勉尽责，时刻警钟长鸣，防范评估法律责任风险。此外，还要让委托方、被评估企业以及经济行为利益当事方等了解知晓资产评估法律法规，营造全员遵法守法、独立公正的执业环境。

（二）优化资产评估机构内部治理结构

完善的评估机构内部治理结构是避免决策失误、权责利失衡和防范法律责任的组织保证。评估机构应优化内部治理机构，构建以员工层、经理层、监事会、董事会、股东会等为主体的权责清晰、规范透明、有效制衡的组织架构，建立健全完善的监督、激励、约束和决策机制，使评估机构内部决策、执行和监督三种权力相互分离与制衡，防范法律责任风险，实现评估机构资源有效配置和可持续发展。

资产评估专业人员的专业知识、技能和理念在评估机构内部决策和管理中具有主导作用，评估机构内部治理应当以人力资源管理为核心，尊重资产评估专业人员的专业价值，让他们在管理和决策中起到主导地位，实现资产评估机构、股东、专业人员的和谐发展。

（三）严格履行评估程序，完善评估机构内部管理

资产评估机构及其专业人员在执业过程中必须正确履行资产评估程序，这不仅有利于规范评估机构及专业人员的评估行为，提升评估业务的质量；而且有利于防范执业风险，规避法律责任，从而保护自身的合法权益。

在受理资产评估业务前，不仅应当明确评估目的、价值类型、评估基准日等基本事项，而且需要对委托人及评估对象、评估范围进行充分的了解和调查；当签订评估业务委托合同时，合同双方应明确约定各自的权利、义务、违约责任和争议解决等；在评定估算阶段，资产评估专业人员应当依法对资产评估活动中使用的资料进行核查验证，并对收集的评估资料进行分析、归纳和整理，评定估算后形成合理评估结论；编制资产评估报告阶段，按照法律、行政法规、资产评估准则和资产评估机构内部质量控制制度，对资产评估报告进行内部审核；现场调查、评定估算等环节要形成完整的书面记录，并纳入评估工作底稿，最后整理归集形成资产评估档案。评估机构应建立一套完善和科学的内部管理制度，确保从评估程序的各个环节控制执业风险，从而保证整个评估工作的质量。

【思政课堂】 守评估职业道德 固行业发展基石

随着资产评估服务于经济社会发展的重要性不断增强，人们对资产评估行业的期望和要求也在不断提高。资产评估机构和资产评估专业人员的职业道德是支撑资产评估行业持续健康发展的重要基石。

道德是一种社会意识形态，是一定时期、一定范围内的人群衡量自身或他人行为正当与否的观念标准。资产评估行业作为经济社会中的高端服务业，担负着服务公众的责任，是一种特殊性质的中介机构。资产评估职业道德除了具有道德的一般属性，还具有鲜明的行业特征，在资产评估行业发展过程中具有不可替代的作用。

1.明确职业道德要求，防范执业风险

职业观将深刻影响人们以何种方式从事职业活动。一家缺乏职业道德的资产评估机构不会承担应有的社会责任，一个缺乏职业道德的资产评估专业人员也不会在工作中拥有必要的责任心。资产评估机构和资产评估专业人员只有明确了在执业过程中应具备的道德品质和行为，才能协调好与资产评估其他相关当事人之间的关系，依法开展资产评估活动，有效防范执业风险。

2.规范职业道德行为，保证执业质量

资产评估执业质量，取决于资产评估机构及资产评估专业人员的专业胜任能力，另一方面取决于资产评估机构和资产评估专业人员的职业道德水平。对资产评估机构及资产评估专业人员而言，职业道德是一门必修课，与专业胜任能力一样重要。时刻恪守职业道德，有助于资产评估机构及资产评估专业人员养成良好的职业习惯，勤勉尽责，避免出现虚假报告，为资产评估当事人提供合格的产品和服务。

3.树立良好的职业形象，提升行业公信力

资产评估机构和资产评估专业人员在执业中会面临来自方方面面的诱惑和考验，只有严格遵守职业道德准则，自觉维护职业形象，才能提高社会公众对资产评估行业的信任程度。

【本章小结】

本章介绍了资产评估的职业规范与法律责任，具体内容包括：资产评估法律体系、资产评估准则体系的构成，资产评估的职业道德要求以及资产评估法律责任。

第一，介绍了资产评估法律体系的构成和《资产评估法》的出台及其主要内容。资产评估法律体系是由《资产评估法》《证券法》《公司法》等相关法律、行政法规、部门规章等组成的全面、系统的规范体系，是资产评估职业规范的重要组成部分，与资产评估准则体系共同构成了资产评估职业规范。

第二，介绍了中国资产评估准则的产生与发展、准则的制定机制与准则体系的构成。中国资产评估准则体系经过多次修订与不断完善，已成为由基本准则、职业道德准则和执业准则（包括具体准则、评估指南和指导意见）构成的系统、完善的规范体系。

第三，对资产评估职业道德的含义与作用、基本要求与具体要求进行了介绍。资产评估机构及其资产评估专业人员应当具备《资产评估职业道德准则》所要求的道德品质和道德行为。中国资产评估准则体系将职业道德准则与执业准则置于同等重要的地位。

第四，阐述了资产评估法律责任的类型以及《资产评估法》对资产评估法律责任的具体规定。资产评估机构及其专业人员执行资产评估业务，应当遵守相关法律、行政法规和资产评估准则的规定，努力防范法律责任风险。

【练习题】

（一）单项选择题

1.《国有资产评估管理办法》规定，资产评估机构作弊或者玩忽职守，致使资产评估结果失实的，国有资产管理行政主管部门可以宣布资产评估结果无效，并可以根据情节轻重，对该资产评估机构给予处罚，但不包括（　　）。

A.警告

B.停业整顿

C.处以违法所得一倍以上五倍以下的罚款

D.吊销国有资产评估资格证书

2.评估专业人员在执行资产评估业务中所承担的资产评估法律责任有（　　）。

A.行政责任与民事责任　　B.民事责任与刑事责任

C.刑事责任与行政责任　　D.行政责任、民事责任与刑事责任

3.财政部发布的第一个资产评估准则是（　　）。

A.《资产评估准则——无形资产》　　B.《资产评估执业准则》

C.《资产评估基本准则》　　D.《资产评估职业道德准则》

4.资产评估档案应当由资产评估机构妥善管理。属于法定资产评估业务的，保存年限不少于（　　）。

A.10年　　B.15年　　C.30年　　D.50年

5.资产评估执业准则包括的三个层次是（　　）。

A.基本准则、道德准则和具体准则　　B.具体准则、评估指南和指导意见

C.道德准则、具体准则和评估指南　　D.基本准则、具体准则和评估指南

6.下列不属于实体性准则的是（　　）。

A.《资产评估执业准则——企业价值》

B.《资产评估执业准则——无形资产》

C.《资产评估执业准则——利用专家工作及相关报告》

D.《资产评估执业准则——森林资源资产》

7.下列不属于资产评估职业道德基本要求的是（　　）。

A.诚实守信　　B.谨慎从业　　C.公正公开　　D.独立客观

8.“资产评估机构不得受理与自身有利害关系的资产评估业务。资产评估专业人员与委托人、其他相关当事人和评估对象有利害关系的，应当回避”体现了资产评估职业道德具体要求中的（　　）。

A.独立性　　B.客观性　　C.公正性　　D.专业性

9.下列关于资产评估基本准则的表述，错误的是（　　）。

A.基本准则的规范主体包括资产评估机构和资产评估专业人员

B.基本准则是财政部依据《资产评估法》《资产评估行业财政监督管理办法》等制定的

C.基本准则是中国资产评估协会依据《资产评估法》制定的

D.基本准则是资产评估机构及其资产评估专业人员执行各种资产类型、各种评估目的资产评估业务应当共同遵循的基本规范

10.下列关于资产评估职业道德准则的表述，错误的是（　　）。

A.资产评估专业人员应当具备相应的评估专业知识和实践经验，能够胜任所执行的资产评估业务

B.资产评估专业人员应当完成规定的继续教育，保持并提高专业能力

C.职业道德准则与执业准则在资产评估准则体系中处于同等重要的位置

D.职业道德准则是中评协根据《资产评估法》制定的

（二）多项选择题

1.根据《国有资产评估管理办法》的相关规定，国有资产占有单位应当进行资产评估的经济行为有（　　）。

A.资产拍卖、转让

B.企业兼并、出售、联营、股份经营

C.与外国公司、企业和其他经济组织或者个人开办中外合资经营企业或者中外合作经营企业

D.企业清算

E.依照国家有关规定需要进行资产评估的其他情形

2.下列属于资产评估执业准则第二层次的有（　　）。

A.《企业国有资产评估报告指南》　　B.《以财务报告为目的的评估指南》

C.《专利资产评估指导意见》　　D.《金融不良资产评估指导意见》

E.《资产评估对象法律权属指导意见》

3.下列关于资产评估执业准则的说法，正确的有（　　）。

A.执业准则是中评协根据资产评估基本准则制定的资产评估机构及其专业人员在执行资产评估业务过程中应当遵循的程序规范和技术规范

B.执业准则包括具体准则、评估指南和指导意见三个层次

C.资产评估指南是针对出资、抵押、财务报告、保险等特定评估目的和特定资产的评估业务，以及某些重要事项制定的规范

D.已在具体准则层次设置了准则的资产，其细类资产的评估规范采用指导意见形式

E.具体准则分为程序性准则和实体性准则两个部分

4.在资产评估基本准则中，对资产评估机构及其专业人员开展资产评估业务的基本遵循，包括的主要内容有（　　）。

A.应诚实守信，勤勉尽责，谨慎从业，遵守职业道德规范，自觉维护职业形象，不得从事损害职业形象的活动

B.应遵守法律、行政法规的规定，坚持独立、客观、公正的原则

C.应履行资产评估基本程序

D.应具备相应的资产评估专业知识和实践经验，能够胜任所执行的资产评估业务，保持和提高专业能力

E.当执行某项特定业务缺乏特定的专业知识和经验时，应当采取弥补措施，包括利用专家工作等

5.在下列各项中，构成我国资产评估法律规范体系的有（　　）。

A.国有资产评估管理办法

B.资产评估准则

C.资产评估行政主管部门制定的资产评估规章制度

D.资产评估相关法律、法规和规章制度

E.资产评估指南

6.资产评估执业准则由于涉及面广，在纵向关系上分为（　　）。

A.基本准则　　B.具体准则

C.评估指南　　D.专业准则

E.指导意见

7.根据资产评估师遵纪守法的要求，资产评估师在具体评估时应做到（　　）。

A.不得利用工作之便为自己或他人谋取不正当利益

B.以委托方或相关当事方预先设定的价值量作为评估结果

C.要自觉接受中国资产评估协会的管理

D.应当遵守保密守则，除法律、法规和有关制度另有规定外

E.要维护评估行业的职业形象，不得从事与资产评估师身份不符或可能损害其职业形象的活动

8.下列关于资产评估准则的表述，正确的有（　　）。

A.资产评估准则是资产评估专业人员开展资产评估业务的行为标准

B.资产评估准则是监管部门评价资产评估业务质量的重要尺度

C.资产评估准则是评估报告使用人理解资产评估结论的重要依据

D.中国资产评估协会依据资产评估基本准则制定了资产评估执业准则和资产评估职业道德准则

E.评估机构和评估专业人员违反评估准则需要承担相应的法律责任

9.我国资产评估准则体系的特点有（　　）。

A.资产评估准则体系是综合性体系

B.资产评估准则体系涵盖企业价值、无形资产、不动产、机器设备以及其他动产等各主要类别资产和经济权益的评估，体现了综合性的特点

C.在资产评估准则体系中更注重专业性准则

D.在资产评估准则体系中，包括针对主要类别资产特点而进行规范的专业性准则，如企业价值评估准则、机器设备评估准则和不动产评估准则等

E.资产评估准则体系对重要评估程序设置了相应的准则项目，如评估报告、评估档案、评估程序等，通过履行适当的评估程序，保证资产评估结论的合理性

10.资产评估基本准则对相关当事人对评估资料的责任做出了具体规定，下列表述正确的有（　　）。

A.资产评估专业人员有权利要求委托人提供相关的权属证明、财务会计信息和其他资料

B.委托人有义务向资产评估专业人员提供执行评估所需的相关资料

C.资产评估专业人员有权向有关国家机关或者其他组织查阅从事业务所需的文件、证明和资料

D.委托人对提供的相关资料的真实性、完整性和合法性负责，资产评估专业人员无须进行核查和验证

E.资产评估专业人员无权向有关国家机关或者其他组织查阅从事业务所需的文件、证明和资料

（三）判断题

1.民事责任是资产评估法律责任中的主要形式，包括：警告，罚款，没收违法所得，没收非法财物，责令停产停业，暂扣或吊销许可证，暂扣或吊销执照等。（　　）

2.《中华人民共和国资产评估法》是中国资产评估协会制定资产评估执业准则和资产评估职业道德准则的基本依据。（　　）

3.资产评估具体准则是资产评估执业准则的第一层次，是针对出资、抵押、财务报告、保险等特定评估目的和特定资产的评估业务，以及某些重要事项制定的规范。（　　）

4.中国资产评估准则体系将职业道德准则与执业准则置于同等重要的地位。（　　）

5.资产评估机构可以分别接受利益冲突双方的委托，对同一评估对象进行评估。（　　）

6.经委托方书面许可，可以对外提供在执业过程中获知的各种商业秘密和相关业务资料。（　　）

7.资产评估师可以以个人名义从事资产评估业务活动。（　　）

8.资产评估师在进行评估结论披露时，不应在自己未参与或不了解项目的评估报告上签署名字，也不得允许他人以本人名义签署评估报告。（　　）

9.《资产评估执业准则——资产评估程序》属于实体性准则。（　　）

10.资产评估具体准则是由程序性准则和实体性准则构成。（　　）

（四）简答题

1.我国资产评估的执业准则体系包括哪些内容？

2.资产评估职业道德的基本要求有哪些？

3.资产评估的法律责任及惩罚措施有哪些？

客观题智能测评

第八章

国外评估准则

【学习目标】

1.掌握国际评估准则的结构体系；

2.熟悉国际资产评估准则的主要内容；

3.熟悉美国、英国、欧洲评估准则的结构体系；

4.理解国外评估准则与中国评估准则的差异；

5.树立“诚信为本，操守为重”的执业理念，诚实守信，以诚相待。

本章思维导图

【案例导入】

为科学规划、全面指导“十四五”时期资产评估行业更好服务于经济社会发展和现代财税体制改革，根据《中华人民共和国国民经济和社会发展第十四个五年规划和2035年远景目标纲要》和国家财政“十四五”规划的有关要求，结合资产评估行业实际，中国资产评估协会于2021年9月27日发布了《“十四五”时期资产评估行业发展规划》。该规划将“深化国际交流与合作，积极推进资产评估机构国际化发展”作为“十四五”时期资产评估行业发展的一项主要任务。具体内容如下：

（1）深化国际交流与合作。继续积极参与国际评估事务和重大事项决策，主动参与国际规则制定，提升我国资产评估行业国际话语权和影响力。探索推进国际和地区间会员资格互认、评估准则互认、评估报告互认。推荐资产评估机构和资产评估师加入各类国际评估专业组织，促进国际评估专业经验交流和成果共享。

（2）加强国际评估市场和国际评估理论动态跟踪研究。跟踪分析国际评估业务特点，研究总结评估行业发展新态势、新特点、新问题。积极开展国际评估市场与理论研究，为资产评估行业国际化发展提供有力支持。研究国际评估准则“全球采用”政策对我国资产评估准则和我国资产评估机构国际化的影响。

（3）积极提升境外执业能力。研究“一带一路”倡议，紧跟国家重大发展战略，引导资产评估机构服务企业“走出去”，实现行业国际化发展。研究推动出台支持资产评估机构发展境外业务的相关政策，为拓展国际市场提供政策支持。研究构建并共享境外业务所需的行业数据信息，为拓展国际市场提供基础性扶持。

因此，熟悉和掌握国外主要评估准则，并准确理解国内外评估准则的异同，对于完成“十四五”时期资产评估行业发展规划的要求至关重要。

资料来源：中国资产评估协会．“十四五”时期资产评估行业发展规划［EB/OL］．［2021-09-27］．http：//www.cas.org.cn.

资产评估准则是资产评估理论研究成果和实践经验的高度浓缩，是指导评估实践、保证评估质量、维护评估行业声誉的行业规范。衡量一个国家评估业务水平的标准之一就是其准则体系的成熟度。评估业务越发展，对评估准则的要求就越强烈；同时，资产评估准则体系越完善，资产评估业务就越规范。

目前在国际评估界具有较大影响的评估准则主要有：国际评估准则理事会（IVSC）制定的《国际评估准则》（IVS）、美国评估促进会（AF）制定的《专业评估执业统一准则》（USPAP）、英国皇家特许测量师学会（RICS）制定的《RICS评估准则》（RICS RED BOOK），以及欧洲评估师联合会（TEGOVA）制定的《欧洲评估准则》（EVS）。

第一节　国际评估准则

《国际评估准则》（International Valuation Standards，IVS）是目前最具影响力的国际性评估准则，它是由国际评估准则理事会（International Valuation Standards Council，IVSC）制定和发布的。自国际评估准则理事会于1985年发布第一版《国际评估准则》以来，经过多次修订，国际评估准则目前已经发展成为包含不动产、企业价值、无形资产和机器设备等评估业务在内的比较完善的综合准则体系。

国际评估准则理事会的前身是国际评估准则委员会，是20世纪80年代初在世界各国资产评估专业团体的推动下，逐步发展起来的重要国际性评估专业组织，目前在国际评估界发挥着主导作用。国际评估准则理事会的主要宗旨是：为公共利益制定和发布资产评估准则和技术文件，以满足财务报告、国际资本市场和国际经济领域的需要；促使国际评估准则和指南在世界范围内得到认可和遵守；在世界各国之间统一资产评估准则，致力于促进地方或地区性准则规定与国际评估准则之间的协调和统一；促使国际评估准则在国际会计准则及其他相关报告准则中得到认可，促使其他专业领域理解专业评估和评估师的作用，并教育评估师了解相关专业领域的要求。

一、国际评估准则的制定与演进

（一）国际评估准则制定的背景

《国际评估准则》的产生有其独特的历史背景，是评估行业发展及外部经济推动等各种因素相互作用的必然结果。一是，20世纪80年代以前，评估业在世界范围内得到了很大发展，美国、英国、澳大利亚、加拿大、新西兰等很多国家成立了评估协会、学会等专业性组织，制定了本国评估准则和职业道德守则，同时评估业在发展中国家也得到了一定的普及和发展。这些都为制定国际性评估准则奠定了行业发展和理论基础。二是，尽管各国评估业取得了长足发展，但评估行业在20世纪80年代以前始终未能形成一个世界性的中心和国际性的行业，各国评估准则以及专业术语上的差异给评估业的国际合作带来了很大困难。为适应评估行业发展的客观需要，急需制定统一的国际评估准则。这是制定《国际评估准则》的内在动力。三是，随着国际经济和市场全球化的迅速发展，专业资产评估在市场经济中的重要性得到了广泛认可。资产评估对各种经济行为者，特别是对跨国投资者来说是十分必要的，国际经济界也迫切需要一部规范统一的国际评估准则，这也就成为制定《国际评估准则》的外部动力。

基于上述背景，1985年，当时的国际资产评估准则委员会[①]（The International Assets Valuation Standards Committee，IAVSC）制定并发布了第一版《国际评估准则》。之后随着经济的不断发展，几经修订，至今已经出版了13版《国际评估准则》。经过30多年的发展，《国际评估准则》也从早期的以不动产评估为主的评估准则，演变为一部综合性的评估准则，在国际上得到广泛认可，并已被许多国家的国内评估准则所采纳，也是目前最具影响力的国际性评估准则。

知识链接8-1

国际评估准则理事会

由此可见，《国际评估准则》是在各国评估业发展的基础上适应行业和经济的需要而产生的，其目的是促进各国评估准则的统一，在世界范围内致力于最终消除国际资产交易中在评估领域的误解，为日益发展的全球经济提供专业化发展的并由统一准则约束的评估服务。

（二）国际评估准则的演进历程

从1985年的第一版《国际评估准则》，到2022年1月31日生效的最新版《国际评估准则2022》（IVS2022），国际评估准则理事会共制定和发布了13版《国际评估准则》。国际评估准则的演进[②]大致可以划分为五个发展阶段，如图8-1所示。

图8-1 IVS演进历程

第一版《国际评估准则》于1985年制定并发布，之后进行了几次修订，分别于1994年和1997年发布了《国际评估准则》第二版和第三版。

2000年以后，《国际评估准则》的制定和修订工作进入了一个快速发展的时期，经过较大修改，分别于2000年和2001年发布了第四版和第五版，2003年4月推出了第六版《国际评估准则》。

① 该委员会几经易名，1985年名为国际资产评估准则委员会，现在名为国际评估准则理事会（International Valuation Standards Council，IVSC）。

② 郭化林. 中外资产评估准则［M］. 北京：高等教育出版社，2015：125-126.

由于欧盟法律要求2005年欧盟上市公司均须执行《国际会计准则》，根据《国际会计准则》的规定，执行公允价值计量模式的公司需要对公司许多资产进行评估。这个重大变化给国际评估行业带来了很大影响。国际评估准则委员会于2005年发布了第七版《国际评估准则》，以满足《国际会计准则》和相关实务对评估行业的需求。

2007年，国际评估准则委会发布了第八版《国际评估准则》，全面修订了"市场价值以外的价值基础"准则和"相保贷款为目的的评估"应用指南，新增"以公共部门资产财务报告为目的的评估"和"历史性资产评估"两个应用指南，并对准则全文进行了文字复核。

2011年，国际评估准则理事会发布第九版《国际评估准则》。与早期版本相比，修订后的准则在语言和形式上有重大的变化，准则内容更突出了原则性。《国际评估准则》（IVS 2013）于2014年1月1日开始实施。新版准则在原准则基础上，对"基本准则""资产准则""评估应用"部分进行了修订。一是明确评估准则对评估复核业务的适用性；二是加强对使用其他人提供信息的要求；三是废止"IVS230——不动产权益"的附件和"IVS300——以财务报告为目的的评估"的附件，避免对附件内容产生争议。

2017年发布的第十一版《国际评估准则》在结构和内容上都发生了变化：一是在原准则的基础上增加了"术语"部分，删除了"国际评估准则定义""评估应用"；二是在基本准则部分增加了"IVS104——价值类型"和"IVS105——评估路径和方法"两个准则；三是将资产准则部分的"IVS233——在建投资性不动产"更名为"IVS410——开发性不动产"；四是对基本准则和资产准则的内容进行修订。

2019年修订后发布并于2020年1月生效的第十二版《国际评估准则》（IVS2020），被认为是协调全球资产评估实践的重要里程碑（An Important Milestone towards Harmonising Valuation Practice Worldwide）。与2017年版相比，该版增加了"IVS220——非金融负债"，并对一些定义和准则条款的表述进行了优化。

第十三版《国际评估准则》（IVS2022）于2021年7月发布，并于2022年1月31日开始实施。该版在原准则的基础上，增加了"IVS——存货"，增加了价值类型、成本、折现率等新术语，为此准则的框架更加充实。

（三）IVS2022的主要变化

IVS2022紧跟国际评估行业现状，与前版IVS2020相比，主要变化如下：

增加一个新的准则IVS230存货（IVS 230 Inventory）。这是新版IVS最重大的变化。由于受IVS现有结构的影响，IVS230放置在IVS 200企业价值评估准则（IVS 200 Businesses and Business Interests）之下，主要规范除开发性不动产之外的存货评估，开发性不动产评估在IVS400不动产权益（IVS 400 Real Property Interests）中予以规范）。

前言：前言部分进行重新编写，纳入评估准则制定的核心原则（the core principles of valuation standard setting）和核心评估原则（the core principles of valuation）。

术语表：IVS的术语表进行了较大更新，包括新增加的术语及额外的诠释。

IVS框架：准则遵守、资产与负债、评估师和专业胜任能力等部分略做修改以提供更好的诠释。

IVS104价值类型：在准则中增加了"价值的分配"（allocation of value）。

IVS105评估途径和方法：介绍部分予以了修订，对采用一种或多种评估途径形成某价值类型下的价值结论进行诠释。

IVS200企业和企业权益：介绍部分增加关于构成企业和企业权益（a business and a business interest）内容的进一步诠释。

IVS400不动产权益：介绍部分予以更新，以解释本章节包括农业和土地的评估，并将未注册和公共土地（unregistered and communal land）纳入。

IVS2022的这些变化，反映了IVSC为协调评估准则所持续做出的努力。

二、国际评估准则的结构体系

国际评估准则包括以下主要部分：前言（Introduction）、专业术语（Glossary）、IVS框架（IVS Framework）、基本准则（General Standards）、资产准则（Asset Standards）、索引（Index）。

（一）前言

该部分介绍了国际评估准则理事会（IVSC）的性质、宗旨、基本目标，以及国际评估准则的整体状况和国际地位，并对国际评估准则的运用进行了总体说明。

前言指出，IVSC准则委员会（IVSB）是国际评估准则（IVS）的制定机构。准则委员会在准则的制定议程、发布和批准方面拥有自主权。同时也对准则委员会在国际评估准则制定过程中所遵循的指导精神和原则进行了介绍。

（二）专业术语

该部分明确了国际评估准则中使用的特定术语的定义，如资产或资产组、价值类型、客户、评估目的、评估方法、司法管辖权等。

需注意的是，该部分并没有定义评估、会计或金融行业中的基本术语，原因是假定评估师已经理解了这些基本术语。

（三）国际评估准则框架（IVS框架）

该部分对国际评估准则的适用范围、评估师，客观性和独立性、专业胜任能力、偏离①等方面进行了说明。

（四）基本准则

基本准则阐述了执行评估业务的要求，适用于所有的资产类型和评估目的，包括以下五项准则：

IVS 101工作范围；

IVS 102调查和遵循；

IVS 103评估报告；

IVS 104价值类型；

IVS 105评估途径与方法。

（五）资产准则

资产准则对具体资产的评估提供指导，是对基本准则要求的细化或者扩充，说明了本准则中的规定如何应用到特定资产，以及在评估时应当特殊考虑的事项。资产准则包括下列八项准则：

---

① 偏离是指“必须遵守的特定立法、监管或其他权威机构的要求与IVS的某些要求不一致的情形”。

IVS 200企业及企业权益；

IVS 210无形资产；

IVS 220非金融负债；

IVS 230存货；

IVS 300厂房和设备；

IVS 400不动产权益；

IVS 410开发性不动产；

IVS 500金融工具。

（六）索引

索引列明了准则中涉及的相关术语的出处。

三、国际评估准则的主要内容

（一）基本准则

1.国际评估准则101——工作范围（Scope of Work）

工作范围准则包括引言、一般要求和工作范围的变动三部分内容。

（1）引言

引言部分明确了工作范围的定义：工作范围，有时称为业务约定，描述的是对评估业务约定的基本条款，如被评估资产（组）、评估目的和评估所涉及的相关方的责任。同时，明确了国际评估准则的适用范围，包括：评估师为其雇主进行的内部评估，评估师为非雇主的客户进行的第三方评估以及评估复核。

（2）一般要求

在一般要求中，准则要求评估师所有的评估意见和在准备过程中所做的工作，必须与预期目的相适应。评估师应当在开始工作之前，与客户就工作范围进行交流并达成一致，同时指出书面表达工作范围可能不是必需的，但是，因为评估师有责任与客户就评估范围进行沟通，所以应该准备书面的工作范围文档。一般要求中还明确了工作范围的具体内容，包括：评估师、客户（如果有）、其他的预期使用者（如果有）、被评估的资产（组）、评估计量货币、评估目的、价值类型、评估基准日、评估师工作的性质和范围以及限制性、评估师所依赖信息的性质和来源、重要的假设和（或）特殊假设、评估报告类型、报告使用、分发和出版的限制等。

（3）工作范围的变动

该部分规定工作范围可以发生变动，因为有些事项可能直到评估工作开展时还不能确定，或者在业务执行过程中，出现了需要进一步调查的事项，主要对在评估过程中上述评估要求的变更做出说明。同时，还规定，在工作范围中需要和客户明确的事项和任何随时间做出的变化，都必须在业务完成和评估报告呈递之前与客户沟通协商。

2.国际评估准则102——调查和遵循（Investigations and Compliance）

该准则主要规定了在评估实施过程中应当注意的相关问题，包括一般原则、调查、对其他准则的遵循，其中，调查是核心内容。在调查中，要求评估调查工作必须与约定的评估目的和价值类型相适应，必须通过检查、询问、计算、分析等手段收集充分的评估依据，确保评估结论有合理的支持。如果调查程序受到限制，必须将这些限制记录在“工作范围”中，如果调查的限制实质性影响了评估师对于输入和假设的充分评价，则该评估业务不能声明遵循了国际评估准则。

此外，该准则还规定在评估过程中产生的作为支持评估结论基础的工作记录必须在业务完成后保存一定的合理期限。

3.国际评估准则103——报告（Reporting）

该准则主要对评估报告应包含的内容进行了规定。该准则包括概述、一般要求、评估报告和评估复核报告。其中，“概述”对评估报告从整体上进行了介绍；“一般要求”对影响报告详细程度的因素、报告格式、对评估报告编制和复核人员的要求等进行了规定；“评估报告”部分对评估报告的必要内容进行了规定，评估报告至少包括评估范围、预期用途、预期使用者、评估目的、评估途径、评估方法、关键参数、评估假设、评估结论及得出结论的最重要原因、报告日期（可以和评估基准日不同）等事项；“评估复核报告”至少包括复核执行的范围、被复核的报告和评估基于的参数和假设、复核人根据复核工作得出的结论和支持的理由以及报告日期（可以和评估基准日不同）。

4.国际评估准则104——价值类型（Bases of Value）

该准则主要规定国际评估准则定义的价值类型和其他准则定义的价值类型，包括概述、价值类型、使用假设和其他确认价值类型时需要考虑的因素。

概述部分介绍了价值类型的定义、特征和确定依据。价值类型部分介绍了国际评估准则定义的价值类型和其他准则定义的价值类型，并解释了其定义、内涵以及适用范围。国际评估准则定义的价值类型包括市场价值、市场租金、公平价值、投资价值、协同价值和清算价值。

使用假设描述了资产或负债使用的环境。不同的价值类型可能要求一种特定的使用假设或允许考虑多种使用假设。常用的使用假设有：最高最佳使用、现状使用/现有使用、有序清算和强制出售。除此之外，还规定了其他确定价值类型时需要考虑的因素，如实体特有因素、协同、假设和特别假设以及交易成本。

5.国际评估准则105——评估路径和方法（Valuation Approaches and Methods）

该准则主要阐述了市场途径（market approach）、收益途径（income approach）和成本途径（cost approach）三种评估基本途径。每种评估途径都包括不同的具体评估方法。当进行评估时，评估师必须考虑选用相关且恰当的评估途径和方法。为了得到符合价值类型的评估结论，可以使用一种或多种评估途径和方法。

市场途径是通过将标的资产与相同或可比（即相似）且价格信息可获取的资产进行比较而估算资产价值。市场途径包括交易案例比较法和上市公司比较法。当采用市场途径时，评估人员还应考虑到流动折扣、股权溢价和股票销售折价等的影响。

收益途径是通过把未来现金流转换为现值而估算资产价值。收益途径下有许多种具体的评估方法，这些方法都是由折现现金流法（DCF）变化而来。折现现金流法是将预测的现金流折现到评估基准日以得出资产的现值。

折现现金流法的主要步骤是：（1）根据标的资产和业务情形选择最合适的现金流类型（即税前或税后现金流、全部现金流或股权现金流、真实或名义现金流等）；（2）明确现金流预测的最合适的期限（若有）；（3）预测预测期内的现金流；（4）若有明确的预测期，确定预测期期末标的资产恰当的终值；（5）确定适当的折现率；（6）运用折现率对预测的未来现金流包括终值（若有）进行折现。

成本途径依据的经济学原理是：无论是购买还是建造，除非存在超长时间、不便因素、风险或其他因素，买方都将支付不高于等效资产的获取价格。成本途径通过计算资产的更新重置成本或复原重置成本，并扣除其实体性贬值和所有其他相关形式的贬值，从而得到资产的价值。成本途径包括更新重置成本法、复原重置成本法和资产加和法。其中，更新重置成本法是通过计算提供同等效用的相似资产的成本得出资产价值；复原重置成本法是通过计算重新创造资产的复制品的成本得出资产价值；资产加和法是将资产各构成部分的独立价值计算加和得出资产价值。

（二）资产准则

资产准则一般由概述（Overview）、引言（Introduction）、价值类型（Bases of Value）、评估途径和方法（Valuation Approaches and Methods）以及特殊考量（Special Considerations）等几个部分组成。

1.国际评估准则200——企业及企业权益（Businesses and Business Interests）

（1）概述和引言

概述部分明确了基本准则中的各项原则同样适用于企业和企业权益评估。国际评估准则200主要包含了应用于企业和企业权益评估的附加要求。

引言部分规定了评估师应当明确企业的价值组成、商誉，同时规定评估企业拥有的单项资产或负债时，应当遵循该类型资产或负债使用的准则。另外，评估师必须确定被评估企业的价值层次，如企业价值、投入资本价值、经营价值和权益价值。

（2）价值类型

价值类型准则规定，评估师在执行企业及企业权益评估业务时，应选择一种或多种恰当的价值类型。通常，企业价值评估可以选择国际评估准则定义的价值类型，也可以选择依据法律法规或其他规定定义的价值类型。

（3）评估途径和方法

这部分内容是本准则的重点。本准则对评估途径和方法的阐述基于“国际评估准则105——评估路径和方法”，根据评估对象的特点，对市场途径、收益途径、成本途径进行细化，在应用评估途径时不仅要满足本准则的要求，而且也应满足“国际评估准则105——评估路径和方法”的要求。

（4）企业和企业权益的特殊考量

在企业和企业权益价值评估中，还需要考虑其他的特别因素。特别因素包括但不限于：所有权、业务信息、经济和行业考量、经营性和非经营性资产、资本结构考量。

2.国际评估准则210——无形资产（Intangible Assets）

（1）概述和引言

概述部分明确了基本准则同样适用于无形资产评估和含无形资产的资产组的评估。

引言部分说明了无形资产评估中无形资产的主要类型和评估目的。

无形资产分为可确指无形资产和不可确指无形资产（主要指商誉）。可确指无形资产主要分为五类，即营销相关类、客户相关类、艺术相关类、合同相关类和技术相关类。

无形资产评估针对不同的目的。理解一项评估的目的、确定无形资产是否应该评估、是分离还是和其他资产形成资产组，都是评估师的责任。无形资产的评估目的包括但不限于：财务报告目的，税务报告目的，诉讼目的，其他监管或法律事项可能要求的事项（如强制购买、强制征用）。在综合咨询、抵押借贷和交易支持约定中也可能要求评估无形资产价值。

（2）价值类型

评估师在执行无形资产评估业务时，应当遵循“国际评估准则104——价值类型”，选择适当的价值类型。通常，无形资产评估采用的价值类型由国际评估准则理事会以外的实体/组织定义，评估师必须了解和遵从评估基准日与这些价值类型相关的规定、案例法和其他解释性指引。

（3）无形资产评估方法

该准则规定“国际评估准则105——评估路径与方法”中所描述的三大评估方法均可以应用于无形资产的评估。

在市场途径下，该准则提到由于无形资产多样性的特点，因此，很难在市场上找到与评估对象类似的资产的交易信息。如果能够从市场上获得相似资产的交易信息，则可以通过对比大量类似资产的交易情况来为评估对象价值提供依据，例如分析类似资产的收益率等。

收益途径是最常用的无形资产评估方法，包括超额收益法（Excess Earnings Method）、许可费节省法（Relief-from-Royalty Method）、增量收益法（Premium Profit Method）或有无对比法（With-and-Without Method）、绿地法（Greenfield Method）和分销商法（Distributor Method）等。

成本途径下无形资产的价值，是基于相似资产或提供相似服务潜能或效用资产的（更新）重置成本来确定，主要应用在自创无形资产评估中或无法确定未来现金流量的情况下。在重置成本的计算中，可以考虑市场类似资产的价格信息。采用成本法评估的无形资产包括自创软件、网站、人力资源价值等。

（4）无形资产的特殊考量

无形资产评估的特殊考量包括但不限于以下内容：折现率/无形资产回报率、无形资产的经济寿命和税收摊销收益。

3.国际评估准则220——非金融负债（Non-Financial Liabilities）

（1）概述和引言

在概述中指出，基本准则中的原则适用于非金融负债评估，本准则包括适用于非金融负债评估的额外要求。当评估路径和方法准则中的规定与本准则冲突时，评估人员应该适用该准则的规定。

引言指出，在该准则中所指的非金融负债，包括应交税费、合同义务、担保义务、环境负债、资产退废负债、或有对价义务、会员计划、购电协议、诉讼准备金、其他或有事项等。

（2）价值类型

评估师在执行非金融负债评估业务时，应当遵循“国际评估准则104——价值类型”，选择适当的价值类型。通常，非金融负债评估采用的价值类型由国际评估准则理事会以外的实体/组织定义，评估师必须了解和遵从评估基准日与这些价值类型相关的规定、案例法和其他解释性指引。

（3）评估途径和方法

在三种基本评估途径的基础上，该准则提供了自上而下法（Top-Down Method）、自下而上法（Bottom-Up Method）等新的评估方法，这些评估方法体现了一种或者多种评估途径的要求。

自上而下法是市场途径下评估非金融负债常用的方法。该方法运用的前提是能够获得可靠的基于市场的价格指标。运用自上而下法的主要步骤包括：明确非金融负债的市场价格；明确已经发生的成本和已使用的资产；明确合理的成本利润率；从市场价格中扣除成本和利润。

自下而上法是收益途径下评估非金融负债常用的方法。自下而上法下，非金融负债是以履行义务所需的成本（可能包括也可能不包括某些间接费用项目）加上这些成本的合理加成，折现为现值来衡量的。运用该方法的主要步骤包括：明确履行义务所需的成本；明确履行义务所需的合理加成；明确履约时间和折现率。如果履约成本是根据预期收入的比例确定的，评估师应当考虑履约成本是否已经包含在折现率中。

该准则还指出，成本法在非金融负债的评估中通常具有很大局限性。

（4）非金融负债的特殊考量

非金融负债评估方法的运用中，也需特殊考虑一些情况。运用收益法时，折现率的估测应当考虑货币的时间价值和非经营风险；预测现金流量时应当运用适当的假设，包括：第三方可能承担的履约成本、第三方确定交易价格时考虑的其他因素、不同情景中成本的变化幅度、第三方因不确定事项而要求的价格；评估师还应当考虑是否需要确定附加的市场风险报酬率、应当使用税前现金流量数据。在运用市场证据时，评估师应当考虑实体完成交易非金融负债的能力，以及是否需要进行调整以反映交易能力限制。

4.国际评估准则230——存货（Inventory）

存货准则是IVS2022新增加的资产准则。该准则的内容，除了包括概述、引言、价值类型、评估途径和方法（市场途径、收益途径、成本途径）以及特殊考量之外，还包括增值过程的确认和无形资产的回报、与其他可获得资产的关系、废弃的存货准备以及计量单元。

（1）概述和引言

概述中指出，基本准则中的原则适用于存货评估以及具有存货组成部分的评估。本准则包括对于存货评估的额外要求。

引言中指出，广义的存货包括未来生产过程中将使用的货物（即原材料、零件、耗材），生产过程中正使用的货物（即在产品）和等待销售的货物（即产成品）。存货的评估目的有多种。理解评估目的、存货是否需要单独或与其他资产一起进行评估是评估师的责任。存货评估的目的包括但不限于以下：

① 财务报告目的，企业并购、资产收购及减值等会计处理常常会要求进行存货评估。

② 税务目的，在转移定价、遗产税策划与申报、从价税征收等方面往往会要求进行存货评估。

③ 在诉讼目的的评估中，在某些情况下可能会涉及存货评估。

④ 出于咨询、抵押借款、交易支持、清算等目的可能会要求评估师进行存货评估。

（2）价值类型

根据IVS104——价值类型，评估师在评估存货时需要选择适当的价值类型。但存货评估经常会选择IVSC以外的其他实体或组织所定义的价值类型。评估师必须理解和遵循与评估基准日价值类型相关的法规、判例法以及其他解释性指南。

(3) 评估途径与方法

IVS 105—评估途径中的三种评估途径都可适用于存货评估，评估师有必要对每种评估途径下的具体评估方法进行区分。选择评估途径和方法时，除了遵守存货评估准则的要求之外，评估师还必须遵守IVS 105—评估途径的要求。

运用市场途径评估存货时，其适用性受到一定限制。市场途径通常适用于商品化产品的存货和处于生产阶段的某一环节但仍有其交易市场的存货。

运用收益途径评估存货，需要根据评估基准日前、后的利润（价值）进行分配，并提出两种具体的评估方法：自上而下法（Top-Down Method）和自下而上法（Bottom-Up Method）。

重置成本法是评估存货的主要方法。原材料存货的评估通常采用现行重置成本法（Current Replacement Cost Method）。

(4) 存货的特殊考量

评估存货时需要重点关注以下事项：①价值增加的过程以及无形资产回报的确认；②与其他可获得资产的关系；③废弃的存货准备；④计量单元。

5.国际评估准则300——厂房和设备（Plant and Equipment）

该准则重点对影响厂房和设备评估的因素和评估方法进行了规定和说明。

(1) 概述和引言

概述明确了基本准则在厂房和设备评估中的适用性和“国际评估准则300——厂房和设备”的定位。概述中规定，基本准则同样适用于厂房和设备的评估。“国际评估准则300——厂房和设备”仅包括对基本准则的修订、其他原则以及关于基本准则如何应用于使用本准则的评估项目的具体举例。

引言主要说明了机器设备评估所考虑的因素和无形资产的关系。机器设备评估通常需要考虑一系列与资产本身、环境和潜在经济价值有关的因素。其中，与资产有关的因素包括资产的技术规格、剩余物理寿命、资产状况、运输成本、辅助资产的任何可能损失；与环境有关的因素包括原材料和产品市场的位置、对限制产能或增加生产成本产生影响的任何环境或法律因素；与经济有关的因素包括实际或者潜在的资产获利能力、影响机器设备产品需求的宏观或微观经济因素、可以获得更多利益的资产其他潜在用途。

准则强调，尽管无形资产与机器设备是两类不同资产，但是有些机器设备价值中包含无形资产，而且无形资产对机器设备的价值有重要影响。例如，一些模具的价值与相关知识产权密不可分，操作软件、技术数据、产品记录、专利等无形资产都对机器设备的价值具有重要影响。因此，机器设备评估需要考虑这些无形资产的价值。

(2) 价值类型

评估师在执行机器设备评估业务时，应当选择恰当的价值类型。通常，机器设备价值可以选择国际评估准则定义的价值类型，也可以选择依据法律法规或其他规定定义的价值类型。在机器设备评估中，价值类型的选择极其重要，高度专业化的设备对于价值前提极为敏感。

（3）评估途径和方法

基本准则所规定的三种评估途径同样适用于机器设备评估。市场途径主要适用于通用设备的评估，例如机动车辆；收益途径适用于能确定该项机器设备所带来的现金流量的情况，但由于某些机器设备与无形资产的贡献难以分开，所以收益法不适用于该类单项设备评估；成本途径在机器设备评估中运用比较广泛，特别是单项设备评估。

（4）厂房和设备的特殊考量

机器设备评估需特别考虑的主要是融资安排。通常来说，机器设备的价值与其资金来源无关，但在某些情况下，机器设备评估应当考虑融资方式和融资的稳定性，比如经营租赁项目。

6.国际评估准则400——不动产权益（Real Property Interests）

该准则重点对不动产权益的类型、结构和评估方法进行了规定和说明。

（1）概述和引言

概述部分明确了基本准则在不动产权益评估中的适用性，概述中规定基本准则中的原则同样适用于不动产权益的评估。同时明确了"国际评估准则400——不动产权益"主要规定的是不动产权益评估的额外要求。

引言主要说明了不动产权益的含义和三种基本类型。不动产权益是指对土地和建筑物的一种拥有、控制、使用或占用的权利。不动产权益存在三种基本类型，首先是特定区域土地的最高权益，该权益的所有者拥有土地和地上附着物的全部权利；其次是次级权益，即在一定时期内拥有特定区域土地和地上附着物排他控制权的权益，例如通过租赁合同获得的权益；最后是拥有特定土地和地上附着物使用权，但不拥有排他使用权或控制权。

（2）价值类型

评估师在执行不动产权益评估业务时，应当选择恰当的价值类型。在大多数情况下，评估师应当考虑不动产的最高最佳利用可能会不同于其当前的利用方式，这对于可以改变利用方式或者具有开发潜能的不动产权益十分重要。

（3）评估途径和方法

该准则强调三种基本评估途径都适用于不动产权益评估。

采用市场途径评估时，准则指出尽管资产权益存在着非同质性特征，然而市场法仍是不动产权益评估的主要方法。市场法评估需要找到近期可比交易案例。交易案例与评估对象之间的差异性可以从以下几个方面考虑：被评估资产的权益类型、各自的地理位置、土地的质量或者房屋的使用年限和规格、每项资产的授权使用范围、交易环境、价值类型和交易时间。

采用收益途径评估不动产权益价值的具体评估方法包括收入资本化法和现金流折现法。对于折现率的选择，如果评估结果是针对特定所有者或潜在所有者的，那么折现率应该反映其所要求的收益率或者加权资本成本；如果评估结果是市场价值，那么折现率应该参考市场中不动产权益的收益率。

成本途径，主要适用于既没有交易价格，也不产生现金流的情况。

（4）不动产权益的特殊考量

不动产权益的特殊考量主要是考虑权益等级和租金。不同类型的不动产权益的价值是不同的，因此在评估时应注意权益构成。在评估基于租约的不动产权益时，评估师需要考虑合同租金以及合同租金与市场租金之间的差别。

7. 国际评估准则410——开发性不动产（Development Property）

该准则重点对开发性不动产概况、价值情况以及需要考虑的特别事项进行了规定和说明。

（1）概述和引言

概述部分明确了开发性不动产评估对其他国际评估准则的遵循要求。基本准则中包含的原则适用于开发性不动产的评估。本准则仅包括对基本准则的修订、附加要求或关于基本准则如何应用于本准则所使用的评估目的的具体案例。同时，开发性不动产的评估也必须遵循“国际评估准则400——不动产权益”。

引言主要明确了开发性不动产的定义和特性。开发性不动产是指以最高最佳使用原则重新开发或在评估基准日准备改善的一项权益，通常包括在以前未开发的土地上兴建建筑物、在以前未开发的土地上建设基础设施、重建已开发土地、改建现有建筑物或构筑物、在法定计划中用于开发的土地、在法定计划中用于更高价值使用或更高密度使用的土地。

（2）价值类型

评估师在执行此类评估业务时，应当选择恰当的价值类型。通常，开发性不动产评估过程会根据建筑物完成的条件和状态做大量假设和特殊假设。

（3）评估途径和方法

基本准则中的三种基本评估途径同样适用于开发性不动产评估。但市场法和剩余法是开发性不动产评估主要使用的方法。剩余法结合了三种基本评估途径，利用完成后的总开发价值减去开发成本、开发者利润，得到该开发性不动产的剩余价值。

（4）开发性不动产的特殊考量

开发性不动产评估需特别考虑权益等级和租金。不动产权益的类型不同，其价值也不同，因此评估时应注意不动产权益的构成。在评估基于租约的不动产权益时，需考虑合同租金以及合同租金与市场租金的区别。

8. 国际评估准则500——金融工具（Financial Instrument）

（1）概述和引言

概述明确了金融工具评估对其他国际评估准则的遵循要求和本准则的定位。基本准则中包含的原则适用于金融工具的评估。本准则仅包括对基本准则条款的修订附加要求或具体事例，这些具体事例说明了基本准则如何应用于采用本准则的评估业务，引言部分对金融工具的含义、特性以及金融工具评估涉及的评估目的等进行了规定。

金融工具是一种在特定的当事人之间形成的，为获得或支付现金或其他财务安排的权利或义务的合约。金融工具评估的目的包括但不限于：收购、兼并和出售，财务报告和审计，监管要求，内部风险和合规程序，税收和诉讼。金融工具不同于其他资产，在调查和遵循、信息披露上都有更严格的要求。

（2）价值类型

评估师在执行金融工具评估业务时，应当选择恰当的价值类型。通常，金融工具价值评估可以选择国际价值评估准则定义的价值类型，也可以选择依据法律法规或其他规定定义的价值类型。

（3）评估途径和方法

利用市场途径评估时，对于具有相同金融工具交易近期的交易价格，通常是不需要做任何调整的。

如果观察到的金融工具与被评估资产不相似，或者如果由于信息不是近期的导致相关度不高，则可能有必要对价格信息做出调整。

利用收益途径评估时，金融工具的现金流可能是固定的，也可能是变化的，合约的具体内容决定了现金流的形式，一般包括以下内容：现金流取得的时间、预期现金流量的大小、合约关于现金流时间和条件的期权、工具对于某一方的保护权利。为确定恰当的折现率，需要考虑资金的时间成本和相关风险，具体考虑因素包括：工具合约的条款和条件、信用风险、流动性和市场性、法律环境风险、金融工具的税收法规等。

利用成本途径评估金融工具，需要遵守“国际评估准则105——评估路径和方法”的相关要求。

（4）金融工具的特殊考量

金融工具评估需特别考虑的主要事项有：评估参数、信用风险、流动性和市场活跃度、控制环境。在金融工具评估中，信用风险是至关重要的，可以从自身信用风险、交易对手风险、抵押品、金融工具优先级、杠杆、净额结算协议和违约保护等方面进行分析。

第二节　美国评估准则

知识链接8-2

美国评估促进会（AF）

美国资产评估主要是基于财产保险、税务、会计处理、资产交易、企业合并、资产抵押贷款、家庭财产分割等经济行为的需要而产生的。为维护评估师和评估服务使用者的利益，满足评估师与评估服务使用者的需要，美国评估促进会（Appraisal Foundation，AF）下属的评估准则委员会（Appraisal Standards Board，ASB）负责制定、出版《专业评估执业统一准则》（Uniform Standards of Professional Appraisal Practice，USPAP）。《专业评估执业统一准则》是美国评估行业公认的评估准则，并随着资产评估业国际交流的发展，已成为国际评估界最具影响力的评估准则之一。

一、美国评估准则的产生与发展

美国评估准则的产生与发展大致经历以下三个阶段：

（一）发散阶段

美国是当今世界上资产评估业最为发达的国家之一。19世纪后期，由于火灾产生的保险诉讼，针对保险对象的赔偿数额，美国出现了专业评估公司。20世纪30年代，美国多个评估专业组织就已制定并采纳了职业道德准则和专业评估准则。最初的评估目的主要是财产保险、维护产权交易双方利益、资产抵押贷款、家庭财产分割等。20世纪70年代以来，随着资产评估行业的不断发展，评估者自发成立了若干个有较大影响的综合及专业性的民间自律性评估组织，其中规模较大的有16个评估协会。同时，各协会也制定了自己的规章制度和评估准则，但评估业缺乏统一的评估执业标准。

（二）协调统一阶段

1986年，美国8个评估专业协会和加拿大评估协会联合制定了《专业评估执业统一准则》（USPAP）。之后新成立的美国评估促进会（AF）由美国国会制定的《金融机构改革、复原和强制执行法令》（FIRREA）授权取得了该准则的版权，负责USPAP的修订、出版工作。

在经历了美国20世纪80年代中期的不动产泡沫经济引发的评估业危机之后，1989年FIRREA法案明确规定，评估人员执行与联邦交易相关的资产评估业务，必须遵守USPAP；美国各大评估协会也都要求其会员执行资产评估业务需遵守USPAP。因此，USPAP是美国评估行业公认的评估准则。

1989年1月，美国评估促进会的评估准则委员会正式采纳出版USPAP。此后，根据实践需要以适应评估实务的变化，该委员会按有关程序对准则进行了多次修订。1992—1995年，每年年中对其进行修订，1995年后改为每年出一个完整准则版本，2008年以后每两年修订一次。修订内容涉及前言、职业道德、能力条款等全部准则内容。

（三）与国际评估准则趋同阶段

2006年，国际评估准则委员会（IVSC）和美国评估促进会签署了麦迪逊协议，促使USPAP与IVS的协调一致。

美国评估促进会努力提高准则修订的民主性和广泛性，以便于评估执业者、评估服务使用者及监管者了解准则的最新变化和修订背景。USPAP因为符合评估业发展的客观需要，受到评估界的广泛欢迎和认可，成为美国及北美地区各评估专业团体和评估师广为接受的公认评估准则。随着资产评估业国际交流的发展，USPAP也发展成为国际评估界最具影响力的评估准则之一。

2019年4月5日，评估准则委员会发布2020—2021版《专业评估执业统一准则》（2020—2021USPAP）。原定的有效期是2020年1月1日至2021年12月31日。2021年2月19日，评估准则委员会宣布将2020—2021USPAP的有效期延长一年，至2022年12月31日，主要原因是Covid-19对评估行业和日常业务产生了前所未有的影响，评估行业涌现出一些紧迫且至关重要的问题，因而需要更长时间来研究评估行业面临的这些挑战及其对评估准则的影响。2022年8月12日，美国评估促进会宣布，将2020—2021USPAP再延期一年至2023年12月31日。这次延期是由于对职业道德准则（Ethics Rule）的重大修订。以上两次延期将使该版USPAP的有效期长达4年，这是USPAP 30年来的首次非常规做法。

二、美国评估准则的结构体系

USPAP结构严密、内容科学，同时也具有很大的灵活性。USPAP由五部分构成，即定义（Definitions）、引言（Preamble）、职业规则（Rules）、准则和准则条文（Standards and Standards Rules）以及准则说明（Statements on Appraisal Standards，SMT）。为了便于参考，在准则之外还提供另外一种沟通方式——评估准则委员会就某些问题的咨询意见（Advisory Opinions，AO），从而形成了由各个层次组成的阐述准则精神的准则体系，其结构严密、用语严谨，并通过解释性注释进行适当补充说明，从而将各层次有机地贯穿为一体。其中，咨询意见是评估准则委员会关于评估准则在某些特定情况下如何运用的建议，仅供参考，不具有约束效力，因而在结构、用语上不如准则严格，但更具有灵活性。咨询意见对评估师及客户理解某些评估中的模糊问题有很大的帮助，其本身独特的灵活性又使评估准则委员会能够对评估业中新出现的问题和趋势发表意见，为以后成熟时纳入严格的准则体系奠定了基础。

2020—2021版USPAP的结构如下：

（一）引言

引言部分介绍了美国评估准则的宗旨、目的、意义、作用、要求以及准则和评估准则说明之间的关系。

（二）定义

定义部分介绍了美国评估准则中相关的主要术语的含义、注释和说明。

（三）职业规则

职业规则包括职业道德、档案保管、专业胜任能力、工作范围和管辖除外规则。

（四）准则

10个准则确定了评估、评估复核与评估咨询服务的要求及其各项结果表达的方式。这10个准则是USPAP的主要构成部分，包括：

（1）准则1　不动产评估；

（2）准则2　不动产评估报告；

（3）准则3　评估复核；

（4）准则4　评估复核报告；

（5）准则5　批量资产评估；

（6）准则6　批量资产评估报告；

（7）准则7　动产评估；

（8）准则8　动产评估报告；

（9）准则9　企业价值评估；

（10）准则10　企业价值评估报告。

（五）评估准则说明（SMT）

评估准则说明是经美国评估促进会的规定程序审定的，专门用于对USPAP内容的澄清、阐释和说明。

此外，准则委员会也发布咨询意见，咨询意见是指引性文件。咨询意见不是新的准则，也不是对现有准则的解释，不是USPAP的组成部分。咨询意见只用于说明USPAP在具体情况下的应用，并为业务争议和疑问提出解决建议。

知识链接8-3

2020—2021版《专业评估执业统一准则》的结构与内容

第三节　英国评估准则

英国最具影响力的评估准则是RICS评估准则（RICS Valuation），因其封面为红色，又被称为红皮书（The Red Book）。英国皇家特许测量师学会（The Royal Institution of Chartered Surveyors，RICS）于1976年发布第一版评估准则，之后又经过了多次修订和不断完善。RICS红皮书最初主要适用于以财务报告为目的的评估，自20世纪90年代中期以后，随着评估准则内容的不断丰富，其适用范围已经扩展到几乎所有的评估业务领域，成为全球100多个国家的所有RICS会员从事评估业务的执业标准。

一、英国评估准则的产生与发展

（一）英国皇家特许测量师学会简介[①]

英国皇家特许测量师学会（RICS）成立于1868年3月，至今已有150余年的历史。RICS是英国最大、最具有权威性的评估行业组织，对整个英联邦地区的评估业具有重要的影响，是为全球广泛一致认可的专业性学会。现有13.4万名会员和准会员分布在全球148个国家，在各大金融市场均设有办公室达40余处，向会员提供覆盖17个专业领域和相关行业的最新发展趋势。目前RICS在中国设有北京、上海两个办事处，在国内拥有近6 000名会员。

RICS凭借权威的全球标准、领先的专业发展，以及可靠的数据与洞见，在土地、房地产、建筑和基础设施的开发管理领域，推广并执行最高的专业标准。RICS与不同机构鼎力合作，奠定市场信心的基石，倡导更理想的居住和工作环境，为社会带来正面影响。

（二）RICS评估准则的产生

20世纪70年代，英国出现了不动产危机，许多银行家及会计师、投资人等对不动产的贬值非常失望，对不动产评估中一些不规范、不一致的做法十分不满。与此同时，欧洲及其他地区的相关人士也开始重视准则的重要性。在此背景下，RICS开始着手制定统一的评估准则，并由RICS的评估与估价准则委员会（AYSB）具体实施，于1975年正式向RICS理事会提交讨论，这也是世界范围内最早的评估准则——RICS评估准则。

（三）RICS评估准则的发展

RICS评估准则最初主要是规范以财务报告为目的的评估行为以及测量师出具的其他公众使用的评估报告，由资产评估指南（Guidance Notes on the Valuation of Assets）和评估指南手册（Manual of Valuation Guidance Notes）两个独立部分组成，于2003年合二为一。评估指南手册最早发布于1980年，并于1989年和1992年分别进行了修订。1976年正式发布的第一版评估准则是资产评估指南部分，并于1981年修订为第二版，1990年又进行了修订，发布了资产评估指南第三版。自1991年起，该评估指南成为所有特许测量师执业的强制性标准。

RICS评估准则第四版于1996年4月正式生效。随着国际和欧洲评估准则研究和制定工作取得重大进展，RICS决定尽可能采用IVS，并将这些标准融合到英国评估准则之中，对于IVS中未涉及的内容或仅以不太严格或不太详细的形式出现的内容，仍保留在准则中并根据需要不断更新。2003年，RICS评估准则第五版改名为《评估与估价准则》，并于2003年5月1日起执行。该版对RICS评估准则的结构进行了大幅度的调整，实现了与国际评估准则和欧洲评估准则的接轨。该版准则根据国际评估行业的发展趋势，在参考并借鉴IVS的重要理念和思路的基础上，形成了英国的评估实务准则。2007年RICS发布了第六版准则，基本结构与第五版相同。第七版准则于2011年发布并生效，在结构方面的主要

---

① 根据RICS中国官网https：//www.rics-org.cn/zh/cn/homepage/About.html相关资料整理。

变动是将职业规范的附录独立为一部分。

IVS2011发布后，RICS又对RICS评估准则的内容进行了相应的修订，并于2011年发布了第七版。该版进一步向IVS趋同，将完整的国际评估准则附在RICS评估准则之后，作为其整体框架的一个部分，并根据IVS的变化对相应内容做出适当修改。2012年1月，IVS2011生效，为与之保持一致，RICS又于2012年3月修订发布了《RICS评估专业准则2012（红皮书）》（RICS Valuation—Professional Standards 2012 ［the Red Book］）（第八版），并于2012年3月30日生效。

IVS2013发布后，RICS评估准则第九版于2014年发布，完整引用了IVS2013。随后，RICS分别于2017年发布了第十版，于2019年11月发布了第十一版。2021年11月RICS发布了最新全球版RICS Valuation—Global Standards（Red Book Global Standards），即第十二版，自2022年1月31日生效，与最新版国际评估准则IVS2022的生效日期相同。

RICS评估准则的演进历程，如图8-2所示。

图8-2　RICS评估准则的演进历程

二、英国评估准则的结构体系

RICS评估准则包括简介、术语表、专业标准、评估技术和操作准则、评估应用指南、国际评估准则，具体如下：

（一）简介

本部分主要介绍了该准则的制定背景、与国际标准的关系、准则的编排、准则的主要目的、遵守本准则、生效日期、修订和补充等内容。

（二）术语表

本部分主要对评估、资产、市场价值、特殊价值、评估报告等概念进行了解释和规范。

（三）专业标准

本部分包括对评估师遵守准则和操作声明做出规定，对评估师道德、胜任能力、客观性和披露提出要求。

（四）评估技术和操作准则

本部分对评估业务的基本程序做出规定，包括委托协议的基本内容、勘查和调查要求、评估报告内容要求、价值类型、假设和特殊假设、评估途径与方法等方面的规定。

知识链接8-4

RICS Valuation—Global Standards（2022年1月31日生效）

（五）评估应用指南

本部分根据资产类型和评估目的，对相应评估业务提供指导，包括担保贷款、企业价值、厂房和设备、无形资产、动产、不动产、资产组合等评估业务。

（六）国际评估准则

本部分完整引用了《国际评估准则》最新版。

第四节　欧洲评估准则

《欧洲评估准则》（European Valuation Standards，EVS）又称蓝皮书（The Blue Book），是由欧洲评估师协会联合会（TEGoVA）制定的一部适用于欧洲地区的区域性评估准则，也是当前国际评估界具有重要影响力的评估准则之一。欧洲评估业受英国等传统评估业发达国家的影响，长期以来主要涉及不动产评估领域，特别是受到欧盟公司法及相关会计改革规则的影响，形成了早期以“固定资产评估”为主的特色。因此，EVS制定的目的性强，仅适用于欧洲地区，有地域限制。

《欧洲评估准则》在欧洲各国引起了广泛重视。各国评估界纷纷致力于《欧洲评估准则》的研究和引进工作。虽然《欧洲评估准则》本身并无强制执行力，但欧洲评估师协会联合会要求各会员国积极引进并将其纳入该国的评估准则体系，甚至得到该国法律认可。这为欧洲评估业乃至国际评估业的发展带来了重要的影响。

一、欧洲评估准则的产生与发展

（一）欧洲评估师协会联合会的成立

欧洲许多国家很早就受到公允会计理论的影响，既允许采用传统的历史成本减折旧的会计处理方式，又允许在一定情况下以评估后的市场价值作为固定资产的列示价值反映在资产负债表中。1978年，欧共体正式发布了第四号法令公司法（78/660/EEC），该法适用于除银行、金融机构和非营利性机构以外的公司年度会计报表事项，第三十五条规定了与固定资产评估相关的规则，从立法上对这种会计改革的方向予以了肯定。为在公司年度会计报表中反映固定资产的公允（市场）价值，许多公司聘请评估师对公司固定资产进行评估业务，其目的是最终将固定资产的公允（市场）价值纳入年度会计报表。在此基础上，欧洲各国开展了大量的以财务报告为目的而进行的固定资产评估业务。

为指导这一业务的发展，1977年4月，比利时、法国、德国、爱尔兰和英国发起成立了欧洲固定资产评估师联合会（The European Group of Valuers of Fixed Assets，TEGOVOFA），后更名为欧洲评估师协会联合会。

发展至今，欧洲评估师协会联合会（The European Group of Valuers'Associations，TEGOVA）是由来自38个国家的70个专业评估协会、7万多名评估师组成的非营利性专业协会[1]。

欧洲评估师协会联合会有两个主要宗旨：一是提升欧洲评估师的教育和培训；二是制定和推广适用于欧洲成员国的评估准则。这些评估准则涉及评估实践、评估领域的教育和资格取得以及公司治理和评估师的道德规范等方面。为此，欧洲评估师协会联合会的主要工作是代表欧洲评估师向欧盟委员会提交评估师意见，以影响其政策和立法；制定、推广欧洲适用的评估准则，推荐规范的评估方法；促进欧洲评估师的教育培训工作。

（二）欧洲评估准则的发展

1978年7月，欧洲经济共同体委员会发布第四号指令（The Fourth Council Directive 78/660/EEC），该指令是共同体关于企业编制会计报告的指令。其中，第七章估价部分规定了以财务报告为目的而对固定资产进行估价的原则。欧洲固定资产评估师联合会为配合该指令的有关规定，出版了《欧洲评估指南》第一版（Guidance Notes for European Application）。1981年修订后又出版了第二版，即被称为“比利时卢森堡经济同盟指南”的《固定资产评估指南》（The Guide BLEU，Guidance Notes on the Valuation of Fixed Assets），1993年经过更新后出版了第三版。1996年，欧洲评估师协会联合会根据《关于保险企业年度会计和合并会计的欧盟法令》（European Council Directive on the Annual Accounts and Consolidated Accounts of Insurance Undertakings（91/647EEC））又出版了《保险公司资产会计目的评估指南》（Guidance on the Valuation of Insurance Company Assets for Accounts）；1997年4月29日，在对原评估指南进行全面修订的基础上，出版了《欧洲资产评估准则》（Approved European Property Valuation Standards）。

随着评估业的综合发展，欧洲评估业也在向不动产评估和以财务报告为目的的评估业务以外的领域拓展，反映到《欧洲评估准则》中，从其第四版中已经开始涉及其他商业目的等领域。在2000年出版的第四版《欧洲评估准则》中，第一次增加了《指南7——企业价值评估》和《指南8——无形资产评估》两个评估指南，其向非不动产评估领域延伸速度之快引起了各国评估界的广泛关注，在一定意义上也验证了国际评估业综合性发展的趋势。

知识链接8-5

《欧洲企业价值评估准则》发布

经过多次修订与完善，迄今为止，《欧洲评估准则》已经发布了9个版本，其演进过程如图8-3所示。其中，第九版《欧洲评估准则》（EVS2020）于2020年11月发布，并于2021年1月1日起生效。

二、欧洲评估准则的结构体系

EVS2020更加重视向评估师、客户及公共监管部门（the Public Authorities）提供相关的、更易于理解的准则，进一步澄清市场价值的重要概念，弥补了不同语言版本的欧洲法律（EU Law）所带来的缺陷，并对评估途径进行更为详尽的解释，包括对收益途径、重置成本途径等重要概念予以澄清。

① 根据网址https：//tegova.org/中的有关资料进行整理。

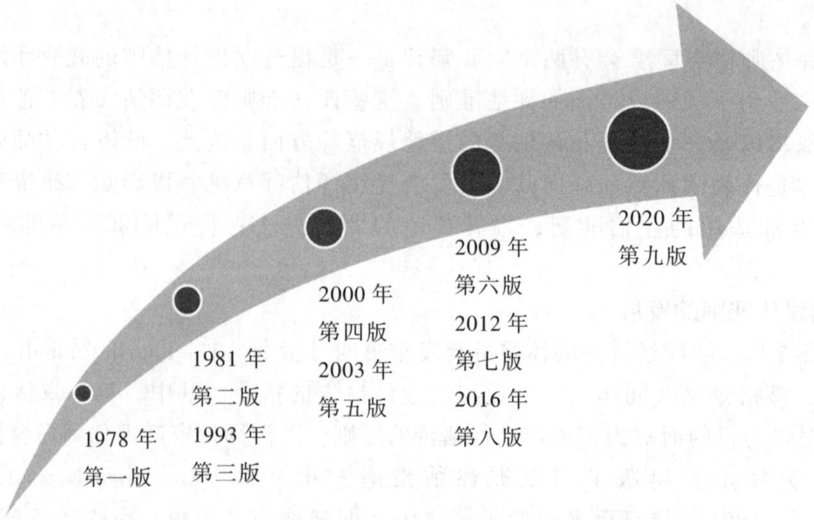

图8-3 欧洲资产评估准则的演进历程

EVS2020包括以下七个部分：第一部分欧洲评估准则和指南（European Valuation Standards and Guidance Notes）；第二部分评估途径（Valuation Methodology）；第三部分评估与可持续性（Valuation and Sustainability）；第四部分欧洲评估信息文件（European Valuation Information Papers）；第五部分测量、教育和资格（Measurement，Education and Qualifications）；第六部分欧洲评估师行为守则（European Valuers' Code of Conduct）；第七部分欧盟立法与不动产（European Union Legislation and Property）。

其中，欧洲评估准则和指南部分包括6项准则和4项指南，如图8-4所示。

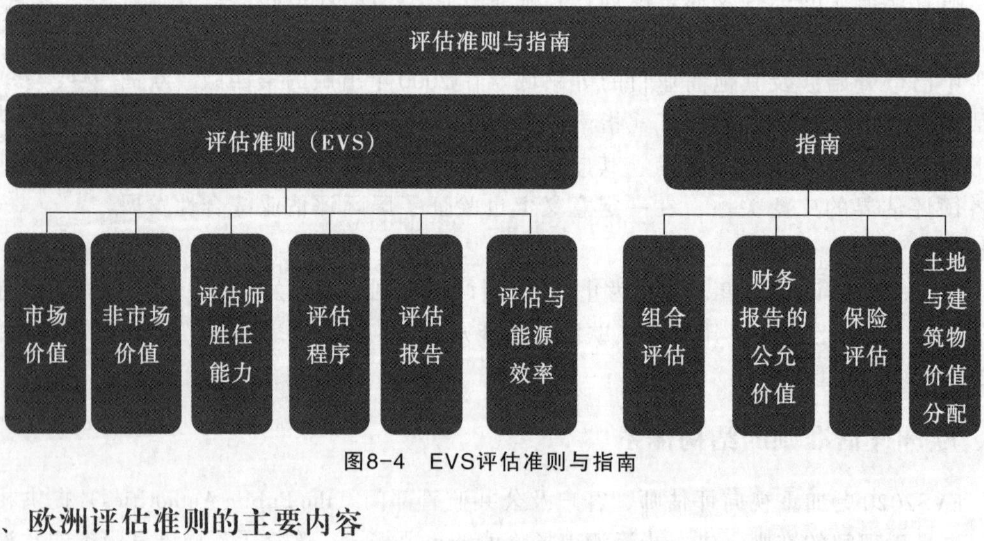

图8-4 EVS评估准则与指南

三、欧洲评估准则的主要内容

EVS2020的第一部分中阐述了市场价值、市场价值以外的其他价值类型（非市场价值）、评估师胜任能力、评估程序、评估报告、评估与能源效率6项评估准则。

（一）EVS 1——市场价值

市场价值准则对市场价值与市场租金的定义进行了明确界定。市场价值是指自愿的买方和自愿的卖方在适当的市场营销之后，在公平交易中，资产在评估基准日进行交易的估计金额。当事人双方应当各自精明、谨慎行事且不受任何强迫。

市场租金是指自愿的出租人和自愿的承租人根据实际或假定的租赁协议的条款，在适当营销后彼此独立行事，资产在评估基准日进行租赁的估计金额。当事人双方应当各自精明、谨慎行事且不受任何强迫。

（二）EVS 2——非市场价值

评估师在使用非市场价值类型之前，应确定评估目的。除欧洲和国家法律法规在任何特定情况下的要求外，评估师应只使用与评估目的相适应的公认价值类型，同时要遵守透明、连贯和一致原则。在市场价值的假设不合适或无法满足的情况下，需根据法律、环境或客户的要求使用非市场价值类型，其评估结果不会是市场价值。

（三）EVS 3——评估师胜任能力

根据资产评估准则所执行的每项评估业务都应由合格的评估师承担。

评估师始终要保持诚实和正直的最高标准，并以不损害客户、公众、专业或各自国家专业评估机构的方式开展评估活动。

评估师应能够表现出与评估类型和评估范围相适应的专业技能、知识、勤勉和道德行为，并须披露任何可能损害客观评估的因素。每项评估应给出其价值类型或价值基础所支持的信息充分和独立的价值意见。

（四）EVS 4——评估程序

在评估报告出具之前，评估委托合同的条款和评估依据应以书面形式列明，并使双方达成一致。

评估应按照专业标准进行研究、准备并以书面形式呈现，所进行的评估工作应足以支持评估报告的价值意见。

在提交评估报告后所留存的数据资料应能够证明为得出评估报告中的价值意见，在评估方法中所进行的分析与评价对于评估类型和评估范围是充分的。

（五）EVS 5——评估报告

评估应按照专业标准以清晰的书面形式出具，评估说明、评估目的、评估方法、评估依据、评估方法和评估结论，以及评估报告的使用，应清楚明确，与达成的评估委托合同条款保持一致。

（六）EVS 6——评估与能源效率

在固定日期或某个拐点（例如租赁、销售）将建筑物翻新到更高的能源效率水平的法定义务会产生不可避免的重要成本，从而影响市场价值，因为在该日期或拐点的业主将不得不支付翻新工程的费用。

评估师应了解这些法定期限和拐点，当它们来临时，应估测翻新成本，以充分达到已要求的新的能源效率水平或即将生效的未来要求，并考虑这些成本在评估基准日对市场价值的影响程度。

知识链接 8-6

EVS2020 的结构与内容

【思政课堂】　评估发现价值 诚信铸就行业

资产评估行业是运用专业优势，对市场主体的各类资产价值及相关事项，提供估值、鉴定、咨询和管理等各种服务的现代服务业。资产评估机构和评估专业人员从客观、公正的角度对市场经济中各类经济行为所涉及的资产的现时价值进行评定和估算，为这些经济行为提供作价的专业意见，是资产评估行业的基本功能。

各国评估准则都要求评估主体遵循相应的职业道德标准。其中，诚信是资产评估行业赖以生存的基础，是资产评估行业的立业之本、兴业之源。党的二十大要求，弘扬诚信文化，健全诚信建设长效机制。资产评估行业要以维护社会公众利益为宗旨，以诚信建设为主线，始终把社会公众利益放在首位；要树立“诚信为本，操守为重”的执业理念，坚持“以质量求生存，以信誉求发展”。加强资产评估行业的诚信建设，可从以下方面入手：

一是加强诚信管理和制度建设。除资产评估准则之外，在评估机构内部管理制度中增加有关诚信建设的内容，把诚信作为评估机构和评估专业人员必须遵守的一项义务，守信应得到激励，失信应受到惩戒。建立评估机构和评估专业人员的诚信档案，为社会了解评估机构和评估专业人员提供窗口，为评价考核评估机构和评估专业人员提供依据。

二是加强诚信监督。完善执业质量检查机制，将诚信情况作为行业执业质量检查的重要内容。构建行业协会与政府部门联手监管、行业互查、公众举报、社会监督等行业监管机制，更加侧重于对职业道德、职业操守和准则执行力的监督，为行业诚信建设提供强有力的监督保障。

三是加强诚信宣传教育。要在全行业大力开展诚信宣传教育活动，既要有正面典型，又要有反面案例。让诚信理念在评估行业深入人心，成为评估专业人员的意识，并转化为评估专业人员的行动。评估专业人员要诚实守信，不弄虚作假，对社会、对客户、对同行都要以诚相待，恪守职业道德，遵守相关法律法规及行业准则，从而树立良好的社会形象。

“诚者，天之道也；思诚者，人之道也。”诚信不仅是社会发展的基石，而且铸就了评估行业的发展。

【本章小结】

本章对《国际评估准则》（IVS）、《专业评估执业统一准则》（USPAP）、《RICS评估准则》（RICS）和《欧洲评估准则》（EVS）等国际评估界具有较大影响的评估准则的产生与发展、结构体系、主要内容进行了系统介绍。

国际评估准则与英美、欧洲等经济发达国家和地区资产评估准则的演进历程，深刻表明：资产评估准则是资产评估行业发展到一定阶段的产物，是资产评估理论研究和实践经验的高度浓缩。国内外社会经济环境的变化、资产评估理论和方法的丰富与创新、新兴资产评估业务的涌现等是资产评估准则不断发展的驱动因素。

【练习题】

（一）单项选择题

1.第一版《国际评估准则》发布于（　　）年。

A.1975　　B.1985　　C.1995　　D.2005

2.国际评估准则理事会成立于（　　）年。

A.1976　　B.1981　　C.1987　　D.1985

3.世界范围内最早的评估准则是（　　）。

A.美国《专业评估执业统一准则》　　B.中国《资产评估基本准则》

C.英国RICS红皮书　　D.《国际评估准则》

4.目前最具有影响力的国际性评估专业准则是（　　）。

A.国际评估准则委员会制定的《国际评估准则》

B.美国评估促进会制定的《专业评估执业统一准则》

C.欧洲评估师联合会制定的《欧洲评估准则》

D.英国皇家特许测量师学会制定的《评估与估计指南》

5.根据《国际评估准则103——报告》，不属于评估报告构成事项的是（　　）。

A.评估范围　　B.评估假设　　C.评估费用　　D.评估目的

6.在下列各项中，不属于美国《专业评估执业统一准则》职业规则的是（　　）。

A.职业道德规则　　B.专业胜任能力规则

C.工作范围规则　　D.评价监督规则

7.根据《国际评估准则230——存货》，不属于存货评估目的的是（　　）。

A.财务报告目的　　B.税务目的

C.生产目的　　D.抵押借款目的

8.美国评估促进会（AF）于1987年制定的是（　　）。

A.《专业评估执业统一准则》　　B.《评估与估价指南》

C.《国际评估准则》　　D.《欧洲评估准则》

9.根据《国际评估准则105——评估途径和方法》，下列表述错误的是（　　）。

A.收益途径是通过把未来现金流转换为现值而估算的资产价值

B.成本途径包括更新重置成本法、复原重置成本法和资产加和法

C.市场途径包括交易案例比较法和上市公司比较法

D.评估师必须考虑选用一种相关且恰当的评估路径和方法进行评估

10.由两个或两个以上利益相结合而产生的价值附加增值，其中，组合利益的价值要大于原有各项利益价值的总和。这种价值类型是（　　）。

A.协同价值　　B.投资价值　　C.特殊价值　　D.公允价值

（二）多项选择题

1.国际评估准则101的一般要求明确了工作范围的具体内容，包括（　　）。

A.评估师　　B.客户

C.其他的预期使用者　　D.评估计量货币

E.会计报表使用者身份

2.《国际评估准则》的演进大致经历的发展阶段有（　　）。

A.初始阶段　　B.扩张阶段

C.快速发展阶段　　D.重构准则框架阶段

E.优化完善阶段

3.《国际评估准则》的结构体系主要包括（　　）。

A.前言　　B.专业术语

C.资产准则　　D.基本准则

E.准则框架

4.RICS的评估应用指南根据资产类型和评估目的，对相应评估业务提供指导，具体包括（　　）。

A.企业价值评估　　B.厂房和设备评估

C.无形资产评估　　D.珠宝首饰评估

E.资产组合评估

5.美国《专业评估执业统一准则》（USPAP）的构成包括（　　）。

A.定义　　B.引言

C.职业规则　　D.准则和准则条文

E.准则说明

6.《国际评估准则》中的基本准则包括（　　）。

A.工作范围　　B.调查和遵循

C.评估报告　　D.价值类型

E.评估路径与方法

7.《欧洲评估准则》（EVS）的指南部分包括（　　）。

A.资产组合评估　　B.财务报告的公允价值

C.以保险为目的的评估　　D.金融工具评估

E.土地与建筑物之间的价值分配

8.根据《国际评估准则》的规定，以下属于市场价值以外的价值的有（　　）。

A.在用价值　　B.投资价值

C.清算价值　　D.残余价值

E.特殊价值

9.美国《专业评估执业统一准则》要求完整型评估报告的内容必须与报告的预期用途相一致，并且至少包括的内容有（　　）。

A.明确说明评估的预期用途

B.明确说明评估的不动产权益

C.明确说明评估的价值类型和定义及其来源

D.明确说明评估生效日和报告日期

E.经评估人员签署的证明文件

10.《国际评估准则》的资产准则包括（　　）。

A.存货　　B.非金融负债

C.无形资产　　D.金融工具

E.厂房和设备

（三）判断题

1.《国际评估准则》的基本准则阐述了执行评估业务的要求，适用于所有的资产类型和评估目的。（　　）

2.《国际评估准则》的资产准则是对具体资产的评估提供指导，说明准则中的规定如何应用到特定资产，以及在评估时应当特殊考虑的事项。（　　）

3. 投资价值是指为进行特定投资或者实现特定经营目标，资产对于特定投资者或者某类投资者的价值。（　）

4. 资产的市场价值反映了市场作为一个整体对其效用的认可，仅仅反映其物理实体状况。（　）

5.《国际评估准则》明确提出了资产评估中常用的三种方法，成本法、市场法和收益法。当选用评估方法时，评估师要考虑三种评估方法在具体项目中的实用性。（　）

6.《欧洲企业价值评估准则》（EBVS）单独成册，未纳入现行的《欧洲评估准则》（EVS）。（　）

7.《国际评估准则》于1985年发布第一版，经过多次修订与完善，截至2022年已更新到第十二版。（　）

8. 美国评估准则中的咨询意见（AO）是评估准则委员会关于评估准则在某些特定情况下如何运用的建议，具有强制约束力。（　）

9. 在《国际评估准则105——评估路径和方法》中，市场途径包括的两种方法是直接比较法和间接比较法。（　）

10. 国际评估准则理事会的成立标志着国际评估业正式走上国际化协作发展的道路。（　）

（四）简答题

1.《国际评估准则》的结构体系是什么？

2. 欧洲评估准则的结构体系是什么？

客观题智能测评

第九章

资产评估信息化

【学习目标】

1. 了解资产评估信息化的产生和发展；
2. 掌握资产评估信息化的原则；
3. 了解资产评估信息化的相关举措；
4. 了解资产评估信息化的具体应用；
5. 树立创新理念，与时俱进，勇于实践。

本章思维导图

【案例导入】

为应对信息化冲击，2018年年底，中国资产评估协会制定《中国资产评估行业信息化规划（2018—2022）》，要求加快资产评估业态与信息技术的融合，推动资产评估行业向数字化、网络化、智能化方向转型升级。事实上，北京天健兴业资产评估有限公司（以下简称“天健兴业”）在2017年牵头组建的联合研发团队已经完成“智评云”智能估值系统的开发论证工作，系统原型已经设计完毕，此规划的出台为研发团队注入了一剂强心针，坚定了克服一切困难，尽快推出1.0版本的决心。

2018年年初确定共同开发服务资产评估行业高质量评估作业系统任务后，天健兴业和雄安智评云数字科技有限公司勠力同心，在3年多的时间里，一步一个脚印，走过了需求调研、技术选型、原型设计、推出试用版本、小规模试用反馈优化、全面推广运行，直至走出天健兴业，向评估同行们分享这一研发成果。

“智评云”系统于2021年6月正式对外亮相，陆续在四川成都、北京、天津、深圳四地主办或参加评估行业信息化建设分享交流活动。以上地区的推介活动均由当地资产评估协会主办，智评云团队分享系统的建设经验和主要功能，并进行现场演示操作，获得评估机构同行的高度认可，激发了大家踊跃试用的兴趣。

“智评云”系统主要在以下3个点上发力。一是尽可能提高评估作业的自动化程度。系统可以实现从项目立项、数据导入、评定估算，到自动生成评估报告和评估说明、项目三级审核、项目电子底稿归档、数据结构化入库等评估全流程作业。二是尽可能多地集成具有行业特征的底稿模板，根据用户需求进行精准推送。“智评云”系统独创的“智能建模”功能支持用户快速灵活创建估值模板，生成的模板可无缝对接专业智评系统。目前，系统已包含五大通用模板，80个行业模板，覆盖大小行业23类。三是尽可能全面精准地推送评估相关数据。“智评云”系统整合了评估定价中常用的数据资源，可以根据用户需求，推送包括企业分析、宏观经济数据、评估常用参数、股权交易、工程造价、产品价格、评估依据等各类数据，从而极大节约了用户自行查询数据的时间，提高了数据的时效性和准确性。

在行业协会的大力支持下，在评估同行的充分信任中，“智评云”系统稳扎稳打，始终以用户需求为本，以用户体验为根，保持“小步快跑”的优化升级节奏。截至2022年5月底，已有130多家评估机构共计1 500多账户开通使用（试用）。此外，面向监管的核验版以及面向券商行业研究的投顾版也将于近期上线试运营。

评估行业信息化建设之路任重道远，智评云将进一步发挥好创新引领作用，坚持共享理念和大局观，始终保持开放的心态服务评估行业，全力以赴提高评估行业的执业效率和执业质量，降低执业风险，为推进资产评估行业高质量发展添砖加瓦。

资料来源：程静萍．“智评云”智能估值系统服务资产评估行业数字化转型升级侧记［N］．中国会计报，2022-7-29.

第一节　我国资产评估信息化的产生与发展

一、资产评估信息化的含义

资产评估信息化，是指在评估实务中深入应用信息技术，改变资产评估的业务模式，使得评估有关信息在收集、传递、反馈等多方面更为高效的发展过程。资产评估的信息化表现在三个方面：

（1）管理数据信息化

管理数据信息化是指采用信息化技术收集和整理资产评估过程中需要的数据，如宏观经济数据、行业数据、企业财务数据、交易实例信息等，并通过信息化技术提炼符合业务要求的数据，例如引入第三方专业数据平台查询宏观经济数据和行业数据；建立有关无形资产和房地产的交易实例、造价信息数据库；开发远程操作系统，将对方账务资料导入数据分析系统，进行风险评价，生成各种工作底稿、函证等。

（2）评估过程计算机化

评估过程计算机化是指评估人员在获取数据之后，使用计算机对数据进行查找、筛选、分类、核算等，从而提高工作效率和准确度，例如用Excel建立评定估算表格、使用统计软件确定相关参数、利用互联网协同工作等。

（3）评估机构内部管理信息化

评估机构内部管理信息化是指评估机构在项目管理、人事管理、审核等方面的信息化，例如评估机构开发局域网监控软件，全程管控业务进度、评估程序等信息；在网络上实现项目经理、稽核人员和总经理三级复核流程；开发底稿的自动纠错系统等。

二、资产评估信息化的产生与发展

（一）发展历程

从我国评估业发展历程上来看，我国评估工作主要经历了手工化、电算化和信息化三个阶段。资产评估信息化产生于评估电算化，即借助计算机代替人工完成一定的评估数据整理工作。在电算化阶段，评估专业人员通过Office软件或开发评估专用软件进行评定估算、底稿管理等工作。同时随着数据库技术的发展，一些门户网站、政府网站和第三方数据库被应用在资产评估实务中，如Wind金融终端等第三方数据库。

近年来，互联网+、大数据、云技术等新兴互联网技术蓬勃发展，资产评估电算化也在向信息化迈进。2018年，中国资产评估协会印发《中国资产评估行业信息化规划（2018—2022）》，提出资产评估信息化建设，要综合利用互联网、云计算、大数据、人工智能和区块链等信息技术创新成果，推动现代信息技术与资产评估服务深度融合。

（二）发展成果

资产评估信息化的主要成果有：

（1）在管理数据方面，行业建立统一标准的、更具参考价值的评估数据库，如知识产权交易、行业平均利润率、产品成本、造价信息等数据库。一些评估机构也架设各自的数据中心，建立机器设备的出厂价、材料交易价、房地产交易价等价格数据库和已出具的评估报告案例数据库等。

（2）在评估过程方面，开发云评估系统，利用云技术实现项目申报、工作底稿管理、报告生成和检查链接错误等功能。在评估机构内部管理方面，利用项目管理系统，公司各级管理者借助电脑、手机全程了解及管控评估进度、评估程序、资料收集情况、报告出具和费用收取情况等各种信息。

（3）在协同办公方面，尤其在2020年疫情影响期间，资产评估行业在信息互动、协同办公领域加速了信息化进程，例如采用邮件、视频等方式实现评估机构与委托单位、被评估单位、政府部门间的互动，以及评估师与工程师、助理人员间的互动和协同办公等，在疫情期间利用评估信息化发挥合作精神，提高工作效率。

除了邮件、视频，更加智能的远程办公方式也应用在资产评估中。一些评估机构开发了资产评估的协同办公平台——项目工作平台系统。项目工作平台系统是协同作业的基础软件，可实时更新项目进度，如编制项目计划、组建并维护团队成员、更新任务进度和状态、汇总团队工作成果、上传交付文档、录入项目问题和风险、申请预算和报销费用、成员绩效评定等。评估项目可通过可视化界面进行实时监控进度及预警提醒，让项目的组织管理行为数据化、网络化，实现人与人、人与事和人与物的智能协同。

三、资产评估信息化的未来发展

资产评估行业信息化建设在未来发展中应更加关注数据库体系健全化、评估手段智能化和评估机构业务管理智能化。

（一）数据库体系健全化

远程现场调查、实施网络化组织、智能化协同作业等都离不开数据库。健全资产评估专业数据库，汇总整合业内专家、优秀评估师的专业知识、技能和经验，形成专业知识库、人才库，不但可以提高工作效率，而且可以促进资产评估机构标准化、规范化执业。

（二）评估手段智能化

随着科技高速发展，新一代人工智能正引领新一轮信息技术发展浪潮，资产评估的信息化也向着智能化方向建设。资产评估的智能化是指借助网络、大数据、物联网和人工智能等技术，实现分析、管理、决策的自动化和智能化。其中，人工智能技术（AI）是资产评估智能化建设的关键技术，人工智能的发展也必将带来资产评估行业的技术革命。未来，利用人工智能技术，将资产评估操作和管理的各个环节实现软件智能化、数字化，将极大程度地解放人力资源，减少人工失误。

2019年，中央全面深化改革委员会审议通过了《关于促进人工智能和实体经济深度融合的指导意见》，鼓励指引人工智能发展，促进产业变革和新旧动能转换。在财务会计领域，德勤、普华永道已经广泛应用财务机器人，实现了流程自动化。资产评估也在向着信息收集、分析、认知、辨识诊断与决策智能化迈进。

（三）评估机构业务管理智能化

信息技术的发展开启了机构之间优势互补、专业分工、合作共赢的运作模式。未来，组织网络（organization networking）可应用于资产评估行业，开启更智能化的分工与合作。组织网络是指依托信息技术建立网络平台，基于协议等灵活的控制模式，将不同地域、不同专业特长的机构与机构、机构与专业人员链接起来，例如开发智能化评估作业平台，将内部作业项目进行汇总、碎片化处理，再分配给不同专业、不同地区的评估人员，从而实现更加精细的分工协同作业，实现高效率、低成本，同时也能降低公共突发事件对评估业务的冲击力度。

第二节　资产评估信息化的原则与措施

一、资产评估信息化的原则

《“十四五”时期资产评估行业发展规划》中明确提出要“全面提升资产评估行业信息化水平及服务能力”，并提出具体的发展规划：

（1）夯实资产评估行业信息化基础。建立科学的行业信息化技术标准和管理规范，夯实行业管理信息化基础设施，保障行业管理信息系统安全稳定运行。优化行业管理系统平台，推进行业数据一体化，推动各监管主体数据互通。

（2）搭建高质量信息化共享平台。加强与资产、会计、税务信息系统对接，研究构建基础数据标准化平台。逐步建立健全行业知识库和案例数据库。

（3）积极推进评估实践智能化执业体系建设。加快推动电子报告、电子签章、电子签名在执业过程中的普及与运用。分步推进资产评估机构智能化执业系统建设，引导资产评估机构向数字化、网络化、智能化方向转型升级。

（4）推动资产评估机构自主产权产品市场化、商品化。

在行业内推广和分享信息化建设较好的资产评估机构的做法和经验，树立信息化建设标杆，推动资产评估机构自主产权专业数据服务产品市场化、商品化，引导资产评估机构发挥信息化自主权，激发能动性。

针对上述资产评估行业信息化的发展规划，在资产评估信息化建设过程中应坚持下列原则：

（一）统筹规划，系统布局

资产评估信息化建设要着眼资产评估行业发展全局，加强系统研究及顶层设计，统一规划，合理布局。通过信息化建设一体化方针，力求在评估过程中可以科学设计整体架构、准确实现功能定位、合理进行责任分工。同时不断推进信息标准的统一，尽快完成评估领域数据的互联互通。

中国资产评估协会一直重视行业信息化建设工作。2018年中国资产评估协会制定的《中国资产评估行业信息化规划（2018—2022）》明确了信息化建设的方向、路径、目标和任务，特别是将一线评估人员最为关切的共建行业执业数据、评估作业智能化等内容纳入规划当中，明确了资产评估行业信息化建设路线。

（二）稳步推进，分类施策

资产评估信息化要立足资产评估行业发展实际，稳中求进，分类实施，重点突破，试点先行。以自律管理为重点，全面升级行业管理信息系统；以信息服务为重点，积极探索评估数据库建设有效途径和方式；以评估作业为重点，推进机构作业平台、辅助智能评估工具、办公管理系统建设。同时，确定山东、辽宁、广西三家地方协会作为试点，与专业信息机构合作，组织研发中小机构智能化软件。加大信息化建设力度、加快新兴业务研发和大数据的运用。信息化建设是一项投入大、周期长的庞大工程。近年来，很多大型评估机构加快信息化建设步伐，构建数据库和智能化评估模型，开发了财务数据自动导入、评估信息查询、底稿电子化等信息化评估工具，稳步推进资产评估信息化建设。

（三）协同共建，合作共赢

资产评估信息化建设要发挥评估协会和评估机构各自的优势，统一部署、分工合作、相互配合、综合配套，形成建设合力。落实主体责任，划定职责边界，明确任务分工，促进结果落地，加强监督检查，推动成果共享，实现合作共赢，提升信息化建设整体效益。

2019年，中国资产评估协会与专业数据公司洽谈合作，实现行业内新用户以优惠价格采购数据终端产品，降低行业数据产品使用成本，使评估生产力得到解放、生产关系更加有效，让监管部门更加信赖。

此外，各评估公司也将更加注重协同发展，强化信息化建设顶层设计和项目实际应用。加强各系统的整合、迭代升级。逐步实现以信息化设施为基础，以数据资源为核心，以技术支持和安全管理为保障的“智慧评估”。

（四）依托市场，加快发展

资产评估信息化建设要充分借助各类市场主体技术与资源优势，坚持有偿、互利、公开、透明原则引入第三方专业服务。坚持市场在资源配置中的决定性作用，通过公开招标、择优选用、合理议价、共同开发等市场化运作方式，实现技术和数据资源的多渠道开发以及有效利用。

资产评估行业是为企业战略发展、社会经济运行提供价值信息、制度和标准的现代高端服务业，是搭建企业和社会创业置业运营环境参数，也是政府把握市场、实现简政放权、创新监管、高效服务的科学抓手。市场变化所带来的数字革命转型升级，更加鞭策信息化大数据与资产评估专业深度融合与运用，促进行业的发展。

二、资产评估信息化相关措施

（一）夯实资产评估行业信息化基础

（1）制定行业信息化技术标准及管理规范

中国资产评估协会已根据行业自身特点和需求，科学地完成了对行业信息化技术标准和数据资源目录的建立。在此基础上，实现了不同应用信息系统间的兼容互通，提高了行业数据资源质量。同时，为有效管理和指导行业信息化建设，对信息化建设相关制度、行业信息化项目建设及验收管理办法等进行了完善。

（2）完善行业信息化基础设施

行业信息化基础设施需主要通过保障设备运行速度和推进云部署两方面进行完善。加强网络建设，提高带宽是保障网络设备运行的基本要求。提升评估服务计算能力和存储容量，增强可扩展性、安全性及可靠性可保证云部署的顺利推进。同时，行业信息化基础设施还应落实国家信息安全等级保护制度，加强网络信息安全事件预警预防，建立应急处理机制等。

（3）完善行业基础应用信息系统，优化行业管理系统平台

完善各个系统功能互补及数据互通，推进行业管理、机构治理、会员服务全覆盖。同时整合升级行业管理系统和行业监督系统、建设资产评估报告统一编码管理信息系统，实现行业管理和评估报告规范管理信息化和业务数据的有效利用。

（二）构建资产评估专业服务信息化体系

构建资产评估专业服务信息化体系，就是建立面向行业、以数据服务为核心、多渠道的专业服务信息化体系，为评估执业提供信息化专业支持，如建设中评协专业数据服务平台、建设市场化专业数据服务平台、鼓励和支持评估机构有偿共享数据服务信息化产品和开辟多种方式的专业服务信息化渠道等。

（1）建设中评协专业数据服务平台

优化完善评估行业现有数据库。通过更加高效的评估专业数据的采集，实现分类构建评估行业数据库及优化整合共享资源，为资产评估的发展提供现代信息技术支撑。

打造网上知识中心。综合行业及资产评估专业院校力量，逐步建立健全法律法规知识库、行业案例数据库、理论及应用研究板块等，为评估专业人员提供专业服务支持。

（2）建设市场化专业数据服务平台

分步推进市场化专业数据服务平台建设。推动行业批量采购第三方数据服务终端产品，解决部分评估机构在执业过程中无数据或数据成本过高的问题。探索与市场化数据服务公司合作开发面向评估行业的定制化专业数据板块，提高数据服务针对性、专业性和权威性。

2019年6月，中联资产评估集团创新推出“摩估云”智能估值社会共享平台。这也代表着评估与手工作坊旧时代彻底告别，一个大数据、人工智能撑起的估值生态豁然而来。

（3）鼓励和支持评估机构有偿共享数据服务信息化产品

鼓励评估机构逐步开放自主产权专业数据服务产品，推动实现行业有偿共享。鼓励具有较强实力和较好基础的评估机构研发面向评估行业的专业数据服务产品，评估协会给予政策和资金支持。

共享数据服务信息化产品会大幅减少低效重复劳动，让专业人才解放更多精力用于提供更高附加值的专业服务，同时提升估值客观性、真实性，项目根源把控、风险归零，诚信评估。

（4）开辟多种方式的专业服务信息化渠道

优化更新专业服务网站，拓展网站交流服务功能。组织开发评估教学课件，高效便捷开展网络培训。搭建在线交流互动平台，聘请专家提供线上服务。

同时，运用大数据、人工智能、云计算、物联网、移动互联网等多样的信息科技为资产评估服务提供支撑。能够帮助委托方从大数据中发现价值、挖掘价值、实现价值。

（三）推进建设资产评估行业智能化体系

（1）建设评估机构内部管理系统

以“网络化、智能化”为目标，组织推动研发覆盖人力资源、财务管理、继续教育、客户关系、风险管理、绩效考核等模块的内部管理信息系统，实现远程办公、移动办公和即时办公。支持评估机构结合自身需求采购或研发内部管理软件系统，注重与行业管理、行业服务系统有效对接。

建立健全内部管理系统，在公司中可实现最大化的信息共享，从而减少在信息传递过程中最终避免谎报、有意隐瞒的情况。面临现代信息技术带来的冲击和压力，对资产评估行业来说，内部管理唯有及时有效地引入和利用信息技术，不断改革与创新，使管理信息系统在企业中合理地发挥应有的作用，才能在未来的竞争中处于领先地位。

（2）建设评估机构作业系统

在评估准则基本要求基础上，组织推动研发覆盖项目流程管理、财务数据导入、移动现场勘查、评定估算、报告自动生成、底稿和档案管理等模块的评估机构作业平台，实现评估执业电子化。支持评估机构开发移动终端软件，实现远程作业、移动作业，提升评估执业现代化水平。

运用评估机构作业系统，将现场勘查、案例研编、估值试算、报告撰写，形成内在贯通、逻辑互验、动态联调的“流水线”。可解决目标导引、海量计算、错误隔断、专业规范等评估难题。

（3）推进建设智能评估系统

推进评估行业大数据建设，研究基于评估作业平台的数据分析挖掘体系和算法，推动实现对各种结构类型数据的深度挖掘和加工提取。鼓励有条件的评估机构开发内部管理、评估作业一体化智能平台，提升评估机构管理及执业智能化水平。支持机构引入人工智能技术，不断优化自动评估算法和模型，实现大数据自动化评估及智能建模、智能审核等辅助评估系统。

依托建设智能评估系统的建设，将不同地域、不同专业特长的机构与机构、机构与专业人员连接起来，实现高效能、低成本、实时的协同作业。以数据库、大数据为核心进行智能化软件开发与使用，来提高资产评估工作效率，保证评估工作的质量。

第三节　信息化技术在资产评估实务中的应用

一、“互联网+”在资产评估中的应用

（一）“互联网+”概述

“互联网+”是把互联网的创新成果与经济社会各领域深度融合，推动技术进步、效

率提升和组织变革，提升实体经济创新力和生产力，形成更广泛的以互联网为基础设施和创新要素的经济社会发展新形态。

“互联网+”有以下几个特征：

（1）跨界融合。“互联网+”中的“+”意为跨界、变革、开放、重塑与融合。只有敢于跨界融合，创新的基础才能更坚实；敢于融合协同，群体智能才能实现，从研发到产业化的路径才会更垂直。

（2）创新驱动。中国粗放型的资源驱动增长方式已经难以为继，创新驱动才是产业转型升级、优化产业结构的出路，而“互联网+”能够利用互联网思维求变，促进产业自我革命，发挥创新的力量。

（3）重塑结构。信息革命、全球化、互联网已经打破了原有的社会结构、经济结构、地缘结构和文化结构，商业模式中的议事规则、话语权不断发生变化，“互联网+”将重塑各种结构，达到新时代的一种稳态。

（4）尊重人性。作为推动科技进步、经济增长、社会进步、文化繁荣的最根本的力量，人也是互联网强大力量的根本来源。目前越来越受重视的用户生成内容、嵌入式营销、共享经济等无不突显出对人性的尊重。

（5）开放生态。在“互联网+”时代中，开放生态是维持市场与各大产业健康发展的前提，同时也是“互联网+”的重要特征之一。我国推进“互联网+”的主要目的之一是要把各产业中制约创新的因素化解去除，连接各种“孤岛式创新”，大幅改善各行业中信息的闭塞与孤立问题，让敢于创新者实现价值。

（二）“互联网+”对评估行业的影响

互联网与资产评估行业的连接，让传统资产评估行业受到了很大冲击。当然，这种冲击带给该行业的既有机遇，又有挑战。比如，对于费用而言，传统资产评估公司收费一般是在1 500元以上，多则数万元不等；而互联网时代，互联网上各软件的使用收费比较低，有的甚至是免费的。对于数据获取方式而言，传统资产评估人员想要对一项资产进行评估需获取信息与数据，必须实地勘察或者查阅公司已有案例进行评估；而互联网时代，资产评估人员可以通过互联网获取大量的信息，并在评估工作之前就可以在网上获取信息、案例学习。

人才对于每个行业的发展都很重要。对于资产评估行业而言，若要做到“互联网+资产评估”，评估人员具备专业的计算机技术是很重要的。评估机构对于评估人员也有了新的要求，不仅需要具备与资产评估相关的专业知识，而且更重要的是能够进行数据搜集、分析、处理等。然而，这种全能型人才在资产评估行业还是很紧缺的。

传统评估行业要摒弃劣势，发挥自己的优势，即保持正式的、具有法律效力的评估优势，同时借助互联网拓展自己的业务范围。当今，随着互联网渗透到各行各业，对于评估人员的数理统计和计算机技术要求越来越高，因此，评估机构对于资产评估人员的培训应当更注重大数据的处理、分析等方面。

（三）“互联网+”在资产评估实务中的应用

下面主要从资产评估三大基本方法的应用来分析。

（1）“互联网+”在成本法中的应用

互联网可以将资产评估中的数据及时进行更新，将最新、最准确的数据运用到资产评估中。比如当进行房地产资产评估时，重置成本中的许多费用都处于动态变化之中，在资产评估日需要确定资产价值，此时，各项费用便可以通过互联网进行查询，及时更新、补充数据，建立大数据平台。此项工作需要大量的人力、财力、物力，但通过将互联网与资产评估结合起来便大大简化了资产评估工作，而且最终的评估报告可信度也更高。

（2）"互联网+"在市场法中的应用

互联网的发展可以有效地避免传统资产评估的不足之处，随着互联网资产评估的普及，网上的市场案例会逐渐增加，评估人员将搜集好的评估实例上传到网络上，市场上的评估实例越多，可以参考的实例越多，评估人员做出的评估结论会更加准确。

（3）"互联网+"在收益法中的应用

收益法结果的准确性主要取决于以下三个方面：未来净收益的大小、获取净收益的期限和报酬率的大小。这些需要资产评估师对于未来该项资产进行判断与量化后才可得出结论。在传统资产评估方式下，评估人员通过自身经验与市场发展情况做出判断，但最终结果与实际结果间总存在较大差异。在互联网环境下，评估人员可以通过搜取大量的信息，找出与该项被评估资产相似的资产，再进行分析，并最终得出较为准确的结果。随着互联网的发展，评估实例越来越多，评估人员越容易找到相似资产，收益法获得的结果更接近真实资产的价值，收益法也会成为主流的资产评估方式。

【知识拓展9-1】

决策树算法与支持向量机算法

1.决策树算法（decision tree）

决策树及其变种是一类将输入空间分成不同的区域，每个区域有独立参数的算法。决策树算法充分利用了树形模型，从根节点到一个叶子节点是一条分类的路径规则，每个叶子节点象征一个判断类别。先将样本分成不同的子集，再进行分割递推，直至每个子集得到同类型的样本，从根节点开始测试，到子树再到叶子节点，即可得出预测类别。此方法的特点是结构简单、处理数据效率较高。

2.支持向量机算法（support vector machine）

基本思想可概括如下：首先，要利用一种变换将空间高维化，当然这种变换是非线性的，然后，在新的复杂空间取最优线性分类表面。由此种方式获得的分类函数在形式上类似于神经网络算法。支持向量机是统计学习领域中的一个代表性算法，但它与传统方式的思维方法很不同，输入空间、提高维度从而将问题简短化，使问题归结为线性可分的经典解问题。支持向量机应用于垃圾邮件识别、人脸识别等多种分类问题。

二、人工智能在资产评估中的应用

（一）人工智能概述

人工智能是研究以及开发用于模拟、延伸和扩展人的智能的理论、方法、技术及应用系统的一门新的技术科学。

（二）人工智能对评估行业的影响

（1）扩大竞争格局

一直以来，互联网经济都对资产评估行业产生了巨大影响，人工智能的出现也会给行业竞争设定全新的边界，促使行业内形成联盟格局，不同商业形态开展激烈竞争。在人工智能的推动下，大量新兴资产评估企业应运而生，从而产生了云估价服务，行业业务范围逐步从估价精度、覆盖范围，扩大为市场灵敏性、客户维护和交易，并且出现高度竞争，企业通过人工智能技术来不断提升竞争能力。随着人工智能对数据挖掘的支持，大幅提升了资产评估行业的数据精度和计算能力，有助于全面发挥大数据价值，并通过区块链技术实现产业价值链的大数据渠道共建和共享，从而催生了一系列估价数据平台，为房地产公司、汽车公司等提供更优化的评估服务，进而推动了行业竞争格局的迅猛发展。

人工智能的深入应用将进一步扩大资产评估的业务范围，如今各类资产评估企业都在开展智能化业务运作，由评估企业建立一个App，委托方可以登录账号，在平台内输入评估对象、目的、范围等相关信息，通过平台云智能系统的计算，能在线给客户提供评估报告，相关评估费用的支付也可以借助人工智能系统来完成，并整合化处理信息补充、异议、修改等问题。

（2）扩大和改善评估业务

一般而言，资产评估对象主要有固定资产、流动性资产、无形资产，在人工智能的迅猛发展下，大数据资产成为资产评估行业的重要生产要素，根据企业资源基础理论，这有助于未来公司建立竞争优势。可以看出，人工智能时代是由大数据作为驱动的行业发展趋势，智能大数据资产是资产评估行业运作和投资中积累得到的庞大信息，其中有资产标的的价格走势、属性信息、宏观环境、微观背景、市场交易动向等一系列大数据，通过大数据能训练人工智能完成更精准的估价算法，并为评估企业提供竞争优势，从而提高利润空间。可以预期，人工智能技术将在更大程度上替代人力劳动，助力资产评估行业的转型升级，提升评估技术的科学性。如今，越来越多的互联网企业飞速崛起，产业发展规模十分迅速，这也对当代经济产业结构带来了巨大挑战，最典型的就是互联网企业价值的难以估量，传统资产评估行业无法正确评估互联网企业的价值，这是因为新兴行业的商业模式和传统企业不同，通过流量、体验等方式来运营，甚至部分企业不惜亏损而向用户提供大量补贴，行业内更迭速度较快，行业企业的落差较大，现金流稳定性极低。对此，基于人工智能驱动的资产评估行业才能为新兴互联网企业提供可靠估价，通过数据挖掘来分析互联网企业的投资价值。

（3）提高行业效率水平

人工智能加速了互联网和资产评估行业融合发展，因为互联网构成了“零边际成本”社会，并伴随物联网和5G通信对互联网信息池的影响，未来互联网将呈现几何倍的大数据增长，数据存储量庞大，企业必须依赖云服务端来存储数据，信息资产呈现了高度多维化状态，人脑已经无法应对海量的数据价值挖掘。同时，在云计算的支持下，可以集成联盟化的数据资产池，允许数据资源即时提供给合作者，并且附带计算服务，从而大大减少了人工维护的成本和时间，并且节省了多方主体的协调工作。在人工智能驱动的资产评估行业模式下，人工智能对业务流程起到了重要推动作用，将彻底取代传统资产评估模式，人工智能将赋能资产评估行业的大数据管理和计算，提供了无人化的运作属性，实现高效率、低成本的大数据处理。具体而言，人工智能在资产评估行业的典型应用就在收集和处理行业大数据，并且这种收集工作是全面性的，可以挖掘所有可接触资产池中的一切信息，将有用信息高效编码采集到云平台中，并由智能化系统来存储、整合和处理大数据结构，一方面有助于自我训练来寻找数据规律，另一方面便于资产评估师查询数据，利用关键大数据信息制作评估报告等。

总体来说，人工智能技术将进一步扩大资产评估行业的大数据价值，可以根据企业战略的需要，智能化收集相关信息，并且通过自然语言处理来将文字、图片、语音、视频等信息转化为数字化结构，高效量化资产实例信息，通过深度学习来构建经济模型，并对交易对象实施自动估价。因此，在人工智能的支持下，大幅提升了传统资产评估行业的数据精度，特别是可以智能化收集和量化交易实例，从而改善资源库匮乏现状，大大改善了资产评估业务效率。可以预期，人工智能云平台不仅能让单个企业优化效率，而且能通过企业之间智能化合约来构建协作机制，让行业资产评估机构形成高效的竞合格局，在合理的前提下实现同行信息共享和协同业务，并构建行业的标准化建设，同时也能够提高数据的安全性。

（三）人工智能在资产评估实务中的应用

下面主要从资产评估三大基本方法的应用来分析。

1.人工智能在市场法中的应用

（1）参照案例的获取

资产交易案例获取的传统方式主要是从报纸挂牌数据、网站查询数据、地铺咨询数据以及评估机构共享数据等资源中获取，所获数据虽满足真实性的要求，但是数据滞后，不能实时更新，无法满足评估所需。并且，在通常情况下是选取大约十个与被评估资产相类似的交易案例，然后筛选出最符合条件的三个作为参照案例，但交易案例的数量远远不能满足实际的需求，使评估结果失真。

人工智能技术的运用，改变了评估机构传统的信息获取方式，也改变了数据处理的思维模式。如今，评估机构可以通过传感器、物联网等技术手段，对被评估资产进行动态监控，通过无线网及时传送其最新数据。同时，评估人员可以通过在数据库中输入被评估资产的基本信息，由智能设备自动筛选与之类似资产的交易信息，这样可以找到更多与之类似的交易案例，而不是根据分布理论进行统计推断而选取的案例信息，这在很大程度上避免了依赖统计学中样本统计原理所带来的所选案例代表性不足的缺陷。

（2）可比因素的确认

基础信息的采集是市场法评估中比较复杂、困难的一步。传统资产评估的市场法中，选取的参照案例可比因素是需要评估人员去实地勘察，调查记录的。而人工智能的运用，使评估专业人员摒弃了原来去现场采集数据的复杂过程，减轻了评估人员的工作量，使数据的获取更加快捷与高效，提高了所记录数据的准确性。

现以房地产评估中人工智能在可比因素数据收集中的应用为例作一说明：遥感卫星影像技术通过图像识别，可以在短时间内勾勒出建筑物的外形轮廓，几乎可以记录建筑物的实时轮廓影像数据。通过在不同时点的影像数据的对比，建筑物的更新情况可以被评估人员清楚地掌握。倾斜摄影测量技术的应用，使得三维建模成为现实。评估人员可以利用无人机挂载多台摄像机来对建筑物进行拍摄，以此生成有着与原建筑物较高复原度的三维模型。街景技术的使用，使评估人员可以在电脑上观察到实地的情况，可以较为真实地还原建筑物的方位、角度以及尺寸等信息。激光点云扫描以及虚拟现实技术的应用可以解决难以去建筑物内部实地考察的难题，利用激光扫描仪对建筑物内部建立模型，然后再利用虚拟现实技术真实地还原。

（3）可比因素的修正以及权重大小的选取

评估人员选取的参照案例虽然与被评估资产类似，但依然存在个别因素上的差别，所以需要对选取的多个案例进行可比因素的修正。传统的参数修正过程以及不同因素所占权重的选取完全是根据评估人员积累的执业经验来进行主观的判断，不同的评估人员有着主观性的差异，这对评估结果的准确性以及客观性造成了一定的影响。

人工智能技术在资产评估中应用的本质是模拟评估人员对资产进行评估的思维过程，然后把评估人员的经验程序化，之后经过不断训练，使计算机可以学习人类如何评估的过程。评估人员可以将因素修正的过程以及权重大小的确定交由人工智能设备完成，由此来最大程度地避免由不同评估人员所造成的选取结果不同的主观影响。

2.人工智能在成本法中的应用

获取被评估资产重置成本的过程，是一个广泛收集数据信息的过程，需要对市场资料和财务资料以及不同资产在评估基准日的相关参数进行收集。但是数据源多样复杂，时间跨度大等问题都增加了评估人员对数据收集以及处理的难度，使被评估资产的重置成本难以获取。

当成本法中采用“评估值=重置成本×综合成新率”这一公式计算时，综合成新率的确定往往是需要经验丰富的评估人员对被评估资产实体各个主要部分和功能进行技术性和经济性的现场鉴定，并且对被评估资产的市场发展前景进行分析。在综合考虑实体性贬值、功能性贬值和经济性贬值的基础上，对综合成新率做出判断。但是现场勘察需要耗费大量的人力和物力，评估效率低下。

人工智能是以大数据为基础建立的，可以由计算机自行分析被评估资产的基本信息从而给出其重置成本，从而降低了重置成本的获取难度。目前，中联评估研发出的“摩估云”App的投入使用给评估过程带来了便利。这款APP具有数据自动转换功能，可以自动将财务数据转换为评估数据，方便评估人员处理数据信息；具有协助评估作业的功能，可供现场人员勘察和访谈使用，它所支持的外勘数据自动导入功能可以帮助调查人员实时采集和回传现场资产查勘信息，从而大大提高了现场调查以及勘察的工作效率，并且它可以根据所勘察的结果来自动生成评估报告和评估说明，在很大程度上减轻了评估人员的工作量；具有智能化风险控制功能，通过风险集中管控、可视化，可以实现评估全过程的风险指标的监控，降低不实勘察的风险，提升评估结果的客观性和真实性。另外，可以充分利用人工智能的大数据库，通过对被评估资产以往数据的分析，来预测被评估资产的市场发展前景。

3.人工智能在收益法中的应用

（1）折现率的确定

在传统的评估过程中，折现率往往是评估人员根据被评估资产在现行市场的实际情况调查确定，取得的数据虽然具有及时性以及可行性，但是数据的来源却非常狭窄并且操作复杂。

在人工智能时代，基于大量数据以及智能化的数据分析系统，可以根据其历史数据对被评估资产折现率有很好的预测。如此，便可以非常方便快捷地计算出所需折现率的数值。

（2）未来收益额以及获益年限的预测

资产未来收益额以及获益年限的确定，往往是通过收集被评估资产的历史收益额数据以及同行业的类似资产的获益情况并进行对比分析，总结历史收益额的变化趋势，由评估人员的主观经验来预测被评估资产未来收益额的大小，进而预测获益的年限。但是这种方法受主观意识判断的影响，无法给出客观的数据。

人工智能时代，评估人员可以利用智能化设备对资产的历史收益数据的自我分析功能，给出最客观合理的未来收益预测值以及通过对历史收益状况的分析，给出符合现实情况的获益年限的预测值。在收益法的应用中，人工智能所包含的大数据能及时并且准确地预测未来收益和风险的走向，可以规避评估人员的许多错误，使得评估结果更加准确合理。

【知识拓展9-2】

随机森林算法、人工神经网络算法、Boosting与Bagging算法

随机森林算法（random forests）是一种通过集成大量的决策树来改进分类和回归的方法，是基于bootstrap聚合的决策树集合，通过随机选取广泛应用于回归问题的预测器子集，计算预测变量并基于预测变量的数据分割，得到因变量的均方根误差最佳估计。在随机森林回归中，引入的随机森林算法将自动创建随机决策树群，通过从训练数据集中选择随机变量集，并采用随机有放回抽样的方法来构建每棵树，最后通过对所有树的均衡化结果来计算观测值的预测值。随机森林模型有3个需要优化的参数：决策树的数量、决策数的深度和建立决策树时选择的最大特征数目。

人工神经网络（artificial neural network）与神经元组成的异常复杂的网络大体相似，是个体单元互相连接而成，每个单元有数值量的输入和输出，形式可以为实数或线性组合函数。它先要以一种学习准则去学习，然后才能进行工作。当网络判断错误时，相关人员通过学习使其减少犯同样错误的可能性。此方法有很强的泛化能力和非线性映射能力，可以对信息量少的系统进行模型处理。从功能模拟角度看具有并行性，且传递信息速度极快。

Boosting是一种通用的增强基础算法性能的回归分析算法。不需构造一个高精度的回归分析，只需一个粗糙的基础算法即可，再反复调整基础算法就可以得到较好的组合回归模型。它可以将弱学习算法提高为强学习算法，可以应用到其他基础回归算法，如线性回归、神经网络等，来提高精度。Bagging和前一种算法大体相似但又略有差别，主要想法是给出已知的弱学习算法和训练集，它需要经过多轮的计算，才可以得到预测函数列，最后采用投票方式对示例进行判别。

三、云技术在资产评估实务中的应用

（一）云技术概述

云技术是指在广域网或局域网内将硬件、软件、网络等系列资源统一起来，实现数据的计算、储存、处理和共享的一种托管技术。云技术的关键技术主要包括以下几点：

（1）虚拟化技术。通过虚拟化技术可将多个资源整合成一个虚拟资源的聚合模式。在云计算实现中，计算系统虚拟化是一切建立在“云”上的服务与应用的基础。

（2）分布式海量数据存储。云计算系统采用分布式存储的方式存储数据，用冗余存储的方式保证数据的可靠性。

（3）海量数据管理技术。云计算需要对分布的、海量的数据进行处理与分析。因此，数据管理技术必须能够高效地管理大量数据。

（4）云技术平台管理技术。云计算系统的平台管理技术能够使大量的服务器协同工作，方便进行业务的部署和开通，快速发现和恢复系统故障，并通过自动化、智能化的手段实现大规模系统的可靠运营。

（二）云技术对资产评估行业的影响

（1）有利于精准把握委托方评估需求，建立更加专业、有效和稳定的委托代理关系。

云技术平台能够解决传统资产评估中面临的信息不对称、客户不透明的问题，进而提升资产评估行业的专业服务能力，建立更加专业、有效、紧密、稳定的委托代理关系。

（2）有利于切实落实监管部门的监管要求，全流程强化自律自查和监督管理。

云技术能够为相关监管部门提供事前、事中、事后全过程的协同穿透式监管手段，全流程强化了自律自查和监督管理。

（3）有利于汇集形成评估服务和行业大数据，积极贡献行业发展和经济社会发展。

评估服务和行业大数据平台将极大地提高评估效率，积极贡献行业发展和经济社会发展。

（三）云技术在资产评估实务中的应用

为破解行业发展和委托各方的痛点难题，部分评估机构已经制定了系统平台、迭代推进的解决路径。首先，就是要采用大数据、云计算方式和协同众包作业体系，建设资产评估全业务流程支撑平台，提升评估作业效率，降低评估风险，推动评估数据化。其次，将不断提升云技术水平，从业务流程支撑阶段，不断向数据汇集体系、人工智能及数据挖掘、数据治理与云技术应用迈进，最终形成智慧评估生态。

以中联资产评估集团和中联财联网科技有限公司联合开发的“智慧评估云平台”为例，“智慧评估云平台”首期产品包括报告作业平台和现场调查App，即“摩估云”App，如图9-1所示。“智慧评估云平台”的使用很好地诠释了云技术在资产评估中的应用。

图9-1 摩估云界面

如图9-2所示，“智慧评估云平台”中的报告作业平台供评估师编写报告使用，支持外勘数据自动导入报告、在线编辑计算表、自动解析资产明细表、变动数据同步更新、底稿全数字化留存、多人协同编写报告、编审一体自动生成报告等业务，在极大程度上解决了当前评估行业和委托方面临的报告编写审核过程复杂、费时费力和错误率高的弊端。报告作业平台可以众包式分配现场尽职调查任务，将任务自动分配给作业地点就近的评估现场人员进行操作。系统任务也可以细化分解到最小单元，便于调查人员选择接受自己擅长的业务任务并将其做到最专业。众包协同方式，大量调动并激活了各种评估专业力量，从而解决了评估资源不足的问题，而且整体进程由项目经理进行管控，提升了作业协同能力。

图9-2 在线报告作业平台

如图9-3所示，“智慧评估云平台”中的现场调查“摩估云”APP供评估现场调查人员勘察和访谈使用。采用人脸识别、GPS定位、手写签名鉴证等技术，帮助评估人员实名、实时采集和回传现场访谈和资产查勘信息，并一键自动生成电子化报告附件，实现查勘数据的标准化存储，提升现场尽职调查作业效率，降低不实查勘风险，实现资产评估的移动互联网化，从而有效建立资产评估信用体系，提升评估的客观性、真实性，进而推动诚信评估的发展。

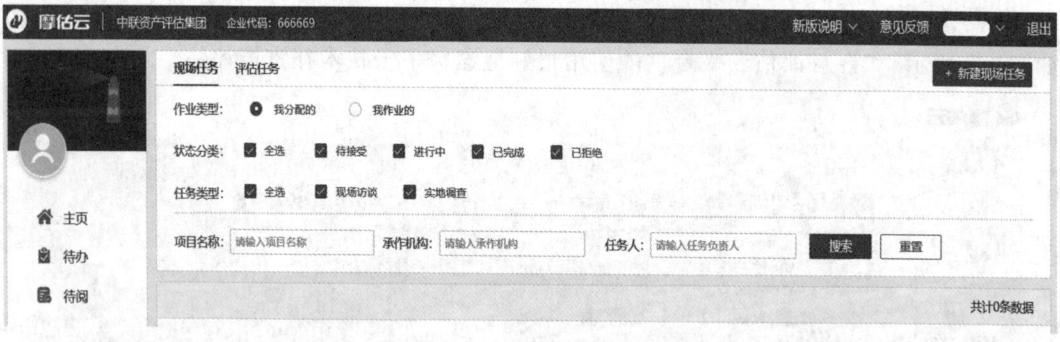

图9-3 实勘任务列表

“智慧评估云平台”将全面释放评估行业服务于企业和用户的潜力，在评估、价值管理、资产管理、资本运营等企业现代财务管理领域发挥高端专业服务的作用，使评估与企业和用户的合作进入新评估的阶段。

资产评估行业正在面临着用互联网云技术的方式对资产评估方法及标准的更新换代，以及实现评估供给侧结构性改革的突破契机。这是执业方式的转变、思维方式的转变、生产方式的转变，是一个根本性的变化，是对评估行业生产力的极大释放。

【知识拓展9-3】

关联规则算法、期望最大化算法与深度学习

关联规则算法（the apriori algorithm）

关联规则是用规则去描述两个变量或多个变量之间的关系，是客观反映数据本身性质

的方法。它是机器学习的一大类任务，可分为两个阶段，先从资料集中找到高频项目组，再去研究它们的关联规则。其得到的分析结果即对变量间规律的总结。

期望最大化算法（expectation-maximization algorithm）

在进行机器学习的过程中需要用到极大似然估计等参数估计方法，在有潜在变量的情况下，通常选择EM算法，不是直接对函数对象进行极大估计，而是添加一些数据进行简化计算，再进行极大化模拟。它是对本身受限制或比较难直接处理的数据的极大似然估计算法。

深度学习（deep learning）

深度学习是机器学习领域中一个新的研究方向，它被引入机器学习使其更接近于最初的目标——人工智能。深度学习是学习样本数据的内在规律和表示层次，这些在学习过程中获得的信息对诸如文字，图像和声音等数据的解释有很大的帮助。它的最终目标是让机器能够像人一样具有分析学习能力，能够识别文字、图像和声音等数据。深度学习是一个复杂的机器学习算法，在语音和图像识别方面取得的效果，远远超过先前相关技术。深度学习在搜索技术、数据挖掘、机器学习、机器翻译、自然语言处理、多媒体学习、语音、推荐和个性化技术，以及其他相关领域都取得了很多成果。深度学习使机器模仿视听和思考等人类的活动，从而解决了很多复杂的模式识别难题，使得人工智能相关技术取得了很大进步。

知识链接9-1

中国资产评估行业信息化规划（2018—2022）

【思政课堂】　迎合时代潮流，争做复合评估人才

随着计算机硬件和软件技术的迅速发展，将资产评估理论与数理统计方法以及电子计算机应用技术相结合的评估方法体系，在国内评估实践中已有了广泛的应用。比如，“中国城市住宅批量自动估价系统”已覆盖国内东北、华北、华中、华东、华南、华西六大区域，城市上线数量达到百城以上。该系统运用科学有效的评估模型，实现一房一价的自动估价以及整栋、整盘的批量估价，为客户提供在线估价、结果打印、税费计算、贷款指南以及更加全面、及时的楼盘信息查询等服务。这些新的评估方式在实际应用中大大节省了时间和费用，开始对传统的评估方法体系带来冲击。

“人身之所重者元气，国家之所重者人才”。党的二十大提出，必须坚持科技是第一生产力、人才是第一资源、创新是第一动力。国家要强盛，行业要发展，人才是第一资源。在信息时代下，随着社会分工越来越细，市场竞争愈演愈烈，评估业务也更加多样化、智能化。这便对评估人员提出更大的挑战，不仅需要掌握大量的评估专业知识，同时也要对“互联网+”、人工智能、云技术等有充分了解，树立创新理念，开拓创新的职业品格和行为习惯，配合时代发展的需要，提升自身素质水平，成为创新型复合人才，以便在完成评估业务的基础上做到省时、省力、高效，为评估机构创造更大的价值。

经济越发展，评估越重要！评估行业要想在国家经济发展中发挥更重要的作用，就必须与时俱进，健全资产评估信息化的建设。世界潮流浩浩荡荡，时逢我国向第二个百年奋斗目标（全面建设社会主义现代化国家）进军的新发展阶段，评估职业人员理应敢于创新、勇于实践，做新时代的弄潮儿，促进行业的发展。

【本章小结】

本章介绍了我国资产评估信息化的产生与发展、资产评估信息化的原则与措施及信息化技术在资产评估实务中的应用。

资产评估信息化，是指在评估实务中深入应用信息技术，改变资产评估的业务模式，使得评估有关信息在收集、传递、反馈等多方面更为高效的发展过程。资产评估的信息化表现在管理数据信息化、评估过程计算机化、评估机构内部管理信息化三个方面。

在资产评估信息化建设过程中应坚持统筹规划、系统布局，稳步推进、分类施策，协同共建、合作共赢，依托市场、加快发展四项原则。资产评估信息化相关措施包括：夯实资产评估行业信息化基础、构建资产评估专业服务信息化体系及借助各类市场主体技术与资源优势，坚持有偿、互利、公开、透明的原则引入第三方专业服务。信息化技术在资产评估实务中的应用包括“互联网+”、人工智能及云技术。

【练习题】

（一）单项选择题

1.下列对资产评估信息化的含义表述正确的是（　　）。

A.在评估实务中深入应用信息技术，改变资产评估的业务模式，使得评估有关信息在收集、传递、反馈等多方面更为高效的发展过程

B.采用信息化技术收集和整理在资产评估过程中需要的数据

C.评估人员在获取数据之后，使用计算机对数据进行查找、筛选、分类、核算等，提高工作效率和准确度

D.评估机构在项目管理、人事管理、审核等方面的信息化

2.资产评估信息化的原则不包括（　　）。

A.统筹规划，系统布局　　B.稳步推进，分类施策

C.依托市场，加快发展　　D.快速推进，系统布局

（二）多项选择题

1.“互联网+”的特征包括（　　）。

A.跨界融合　　B.创新驱动

C.重塑结构　　D.尊重人性

E.开放生态

2.资产评估信息化建设，要综合利用（　　）等信息技术创新成果，推动现代信息技术与资产评估服务深度融合。

A.互联网　　B.云计算

C.大数据　　D.人工智能

E.区块链

（三）判断题

1.鼓励评估机构逐步开放自主产权专业数据服务产品，推动实现行业无偿共享。（　　）

2.人工智能技术的运用，改变了评估机构传统的信息获取方式。（　　）

（四）简答题

1.运用人工智能在收益法下估测收益额有哪些优势？

2.云技术的关键技术有哪些？

3.资产评估信息化有哪些表现？

客观题智能测评

主要参考文献

［1］陈明海．资产评估准则：思路与思考［M］．北京：经济科学出版社，2017.

［2］陈艳利，朱荣．资产评估［M］．上海：上海财经大学出版社，2014.

［3］达莫达兰．估值：难点、解决方案及相关案例（原书第3版）［M］．刘寅龙，译．北京：机械工业出版社，2019.

［4］弗里克曼，托勒瑞德．公司估值［M］．注册估值分析师协会，译．北京：机械工业出版社，2017.

［5］郭化林．中外资产评估准则［M］．北京：高等教育出版社，2015.

［6］刘玉平，马海涛，等．资产评估原理［M］．2版．北京：中国人民大学出版社，2020.

［7］王哲．资产评估国际比较与趋势研究［M］．北京：中国财政经济出版社，2019.

［8］普拉特．市场法估值［M］．注册估值分析师协会，译．北京：机械工业出版社，2017.

［9］许安标，黄薇．中华人民共和国资产评估法解读［M］．北京：中国法制出版社，2016.

［10］苑泽明．无形资产评估［M］．北京：高等教育出版社，2015.

［11］张晗，张小芳．资产评估理论与实务［M］．2版．北京：清华大学出版社，2019.

［12］张先治，池国华．企业价值评估［M］．4版．大连：东北财经大学出版社，2020.

［13］中国资产评估协会．资产评估基础［M］．北京：中国财政经济出版社，2021.